अलग

[व्यंग्य-संग्रह]

अलग

ज्ञान चतुर्वेदी

राजकमल प्रकाशन

ISBN : 978-81-267-1960-0

मूल्य : ₹ 495

पहला संस्करण : 2010
दूसरा संस्करण : 2017

प्रकाशक : राजकमल प्रकाशन प्रा. लि.
1-बी, नेताजी सुभाष मार्ग, दरियागंज
नई दिल्ली-110 002
शाखाएँ : अशोक राजपथ, साइंस कॉलेज के सामने, पटना-800 006
पहली मंजिल, दरबारी बिल्डिंग, महात्मा गांधी मार्ग, इलाहाबाद-211 001
36 ए, शेक्सपियर सरणी, कोलकाता-700 017
वेबसाइट : www.rajkamalprakashan.com
ई-मेल : info@rajkamalprakashan.com

मुद्रक : बी.के. ऑफसेट
नवीन शाहदरा, दिल्ली-110 032

ALAG
Satire by Gyan Chaturvedi

कृष्ण चराटे
और
लतीफ घोंघी

हिंदी व्यंग्य और हास्य के दो महत्त्वपूर्ण परंतु 'अनसंग हीरोज' को जो इतने भोले रहे कि मानते थे कि मात्र बहुत अच्छा हास्य, व्यंग्य, लिखकर ही वे हिंदी व्यंग्य में वह स्थान पा लेंगे जिसके वे हकदार थे पर ऐसा कहीं होता है भला?
बहरहाल, बहुत आदर के साथ समर्पित

भूमिका

स्पष्टीकरण सा कुछ...

अब देखूँ तो सोचता हूँ कि क्या वह मेरा एक ढोंग मात्र था?

सात-आठ साल पहले तक मैं हर जगह कहता फिरता था और लिखता भी था, और तब तक मेरा यह दृढ़-जैसा विचार भी था कि 'कॉलम-राइटिंग' कतई नहीं करनी चाहिए। मेरा मानना था कि हिन्दी-व्यंग्य के अनगिनत कॉलमों में अन्ततः अनेक प्रतिभाओं की वे कब्रें ही रह गईं जिन पर व्यंग्य के चाहने वाले भी शायद कभी फातिहे पढ़ने नहीं आएँगे। मैं बहसों में पड़ता था, कॉलम लिखने वालों के प्रति अतिरिक्त दुष्ट-सा भाव रखता था और पूर्ण आस्था के साथ यह मानता था कि हिन्दी व्यंग्य का बहुत बड़ा नुकसान इस बात से हुआ कि परसाई और शरद जोशी जैसी प्रखर प्रतिभाएँ इन कॉलमों में जाया हो गईं। मुझे लगता था कि यदि हिन्दी कहानी और कविता में बड़े काम हुए, और व्यंग्य में नहीं हो सके तो इस त्रासदी के पीछे कॉलम लेखन में ही सारी प्रतिभा खप जाने का भी रोल रहा है। तब यही सोच था मेरा। और कई अर्थों में मेरे पास इसके लिए तर्क तथा अपनी समझ भी थी। इन कॉलमों में व्यंग्य लेखक से प्रायः यह आग्रह रहता रहा कि वह तात्कालिक घटनाओं (प्रायः इन्हें राजनीतिक घटनाएँ मानें) पर तात्कालिक त्वरित टिप्पणी-सी कर दे और वह करता भी था जिसमें उसकी प्रतिभा और व्यंग्य की समझ का बहुत इस्तेमाल होता नहीं दीखता था। तात्कालिकता और तुरन्तता के दबाव इतने स्पष्ट दीखते थे कि प्रायः सारा काम ज़ल्दबाजी में समेटा-सा प्रतीत होता था। फिर मुझे यह भी लगता था कि अखबार/पत्रिका द्वारा प्रदत्त छोटी-सी जगह में ही व्यंग्य कॉलम लिखने समेटने का दुराग्रह भी (शायद) व्यंग्य रचना को ठीक से मुकम्मल होने से पहले ही खत्म कर देता था, और ऐसा वह कुछ इस तरह करता था कि मानो आप भोपाल से दिल्ली जाने के इरादे से चलो और आगरा-मथुरा के बीच किसी बियाबान में जंजीर खींच कर उतार दिए जाओ।

तो कुल मामला यह था कि मैं सालों तक कॉलम लेखन के एकदम विरुद्ध हुआ करता था।

और यहीं ढोंग वाला मामला बन रहा है कि ऐसे शुद्धतावादी और पवित्र विचारों

के रहते हुए स्वयं मैंने ही कॉलम लिखने शुरू कर दिए और इस कदर लिखे कि अब यदि कोई मुझे मेरे पुराने विचारों के लिए गिरेबान पकड़कर पूछे कि क्यों ज्ञान बाबू, अब यह सब क्या कर रहे हो और तब वह सब क्या कहते रहते थे तो मैं ठीक से जवाब न दे सकूँ, बगलें झाँकने लगूँ।...अलबत्ता मैं एक बात अवश्य कहूँगा और इसमें कोई ढोंग या बेईमानी नहीं कि तब, जब मैं कॉलम राइटिंग के खिलाफ सोचता था तो बाकायदा ईमानदारी से ही ऐसा सोचता था और आज यदि 'नया ज्ञानोदय', 'इंडिया टुडे', 'सहारा समय', राजस्थान पत्रिका' आदि में कॉलम लिखता बरामद होता हूँ तो ये कॉलम भी मैंने बेहद ईमानदारी से कुछ यूँ लिखे हैं कि मैं अपने ही पुराने सोच को गलत साबित कर सकूँ। मैंने इन कॉलमों को लिखते हुए लगातार ही कोशिश की है कि मैं उन सब कारकों तथा कारणों का ख्याल रखूँ जिनसे व्यंग्य की कॉलम-राइटिंग कुछ व्यंग्य-विधा के खिलाफ चली गई। पता नहीं कि मैं सफल हुआ कि नहीं। पर कोशिश यही रही। और ईमानदार कोशिश ही रही।

मैंने कभी नहीं सोचा था कि मैं इतना भी लिख सकता हूँ कि कभी कोई नियमित कॉलम सा कुछ साध सकूँगा। मुझे याद आता है कि हरिनारायण जी ने वर्षों पूर्व जब 'कथादेश' को पहली बार आगरा से निकाला था तब उन्होंने मुझे उसमें व्यंग्य कॉलम लिखने का आग्रह करते हुए पत्र लिखा था। तब मैं हिम्मत न कर सका। बिना मेरी सहायता के ही बाद में कुछ अंक निकल कर तब 'कथादेश' बन्द भी हो गया था। फिर जब वर्षों बाद सहारा समय शुरू हुआ तो मंगलेश डबराल आदि का आग्रह था कि उसमें मैं व्यंग्य कॉलम शुरू करूँ। पैसे भी बढ़िया देने का वादा था। पर तब भी असमंजस, आलस्य की प्रचुरता तथा आत्मविश्वास की कमी से भरपूर मुझे लगता था कि इतना नियमित लिखना मेरे लिए सम्भव न होगा। सो मैंने तब भी नहीं लिखा। उन दिनों वर्ष भर में सात-आठ व्यंग्य लिखकर ही मैं खूब खुश रहता था। खुश रहने के लिए बहुत सारी चीजें वैसे भी मैंने जीवन में कभी चाही नहीं। फिर प्रभाकर श्रोत्रिय जी ने 'नया ज्ञानोदय' शुरू किया तो अचानक ही लगभग आदेश सा दे दिया कि तुम इसमें व्यंग्य कॉलम लिखो। प्रभाकर श्रोत्रिय से मेरा रिश्ता लगभग पिता-पुत्र सा रहा है। वे मुझे उसी तरह से अतिरिक्त प्यार भी देते रहे हैं। उन्हें मना करना कठिन था क्योंकि वे मेरे आलस्य को भी जानते थे और शायद मेरी क्षमताओं को भी उतना ही जानते थे। उन्होंने मुझसे कई वायदे किए, आश्वस्त किया तथा पीठ थपथपाने वाले बड़प्पन भरे ऐंसे वाक्य भी बोले जो सिर्फ वे ही बोल और निभा सकते हैं। उनकी कुल बातों का लब्बोलुवाब यह था कि तुम पर न तो विषय चयन का दबाव रहेगा, न स्पेस का—जितना बड़ा या छोटा लिखो, जिस पर भी लिखो और कितना भी विवादपूर्ण लिखो, तब भी वे उसे छापेंगे। श्रोत्रिय जी ने खुली छूट दी। मुझे मानना ही पड़ा। मानना ही था। मूर्खता कहाती, जो न मानता तो। वहाँ से

शुरुआत हुई मेरे कॉलम लेखन की।

इसके भी शायद दो साल वाद की बात होगी। एक दिन अचानक ही दोपहर में 'इंडिया टुडे' के अशोक कुमार जी ने फोन किया। कहा कि 'इंडिया टुडे' के 'कटाक्ष' कॉलम में 'मेहमान का पन्ना' में व्यंग्य कॉलम लिखिए। मैं तुरन्त हाँ नहीं कह सका। मैंने कहा कि मैं पहले ही 'नया ज्ञानोदय' में लिख रहा हूँ, उपन्यास पर भी काम कर रहा हूँ, ऐसे में मैं कैसे यह काम कर पाऊँगा? मैंने अपना यह काम भी कहा और पूछा कि 'इंडिया टुडे' कदाचित मुझसे राजनीतिक व्यंग्य वगैरह तथा तात्कालिक विषयों पर त्वरित लेखन माँगेगा, और मैं ऐसा नहीं कर पाऊँगा। यहाँ भी श्रोत्रिय जी की तरह ही अशोक कुमार ने मुझे कई तरह से आश्वस्त किया। कहा कि हम भी यही चाहेंगे कि विषय आप ही चुनें–और तात्कालिक किस्म के व्यंग्य नहीं हों, तो और बेहतर होगा, हाँ स्पेस की सीमा अवश्य रहेगी क्योंकि 'इंडिया टुडे' में यह कॉलम उसके एक पेज में ही आता है जिसमें एक स्केच के लिए भी जगह छोड़नी होती है। उन्होंने यह भी कहा कि यह कॉलम अभी तक श्रीलाल शुक्ल जी लिख रहे थे। वे बन्द कर रहे हैं और उनका भी कहना है कि अब इसे तुम ज्ञान चतुर्वेदी से लिखवाओ। मेरे लिए यह बड़ी बात थी। मैंने सोचा कि चलो यह भी करके देख ही लेते हैं। तो करने लगा। 'नया ज्ञानोदय' और 'इंडिया टुडे' के कॉलमों को मेरे पाठकों ने और हिन्दी जगत ने बेहद उदारतापूर्वक और खुले दिल से स्वीकारा, पसन्द किया। यह बहुत बड़ी बात थी। मेरे पास हिन्दी के बहुत से ऐसे बड़े लेखकों के पत्र, फोन, एसएमएस से आत्मीय प्रतिक्रियाएँ मिलने लगीं जिनके बारे में मेरा विश्वास था कि वे शायद मेरे नाम से भी परिचित नहीं होंगे। पर वे थे। वे पहले से मुझे पढ़ रहे थे और पसन्द करते थे–और अब कॉलम पढ़कर उनकी पसन्दगी और बढ़ी थी–यह बात भी आश्वस्तकारी थी। फिर तो देश के सुदूर हिस्सों से सामान्य पाठक पत्र या फोन द्वारा हर कॉलम पर अपनी सम्मति और सहमति देने लगे। अचानक ही हवा बहने लगी, पंछी चहचहाने लगे और कुल मिलाकर मौसम खुशगवार सा हो चला।...तब जाकर मुझे पता चला कि नियमित कॉलम लेखन की क्या ताकत हो सकती है और यदि ज़िम्मेदारी से यह काम करो तो कुछ अच्छा काम भी कर ही सकते हो।

सो आज तक तो चल ही रहा है।

तब से चल रहा है। पिछले वर्षों में इतने कॉलमों से, इतना सारा लिखा है कि खुद ही खुद पर विश्वास नहीं होता। और सन्तोष की बात यह रही कि प्रायः ठीक ही लिखा। यह विश्वास या गलतफहमी तो खैर हर एक को अपने लेखन के बारे में होती ही है। यह न रहे तो लिखे कैसे? सो मैं लिखे जा रहा हूँ। अभी भी कॉलम चल रहे हैं। बीच में अपने उपन्यास 'नरक यात्रा' की फिल्म स्क्रिप्ट भी लिख दी।

नए व्यंग्य उपन्यास का दूसरा ड्राफ्ट भी चल रहा है। परम मित्र अंजनी चौहान के रंग-बिरंगे व्यक्तित्व पर लम्बा उपन्यासनुमा संस्करण भी लिखा जा रहा है। डॉक्टरी भी चल रही है। पति, पिता, दोस्त, डॉक्टरवाले रोल भी बाकायदा निभाए जा रहे हैं। और इतनी सक्रियता के बीच अपने आलसी स्वभाव को भी पर्याप्त आदर तथा जगह दी जा रही है। कुल मिलाकर मैंने सिद्ध किया है कि मेरे जैसा आलसी आदमी भी यदि ठान ले तो बहुत सारा काम कर सकता है– बशर्ते कि वह ठानने में आलस्य न करे।

बहरहाल।

प्रस्तुत किताब में 'इंडिया टुडे' में अब तक के छपे सारे व्यंग्य जा रहे हैं। परन्तु आग्रह सौ व्यंग्य रचनाओं वाली किताब का था (और यह आग्रह प्रकाशक से ज़्यादा मेरा था) तो बीसेक व्यंग्य 'राजस्थान पत्रिका' और 'सहारा समय' आदि में छपे कॉलमों से भी लिए हैं। आदमी एक बार ठान ही ले कि कैसे भी सौ करने हैं, तो हो ही जाते हैं। सो हो गए। अब संग्रह आपके हाथों में है। पढ़कर देखें। पसन्द आएँगे, यह विश्वास है। परन्तु यदि पसन्द न आए तो माल वापस वाली गारंटी नहीं दे पा रहा। ऐसा हिन्दी साहित्य में नहीं चलता। बेचा हुआ माल वापस नहीं लिया जाएगा और फैशन के इस युग में गारंटी की अपेक्षा न करें—ये दो वाक्य प्रायः दुकानों पर लिखे ही रहते हैं। फिर भी आप वहाँ से सामान ख़रीदते ही हैं न? क्यों भला? क्योंकि दुकान ने अपनी एक साख बनाई होती है। राजकमल वालों की एक साख है और मैंने भी थोड़ी बहुत साख बनाई ही है। सो ख़रीद लें। पढ़ें। दाद दें। गालियाँ दें। जैसी भावना हो, प्रकट करें। प्रकट करने के लिए नीचे लिखे पते तथा फोन नम्बर पर सम्पर्क कर सकते हैं।

A-40, अलकापुरी, भोपाल-462 024
फोन : 09425604103

—ज्ञान चतुर्वेदी

अनुक्रम

आनन्द का अधिकार

तेल से लगभग रीते हुए दीपक। अधजली बातियाँ। पिघली हुई, आधी-अधूरी-सी ढह चुकी मोमबत्तियाँ।

आधी जली, आधी पिघली।

दीवाली की रात के बाद की सुबह का दृश्य।

सुबह भी न कहें, अलसुबह कह लें। अलसभोर का धुँधलापन है। रात जा चुकी पर सुबह मानो कि पूरी पहुँची नहीं है। गहरी नींद में हैं कॉलोनी के लोग। देर रात तक जागकर तगड़ी दीपावली मनाई है सबने। बड़े भव्य बँगलों की कॉलोनी है यह। देर रात तक खूब जगमग और शोर-शराबा रहा। खूब पटाखे फोड़े गए। चकिरयाँ/बम/अनार/सुर्री बम/दीपक/मोमबत्तियाँ, बिजली के रंग-बिरंगे लट्टू। खूब मनी दीपावली।

और अभी सर्द अलसभोर का समय। सुबह की हल्की उजास से आकाश भर गया है परन्तु यह उजास अभी धरती पर नहीं उतरी है। अँधेरे और उजाले को कभी एक साथ देखा है? वही है अभी। बँगले की दीवारों और छत पर लटके लट्टू अभी भी लपझप कर रहे हैं। बँगले के पोर्च तथा बाहर की सड़क पर रात में जलाए गए पटाखों का मलबा-सा बिखरा पड़ा है, दूर तलक। जले, अधजले अनारों के ठूँठ, काली अधजली, जली फुलझड़ियाँ, चिथड़े चिथड़े होकर बिखर गए रंगीन कागजों के रंग-बिरंगे टुकड़े जो कभी बम के हिस्से थे। फिर जले, बुझे, बिना चले बम, लड़ियाँ और अन्य पटाखे भी इसी कचरे के बीच यहाँ वहाँ पड़े हैं।

मोमबत्तियों का मोम पिघलकर बँगले की बाउन्ड्री वॉल पर यहाँ वहाँ फैल गया है। कुछ दीए वहीं पलट गए हैं। कुछ जमीन पर गिर गए हैं। तेल का छोटा सा धब्बा सीमेन्ट पर।...वैभव भरी दीपावली की रात का अटाला यहाँ वहाँ पड़ा है।

इसी धुँधली, सर्द, अँधियारी-सी सुबह में चार छोटे-छोटे बच्चे, न जाने किस दिशा से, अचानक ही, किसी छापामार टुकड़ी के कौशल से कॉलोनी की इस सड़क पर प्रकट हुए हैं और आते ही सड़क पर बिखरे पटाखों के मलबे की गहन पड़ताल में व्यस्त हो गए हैं। वे सतर्क हैं और तेजी से हाथ चला रहे हैं। बीच-बीच में सब तरफ देखते भी जा रहे हैं।

ये बच्चे नंगे पाँव हैं। अधनंगा शरीर। अधजले अनार के काले-धूसर भदरंग खोल जैसे बदन के बच्चे। होंगे यही पाँच से सात-आठ साल तक के। ये उन झुग्गी-झोपड़ियों की बस्ती से आए बच्चे हैं जो ऐसी भव्य बँगलों वाली कॉलोनी के कमल के चहुँओर, कीचड़ की भाँति अनिवार्य रूप से पनप ही जाती है। कमल की देखभाल, साज-सँभाल के लिए कीड़ेनुमा नौकर इसी कीचड़ से आते हैं न। उन्हीं की ये डेड़ पसली वाली सन्ताने हैं जो इस वक्त सड़क पर बिखरे दीपावली के मलबे में से उन पटाखों के लिए जद्दोजहद भरी पड़ताल कर रहे हैं जो रात में चलने से रह गए होंगे। वे अधजले, अधचले बम पटाखे यदि मिल जाएँ तो जीवन सफल हो जाए इन बच्चों का।

चारों बच्चे पैनी निगाहों से किसी विशेषज्ञ की भाँति सड़क और पोर्च के परिदृश्य का गहन निरीक्षण कर रहे हैं। उनके हाथों में संटियां हैं जिनसे वे कचरा कुरेद रहे हैं। अधजले पटाखों को हथेली पर धरकर सूक्ष्म पड़ताल की जा रही है और यह कठिन तकनीकी निर्णय लिया जा रहा है कि पटाखे में कुछ बारूद बकाया है या नहीं? आपस में परस्पर राय ली जा रही है और विशेषज्ञ टिप्पणियाँ की जा रही हैं। 'ये वाला तो एकदम साबुत है रे...क्यों न?' छुटके ने दिखाया है उठाकर तो बड़के ने दिया मिला-के-एक करारा हाथ कि स्साले, ये पूरा खोखला नज़र नहीं आता क्या रे तेरे को? कहता कि ये साबुत है! कैसा चूतिया है रे...! सारे बच्चे हँस रहे हैं छुटके की नादानी पर कि पाँच साल का इत्ता बड़ा घोड़ा हो गया है और चला हुआ पटाखा तक नहीं पिचानता! सारे ही-ही कर रहे हैं। तभी बुजुर्ग किस्म के आठ वर्षीय बड़े बच्चे ने सभी को फटकारा और चेताया है कि कॉलोनी की उधर की सड़क भी देखनी है अपुन को नहीं तो कहीं पप्पू गप्पू अपुन से पेले पोंच के सारे पटाखे न बीन ले जाएँ। जल्दी करो।...सभी जल्दी-जल्दी बीन बीन कर पटाखों को पोलीथीन की थैलियों में भरने लगे। सारे सम्भावनाशील पटाखे भरे जा रहे हैं। झुग्गी बस्ती में पहुँच कर दोबारा सभी को बिखरा के जाँचा जाएगा कि कित्ते काम के, कित्ते कचरा?...भोत मिल गए रे। सच्ची। कसम से।...एक बच्चा दावा कर रहा है पर दूसरे को सुनने की ताब ही नहीं। दूसरे से अपनी ही खुशी बर्दाश्त के बाहर हो रही है। उसे एकदम साबुत अनार और दो नयी नकोर फुलझड़ियाँ मिल गई हैं। कैसे मूरख हैं रे कॉलोनी वाले कि एकदम बिना जले पटाखे सड़क पे छोड़ गए।...पर मजा आ गया यार। अभी जा के चलाएँगे बस्ती में तो राजू की ऐसी-तैसी हो जाएगी। कल राजू के बाप ने उसे दो नये नकोर बम ख़रीद दिए थे तो कैसी शानपट्टी दिखा रहा था!...अपुन की तो माँ भग चुकी है और बापू स्साला दीवाली को भी दारू पी के पड़ा था कहीं तो कल अपुन कहाँ से पटाखे बजाते? पर अभी देखना। थैली भर ली है पटाखों से।

कि तभी छुटकी को पोर्च में अन्दर की तरह दो साबुत चकरियाँ और तीन नई फुलझड़ियाँ कार के पहिए के पास पड़ी दिख गई हैं। '...मैंने सबके पेले देखा। मैं ही उठाऊँगी।'...उठाने के लिए बँगले का गेट ठेलकर अन्दर जाना होगा। 'जाऊँ, कि नहीं? '...अरी चली जा।...तू ही रखियो। तू ही चलइयो। कोई न छुड़ाएगा तेरे से। वैसे भी फुलझड़ी, चकरी सब लड़कियन की चीजें। हमें क्या? क्यों छटंकी? है न?'...सारे लड़के छुटकी को प्रोत्साहित कर रहे हैं। छुटकी गेट के बाहर असमंजस में। कहीं कुत्ता न हो वहाँ।...या आदमी ही हो?...

कुत्ता तो नहीं था परन्तु अचानक ही बँगले से एक अधेड़ आदमी निकल आया। मोटा-सा। नाइट सूट पहिने। '...क्यों रे हरामियो, चोरी कर रहे हो?' झुग्गी के बच्चों को देखकर बँगले वाले के मन में सर्वप्रथम जायज विचार यही आता है।

'भागो रे...' बच्चे समवेत स्वर में चिल्लाकर गदबद देकर भागे हैं। हाथों में पटाखों की थैलियाँ। आवाज़ें सुनकर पड़ोसी भी बाहर निकल आए और अपने पोर्च में ही खड़े होकर इस पोर्च वालों से सारा मामला दरयाफ्त करने लगे :

'क्या हुआ सिन्हा साहब?'

'अरे कुछ नहीं...ये ही झुग्गी के लौंडे-लपाड़ी।...स्साले पटाखों के बहाने से बँगले में घुसने की कोशिश में थे।...वो तो देख लिया, वरना न जाने क्या चोरी कर ले जाते?'

'ये अपनी कॉलोनी के सिक्योरिटी गार्ड स्साले क्या करते रहते हैं?'

'कॉलोनी इज गोइंग टू डॉग्स...रीयली...'

दोनों देर तक बातें करते रहे कि ज़माना भरोसा करने लायक नहीं बचा है।

और बच्चे?

वे अभी झुग्गी-बस्ती में पटाखे और उनसे झाड़ी गई बारूद को कागज में रखकर जला रहे हैं और खूब मजे ले रहे हैं। दीपावली पर थोड़ा-सा आनन्द लेने का उनका भी कुछ अधिकार तो बनता ही है न! हैं कि नहीं?

निरर्थक हो रहे शब्द...

भाषा, संस्कृति तथा सभ्यता के विकास के साथ कुछ अच्छे शब्द पैदा हुए।

पर आजकल मुझे लगने लगा है कि मनुष्य जाति इन शब्दों को अच्छी जगहों पर, अच्छे उद्देश्यों से, सदियों से इस्तेमाल करते करते थक चुकी है। शब्द इतने अच्छे हैं कि छोड़े भी नहीं जाते। इसीलिए इन अच्छे शब्दों को हमने अच्छी जगह के स्थान पर आजकल किसी भी ऊटपटाँग जगह प्रयोग करना शुरू कर दिया है। और इतना किया है कि उनके अर्थ ही बदल चले हैं। आप बिना उदाहरण के मानेंगे नहीं और मेरे पास भी इस लेख को आगे बढ़ाने का एकमात्र उपाय यही प्रतीत हो रहा है कि मैं कुछ उदाहरण दूँ। सो मैं कुछ उदाहरणों से अपनी बात स्पष्ट करूँगा। दोनों का काम सलट जाएगा।

कुछ शब्द ऐसे रहे हैं जो किसी के प्रति आदर, श्रद्धा, नमन, सम्मान आदि प्रकट करने के लिए वापरे जाते रहे हैं। आदरणीय, परमआदरणीय, सम्माननीय, श्रद्धेय, प्रातःस्मरणीय, मान्यवर, माननीय, परमश्रद्धेय आदि ऐसे ही शब्द थे। परन्तु कब ये सुन्दर शब्द अपना मूल अर्थ तथा उद्देश्य छोड़कर चापलूसी, चमचागीरी, खुशामद आदि के नीच काम में लगा दिए गए, पता ही नहीं चला। पहले राजनीति, फिर अफसरी और अब सर्वत्र ही ये शब्द कहीं भी झालर की तरह टँगे मिल जाया करते हैं। अब आप इन पवित्र शब्दों को कहीं भी सुन सकते हैं और कहने वाले का तिकड़मी मंतव्य भी तुरन्त जान भी सकते हैं। हद तो अभी उस दिन हो गई जब एक सज्जन ने हमें तक श्रद्धेय तथा प्रातःस्मरणीय बता डाला। हमने तुरन्त ही उत्तर में कह डाला कि श्रद्धा उत्पन्न करने वाला ऐसा कोई खरा या खोटा काम हमने कभी किया नहीं है—फिर भी जिस काम से तुम्हें हमारे श्रद्धेय होने का भ्रम पैदा हुआ है, यदि वह बता दो तो हम उससे भी मुक्ति पा लें। हाँ भई, इस देश को जितना नुकसान श्रद्धेय जनों ने पहुँचाया है, उतना और किसी ने नहीं। इसीलिए श्रद्धेय नहीं बनना चाहता। श्रद्धेय स्साले का भरोसा नहीं। 'श्रद्धेय' की आड़ में कुछ भी कर सकता है श्रद्धेय। श्रद्धेय हैं और रिश्वत माँग रहे हैं। श्रद्धेय की रिश्वत का रेट डबल है। आधा तो इस बात के अहसान का कि श्रद्धेय होते हुए भी श्रद्धेय ने तुमसे रिश्वत

कुबूल की। श्रद्धेय जो न करे, थोड़ा है। श्रद्धेय हैं और उनका आपसे विनम्र आग्रह है कि आप अपना बलात्कार कराएँ। एक श्रद्धेय तो हमसे इसी बात पर नाराज़ हो गए थे कि आप कहते तो हमें श्रद्धेय हो, परन्तु चाहे जब अपने उधार दिए पैसे वापस माँगने के लिए खड़े हो जाते हो। श्रद्धेय आदमी में पाँच दस हजार रुपए डुबा नहीं सकते क्या? क्यों बार-बार श्रद्धेय की बेइज्जती करने के लिए खड़े हो जाते हो?

पर जिन्होंने हमें श्रद्धेय कहा था, वे इतने स्पष्टवादी निकले कि हमारे लिए वे आदरणीय होते होते बचे। वे बोले कि आप वास्तव में इसीलिए श्रद्धेय हैं, बल्कि आपको माननीय तथा प्रातःस्मरणीय भी कह डालूँ तो बुरा न मानिएगा क्योंकि हमारे सुपुत्र की केमिस्ट्री की परीक्षा के एक्सटर्नल परीक्षक आपके अनन्य प्रशंसक हैं और आपके प्रति उनकी घनघोर श्रद्धा का लाभ परीक्षा में जब तक हम आपके जरिए न निकाल लें, तब तक आप हमारे लिए श्रद्धेय ही रहने वाले हैं। एक दो बार बाद में उन्होंने सुबह सुबह अपने काम के लिए फोन भी किया जिससे हमें अपने प्रातःस्मरणीय होने की बात भी समझ में आ गई।

इसी तरह के शब्द हैं—संवेदनशील, दूरदृष्टि सम्पन्न, दृढ़ इच्छाशक्ति सम्पन्न, लौहपुरुष, लगनशील, मानवीय, कोमल हृदय, चमत्कारी आदि। ये प्रायः राजनीति में इस्तेमाल होते हैं। इन्हें किसी राजनीतिज्ञ के सन्दर्भ में प्रयुक्त होता पाएँ तो इस भ्रम में न पड़ जाएँ कि सम्राट अशोक या अकबर महान टाइप की किसी नायाब हस्ती का ज़िक्र चल रहा है, हो सकता है कि वे जिला सरपंच की बात कर रहे हों, फिर मन्त्री तो सभी दूरदृष्टि सम्पन्न होते हैं। मुख्यमन्त्री महान, मानवीय, विकास पुरुष आदि कुछ भी निकल आते हैं। युवा हृदय सम्राट भी देखे ही होंगे आपने। ठेका हथियाना है, विज्ञापन लेना है, पोस्टिंग करानी है—अगर इन जायज कामों में ये शब्द काम न आ सके तो धिक्कार है उस भाषा को जिसमें ये शब्द बने। एक ज़माने में हमारे मध्य प्रदेश के तत्कालीन मुख्यमन्त्री को तब के एक अफसर कवि ने संवेदनशील मुख्यमन्त्री के नाम से प्रसिद्ध कर दिया था। सभी को यह नया नाम बड़ा भाया था। धीरे धीरे सभी राजनीतिज्ञों ने इसे पसन्द किया और उनके चमचों ने इसे खूब रगड़ के प्रयोग में लाया। तभी से यह खूब चल रहा है। अब तो मुख्यमन्त्री से लगाकर पंच-सरपंच, नगरपालिका पार्षद, सलाहकार समिति के सदस्य तथा चुंगी बोर्ड के मेम्बरान तक चाहते हैं कि उन्हें संवेदनशील कहा जाए। इस बात को लेकर वे इस कदर संवेदनशील रहते हैं कि यदि कोई उन्हें उचित मौके पर संवेदनशील कहने को चूक जाए तो वे उसको ठिकाने लगा सकते हैं। अब तो आदमी राजनीति में घुसते ही संवेदनशील कहलवाना चाहता है। वह टोपी जैसा धारण करना चाहता इसे तथा ऐसे ही काम के अन्य शब्दों को। पिलपिले नेता भी लौहपुरुष हैं और आलसी

कार्यकर्ता भी कर्मठ। जब तक इन्हें कर्मठ कार्यकर्ता न कहा जाए वे आपके पीछे नहीं आने वाले।

और साहित्य में तो कहना ही क्या। यहाँ तो शब्दों की ऐसी छीछालेदारी और फिज़ूलख़र्ची होती है कि देखकर शब्दों के प्रति सहानुभूति हो आती है। ऐसी फिज़ूलख़र्ची की तुलना हम दीवाली में जलाए हजार-दस हजार लड़ियों वाले पटाखों से करना चाहेंगे क्योंकि ये शब्द भी शोर तो वैसा ही पैदा करते हैं, पर उसका कोई अर्थ नहीं होता। वैसे हमारा मन तो कुत्ते की पूँछ में पटाखे बाँध कर चलाने से तुलना करने को भी कर रहा है परन्तु कुत्ते द्वारा साहित्य में उसकी फालतू ही कुत्ताघसोटी पर उसके द्वारा बुरा मानने का डर होने के कारण नहीं कर पा रहे हैं। कितने सारे अच्छे शब्दों का कितना बड़ा कबाड़।...विद्वान लेखक, जनप्रिय लेखक, जनकवि, उद्भट विद्वान, सुकवि, स्थापित कवि, लाड़ला कवि, बहुपठित कथाकार, अनूठे, विरल, अद्भुत चितेरे, कविराज, कवि कुल शिरोमणि, बहुपुरुस्कृत, सुपरिचित, ख्यात, विख्यात, सुविख्यात, सलोने कवि, कोमलकान्त, व्यंग्य सम्राट, समादृत, कथा के जादूगर, सत्यान्वेषी, चमत्कारी, काव्योन्मेषी, काव्यमर्मज्ञ, रसिक, मर्मज्ञ, बेबाक, दूसरी-तीसरी-चौथी परम्परा के वाहक...। न जाने किन किन अनूठे शब्दों से परिचय दिया जाता है साहित्य में। जिन्हें भाषा ने शब्दों को सही अर्थ देने की ज़िम्मेदारी दी थी, वे ही उनका अनर्थकारी उपयोग धड़ल्ले से किया करते हैं।

फिर शब्द बेचारे क्या करें? वे तो मौन रहते हैं और सजग व्यक्ति से उम्मीद करते हैं कि वह पंक्तियों और शब्दों के बीच छिपे शब्दार्थ को पकड़ लेगा। स्थितियाँ ऐसी विकट हैं कि हमें शब्दों से परे उनके छुपे अर्थ को पढ़ना/देखना/सुनना सीखना पड़ेगा, वरना वे या तो निरर्थक हो जाएँगे या भ्रम पैदा करेंगे।

भूले तो हैं, पर लाएँगे ज़रूर

'आजकल आप लोग समाजवाद लाने की बात ही नहीं करते?' मैंने लगभग शिकायत-सी करते हुए उनसे कहा।

एकदम सच बात भी है यह। पहले तो वे हरदम ही कहते रहते थे। किसी तरफ भी जा रहे हों, यही कहते थे कि समाजवाद लाने जा रहे हैं। इसी झटके में उन्होंने कई चुनाव भी जीत डाले। लोगों ने समाजवाद देखा नहीं था और ये उसके बारे में खूब अच्छी अच्छी बातें उड़ाते रहते थे। बताते थे कि वो ऐसा, तो वो वैसा। मानो शायर, पर्दानशीं महबूब के बारे में गाता फिरे कि उसकी आँखें नशीली, होंठ ऐसे रसीले और चितवन कटार जैसी है। ऐसे में घूँघट उठाने की तमन्ना सभी की हो जाती थी। सभी प्रतीक्षा करते। ये बताते रहते कि ला ही रहे हैं। एक दिन समाजवाद की डोली लाएँगे और तुम्हारे आँगन में उतार देंगे। बस! फिर देखना। घर के सब दलिद्दर खत्म हो जाएँगे। सबका जीवन बदल जाएगा। समाजवाद के कमर में हाथ डालकर घूमना। नाचना। मजे करना।

तब वे हर जगह ऐसी ही बातें करते थे, मानो वे समाजवाद के थोक विक्रेता और होल-सोल एजेन्ट हों। उन दिनों वे समाजवाद का नाम डाले बिना एक वाक्य भी पूरा नहीं करते थे। जैसे कि मान लें कि उन्हें यह कहना हो कि सुनती हो, हम तनिक टॉयलेट होकर आ रहे हैं—तो वे इसे यूँ सीधे-सीधे न कहते। वे इसे, दूसरों को भी सुनाते हुए खूब जोर से यूँ कहते कि सुनो जी, हम जरा टॉयलेट जा रहे हैं और अगर इसी बीच हमें खोजता हुआ कहीं समाजवाद आ जाए, तो उसे बिठा लेना; जाने मत देना। कहना कि पाँच मिनट में आ रहे हैं। चाय-वाय पिलाना। वे मानते थे कि समाजवाद कभी भी आ सकता है। बल्कि उन्हें तो यह सन्देह तक था कि समाजवाद तो पहले भी एकाध बार हमें पूछता हुआ यहाँ आया था, पर हम ही घर पर नहीं थे और हमारी वाइफ भी ऐसी लापरवाह टाइप की हैं कि उसे पहिचाना ही नहीं और बाहर ही बाहर से टरका दिया। उन दिनों वे जहाँ से भी निकलते, तो बताते जाते कि तैयार रहना, आने ही वाला है। चाय की गुमटी पर चाय पीते पीते सामने वाले से अक्सर, बीच-बीच में पूछ लेते कि यार, जरा हमारे पीछे की तरफ देखते रहना

कि कहीं समाजवाद उस तरफ से आकर न निकल जाए और हम देख ही न पाएँ। उन्हें लगता था कि अब समाजवाद कभी भी आ सकता है और आगे-पीछे, दाएँ-बाएँ, किधर से तो-भी अचानक निकल सकता है। उन्हें तो यहाँ तक लगता कि कहीं यह पठ्ठा भेस बदलकर न आ जाए। इसी चक्कर में हर दाड़ी वाले पर वे शक करते थे और हर काले चश्मे वाले को देखकर आशान्वित हो उठते थे। दरअसल, समाजवाद की उनकी खुद की अवधारणा एक धेले की नहीं थी। समाजवाद के विषय में उन्हें इतना ही पता था कि यह कोई ऐसी शै है, जो वोट दिला सकती है। इससे अधिक न तो वे जानते थे और न ही जानने की आवश्यकता महसूस करते थे। काम चल ही रहा था। नाम से ही काम चल रहा था, तो और जानने-समझने में समय नष्ट करने को वे अपराध मानते थे। सोचते कि क्या तो पता करना; जब समाजवाद आएगा तो और लोगों के साथ अपुन भी देख ही लेंगे। ऐसा ही कुछ। वे समाजवाद को ऐसी अफवाह मानते थे जो कभी सच भी हो सकती थी।

परन्तु समाजवाद के ऐसे समर्पित तथा शौकीन आदमी ने भी जब समाजवाद लाने की बातें करनी बन्द कर डालीं तो मुझे धक्का लगना स्वाभाविक ही था। वे अभी भी राजनीति में हैं और वोट के लिए मजमे भी लगाते रहते हैं--बस, इन मजमों में समाजवाद की बात या तो करते ही नहीं, या फिर ऐसे ही उड़ता-उड़ता सा कोई जिक्र यहाँ वहाँ कर दिया तो बहुत है। बस। आजकल वे बाज़ार, सेंसेक्स, विकास-दर, फ्लाईओवर, मॉल, फॉरन-डायरेक्ट-इन्वेस्टमेन्ट वगैरह की ही बातें किया करते हैं। या फिर सीधे ही जाति, सम्प्रदाय, धर्म, अपना इलाका आदि की बातें। उनकी राजनीति आजकल इन्हीं के आसपास घूमती है। समाजवाद को उन्होंने अनाथ टाइप छोड़ दिया है। उन्हें परवाह ही नहीं कि बेचारा समाजवाद आजकल लावारिस-सा घूम रहा है।

इसी सब के चलते मैंने उनसे वह प्रश्न किया था जिससे इस रचना की शुरुआत हुई है। प्रश्न से ज़्यादा तो यह मेरी शिकायत थी कि आप आजकल समाजवाद लाने की बात एकदम ही बन्द कर दिए हैं भाई? और यह शिकायत इसीलिए क्योंकि उन दिनों तो मुझे तक विश्वास हो चला था कि हो सकता है कि ये लोग समाजवाद ले ही आएँ। इसी कारण पूछ लिया।

उत्तर में वे कहने लगे कि देखिए, समाजवाद तो हमें लाना ही लाना है। तनिक लेट ज़रूर हो गया है और आजकल हम इस बावत बोलते भी नहीं हैं, परन्तु इसका यह मतलब न लें कि हम लाएँगे नहीं। वो तो लाना ही है। एजेन्डा में है भाई। लिस्ट में नाम है। उसका ऑर्डर भी दे रखा है यार। परन्तु परेशानी यह है कि पहले रूस से लाने की बात चल रही थी। अब उनकी समाजवाद वाली फैक्टरी ही बन्द हो गई। वहाँ से माल आना बन्द हो गया। हो सकता है कि अब हम खुद अपना समाजवाद, यहीं, देसी पद्धति से बनाने लगें। देश इतना सक्षम हो चुका है। हम बनाएँगे और

मॉल में धरवा देंगे। अच्छी मार्केटिंग की जाए तो समाजवाद भी मार्केट पकड़ सकता है। अब तो भैया, कभी आया तो मार्केट से होकर ही आएगा। पर हमें यह भी पता है कि हम बनाएँगे, तो कैसा बनेगा। इसी चक्कर में बनाते ही नहीं। फिर आजकल दूसरी चीजों पर ही वोट मिला करते हैं। समाजवाद की बात करो तो वे आपको फ्रॉड मानने लगते हैं।...इसी कारण चुप हैं हम आजकल।...पर देर-सबेर हम समाजवाद पर लौटेंगे ही। देखते चलो। अभी तुमने देखा ही कि हम धीरे से 'गरीबी हटाओ' पर भी लौट ही आए। ऐसे ही। करेंगे। मौका बनने दो। हम समाजवाद लाने की बात पर भी लौटेंगे ही। देखते चलो...वे कह रहे हैं।

देखते हैं। सालों से यही तो देख रहे हैं।

ठंड में मौत

एक था राजा।

बड़ा दयालु। राजा होते ही हैं।

बाँटता था कम्बल वह ठंड के दिनों में। भेजता था नावें बरसात में। खुलवाता था प्याऊ गर्मी के दिनों में। खुलवाता लँगर अकाल के दिनों में और राहत में देता एक एक स्वर्ण मुद्रा उनको कि जिनके घर वाले मारे गए युद्ध में। यह सब, क्योंकि राजा ठहरा दयालु।

वहीं प्रजा थी विकट हरामी। प्रजा होती ही है।

राजा के इतने प्रयासों के बाद भी बदमाशी पर उतारू रहती प्रजा। उसकी कोशिश रहती कि कैसे बदनाम करें राजा को। प्रजा नमकहराम। प्रजा जूता मारने लायक। प्रजा इस कदर कमीनी कि मर जाती ठंड में अकड़कर। बह जाती बाढ़ की लहरों में। प्रजा पहले तो करती रहती लू-लपट भरी दोपहर में मजदूरी और फिर लू लगने का बहाना करके मर जाती। बताइए! बदमाश लोग। राजा व्यर्थ ही बदनाम! उसका दयालु हृदय होता रहता व्यथित। पर प्रजा मरने से बाज न आती। ऐसे ऐसे चालाक खानदान श्रीमान कि दादाजी खेत में मजदूरी करते हुए लू से मरे, तो पिताजी राजपथ के किनारे खुले में सोते हुए सर्दी में मर गए; और जो बचे वे स्साले भूख से मर गए। और जो फिर भी बच गए, वे मर गए दंगों में या कभी किसी श्रेष्ठिजन के रथ के नीचे आकर।

तो ऐसी शरारती प्रजा।

फिर भी राजा ऐसा कृपालु कि उसकी दया सभी पर।

यह कथा ऐसे ही राजा की है।

ठंड के दिन थे। बल्कि ठंड की रात का किस्सा है यह।

राजा बैठा है अपने दीवाने-खास में। उसके आसपास देश के वे खास जन, जो यूँ खास बने कि राजा के आसपास दिखते थे खास यानी कि मन्त्री, सन्त्री, ज्ञानी-जन देश के। प्रजा और राजा के बीच के लोग। चर्चाएँ चल रही हैं कि कैसे प्रजा का भला हो। राजा का मूड बढ़िया। अभी अभी नर्तकी उठकर गई है राजा की गोद से।

सुरापान चल रहा है, यह कहने की आवश्यकता नहीं। बिना सुरापान के क्या तो बैठक और कैसी तो ज्ञान की बातें! सो राजा का मूड शानदार और मन में दया का सागर। सुरापान के बाद कभी राजा को निहारें। वह ऐसे मौके पर ऐसा विकट दयालु हो जाता है कि उसे रोकना कठिन।

'बहुत सर्दी पड़ रही है क्या?' राजा ने बड़ा सा घूँट लेते हुए पूछा।

आसपास अलाव जल रहे हों और टाँगों पर लिहाफ हो, तो मौसम का हाल पता करने के लिए भी मुहासिबों का मोहताज हुआ करता है राजा।

'पड़ तो रही है मालिक। पर उतनी तेज भी नहीं।' खुद ने ऊनी वस्त्र पहन रखे हों तो और क्या उत्तर हो सकता है?

'तेज का पता कैसे चलेगा?'

'ठंड तेज होगी तो मरेंगे लोग...पता चल जाएगा सरकार।'

'हाँ भाई, तेज हो, तो कम्बल बँटवा दो।' राजा ने कहा।

'धरे हुए हैं मालिक...बस, इधर वे मरना शुरू हुए कि उधर हमने बँटवाए।'

'उनके मरने की ख़बर महल तक पहुँचने में कितना समय लेती है?' राजा ने पूछा। क्यों पूछ रहा है राजा ऐसे कठिन प्रश्न? किसी ने चुगली की है क्या? मन्त्री सतर्क। ज्ञानी चौकन्ने।

'झूठी ख़बरें बहुत फैलाते हैं दुश्मन। सो कन्फर्म करना पड़ता है सरकार। इसी से किंचित देर हो सकती है।'

राजा सुरापान में व्यस्त। चिन्तन में भी। पता नहीं चल रहा कि दरिद्रों की सोच रहा है कि नर्तकी की?

'ठंड में मरते क्यों है लोग?' राजा ने अचानक पूछा। चढ़ गई है। अवश्य। तभी तो। अनर्गल प्रश्न।

'ठंड तो यूँ ही बदनाम है कृपानिधान—जिसकी आती है, मरता है। ठंड का क्या दोष!' ज्ञानी ने कहा।

'हमारे पिताजी तो रजाई ओढ़े-ओढ़े मर गए।' एक बोले।

'हमारे ताऊजी मालपुआ गले में अटकने के कारण...' एक और बोले।

'बताइए! लोग बेकार ही भूख से मौत की ख़बरें देते हैं। मरने को आदमी मालपुआ खाकर भी मरता है...' ज्ञानी ने कहा।

'सब भाग्य की बातें हैं। भाग्य खराब हो तो...' तीसरे ने कहा।

'इनका ही भाग्य क्यों खराब है?' राजा को निश्चित ही चढ़ गई है।

'पूर्वजन्म के कुकर्म...वैसे भाग्य का खराब होना भी भाग्य की ही बात है सरकार।'

'परन्तु ठंड में मरता कैसे है आदमी?' राजा ने ज्ञानियों से पूछा।

सब चुप!

कैसे बताएँ? किसे पता? सुनते भर हैं। परन्तु एक अधनंगा, भूखा, दरिद्र ब्रह्मांड को चपेटे ठंडी रात में कैसे ठिठुरता होगा और कैसे अन्ततः शनैः-शनैः मर जाता होगा, यह कल्पना करना भी कठिन। न अनुभव, न संवेदना। सब चुप रहे।

तब राजा ने कहा कि खुलवा दिए जाएँ वे गवाक्ष कि जिनसे राजपथ दीखता है। शायद सड़क पर दिख जाए कोई ठंड से मरता। कौन कहे राजा को कि जिन गलियों में लोग ठंड से मरते हैं, वे महल की खिड़की से दिखाई नहीं देतीं।

खिड़की खोली गई, तो तेज ठंड का सर्द झोंका बिना राजा का ख्याल किये अन्दर आ गया। बेअदब कहीं का। राजा ने झाँका। राजपथ सूना था।

'कोई नज़र नहीं आ रहा?' राजा ने कहा।

'ठंड के मारे घर में ठिठुर रहे होंगे सरकार।' एक ने कहा।

'ठिठुर ठिठुर कर मर जाते हैं ये...' दूसरे ने कहा।

'पर ये लोग कम्बल ओढ़कर क्यों नहीं बैठते?' राजा ने पूछा।

'कौन-सा कम्बल महाराज?' मन्त्री ने अचकचाकर पूछा।

'वही, जो हम हर सर्दी में राहत के लिए लाखों बँटवाते हैं, वो ही कम्बल।' राजा ने कहा।

'हरामी लोग हैं श्रीमान! बेच देते हैं कम्बल और बाद में सरकार को बदनाम करते हैं कि मिले ही नहीं।' एक ने बताया।

'अन्नदाता, हर साल इतने कम्बल बँटे हैं कि कायदे से वे जो सारे ओढ़ लेते तो स्साले लू से मर जाते।' दूसरे ने बताया।

'जो राहत सामग्री बेचें, उनकी ठुकाई करो।' राजा का हुक्म।

'उनकी ठुकाई हम वैसे भी करते ही रहते हैं। इससे उनकी ठंड भी भागती है।'

'पर यह कैसी विचित्र प्रजा है कि जो कम्बल बेच खाती है और बाद में ठंड से मर जाती है?' राजा ने एक घूँट और लेते हुए मानो अपने आपसे कहा।

'वे तय नहीं कर पाते कि भूख से मरें कि ठंड से...इसीलिए सरकार।' विदूषक कवि ने कहा।

दीवाने-खास में सभी हँसने लगे।

रात देर तक खाना-पीना, ही-ही-ठी-ठी चला।

रियासत में अगली सुबह मुनादी हुई कि राजा ने मन्त्रिमंडल की बैठक में ठंड पीड़ितों की स्थिति का जायजा लिया और राहत के कम्बल तुरन्त बँटवाने के आदेश दिए।

'राजा कितना दयालु है।' प्रजा ने कहा।

होते ही हैं राजा दयालु।

अनुकूल हवा में कचरा

हवा बही और कचरा उड़ चला।

ऊपर। ऊपर। और ऊपर। दुनिया के ऊपर। आदमियों के सिर पर से गुजरता।

हवा पर सवारी गाँठते कचरे ने गर्व से कहा कि देखो तो रे लोगो, कि मैं कितना ऊपर, कि मैं कितना महान!

वैसे ना कुछ-सा कचरा।

न वजन में, न क़द में। परन्तु ज़माना यह है कि अनुकूल हवा चल पड़े तो कचरे को ऊँचाई पकड़ते देर नहीं लगती। बस, हवा भर आपके अनुकूल हो। आपकी हवा भर चल पड़े तो फिर इस देश में कोई आपको रोक नहीं सकता। हमने तो, अपनी हवा के चलते, लोगों को न जाने कहाँ से कहाँ पहुँचते देखा है—राजनीति में, नौकरी में, साहित्य में। तो ऐसा तो हाल आदमियों का। फिर कचरे ने किसी का क्या बिगाड़ा है? हवा चली तो उसने भी ऊँचाइयाँ प्राप्त कर लीं और अब इतराता उड़ रहा है। ऊँचाइयों पर इतराते ही हैं, पुनः वो कचरा ही क्यों न हो।

सो हवा चल रही है और कचरा आसमान में है। यहाँ से वहाँ। वहाँ से यहाँ। इस पोस्ट से उस पोस्ट पर। बल्कि एक साथ दोनों पढ़ों पर। कभी कहीं का अध्यक्ष। कभी कहीं का स्वामी। कभी इस संस्थान का सर्वेसर्वा, तो कभी उस विभाग का बाप। हवा बढ़िया चल रही है। मौसम कचरे के साथ है। बल्कि मौसम ही कचरे का है। पार्टी कचरे की। आका सही स्थान पर। बाप की सत्ता। धूल का राज। बवंडरों का ज़माना। यहाँ से वहाँ तक, बस अपनी हवा—अपने तूफान—अपने बवंडर। कचरा, कचरा होने के बावजूद उन ऊँचाइयों पर कि जहाँ तक पहुँचने की कोशिश मात्र में अच्छे-अच्छों का कचरा हो जाए। परन्तु कचरा पहुँचा है। और यूँ पहुँचा है—सटाक् से। शायद, कचरा होने के कारण ही यूँ पहुँचा है। न उसका कोई वजन, न अपना कोई वज़ूद। हर हवा के साथ, किसी भी दिशा में बहने को तत्पर। धूल के साथ उड़ने-रहने में सम्मानित महसूस करने वाला। बल्कि धूल का ही हिस्सा कह लें। जमीन पर भी, जब जब उन्होंने एक दूसरे पर धूल फेंकी, कचरा धूल के साथ ही था। धूल के साथ उड़ता, फिंकता। वही, धूल का कचरा आज आसमान पर। हवा

चल रही है और वज़न न होने का फायदा ले रहा है कचरा। हमेशा ही हलका रहा है कचरा। बेकार के वजन नहीं पाले उसने, न ही लादे। न तो सिद्धान्तों के बोझ, न अहम के, न आत्मसम्मान के और न ही शर्मोहया के। निरर्थक बोझ। दूर रहा वह, इन सबसे। हल्का रहा। और देखिए कि हवा चली, तो आज आसमान पर। आप टापते रह गए और वो उड़ रहा है आपके ही सर के ऊपर।

परन्तु मिला क्या कचरे को, इतनी ऊँचाइयों पर पहुँचकर भी? क्या इन ऊँचाइयों और गरिमावान पदों पर पहुँचकर कचरा, कचरा नहीं रहा? क्या इन ऊँचाइयों के अनुभव से कचरा बदल गया? नहीं मित्र, ऐसा कुछ नहीं हुआ। कचरे के साथ यही तो मजा है कि वो ऊँचाई पर पहुँचकर भी कचरा ही रहता है। वह कचरत्व में मग्न रहता है और कचरे से इत्तर कुछ और होने को तत्पर नहीं। वह अपनी समस्त छुद्रताओं, कमीनगी, ईर्ष्यापूर्ण चुभन, बदमाशियों, ओछेपन तथा कचरागर्दी के साथ ऊँचाई पर पहुँचा है और इन ऊँचाइयों पर पहुँचकर उसकी छुद्रताओं, कमीनगी, चुभन, ओछेपन आदि ने भी नई ऊँचाइयाँ प्राप्त की हैं। ऊँचाई पर पहुँचकर कचरा, और कचरा हुआ है। यह ठीक भी है क्योंकि कचरा जानता है कि कचरा होने के बाद भी इसी कचरागीरी के कारण आज वो वहाँ है कि जहाँ है। अपने बेलौस बयानों, गाली-गुफ्तार वाली भाषा, जोड़तोड़ की खुली राजनीति, अवसरानुकूल उचित सम्प्रभुओं के चरणों में बैठने या उन्हें लतियाने की कला के कारण ही वह वहाँ है कि जहाँ है। जमीन पर भी वो कचरा था और आसमान में भी कचरा ही है। तैरते हुए भी वो कचरा है और आँख में पड़ जाने पर भी कचरा ही रहेगा। वो कचरा होने के महत्त्व को जान गया है। आप लाख नाक-भौं सिकोड़ें, उसे जमीनी राजनीति की समझ है। वो कचरत्व में ही निर्वाण खोजता है और पा भी चुका है। वो छाती ठोककर पूछा करता है कि यहाँ कौन कचरा नहीं है? उसका मानना है कि जो भी ऊँचाई प्राप्त करते हैं, उनका कचरा होना लाजिमी है। 'बिना कचरा हुए आप ऊँचे नहीं जा सकते'—कहता है वो। कचरे को विश्वास ही नहीं हो पाता है कि ऊँचाइयाँ बिना अनुकूल हवा बहे भी प्राप्त की जा सकती हैं, कि अपनी सीढ़ी स्वयं बनने-बनाने वाले भी इस संसार में हो सकते हैं, कि ऊँचे कद के व्यक्ति अभी भी पैदा हो रहे हैं और कुर्सियों से बड़े कद के लोग भी होते हैं। कचरा क्या करे? उसके अपने अनुभव हैं। हवाओं से दोस्ती के उसके अपने किस्से हैं। सटाक तथा फटाकदेनी से ऊँचाई पर सुर्रीदार यात्राओं की उसकी अपनी रोमांचक कथाएँ हैं। क्या कीजिएगा?

सो, फिलवक्त स्थिति यह है कि हवा उसकी है, आसमान उसके बाप का है और कचरे की परवाज देखते ही बन रही है।

परन्तु कल, जब यह हवा नहीं होगी, तब?

तब क्या! यही कचरा धूल में पड़ा होगा। शायद नाली में पड़ा मिले। दिखेगा

भी नहीं। पता भी न चलेगा। मिला, तो पहचान भी न पाओगे। हो सकता है कि वो किसी के जूते में चिपका मिले या किसी जीप या कार के पहिए में चिपका प्राप्त हो—कि जूता या पहिया जिधर को चले तो अपुन भी वहीं को निकल गए। कचरे को इस स्थिति में कोई परेशानी भी नहीं। कचरे को पता है कि हवा चलने पर उसे पुनः आसमान मिल सकता है। कचरा यह बात जानता है। हवा भी और आसमान भी जानते हैं। तो दिक्कत कचरे को नहीं। दिक्कत आपके साथ है। आपकी दिक्कत यह है कि जब भी ऐसा कोई कचरा आसमान छू रहा होता है, तब आप जैसे समझदार ही उसे अपने सिर पर बिठाने-उतारने के लिए भागते फिरते हैं, यहाँ से वहाँ, इसी कचरे के पीछे। तो दोषी कौन है? कचरा कि आप?

जंगल में चुप

लोकतन्त्र का जंगल है यह।

जंगल में शेर का राज।

जंगल-राज।

गीदड़ों और भेड़ियों की सलाह पर चलाता है यह जंगल-राज, जंगल का शेर।

कोई प्रश्न कर रहा है कि आप इतने बलशाली और बुद्धिमान शेर (राजा से यही कहने की रिवायत है)–आपसे कहाँ छुप सकता है गीदड़ का चरित्र और भेड़िए की औक़ात–फिर भी आप इन्हीं भ्रष्ट सलाहकारों को रखे हुए हैं, सो भला क्यों?

शेर भड़क गया।

याद रहे कि भड़का हुआ शेर आपको खा भी सकता है। वो तो अच्छा हुआ कि जंगलराज में मीडिया की स्वतन्त्रता के किस्सों की विश्वसनीयता बनाए रखने के लिए शेर को कई बार जब्त भी करना होता है। मीडिया तीखे प्रश्न करे तो सुन लेता है राजा। पर वह तीखे उत्तर देने को स्वतन्त्र है। उसने दिया भी : 'तुम क्या चाहते हो? हम जंगली गधे को यह पोस्ट दे दें? कुछ जगह हमने उन्हें भी रख छोड़ा है क्योंकि वे वही सलाह देते हैं, जैसी हम चाहते हों। परन्तु वे, तिकड़म लगाकर, हमारे डिनर के लिए किसी जानवर को हमारी गुफा तक उसी की मर्जी बनाकर नहीं ला सकते। गधे की अपनी सीमा होती है। वे एडमिनिस्ट्रेशन की ऐसी बारीकियों से डील नहीं कर सकते। वे केवल ढो सकते हैं।'

मीडिया वाले ने खरगोश का केस रखा। उसे भी मौका दिया जाए तो?

शेर हँसने लगा।

'खरगोश? खरगोश को रख लें और उसी से वह नोट पुटअॅप करने को कहें कि बता कि खरगोशों को फाँसने के लिए जंगलराज में कौन से संविधान-संशोधन करे जाएँ कि जो खरगोशों को यह हक दें कि वे तय कर सकें कि वे पंजों से मारा जाना पसन्द करेंगे कि दाँतों से?...तुम यार कुछ भी अल्काटपू प्रश्न न पूछो। मीडिया को अपनी आचार संहिता में रहकर प्रश्न पूछना चाहिए।'

पूछने वाला चुप रह गया। शेर बेबाक इंटरव्यू देने पर आमादा है।

‘आप गाय को बनाइए न। गौमाता। सलाह के अलावा दूध भी देगी, जिससे शावकों का स्वास्थ्य और उत्तम होगा।’

‘बहुत भोले हो। मित्र, शावक शेरनी के दूध और गाय जैसों के मांस पर पलते हैं। जंगलराज को गौशाला में तब्दील करना है क्या? गाय पूजापाठ और विमर्श के लिए ही उत्तम है, बस। इससे हटकर वे शासन में दखल दें, यह ठीक न होगा—सांड़ बुरा मान जाएँगे। हमें सांड़ों की पसन्द भी देखनी होती है। गायों के बारे में कोई भी बिल जंगल सभा में बिना सांड़ों की सहमति के पास नहीं होता। गायें घास खाती हैं, पर सांड़ लोग पूरा जंगल उजाड़ सकते हैं। जंगलराज चलाना है, तो सांड़ों से बनाकर रखना पड़ता है।...भैया, गाय तो खूँटे से बँधी रहे, बछड़े जने, और दूध दे—जंगलराज ने उनका यही कर्तव्य निश्चित किया हुआ है।’

गाय का केस तो खैर पिटना ही था, यह पूछने से पहले ही वह यह बात जानता था।

‘और हाथी? उसे क्यों नहीं बनाते?’

‘मूर्ख हो क्या? जंगल का नियम है कि खुद से ज़्यादा वज़न का सलाहकार मत बना बैठना, वर्ना तुम्हें कौन पूछेगा? सलाहकार जब राजा के सामने खड़ा हो, तो वह प्यादा ही नज़र आए, बस! जंगलराज को जंगल के नियमों से चलाना पड़ता है और जंगल का पहला नियम यह है कि यहाँ कोई नियम नहीं होता। फिर हाथी की रुचि पेड़ खाने, झाड़ियाँ चबाने में है जबकि हमारी प्रजा को झंझोड़ने में, नाखूनों-पंजों में।...ऐसे में हाथी हमें सूट नहीं करता।’

यह भी एक कोण है देखने का।

राजा यदि शेर हो, तो शिकार करना जंगलराज में उसका अधिकार कहाएगा और शिकार होना आपका कर्तव्य! यदि खरगोश, गिलहरियाँ, हिरण, पंछी और बन्दर इत्यादि मूर्खजन जंगलराज को ऐसा बदलना चाहते हैं कि उनका शिकार ही बन्द हो जाए—तो यह नक्सलवादी गतिविधि कहाएगी। बल्कि देशद्रोह क्योंकि ऐसा करके आप राजा को भूखा मारना चाहते हैं।

इंटरव्यू को समेटते हुए उसने अन्तिम पिटा हुआ प्रश्न पूछा : ‘फिर’?

शेर नाराज़ हो गया।

फटकार कर बोला, ‘फिर क्या? भाई साहब, मैं राजा हूँ और मुझे सभी का ख्याल रखना होता है। चोर का भी और साहूकार का भी। यह जंगल केवल खरगोशों के लिए नहीं बना है। इस पर भेड़ियों का भी उतना ही अधिकार है। वे भी इस जंगल के आदरणीय नागरिक हैं। मीडिया ने सियारों, भेड़ियों, जंगल सुअरों आदि के विरुद्ध अनर्गल प्रचार कर रखा है, जो उनका गैर ज़िम्मेदाराना नजरिया है। मात्र आरोप लगाने से कुछ नहीं होता। हमारी मांद में चलने वाली जंगल-अदालत ने आज तक

किसी भेड़िए या सियार को अपराधी करार दिया हो, तो बताएँ। और जब तक जंगल-अदालत इन्हें अपराधी न ठहराए, ये आदरणीय हैं। इनके विरुद्ध कुछ भी आपने कहा तो इन्हें विशेषाधिकार है कि ये अपने दाँतों-पंजों से आपकी तिक्काबोटी कर दें।... समझे कि नहीं?' शेर ने पंजा उठाकर पूछा।

वो समझ गया।

वो चुप रह गया।

जंगलराज में कब आपको चुप रह जाना चाहिए, यह समझने के लिए उसे किसी सलाहकार की आवश्यकता नहीं थी।

तालियाँ मारने वालों का सच

मुझे एक समारोह में बोलने का निमन्त्रण था।

बोलकर बैठा, तो कुछ मित्रों ने घेर लिया। 'बहुत सही बोले आप...' एक ने कहा। 'हम तो आपको ही सुनने आए थे...मज़ा बाँध दिया साहब...' एक और ने कहा। 'खूब खरी-खरी सुना दी आपने...' एक बोले। चल पड़ीं बातें। 'आप डरते नहीं। सच कह ही डालते हैं। रुकते नहीं।...ऐसा ही होना भी चाहिए। हम ती कहते हैं कि अब समय आ गया है कि लोग बेलाग बोलें, साफ बातें हों।' ऐसी बातें। जैसी होती हैं। बुद्धिजीवी श्रोतागणों का साहित्यिक समारोह। बहुत से लेखक मित्र भी। एक लेखक मित्र ने, जो स्वयं भी बोलने वालों में थे, कहा कि यार, तुम्हें यह भी कह देना था कि इनकी कविता में इतना दोहराव है कि वह शब्दों की फिज़ूलखर्ची लगती है...'

'यार, तुम कहते न! जो हमसे छूट गया, वो तुम कहते...'

'हम कहते तो वे बुरा मान जाते...'

'और हमसे बुरा न मानेंगे क्या?'

'तुम्हारी बात और है यार...अब लोग तुमसे उम्मीद करते हैं कि तुम तो सच बोलोगे ही...'

मैं पूछना चाहता हूँ कि हमारी बात और क्यों है? तुम्हारी क्यों नहीं?

स्वयं आप साफ क्यों नहीं बोल पाते? आप खुद सच क्यों नहीं लिख पाते? स्पष्ट क्यों नहीं कहते कि आपको क्या ग़लत लगता है और क्यों? पता है कि ग़लत है। पता है कि ठीक नहीं हो रहा। बुरा भी लग रहा है। पर बोलने को राजी नहीं। चाह रहे हैं कि कोई और यही बात कह दे। अभी पचास गलत काम उनसे निकलने हैं। इसीलिए कैसे तो विरोध करें? काम के आदमी से पंगा लेना ठीक नहीं। फिर आज काम के न भी हों, पर कल हो भी सकते हैं। हिन्दुस्तान में किस आदमी की, कब उचट कर, कहाँ लग जाए और कब वह, जो कल तक जूतियाँ चटखाता घूमता था, जूते चलाने की पोजीशन में पहुँच जाए—पता चलता है क्या! इसीलिए गलत के विरुद्ध न तो खड़े होंगे, न बोलेंगे। हाँ, चाहेंगे अवश्य कि उनकी बात कोई और बोल दे। उनकी लड़ाई कोई और लड़ दे। मजा आ जाए!...क्या स्पष्ट बोल दिया आपने। वाह साहब! अब बातें साफ ही करनी होंगी वरना यह दुनिया जीने लायक नहीं रह जाएगी।...आपको

जाएगी।...आपको बोलना चाहिए। आप बोलो बॉस। आप इसके विरुद्ध लिखो। हम चुप रहेंगे। पर आप बोलो। आपके बोलने में एक बात है। एक फोर्स है। बोलिए। हम बस तालियाँ बजा देंगे। हो सकता है कि कभी न भी बजा पाएँ क्योंकि कभी उन्होंने हमें तालियाँ पीटते देख लिया तो वे बुरा भी मान सकते हैं। वैसे हम आपकी बातों का हार्दिक समर्थन करते हैं, पर क्या करें?

वे जानते हैं कि ग़लत हो रहा है, पर चुप हैं। वे ग़लत को बदलने की बात तो करते हैं, पर शायद उनकी असली इच्छा उस गलत में अपने हिस्से के जुगाड़ की है। वे गलत को भी तभी तक ग़लत मान रहे हैं कि जब तक कोई जुगत लगाकर वे स्वयं भी उस गलत में शामिल नहीं हो जाते। तभी चुप हैं। साथ ही उन्हें भय है कि कहीं वे लोग अपने साथ उनकी जगह आपको न शामिल कर लें। तभी वे चाहते हैं कि मैं खुलकर ग़लत के विरुद्ध आ जाऊँ ताकि यह सम्भावना ही न रहे। जितना कम्पीटीशन कम हो जाए, बढ़िया है। सो वे आपके कहे या लिखे पर आपकी पीठ ठोक रहे हैं। पीठ ठोककर वे सीधे उनकी बैठक में जाएँगे कि जिनके विरुद्ध आपने बोला। वे उन्हें विस्तार से सारा किस्सा बताकर उनके करीब आएँगे। वे आपके क़रीब भी रहेंगे ही। क्या पता कि कल आपकी ही अदरसट्ट में उचटकर लग जाए। उचट सबकी रही है और लगने का कोई नियम नहीं है। बिना उचटे तक लग रही है। सो आपको भी साधकर रखना है गो कि आप यूँ-ही-से आदमी हैं। जो बिना लागलपेट के बोलता या लिखता है, उसे यूँ-ही-सा कहा जाता है।

वैसे, पीठ ठोकने वालों में ऐसे भी बहुत से हैं जो ग़लत हो रहे के दिल से विरोधी हैं और गलत को बदलना भी चाहते हैं। बस, वे यह चाहते हैं कि यह काम कोई और कर दे। कोई और बोले। कोई और लिखे। कोई और लड़े। कोई और ही इस दुनिया को बदल दे और बदलने के बाद इन्हें सादर आमन्त्रित करे कि पधारिए ज़नाब। बिछा दे जाजम कोई और ये उस पर बैठें, लेटें, लोटें, पाँव पसारें। वे गलत को बदलना चाहते हैं। उनका बस चले तो वे ग़लत की खटिया खड़ी कर दें। पर करते नहीं। वे दूसरों के जरिए कोशिश करना चाहते हैं। वे चाहते हैं कि खटिया आप खड़ी करें। चलिए कि आप ही खड़ी करें। पर उस तरफ से खटिया में तनिक हाथ भी लगाने का इसरार करेंगे, तो वे नहीं पकड़ेंगे। चाहेंगे कि आप ही उठाओ और आप ही खड़ी कर दो। इसके बाद, पीछे से आकर, अकेले में, तब, जब खटिया का मालिक न देख रहा हो, वे आपकी पीठ ठोकेंगे कि प्यारे, मान गए कि क्या तो खटिया खड़ी की है आपने। वे वाह वाह करेंगे। वे हृदय से प्रशंसा करेंगे। पर साथ नहीं देंगे। आप गलत के विरुद्ध खड़े हो जाते हैं, इसके लिए वे मन ही मन आपका सम्मान करेंगे। परन्तु बस, इतना ही। उनसे यह उम्मीद करना कि वे अपनी तरफ से ग़लत का विरोध करेंगे या आपके साथ आएँगे, यह बात उनके साथ ज़्यादती होगी। वे दुनियादारी समझते हैं।

परन्तु परेशानी यह है कि दुनियादारी समझने वाले कभी भी दुनिया नहीं बदल सकते।

खटिया पर बैठकर कर्मठता

'ऐन ठीक टाइम पर आए हो। मैच जोरदार चल रहा है।...आ जाओ, आ जाओ। रजाई में ही घुस लो प्यारे।....ऐसे। शाबास!...वाह! क्या घुमाया है!...देखा?'

पता चला था कि बीमार हैं। देखने के लिए घर पहुँचा तो मित्र टीवी पर क्रिकेट मैच देख रहे थे। एक गाव तकिए और दो तीन छोटे-मोटे तकियों के सहारे अधलेटे, सनील की रजाई ओढ़कर, बैठे और लेटे के बीच की किसी परम आराम वाली मुद्रा में पलंगाशीन वे, कनटोपा लगाए, रजाई के बादलों से भदरंग-चाँद की तरह झाँक रहे थे। उनके दो सुपुत्र भी वहीं, पर कुर्सियों पर।

मैं पहुँचा तो सीधे ही रजाई में घुस आने का आमन्त्रण तथा इसरार करते हुए उन्होंने एक बच्चे को ललकार कर कहा कि अम्मा से कहो कि ज्ञान आए हैं—फटाफट दो चाय भिजवाएँ।

टीवी पर भारत के खिलाड़ियों की बैटिंग चल रही है।

'ये स्साले पाकिस्तान के बॉलर, भैया बड़े हरामी हैं। सच्ची कहते हैं हम। इनकी एक एक बॉल समझना कठिन।...और एक अपने बे, क्या तो हैं यार...राजू नाम बोल ना...? अरे, बे स्साले गौतम-फौतम...नाम बता रे उसका जो अभी आउट हुआ...' वे रजाई में लिपटे हुए किसी खिलाड़ी की भर्त्सना कर रहे थे कि जब मैं सोफे पर बैठ गया।

'गौतम गम्भीर पापा...बार बार तो नाम भूल जाते हैं।' छोटे बेटे ने आपत्ति ली।

'अरे तो कौन से भेन...गौतम बुद्ध हैं कि हम नाम याद रखें।'

'...और ये युवराज सिंह हैं, गौतम तो टीम में ही नहीं। पहिचानते हैं नहीं और...'

'...कौन-से हमारे बाप हैं कि हम पहिचानें।...न खेलना, न कुछ...सब साले सिफारिशी।...अरे देखो। देखो। देखो? क्या घूमी थी रे बॉल।...और हमारे ये, क्या तो रे नाम है इसका...बस, घूमा दिए अन्दरसट्टे में बल्ला...अभी टच हो जाती, तो खड़े हैं उधर स्लिप में इनके पिताजी...रोते।' रजाई में पड़े पड़े जितना बेचैन हुआ जा सकता है, और खटिया से हिले बिना, खिलाड़ियों को जितनी लानतें और नसीहतें दी जा सकती हैं, वे दे रहे हैं।

इसी बीच विज्ञापनों का ब्रेक आ गया, तो वे मेरी ओर पूरी तरह मुखातिब होकर बताने लगे कि यार, किसी भी हरामी को देश की परवाह नहीं है। सब स्साले मुफ्त की मलाई खाना चाहते हैं।...कामचोर और आलसी।...हमारा बस चले तो एक एक को कान पकड़कर टीम से बाहर करें।...सच्ची।

'कोई स्साला मेहनत नहीं करना चाहता।...अकेले सहवाग और वो क्या कहते हैं, उसके बूते...' वे बोल रहे थे कि नया ओवर शुरू हो गया।

दो तीन गेंदों को बल्लेबाज ने ठीक से खेल लिया, तो उसे शाबासी देते हुए पूछने लगे, 'और?'

'बस, तुम तीन दिन से दफ्तर नहीं आ रहे थे...सुना कि बीमार हो, तो...' मैंने कहा।

'यार, ऐसी तगड़ी ठंड पड़ रही है।...फिर ये मैच...। सी.एल. बची थीं...बीमारी का न बोलो तो कभी छुट्टी देंगे ये हरामी? बड़ा कमीना बॉस है—हमेशा चाहता है कि काम करो। यार क्या हमीं करते रहेंगे काम उम्र भर? काम पेंडिंग है, काम पेंडिंग है—बाबाजी का घंटा पेंडिंग है। यार हम काम नहीं करेंगे तो दफ्तर बन्द न हो जाएगा। सरकारी काम है यार। होता रहेगा।...और इधर देखा आपने? देखा कि नहीं? कब से टिप-टिप खेल रहे हैं। ये नहीं कि दें, मिला के एक जोरदार छक्का!...यार, लूज़ बॉल को भी नहीं मारोगे, तब तो हो गई क्रिकेट।'

'लूज़ कहाँ से थी पापा...कनेरिया की गेंद पर चौका मारना कोई हँसी-ठट्ठा मानते हो क्या?' दूसरे पुत्र ने कहा।

'करना चाहें तो सब लगा सकते हैं यार...तुम हमें न सिखाओ।...और तुम जरा फिर से तो मम्मी को आवाज़ दो।...अजी सुनती हो?...भई, ज्ञानू आए हैं। चाय-वाय न लाओगी?...दिन भर न जाने कौन से काम करती रहती हैं।...जाओ रे।...बुलाकर तो लाओ।...और तुम लोग क्यों बैठे हो रे? क्या दिन भर टीवी देखना है? पढ़ने-लिखने में दीदा लगाओ।...इन लौंडों को यदि आप न हटाओ, तो साहब ये तो रात-दिन खटिया लगा के टीवी के सामने बैठे रहें। सच्ची कहते हैं हम।...पढ़ाई की चिन्ता धेले की नहीं।...सब साले एक नम्बर के कामचोर...'

'दो मिनट टीवी देख लिए तो हम कामचोर हो गए?' बड़ा वाला बेटा नाराज़ होकर उठ गया।

'देखा तुमने?...आजकल के लौंडों को सही बात बरदाश्त नहीं होती। सुनने को तैयार ही नहीं।...एकदम वो उस जैसा मामला...यार वो कौन तो है स्साला... अपना कोच?'

'चैपल...?' छोटा वाला अभी भी ढीठ बना वहीं बैठकर मैच देख रहा है। वही बोला।

'हाँ, वोई चैपल टाइप मामला।...जिससे भी वो कहे कि यार ठीक से खेलो, तो वोई सुसरा नाराज़।...हिन्दुस्तान में भैया, आप किसी को काम की मत कहो। कहोगे, तो गुस्सा हो जाएगा।...और ये ही देख लो।...कैसे टहलते हुए रन ले रहे हैं। अभी दूर से थ्रो मार दिया, तो रोएँगे भेन...। एक काम दिल लगा के नहीं कर सकते इंडिया वाले।...बताइए। स्ट्राइक रेट के बारह बज रहे हैं पर टिकटिक किए जा रहे हैं।... यार, टेस्ट मैंच का यह मतलब तो नहीं कि खड़े हैं। है कि नहीं?'

वे किसी खिलाड़ी से सन्तुष्ट नहीं।

सभी गलत खेल रहे हैं या खेल ही नहीं रहे हैं।

'अबे, थोड़ी देर को ये फालतू का मैच बन्द करके न्यूज तो लगा दे।' उन्होंने आदेश दिया है। न्यूज चल रही है अब।

चाय आ चुकी है। चाय पीते, न्यूज सुनते बतिया रहे हैं हम।

'देखा? ये स्साले सांसद तक रिश्वत ले रहे हैं। हद है कि नहीं?...बताइए। काम करना नहीं, बस, पैसे चाहिए...' वे न्यूज सुनने में व्यस्त हो गए।

चाय खत्म करके उठा मैं।

उठते-उठते मैंने पूछा है, 'कब तक ज्वाइन कर रहे हो ड्यूटी पर?'

वे बोले, 'अभी अपुन नहीं आने के प्यारे। साल का एंड है। भोत सारा काम पेंडिंग पड़ा है। ज्वाइन किया तो फँस जाएँगे काम में।...अपुन तो छुट्टी बढ़ाएँगे भैया। कौन काम में फँसे यार!'

मैं निकल आया।

'देख तो रे...इसी बीच कोई, एकाध स्साला निबट तो नहीं गया...' मैं निकल रहा हूँ, तब वे बेटे को फिर से मैच वाली चैनल लगाने को कह रहे हैं।

समय के खिलाफ दौड़ता आदमी

माँ ने बेटे को छाती से चिपटा लिया और देर तक चूमती रही उसे।

स्कूल-बस से उतरकर आया है बच्चा। होगा यही कोई छह-सात साल का।

बाल बिखरे हुए, शर्ट गुच्चड़-मुच्चड़, पेंट खिसकता हुआ, गाल पर स्याही के निशान, हाथ में पानी की बोतल झुलाता गबदूदू बच्चा। माँ को प्यार आना ही था। आता ही है हर माँ को। चूम लिया। बेतहाशा चूमती ही रही। देर तक।

बेटे ने स्वयं को छुड़ाते हुए कहा कि यार मम्मी, छोड़ो न...अभी मुझे कम्प्यूटर गेम खेलने हैं, होमवर्क निबटाना है, शाम के ट्यूशन की कॉपी अपडेट करनी है—इत्ता सारा काम पड़ा है और तुम प्यार में चूम-चूम कर मेरा टाइम वेस्ट कर रही हो!

समय ही नहीं है उसके पास। क्या करे वह?

इधर प्रेमी ने प्रेमिका को मोबाइल पर चेताया है कि शाम साढ़े पाँच को रीगल पर मिलो, एकदम ठीक साढ़े पाँच पर। एक घंटे का टाइम है, बस। आइसक्रीम खाएँगे, थोड़ा जनपथ और वो तुम्हारी किताब की दुकान। ठीक सात बजे बॉस ने क्लायन्ट के साथ मीटिंग रख ली है। साढ़े छह वहाँ से निकलूँगा, तो सात बजे तक वापस यहाँ। साढ़े पाँच से साढ़े छह के बीच जितना प्यार किया जा सकता है, किया जाएगा। इससे ज़्यादा का टाइम ही नहीं है। देखो, फालतू में समय खराब मत करना। साढ़े पाँच बजे से एकदम प्यार स्टार्ट करना है और साढ़े छह पर फिनिश। तिरछी चितवन, बाँकी मुस्कान और मीठे बैन वगैरह में न पड़कर हम सीधे प्यार की बात पर आएँगे। तुम रुठने-ऊठने के नखरों में टाइम वेस्ट न करने लगना। मेरे पास मान-मनौव्वल के लिए एक मिनट भी एक्सट्रा नहीं। फालतू का इरीटेशन होगा—तुम्हें भी, मुझे भी। फटाफट प्यार करके काम पर निकल जाना है।

कुछ देर बाद प्रेमिका का एसएमएस आया है कि साढ़े पाँच बजे पहुँचना तो असम्भव। कान्ट मेक। नॉट पॉसीवल। छह बजे से पहले सीट से बंक मारना कठिन। फिर यहाँ से रीगल हॉफ एन ऑवर। बज जाएँगे साढ़े छह। तब तक तुम वापस निकलने को भागोगे। फिर? क्यों नहीं तुम स्ट्रेटवे मेरे आफिस के पास के कैफे पर आ जाते। मैं पौने छह तक भागने की ट्राई करूँगी। वहीं काफी और फटाफट

प्यार-व्यार। पिज़्ज़ा नहीं। तुम मोटे हो रहे हो। टेक केयर। लेस ऑफ पिज़्ज़ा एंड ऑल। सो, ठीक पौने छह बजे। लव यू!

प्यार के लिए समय नहीं। पर 'लव यू' अपनी जगह। एक दूसरे की तरफ देखने का टाइम नहीं, पर 'टेक केयर'! समय है ही नहीं। कैसे तो भी प्यार के लिए टाइम निकाल रहा है आदमी। जितना मिले। भागता जाता है, भागते भागते प्यार करता है और फिर भागता हुआ ही वापस। प्यार को पहिए लगा दिए ओर पंख भी। पर दाद दो कि जितना टाइम मिला, किया तो।

पर इसी बीच, बाप पड़ गए बीमार।

ऑपरेशन होना है। डॉक्टर बाईपास की बता रहे हैं। पाँच सात दिन का मामला। बाप बता रहा है डॉक्टर को कि इस महीने ऑपरेशन कराना तो कठिन। बेटे का आना असम्भव। बिजी। छुट्टी न मिलेगी। इस महीने तो उसे बड़े इम्पोर्टेन्ट प्रोजेक्ट को पूरा करना है। जून में करा लें तो कैसा रहेगा डॉक्टर? तब वो तीन दिन को पक्का आ सकेगा। फोन पर बता रहा था। बहुत प्यार करता है हमसे। रोज रात को माँ से फोन पर बातें करता है। देर तक। पर टाइम बिलकुल नहीं बच्चे के पास। लम्बी छुट्टी का सवाल ही नहीं। नौकरी पर खतरा। पैसे खूब मिलते हैं, पर छुट्टी नहीं है। कम्पनी और कम्पनी का टार्गेट। बस। तो आप बेटे के आये बिना ही करा लीजिए ऑपरेशन? नहीं, नहीं। वो तो सम्भव ही नहीं। बहुत प्यार है बेटे से। बिना बेटे को देखे तो ऑपरेशन थिएटर में जा ही नहीं सकता बाप। मान लो कि बेहोशी से वापस ही न लौटे तो? उसे देखे बिना मर गए, तो? फिर बेटा भी तो इत्ता चाहता है हमें कि हम कैसे बताएँ डॉक्टर साहब। बड़ा इमोशनल है। बेहद प्यार करता है अपने पापा से। यह बात एकदम अलग है कि बेचारे के पास समय नहीं रहता। वरना आप उसे यहीं बैठा देखते, दिन-रात। सच्ची। पर, अभी भी आएगा। बॉस को पटाएगा। छुट्टी मिली कि भागेगा। वो आपसे भी फोन पर बात करने की कह रहा था। करेगा। कर न पाया होगा। बिज़ी हो गया होगा। नहीं तो करता ही। पर करेगा। टाइम मिलते ही करेगा।

तो बात यह कि प्यार तो है, पर प्रदर्शित कर पाने का समय ही नहीं। दौड़ रही है दुनिया। दौड़ रहे हैं हम। वैश्वीकरण का ज़माना। कमाई का समय। कमाओ। भागो। दौड़ो। टारगेट पूरे करो। बोनस बनाओ। प्रमोशन लो। नौकरी बदलो। ग्रेब करो अपोर्चुनिटीज। अवसर हथियाओ। दौड़ो। तेज दौड़ो।...और इस सबके बीच प्यार भी करो। भागमभाग के बीच अच्छा प्रेमी, अच्छा पुत्र, अच्छी पत्नी, प्यारी माँ, चिन्ता करने वाली प्रेमिका, अच्छा पिता भी साबित हो! एक बड़ी अग्निपरीक्षा से नित्य गुजर रही है यह पीढ़ी।

कि इसी बीच बाप मर गए!

ऑपरेशन हो पाया, या वे बिना ऑपरेशन के ही मर गए, या बाद में किसी और बीमारी से मरे, यह बात बहस का मुद्दा नहीं। मर गए, यह बड़ी प्रॉब्लम! लड़का भागा भागा आया है। अन्तिम क्रिया तो उसी के हाथों। सो तुरन्त भागा है। परन्तु तेरहवीं तक रुकना असम्भव। इत्ती छुट्टी कौन देगा। माँ समझदार है। लड़के की दुविधा समझ रही है। जान रही है माँ। जानता है बेटा। जानता है मरा हुआ बाप। सो चौथा करने का निश्चय किया है साहब। आजकल किसी रिश्तेदार के पास भी इतना टाइम कहाँ कि तेरहवीं तक रुके। सबके काम। क्रिया के बाद से ही सभी जाने को कुलबुला रहे हैं। चौथा किया कि रात की गाड़ी से रवाना। बेटा भी तुरन्त भागेगा। पहुँचते से उसे तुरन्त सिंगापुर निकलना होगा। बाप की आत्मा को चौथे की पूजा-पाठ से ही मोक्ष प्राप्त करने की कोशिश करनी होगी। बाप की आत्मा बुरा नहीं मानेगी, यह आशा है। उसे पता है कि बेटा बिज़ी है।

आदमी के अलावा कुत्ते भी परेशान हैं

बहुत चौड़ी-सी मुख्य सड़क है यह। इससे निकलती एक पतली सड़क। यह पतली सड़क प्रायः खाली रहती है। मुख्य सड़क पर भारी भीड़-भाड़ रहती है। पर आज सुबह से मुख्य सड़क पर कुछ ज़्यादा ही हलचल है। ढेर सी सरकारी गाड़ियाँ। सिपाही। सरकारी अमला। अफसर। जीपें।...यस सर।...सेल्यूट। देखना भाई, कोई गड़बड़ न हो। बैरीकेट्स ठुकने लगे। रास्ता बन्द करने वाले जंगले खड़े हो रहे हैं। सिपाही सीटी मारते हुए ट्रैफिक को पतली सड़क की तरफ घुमाने में लग गए हैं। कोई वीआईपी निकलने वाला है आगे कहीं। सो यहाँ ट्रैफिक बन्द।

इसी से पतली सड़क पर अचानक भीड़ हो गई है।

इस पतली सड़क के किनारे वह कुत्ता परिवार रहता है, जिसकी कथा हम कहने वाले हैं। कुत्ता, कुतिया, पिल्ले। यहीं किनारे के छोटे से मैदान में रहते हैं और इसी सड़क के आसपास भटकते रहते हैं। सड़क पर आवाज़ाही बहुत कम। सो सुरक्षित रहते हैं। पर आज अचानक ही मुख्य सड़क को बन्द करने की तैयारियाँ देखकर शुरू से ही सतर्क हो गया है कुत्ता।

वैरीकेट्स ठुकते देख कुत्ते ने, रेडियो नाटकों की नाटकीय परम्परागत शैली में अपने पुश्तैनी कुत्तापन को मिलाते हुए कुतिया को पुकारा कि सुनती हो जी शेरू की माँ, आज तनिक ध्यान रखना। अपनी सड़क से बड़ा ट्रैफिक निकलने वाला है। तनिक देखभाल कर चलना। तुम बिना आगे-पीछे देखे एकदम से दौड़ पड़ती हो। देखना।

कुतिया ने मुँह बिचका दिया। बल्कि तनिक गुर्रा भी दी कि सुन लिया। हमें न सिखाओ। इस कुत्ते का तो। एकदम कुत्ता टाइप। दिन भर। कुछ न कुछ। कभी ये न करो तो कभी वो न करो। दिन भर आदमियों के बीच ही डोलता है परन्तु धेले भर का भी स्त्रीविमर्श नहीं सीखा। कुतियों को मूर्ख मानता है।

इधर कुत्ते ने पिल्लों को चेताना भी आवश्यक समझा। पुकारा। पिल्ले सड़क किनारे की मिट्टी खोद कर खेल रहे हैं। वे बाप की सुनने को तत्पर नहीं। बोले कि हम अभी नहीं आते पापा। देखते नहीं। खेल रहे हैं।...कुत्ता गुस्सा हो गया। वहीं से बाप की तरह ऊँची आवाज़ में भौंका। तेज भौंकने से सड़क पर घूमता सिपाही तक

चौंक गया। भौंककर ताईद की कि पिल्लों, कुत्ते की औलादो, भूलकर भी सड़क पर ख्मत निकल जाना। जहाँ हो, वहीं खेलना।...सड़क तरफ जाते हुए दिखे तो टाँग में ऐसा काटूँगा कि...। इसके आगे क्या करेगा, इस पर कुत्ते का दिमाग काम नहीं कर पाया कि क्या कहे और यदि दिमाग में कुछ आया भी तो कह पाने का उसे अवसर ही नहीं मिला। उसके भौंकने, गुर्राने को पुलिस विरोधी कार्य मानकर नाराज़ सिपाही ने सड़क से उठकर बड़ा सा पत्थर उसे फेंककर मारा जो पुलिस का निशाना हमेशा की तरह कमजोर होने के कारण कुत्ते को लगा तो नहीं, परन्तु घबराकर कुत्ता जो उचककर पें पें करता भागा तो सड़क पर भागते एक स्कूटर से टकराते टकराते बचा। पिल्लों को बाप का लिहाज नहीं। हँसने लग गए उसकी फजीहत देखकर। बड़ी बापगिरी छाँट रहे थे!...कुतिया तक मन्द मन्द मुस्करा दी। कि निकल गई न सारी नसीहतें एक पत्थर में।

सो सुबह से ही बन्द है मुख्य सड़क। दफ्तरों का समय होते होते, बगल की पतली सड़क पर, मुख्य सड़क का सारा ट्रैफिक इस तरह लबालब आ गया कि कुत्ता बेहद घबराने लग गया। कुछ गाड़ियों तो सड़क से उतरकर किनारे की कच्ची ज़मीन पर भी आ जाती हैं। बढ़िया रहता कि सुबह की सपरिवार किसी और सड़क पर चले जाते। उसने कहा भी था। पर ये कुतिया कहाँ सुनती है। अभी कोई गाड़ी कच्चे में उतरकर तनिक और दब जाए तो पास ही खेल रहे पिल्लों पर चढ़ जाए। कौन पूछने वाला है। कौन-सी पुलिस पकड़ने वाली है। कुत्ता कुचल भी गया तो क्या। पड़ी रहेगी लाश। बल्कि एक-दो गाड़ियाँ और कुचलती निकल जाएँगी तो पहचानना कठिन हो जाएगा कि टॉमी पड़े हैं कि शेरू। वैसे अभी ट्रैफिक इतना है कि कुतिया और पिल्ले भी सहमे-से हैं।

अब कहानी का मोड़ देखिए आप तो कि इधर मैं, आप और कुत्ता तो कुत्तों के लिए परेशान हो रहे थे कि इधर तभी सड़क के किनारे किनारे ऐहतियात से साइकिल चलाता एक आदमी गाड़ी की चपेट में आ गया। सड़क पर धड़ाम। फिर उठा ही नहीं। सिर फट गया। ऑन द स्पाट डेथ हो गई उसकी साहब।...वैसे आदमी की इस मौत में, कुत्ता जाति का रोल यूँ रहा कि उसकी साइकिल के सामने अचानक ही एक बूढ़ा-सा मरियल कुत्ता आ गया था। बुजुर्गवार कुत्ता। ठीक से सूझता नहीं कुछ। किसी काल्पनिक शिकार का पीछा करते हुए सड़क पर आ गए जनाब। साइकिल वाले ने बाँयी तरफ घुमा कर बचाया, तो कार के सामने आ गए जिसने दाएँ घुमा दिया तो बुजुर्गवार कुत्ताजी तो बच गए परन्तु साइकिल सवार अलबत्ता कार के नीचे आ गया।

चीं-चीं करती गाड़ियों का हुजूम पतली सड़क पर रुक गया। मुख्य सड़क तरफ चक्काजाम सा हो चला। इधर वीआईपी काफिले के निकलने का वक़्त हो रहा है।

पुलिस वाले बौखला गए। फटाफट एम्बुलेन्स। सटासट पुलिस गाड़ी। खटाखट पुलिस वाले। झटाझट निकल लिए। लाश उठ गई। ट्रैफिक सटासट क्लीयर हो गया। कार वाला कहता ही रह गया कि कुत्ते को बचाने के फेर में खुद साइकिल वाला ही अचानक सामने पड़ गया था। ठीक है, ठीक है। पर अभी तो हिरासत में।

ट्रैफिक फिर चल पड़ा है।

पिल्ले दुबक कर कुतिया से चिपके बैठे हैं। अपना कथानायक कुत्ता उन वयोवृद्ध कुत्ताश्री को फटकार रहा है कि जब आपको कुछ सूझता ही नहीं तो काहे को ऐसा तेज तेज भागते हो?

'कुत्ते की मौत मारा गया बेचारा...' कोई किसी को उस आदमी की मौत का किस्सा सुना रहा है।

इधर कुत्ता और उसका परिवार सकते में चुपचाप खड़ा ताक रहा है कि वीआईपी का काफिला गुजर जाए तो वे अपना सामान्य कुत्ता जीवन फिर से जी सकें।

न्याय का मौन घंटा

टँगवा दिया घंटा, राजा ने। न्याय का घंटा।

फरियादी रात के बारह बजे भी बजा दे तो राजा शय्या त्याग कर न्याय करेगा।

राजा विख्यात। राजा का न्याय जगप्रसिद्ध। राजा की न्यायप्रियता के किस्से। राजा के न्याय की हवा। राजा के राज्य में न्याय के घंटे की गूँज। समस्त प्रजा को ख़बर कि जिसको न्याय चाहिए तो बेखटके बजा दे वो घंटा कि जो टँगा है सीधे राजा के बेडरूम की खिड़की पर। वहाँ से लगी लम्बी डोर। जिसका दूसरा छोर किले की दीवार के बाहर लटका। खींचा कि राजा भेज देता है ड्यूटी पर तैनात प्रहरियों को कि फौरन से पेश्तर हाज़िर करो व्यथित फरियादी को ताकि हम इस न्याय के टंटे से निबटें और निद्रा लें। निद्रा लगी ही थी कि न जाने किसने बजा दिया घंटा। रात्रि का तीसरा प्रहर। मन तो कर रहा है कि बजाने वाले का ही घंटा बजा दें, पर राजा भी मजबूर। छवि का प्रश्न। 'राजा न्यायप्रिय है' ऐसा हल्ला बनाने के लाभ भी अनगिन। उसी के चोंचले साहब वरना तो उठकर चार लातें मारता। फिर डोरी भी इतनी नीची लटका रखी है हरामियों ने कि बच्चा भी बजा दे।

ऐसे न्यायप्रिय महान राजा की कथा है यह।

राजा ऊँघता हुआ बैठा है दरबार में। सिंहासन। चँवर डुलाने वाले। जैसा दरबार होता है, वैसा।

खस के पर्दों पर गुलाब जल का छिड़काव हुआ है। सुबह के यही कोई ग्यारह बजे का समय। मन्त्री, मुहासिब, कवि, विदूषक, चारण आदि मुँह ताक रहे हैं ऊँघते राजा का। आँखें खोले तो दरबार चले।

अचानक ही जम्हाई लेकर, उनींदी आँखें लेकर जाग उठा राजा।

'स्वामी की जय हो...' किसी ने कहा। राजा ने ध्यान नहीं दिया। ऐसा तो कहते ही रहते हैं ये स्साले।

'यार, रात में तीन-तीन बार घंटा बजा दिया पट्ठों ने...नींद ही पूरी नहीं हुई।' राजा ने मानो स्वगत कहा।

'सरकार की जय हो...' मन्त्री ने इसके उत्तर में यही कहा। इसी की आदत है उसे।

'जय का तो खैर ठीक है, पर यह घंटे वाला पचड़ा बड़ा कठिन होता जा रहा है मन्त्रिवर...' राजा ने कहा।

'प्रजा जय-जयकार कर रही है स्वामी। आपके न्याय की दुन्दभि बज रही है चहुँओर...' चारण ने कहा।

'इतिहासकार न्याय के घंटे की नित नवीन कौतुक कथाएँ शिलालेखों पर उकेर रहे हैं महाराज...स्वयं हमारी एक कविता इसी सिलसिले में...' राजकवि ने कविता प्रस्तुत करने का असफल प्रयास किया।

'आज से हजारों वर्ष बाद की पीढ़ियाँ आपके न्याय के घंटे की किंवदंतियाँ और विरुदावलियाँ गाया करेंगी महाराज। प्रजाजन अपने बच्चों को महल दिखाकर बताया करेंगे कि यहाँ वह ऐतिहासिक घंटा लटका करता था। न्याय का घंटा इतिहास बनाएगा स्वामी...' मन्त्री ने कहा।

विदूषक को कुछ समझ नहीं आया कि वह क्या करे? उसने यूँ ही एक गुलाटी मार दी और टेढ़ा खड़ा हो गया।

राजा मौन रहा।

क्या कहे? सत्य ही कह रहे हैं दरबारी। प्रजा स्साली चोंचले पसन्द। उसे चाहिए नित्य नए नाटक। असली राज वही जो बहलाता रहे इन मूरख जनों को। सही प्रशासन वही कि जो चलने दे सौ अन्याय, पर लटकाकर रखे एक अदद न्याय का घंटा भी। आधी रात को एक केस में न्याय दिखा दे, फिर दिन भर अन्याय करे। प्रजा भी बड़ी अजीब है। वह राजा की छवि पर वारी जाती है। सो करने होते हैं पचासों काम राजा को छवि बनाने वाले। क्या करे वह भी। उसने खुदवाए कुएँ, जो सूखे रह गए, पर नाम तो हुआ। करवाए वृक्षारोपण कि जो कभी उगे ही नहीं, पर हल्ला खूब रहा। करवाए भंडारे, यज्ञ और मन्दिरों-मस्जिदों के जीर्णोद्धार कि उसमें अपने बाप का कुछ भी नहीं जाता और धार्मिक छवि हाथों हाथ चमक जाती है। सो ऐसे ही कभी, शोशेबाजी में एक बार यह घंटा लटकवा दिया था कि हो जाए न्याय का खेला भी एक बार। तब इसे खेल मानकर ही लटकाया था कि भूल जाएगी प्रजा कुछ दिन में ही। बात यूँ जोर पकड़ लेगी, यह कहाँ सोचा था। स्साला, ना कुछ-सा एक घंटा और पतली-सी डोर। परन्तु प्रजा का क्या तो कहें कि रीझ गई इसी बात पर।

राजा ने हृदय की बात खोलकर चुपके से धर ही दी।

'जय-जयकार की भली चलाई, पर ये जो नित्य रात में घंटा बजा-बजाकर नींद खराब करते हैं, उसका क्या?' राजा ने मन्त्री के कान में बताया।

मन्त्री ने दरबारियों को। दरबारियों ने मुहासिबों को। उनने चारणों को। चारणों ने चमचों को। बात 'थ्रू प्रॉपर चैनल' फैल गई कि राजा इस न्याय के घंटे के चक्कर में निद्रा नहीं ले पा रहा। दिन में ऊँघता रहा है। ऊँघेगा तो कब तो सजेंगी महफिलें,

कब बाँटेगा इनाम-इकराम-खैरातें, कब जाएगा शिकार पर और कब चुनेगा नई-नई सुन्दरियाँ अपने हरम के लिए?

हाय, न्याय के घंटे के कारण यह कैसा अन्याय!

फिर मन्त्री और सन्तरी मन्त्रणा में लग गए। बैठकें। बहसें। सुझाव। कमेटियाँ। बातें। करें क्या कि घंटा हटे भी न, और बजे भी न। घंटा हटा नहीं सकते। छवि का मामला। सो कुछ ऐसी शासकीय व्यवस्था बने कि न्याय का घंटा लटका भी रहे और बजने भी न पाए।

'ऐसा कुछ हो सकता है क्या?' राजा ने पूछा।

'यहाँ सब हो सकता है हुजूर...बस, आपकी कृपा बनी रहे।' कारकुनों ने कहा।

और यह हो भी गया।

अब सभी सुखी हैं।

प्रजा सुखी है कि न्याय का घंटा लटका हुआ है। देखकर चर्चा करती रहती है कि राज्य में संविधान है, न्याय का घंटा है।

उधर राजा सुखी है कि रात में आराम से सोता है वह। अब रात तो क्या, दिन में भी घंटा बजाना लगभग असम्भव। फटक ही नहीं सकता कोई भी घंटे की डोरी के फुँदने के पास भी। 'कोई घंटा चुराकर न ले जाए'—इस बिना पर, घंटे की सुरक्षा के नाम पर प्रशासन ने घंटे की डोरी के ठीक नीचे एक पुलिस-चौकी स्थापित कर दी है। अब किसी के बाप में हिम्मत नहीं कि न्याय की डोरी के पास भी फटके। संविधान है, पर पहरे में। न्याय का घंटा है, पर आजकल बजता नहीं। और डराने वाली बात यह है कि इस सन्नाटे और मौन का यह अर्थ निकाला जा रहा है कि कहीं अन्याय ही नहीं है।

प्रश्नवाचक कथाएँ

कुछ कथाएँ शिक्षाप्रद कहाती हैं।

एक ज़माने में ऐसी कथाओं का बड़ा जलवा था। आदमी शिक्षा तो खैर क्या लेता, पर पढ़ लेता था और बच्चों को कान पकड़कर पढ़वाता भी था। आजकल कोई ऐसी कथाएँ नहीं पढ़ता। पाठक को तनिक भी शक हो जाए कि कथा किसी शिक्षाप्रद अन्त की दिशा में जाने वाली है, तो वह पन्ने पलट देता है। वह शिक्षा और उपदेश के झाँसे में आने को तैयार नहीं। ऐसी परिस्थिति में हमारे जैसा शिक्षा देने पर आमादा लेखक क्या करे? तो मैंने कुछ प्रश्नवाचक कथाएँ तैयार की हैं, जहाँ प्रश्न ही उत्तर भी हैं। पढ़ लें :

एक

कथा : वे आधी रात में सूअर खोज रहे थे।
सूअर मिले, तो काटकर मस्जिद के सामने फेंका जाए।
बहुत देर के बाद भी नहीं मिला सूअर।
'यार, सूअर न मिल पाया तो?' एक ने चिन्तित हो पूछा।
'...तो हम गाय काटकर मन्दिर में डाल आएँगे।...चिन्ता न करो। दंगा तो होगा।' उन्हीं में से एक ने विश्वास भरे स्वर में आश्वस्त किया।

प्रश्न : ये लोग किस धर्म के हैं?
बताओ कि दंगे शुरू कराने के लिए आज तक कितने सूअर तथा गायों ने जान दी हैं?
'धर्म के ज़िन्दा रहने के लिए दंगों की अनिवार्यता' पर निबन्ध लिखो।
बताओ कि सूअर और गाय ने धर्म का क्या बिगाड़ा है?
मान लो कि ईश्वर गाय तथा सूअर पैदा करने बन्द कर दे, तब

दो

कथा : वे विमर्श कर रहे थे कि किस विधि दंगा शुरू हो?

'मन्दिर में बम फोड़ दें?' एक ने कहा।

'आजकल लोग इस बात से नहीं भड़कते।' दूसरे ने कहा।

'मस्जिद में आग छुला दें?'

'देखना, स्साले ज्ञापन-व्यापन देकर रह जाएँगे, बस्स। करेंगे कुछ नहीं।'

'जो रामायण फाड़ दें या कुरान जलवा दें, तो?'

'कहना कठिन है...'

'लड़की भगवा दें उनकी? करा दें धर्म परिवर्तन, तब?'

'थोड़ा हो-हल्ला हो जाएगा, पर दंगा होने की गारंटी नहीं है।'

वे जो चुपचाप उपरोक्त 'नपुंसक चर्चा' सुन रहे थे, अचानक विफर उठे और बोले, 'इस देश के सारे धर्मप्राण लोग मर गए क्या? इन बातों पर भी जो दंगा न करे, उन पर धिक्कार है।'

प्रश्न : स्वयं को धर्मप्राण साबित करने हेतु एक आदमी को कितने दंगों में भाग लेना अनिवार्य है?

'ऐसे धर्मप्राण यदि न भी हों, तो धर्म को क्या फर्क पड़ेगा?'

'मन्दिर में बम फोड़ें या मस्जिद को जलाएँ, मरता अन्ततः आदमी ही है क्योंकि भगवान या अल्लाह तो अमर है'—इस विषय पर चार पंक्तियाँ लिखकर मास्साब को दिखाओ।

तीन

कथा : शहर में साम्प्रदायिक दंगा शुरू हुआ। अचानक ही हो गया। यहाँ-वहाँ से ख़बरें आईं। शटर गिरे। लोग बदहवास भागे।

ठुमककर चलने वाला नन्हा-सा बालक। मुश्किल से तुतलाकर कुछ बोल पाए तो बोल ले, ऐसा।

भटक गया गली में। कैसे भटक गया, इस पर न जाएँ। बस, भटक गया। जब शहर के बड़े-बूढ़े तक भटक गए और दंगा कर बैठे, तब इसका भटकना तो बचकाना।

मम्मी-मम्मी तुतलाता, रोता, बदहवास बच्चा।

कि सामने से दंगाइयों की भीड़ आ गई।

धर्म की समझ न रखने वाला नादान बच्चा 'अंकल, अंकल' कहकर दंगाइयों की तरफ चल पड़ा। उसे भ्रम है कि अंकल उसे गोद में उठाकर माँ तक पहुँचा देंगे।

प्रश्न : बच्चे का क्या होगा?

बच्चे को मारने के बाद दंगाई अपने घर कैसे लौटा?

बच्चे को मारने के बाद दंगाई कभी घर लौट भी पाता है या नहीं?

मान लो कि बच्चा जबरन ही गोदी में चढ़ जाता तब दंगाई उसका क्या कर लेता?

दंगाई किसके अंकल होते हैं?

दंगाई किसी के भी अंकल क्यों नहीं होते?

दंगे में जब बच्चा मारा जाता है, तब ईश्वर ज़िन्दा क्यों रह जाता है?

चार

कथा : उन्होंने मन्दिर में देर तक ईश्वर की पूजा-अर्चना की।

उधर वे नमाज अता करके और अल्लाह का शुक्र मनाकर ही उठे।

उठकर दोनों दंगा करने निकल गए।

प्रश्न : क्या दंगे ईश्वर की अनुमति से होते हैं?

भगवान है किसकी तरफ?

वह है भी कि नहीं?

क्या ईश्वर मात्र एक अफवाह है, जिसके कारण दंगे होते हैं?

ईश्वर न होता तो आदमी किसके नाम पर लड़ता?

ये कथाएँ मैंने अपने एक समझदार मित्र को दीं, तो उसने अधूरी पढ़कर ही वापिस कर दीं। 'यार, तुम किसी न किसी बहाने से शिक्षाप्रद कहानियाँ हमसे पढ़वाना चाहते हो...आजकल कौन पढ़ता है इन्हें?'...मैं क्या कहता? पर बताइए कि क्या ज़माना वास्तव में यह आ गया है कि शिक्षाप्रद कहानियाँ लिखना ही बन्द कर देनी चाहिए?

डूबती नाव में अफसरी

नाव में अफसर था। मातहत लोग पीछेवाली नाव में आएँगे।

सरकारी नाव।

नाव में छेद हो गया। डूबने को हुई नाव।

अफसर ने नाव खेते मल्लाह से कहा कि एक बार नदी पार भर हो जाने दो, फिर मैं उन सभी के खिलाफ सख़्त एक्शन लूँगा कि जो नाव में छेद के लिए ज़िम्मेदार हैं।

मल्लाह ने सादर बताया कि हजूर अभी तो नदी पार होना कठिन ही लग रहा है।

ऐसे कैसे? अफसर नाराज़ हो चला। बोला कि टाइम से नदी पार लगवाओ मिस्टर। कितने भी और चप्पू लगाने पड़ें, तो लगाओ–मैं उन एक्स्ट्रा चप्पुओं का 'पोस्टफेक्टो सेंक्शन' दे दूँगा, परन्तु नाव को फटाफट पार लगाओ–एंड इट्स एन ऑर्डर।

'मालिक, बात चप्पू की नहीं। नाव में पानी भर रहा है, जैसा कि शायद आप देख भी रहे हैं।'

'तो?'

'नाव में पानी भर जाए, तो वो डूब जाया करती है, यह बात भी सरकार को पता ही होगी?'

'तो पानी को निकालने की व्यवस्था करो नालायक...'

'छेद बन्द न हुआ, तो कित्ता भी पानी उलीचो, वो वापस भरता ही जाएगा कृपानिधान...'

'पर हम तो सरकार में बैठकर यही किया करते हैं–कोई छेद बन्द नहीं करते और पानी निकलवाते रहते हैं।'

मल्लाह चुप रहा। कैसे कहे कि सरकारें इसी कारण डूबती हैं।

यह न कहकर मल्लाह ने दूसरी तरह से बता कही। बोला, 'सरकार और नाव में यही फर्क है मालिक...'

'तुम तुरन्त उठकर छेद बन्द करो। ट्रीट इट एज मोस्ट अर्जेंट।' अफसर ने आदेश दिया।

'आप तब तक तनिक चप्पू थाम लेते, तो हम उठ के छेद बन्द कर देंगे।'

'हमारा चप्पू पकड़ना तो प्रोटोकोल के खिलाफ बात कहलाएगी।'

'पर जो हमने चप्पू यूँ ही छोड़ दिए, तो?'

'फिर हमें चप्पू चलाना भी तो नहीं आता।' अफसर ने बताया।

'परन्तु देश में सारे चप्पू चलते तो आपके नाम के ही हैं...'

'देखो, हम चप्पू चलाने के आदेश दे सकते हैं, चप्पू सेंक्शन कर सकते हैं, चप्पू का ठेका दे सकते हैं और चप्पू की जाँच बिठा सकते हैं, पर चप्पू तो कोई और ही चलाएगा। कोई हो, तो बुलाओ। हम अभी ऑर्डर निकाले देते हैं कि वो तुम्हारी जगह पर चप्पू चलाए।'

'नाव पर तो बस आप हैं और मैं...'

'वैसे हम चप्पू के अलावा छेद बन्द करने का ऑर्डर निकालने के भी सक्षम अधिकारी हैं। कहो तो निकालें?'

'नाव जब गहरे पानी में डूबने को हो, तो उसके छेद ऑर्डरों द्वारा बन्द नहीं किए जाते मालिक, वो तो खुद उठकर करने पड़ते हैं।'

'पर यह छेद हुआ कैसे?' अफसर की इन्क्वायरी प्रवृत्ति जागी।

'नाव सरकारी है, क्या यही कारण पर्याप्त नहीं हजूर?'

'मैं जाँच करवाऊँगा कि बगैर छेद विषयक निरीक्षण पूरा किए किसने इस नाव को पानी में उतारने की अनुमति दी?'

'सरकार, कागजों पर तो आपके ही दस्तखत थे।'

'देखो, हम तो रोज ही दसों कागजों पर दस्तखत करते हैं। करवा लिये होंगे किसी ने। किस-किस फाइल को पढ़ें?'

'परन्तु उस नाव की फाइल तो पढ़ लेते मालिक कि जिस पर खुद बैठना है।'

'मैं छोड़ने वाला नहीं। सख्त अफसर हूँ। मैं एक्शन लूँगा। कुछ को सस्पेंड करूँगा और बाकी को वॉर्निंग इश्यू करूँगा। कुछ को नदी से तालाब में, कुछ को तालाब से नाले में और कुछ को नाली में ट्रान्सफर करूँगा। अक्ल ठिकाने लगा दूँगा सबकी।'

'परन्तु अभी तो इस डूबती नाव का कुछ करें हजूर...'

'मैं तुम्हें चेतावनी देता हूँ कि यदि यह डूबी, तो मैं तुम्हें सस्पेंड कर दूँगा।'

'ऐसी नाव पकड़ा देंगे तो मल्लाह क्या कर सकेगा दयानिधान? छेद वाली नाव को तो अच्छे से अच्छा मल्लाह भी पार नहीं लगा सकता...'

'मेरे मुँह लगने की कोशिश भी मत करना...'

'मल्लाह चुप रहा। डूबती नाव की बात करना वहाँ उचित नहीं होता, जहाँ लोग

डूबने और तिरने के बीच फर्क करने को गैरकानूनी मानते हों।

'हम कोई और नाव कॉल नहीं कर सकते क्या?' कोई प्राइवेट नाव? ठेके पर। या लीज पर? यह यात्रा ही 'ऑफ लोड' कर डालें तो?' अफसर ने पूछा, या शायद वह स्वगत बड़बड़ाया।

'सर, क्षमा करें परन्तु 'ऑफ लोड' की हुई ठेके वाली नावें पानी में नहीं चलतीं– वे स्वार्थ के सरकारी कागजों पर तैरा करती हैं।...डूबती नावों को बचाने वाली नावें ठेके पर नहीं आतीं।...'

'मैं एक्शन लूँगा...'

'पर अभी तो कुछ एक्शन ले लें सरकार...पानी भर रहा है नाव में...डूबने को है यह नाव...'

'मैं इन्क्वायरी बिठाऊँगा...देख लेना...'

'पर नाव तो डूब चुकी होगी तब तक...'

'नई आ जाएगी...पर मैं छोड़ूँगा नहीं...'

नाव डूब रही है। अफसर धमकी दे रहा है कि नाव डूबी तो किन-किन के साथ क्या-क्या करेगा। नाव में पानी भर रहा है। अफसर नाव के छेद को बन्द करने की न तो बात कर रहा है, न ही कोशिश। नाव डूब रही है और वह अफसरी में मगन है।

कौन समझाए अफसर को कि नाव डूबी तो साथ में वह भी डूबने वाला है।

सर्कस में बदलता जंगल

सर्कस के शेर को जंगल का शेर मिल गया।

'और बॉस...कैसा क्या चल रहा है तुम्हारे जंगल में...' सर्कस का शेर पूछने लगा। अब जंगल में क्या तो होगा। वही पेड़, जो हैं, तो हैं। जहाँ छोड़ गए थे तुम, वहीं खड़े हैं। हवा है जो बहती है। झाड़ियाँ हैं, जो उगती, उलझती, टूटती, खत्म होती रहती हैं। घास है, जो रौंदी जाती है। बाकी हम सब जानवर तो हैं ही। वही जीवन, जानवरों वाला। जो हमारे बाप-दादों ने जिया। वही जीवन। वही जंगल।

अब सर्कस का शेर ऐसा कि जिसने देख रखी है सारी दुनिया। घूमा है, ट्रकों पर, पिंजरे में लदे-लदे, यहाँ से वहाँ, सारा जहाँ। राजमार्गों की चौड़ी रपटीली सड़कें। शहरों की उजियारी रातें। रोशनियाँ। चमक दमक। आराम की जिन्दगी। खाओ। मुटाओ। खेल दिखाओ। इनाम-इकराम बटोरो। दिखो शेर जैसे, काम करो कुत्तों-बन्दरों-भालू वाले। दिखो कुछ, करो कुछ।...सर्कस के शेर ने ज़माना देखा है।

'अभी तक रोड नहीं बना क्या जंगल में? क्या अभी भी झाड़ियों में से गुजरकर जाना पड़ता है?' सर्कस के शेर ने भर्त्सना, आश्चर्य तथा अहम के अन्दाज में पूछा है।

'जहाँ-जहाँ तक रोड बन गया, वहाँ तक जंगल खत्म हो गए हैं मित्र।' जंगल का शेर बता रहा है। रोड आता है, तो जीपें आती हैं। जीपों में शिकारी आते हैं। जीपों में ठेकेदार आते हैं। प्लॉट काटने वाले आते हैं। जंगल में रोड का आना जंगल को खा जाता है।'

'यार, तू जंगल के विकास के खिलाफ लगता है। जरा सोच, कि जंगल में जगह-जगह रोड बन जाएँ तो जंगल के जानवरों का जीवन कितना आसान हो जाए। आराम से घूमें-फिरें, रोड पर एक-दूसरे का पीछा करें।...भई, हमें तो यही लगता है।'

'पिंजरे में सुरक्षित बैठकर जो चिन्तन किया जाता है, वह ऐसा ही होता है।' जंगल के शेर ने उसे हिकारत से देखते हुए कहा है।

क्या सर्कस के शेर ने इस बात का बुरा माना? नहीं, नहीं। इतना टेक्टफुल तो वह हो चुका है कि इस बात पर मात्र हँसकर रह गया।

हँसते हुए उसने कहा कि यार, तुम पिंजरे के इतने खिलाफ क्यों हो? क्या बुराई है पिंजरे में? एक किस्म का अच्छा-सा कैरियर है यह भी। सर्कस का शेर होना एक प्रॉमिसिंग कैरियर हो सकता है, किसी भी एंटरप्राइजिंग शेर के लिए। अच्छा तो है। बजाय इसके कि आप जंगल में मारे-मारे फिरें, माँद के खुरदरे सीलन भरे फ्लोर पर लेटकर दिन गुज़ारें और दिन-रात हिरन या खरगोश की तलाश में भागते फिरें, क्यों न एक समझदार शेर दो-चार छोटे-मोटे आइटम सीखकर सर्कस का कैरियर अपनावे? बुरा क्या है इसमें?

'इसमें जंगल कहाँ है मित्र?' जंगल के शेर ने पूछा।

'यार, जंगल न भी हुआ तो क्या? देखो प्यारे, जब कैरियर की बात आए, तो फालतू ही भावुक होने से काम नहीं चलता। ज़माना बदल गया है। ग्लोबलाइजेशन का समय है। सारी दुनिया गड्डमड्ड हो गई है। आदमियों से सीखो। हिन्दुस्तान का आदमी अमेरिका से लगाकर अरब तक भाग रहा है न कैरियर के लिए। वो तो नहीं रोता कि इसमें हिन्दुस्तान कहाँ है? कैरियर को देखना है तो जंगल तो छोड़ना ही पड़ता है प्यारे...' सर्कस के शेर ने समझाया।

'पर जंगल के बिना फिर शेर ही क्या?'

'यार, तुम फटाफट और फालतू ही सेंटीमेंटल हो जाते हो। तुमको मैं भावुक जंगली कहूँ, तो बुरा न मानना। मैं तो तुमको भी यही सलाह दूँगा कि सर्कस को ज्वॉइन कर लो। सच्ची। बढ़िया जॉब है। फिक्स ड्यूटी ऑवर्स। टाइम पे बढ़िया मांस-मच्छी। नहलाने-टहल करने वाले सेवक। डॉक्टरों का इन्तजाम। बस, तनिक रिंग मास्टर के कोड़े से एडजस्ट करना होता है।...और, वैसे भी वहाँ जंगल में क्या धरा! देखो, आदमी गाँव छोड़कर शहर क्यों आता है? क्योंकि आदमी समझदार जानवर है। हम स्साले शेर लोग अभी भी जंगल-जंगल करते रोते रहते हैं। यार क्या दिया तुमको, तुम्हारे जंगल ने?' पूछा सर्कस के शेर ने।

'जंगल शेर को उसकी पहचान देता है।...शेर को जंगल से अलग काट दो तो वह मात्र करतब दिखाने वाला दयनीय मसखरा होकर रह जाता है। दिखता शेर सा है, पर शेर नहीं रह जाता।...' जंगल के शेर के अपने दकियानूसी विचार हैं—जंगली ठहरा।

अब सर्कस का शेर आया अपनी वाली पर। बोला : 'यार, तुम बुढ़ा गए हो। तुम्हें तो अब तक यह भी नहीं पता कि तुम्हारे शावक अब बड़े हो गए हैं और तुम्हारे इस जंगल राग को आदिम राग मानने लगे हैं। वे सर्कसों के चक्कर लगाते हैं। मेरे पिंजरे में झाँक कर जाते हैं रातों में। रिरियाते हैं कि हमें भी यहीं कहीं लगवा दो सर। कौन घूमे जंगल में। कौन भटके पेड़ दर पेड़। कौन पीछे भागे हिरणों, चीतलों के। कौन रहे जंगल, पेड़, खेत और बियाबान के दलिद्दर में। तुम्हारे शावक कहते

हैं कि आपके यहाँ तो कितना प्रकाश, कैसी लपझप करती बत्तियाँ, कैसे बढ़िया मोटे तल्ले वाले पिंजरे, कैसी बढ़िया-बढ़िया जंजीरें और कैसे लपलपाते हंटर जो चोट कम पहुँचाते हैं, पर आवाज़ जोरदार करते हैं। शेरों की पूरी नई पीढ़ी सर्कस के मैनेजरों के तम्बू के सामने लाइन लगाए, अपनी गुलाटी मारने आदि का बायोडाटा लिये, अपनी दहाड़ का ऑडीशन कराने के लिए चिरौरी करती खड़ी है और तुम जंगल-जंगल का रोना रोते फिरते हो। हद है यार...'

फटकार लगा रहा है सर्कस का शेर।

चुपचाप खड़ा सोच रहा है जंगल का शेर कि शायद पूरा जंगल ही एक बड़े सर्कस में तब्दील हो रहा है और वह दिन शायद दूर नहीं कि जब असली शेरों के लिए कहीं जगह ही शेष नहीं रहेगी। कश्मीर से लेकर कन्याकुमारी तक फैल गए इस सर्कस में, स्टूल पर चारों पाँवों को साधकर बैठे शेर आपके मन में दया भी जगाते हैं और गुस्सा भी।

रिश्वत विमर्श

'क्यों भैया, आपने दीक्षितजी से बात कर ली कि नहीं?...समझा दीजिए कि खर्चे की चिन्ता एकदम न करे। वो तो हम करबे करेंगे, तभी न उनसे कॉन्टेक्ट किया है हमने। है कि नहीं?...बस काम करा दें।...असल में, आपके दीक्षितजी हैं बड़ी ईगो वाले, भाई साहब। जरा-सी बात में बुरा मानकर बैठ गए। उनने दस माँगे रहे और हम कहे कि आठ ले लें—बस इसी में रिसा के बैठ गए। अब कहते हैं कि आपने हमारी बेइज्जती कर दी। बताइए।...इसमें इज्जत-बेइज्जती की कौन-सी बात? देखिए, रिश्वत देने वाला थोड़ा मोलभाव तो करबे करेगा कि नहीं?...बताइए।'

वो फोन पर किसी को अपनी पोजीशन दीक्षितजी के सामने साफ करने की प्रार्थना कर रहा है। बता रहा है कि उसने रिश्वत के लिए थोड़े ही मना किया था। दीक्षितजी फालतूफंड में ही बुरा मानकर बैठ गए। उधर से फोन पर जो कहा गया, उसे वह सुनता रहा। 'यह तो है,' 'मेरा वो मतलब नहीं था,' 'हो सकता है,' 'नहीं नहीं' कहता रहा। उधर वाले ने जब अपनी बात कह ली, तो वो आगे बात साफ करने लगा :

'देखो मुन्ना भैया, आदमी अपनी टेंट से गाढ़ी कमाई निकालेगा, तो मोलभाव तो करेगा कि नहीं? बताइए।...अब अगर रिश्वत लेने में भी अफसर ऐसा स्ट्रिक्ट हो जाएगा, तो फिर यह दुनिया कैसे चलेगी भला? थोड़ा आप कम करें, थोड़ा हम बढ़ाएँ—रिश्वत तो ऐसे चला करती है भैया। है कि नहीं? हमारी तो जिन्दगी रिश्वत देते निकली है मुन्ना बाबू। आपकी किरपा से अपुन ने क्लर्क से लगाकर मनिस्टर तक को पैसे खिलाए हैं। पर आपके दीक्षितजी टाइप एक नहीं मिला कि दस माँगे और थोड़ा कम करने को कहो तो बुरा मान के बैठ जाए। ऐसा कहीं होता है क्या? आप तो पचासों डील कराते हो—आप ही बताएँ। कसम से।'

मुन्ना भाई ने फोन के दूसरे सिरे पर कदाचित् स्वीकारा कि ऐसा नहीं होता है और यदि आदमी रिश्वत के मामले में मुलायमित से काम नहीं लेगा, तब तो सरकारी दफ्तर बदनाम हो जाएँ। मुन्ना भाई को अपनी तरफ पाकर वो खुश हो गया। कहने लगा :

'ये दुनिया ऐसे नहीं चलती भैया। माना कि दीक्षितजी इत्ते बड़े अफसर हैं और आज इस पोजीशन में हैं कि चार आदमियों को गैंती-सब्बल देकर, उन्हें नोटिस के साथ भेज के किसी की भी दुकान या मकान तुड़वा दें, परन्तु फिर भी बड़े आदमी को भी खयाल करना चाहिए कि उस परमपिता परमेश्वर की किरपा से यदि ये पावर मिली है, तो कम से कम लोगन की हाय तो न लें।...आपको रिश्वत देबे से कौन कमीना इनकार कर रहा है भैया? खूब लीजिए। काम कराएँगे, तो देंगे ही। भैया, आपने खुद दी होगी, तब न ये पोस्टिंग मिली है। पर ये तो कोई बात न कहाई कि आप रिश्वत की रेट को इज्जत का प्रश्न बना लें। ये बात ठीक थोड़ेई है। बदनामी हो रही है दीक्षितजी की। मार्केट में इधर-उधर की बातें कही जा रही हैं। अब कल ही दमेलेजी बजाजे की दुकान पे किस्सा बता रहे थे कि हमने दीक्षितजी से इत्ता ही कहा था कि पिछले साहब ने तो ये काम इसके आधे रेट में सलटा दिया था, तो जनाब ऐसे नाराज़ हो गए कि फाइल फेंक दी और गाली-गलौज पर उतर आए!...बताइए।'

उधर से मुन्ना भाई ने शायद माना कि रिश्वत देने वाले की भी इज्जत होती है और ऐसे मामलों में गाली-गुफ्तार करना दीक्षितजी का बचकानापन है। मुन्ना महाराज ने शायद आश्वस्त भी किया कि वे दीक्षितजी को समझाएँगे कि रिश्वत को लेकर ऐसे भावुक न हुआ करें और न ही बच्चों-सी हठ ही किया करें।

इन्होंने कहा, 'वही तो। रिश्वत की रेट पर तो साहब हमेशा ही बातचीत तो होती ही है। इसका क्या बुरा मानना। अफसर शुरू में पचीस माँगता है, फिर झिकझिक कर-कराके पन्द्रह में मान जाता है। साथ में भाभीजी के लिए दो साड़ियाँ धर दो तो एक पर्सनल टच आ जाता है। है कि नहीं?...पर दीक्षितजी का तो भैया ये कि एक दफे जो उनके मूँ से निकल गया, उससे एक पैसा भी कम पे बे फाइल उठाबे को तैयार नहीं होते। ऐसे नाराज़ होने लगते हैं मानो हमने उनका पाजामा खींच दिया हो। ऐसे कहीं होता है मुन्ना भैया? फिर आदमी ये भी देख ले कि ले किससे रहे हो यार? अरे, आज आप हमें इत्ता-सा कन्सेशन देंगे, तो कल हम ही दस और केस लाकर खड़े कर देंगे। है कि नहीं? अरे, दुनिया स्साली रिश्वत लेकर खड़ी है। सबके काम फँसे हैं। हम ऐसे पचासों को लाकर खड़ा करेंगे कि जो रिश्वत देबे को घिघियाएँगे। सच्ची। हम जैसों के साथ तनिक रियायत करेंगे तो दीक्षितजी ही फायदे में रहेंगे। ठीक कह रहे हैं हम, के नहीं? बात दो-चार पैसों की नहीं मुन्ना भैया। ऐसे ही तो सम्बन्ध बनते हैं, जो जिन्दगी भर काम आते हैं। है कि नहीं भैया?'

मुन्ना भैया ने उधर से माना है कि दीक्षितजी अन्याय कर रहे हैं और बेवकूफी भी। उन्होंने माना है कि ऐसे फाल्तू में अफसरी दिखा के काम नहीं निकलता। यदि आदमी ही आदमी के काम न आया, तब तो घनघोर कलजुग आ जाएगा। इतना कहकर उन्होंने शायद आश्वस्त भी किया कि वैसे दीक्षितजी ऊपर से कठोर दिखते

हैं, परन्तु अन्दर से एकदम मोम हैं। दिल के भले हैं, परन्तु क्या करें कि लड़के के चक्कर में चार लड़कियाँ पैदा करके बैठ गए हैं, सो स्वभाव में एक स्वाभाविक कृपणता और रूखापन आ गया है। चार बेटियों का दहेज जुटाना खेल नहीं। लड़के वाले भी तो शादी में एक धेला कम नहीं करते। वही बात। 'पर अपुन कुछ करते हैं—' कहा मुन्ना भाई ने।

'फिर?' पूछा गया।

उधर से कुछ बताया भी गया।

'ठीक है। कल न सही, परसों तो पक्का न?...ठीक है। कल आप गोविन्द भाई का काम करा लाएँ भोपाल से। बस, फिर चलें। घर चले चलें। बैठ के बात करा दें। हम खुद नहीं चाहते कि अफसर बुरा माने। हमें तो सबसे बना के चलना होता है मुन्ना भैया। है कि नहीं? हम व्यापारी आदमी।...फिर परसों। ठीक?...घर से पिकअप कर लेंगे आपको। ठीक है। है कि नहीं?'

आश्वस्त होकर उसने फोन रख दिया।

अफसर अन्ततः इससे रिश्वत कुबूल कर लेगा, यह बात उसे बेहद सुकून दे रही है।

सरकारी बारिश

अजीब तेवर हैं मौसम के। बादल आते तो हैं पर बरसते नहीं।

दिन भर ही बादल छाए रहते हैं। परन्तु बरसात नहीं होती। सरकारी कर्मचारी जैसे हो गए हैं बादल। ड्यूटी पर आ जाते हैं पर काम नहीं होता। काम करते-से दीखते भी हैं। यहाँ से वहाँ उड़ते हैं। मानो कोई कर्मचारी अचानक ही कुर्सी से उठे और कुछ कागजात बगल में दबाए पास के कमरे में किसी और के पास चला जाए। बादल बीच-बीच में बिजली भी चमका देते हैं तो बारिश की आशा बँध जाती है। मानो कि किसी ने आपकी फाइल उठाकर खोल ली हो और उसे पढ़ना शुरू कर दे। एक आशा बँधने लगती है कि शायद काम हो ही जाएगा। देखो, बबेलेजी ने फाइल उठाकर खोल तो ली ही है। अभी टीप बिठा देंगे तो बस्स। बिजली चमकी है। देखना, तनिक देर में ही ऐन टपाटप चालू हो जानी है। काम हो ही जाना है। आशा रहती है। पर बरसते नहीं ये। पूरा दिन यूँ ही बेचैनी में निकल जाता है। उमस भरा एक और दिन। आशा भरा एक और निराश दिन। काम होता नहीं। दफ्तर बन्द होने का टाइम हो आता है। अच्छा-भला काम करने ही वाले थे बबेलेजी। पक्का था कि आज तो फाइल यहाँ से निकल ही जाएगी। बढ़िया घनी घटाएँ घिरी थीं। लग रहा था कि अब बरसीं कि तब। परन्तु अचानक ही हवा चली और बादल उड़ गए। अचानक ही एक फोन आया और बबेलेजी सीट से उठकर न जाने कहाँ चले गए। घटाएँ बिला गईं। पानी बरसा ही नहीं। दफ्तर बन्द हो गया। बबेलेजी फिर लौटे ही नहीं।...अब तो भैया कल ही देखना। चपरासी ने बताया है।...चलो, शायद कल बारिश हो जाए। मौसम विभाग ने भी कहा तो है कि कल ज़रूर होगी।

पर हो यह रहा है कि रोज बादल घिरते हैं और रोज ही बिना बरसे रह जाते हैं।

तरह-तरह की बातें हो रही हैं। टोटके सुझाए जा रहे हैं। लोग कर भी रहे हैं। बारिश तो होनी ही चाहिए साहब। नहीं तो बोवनी रह जाने वाली है। और इस साल पीने के पानी के वो लाले पड़ेंगे कि अक्ल ठिकाने आ जाएगी। पानी तो बरसना ही चाहिए भैया। मान लो कि कल भी काम न हुआ तो? मान लो कि बबेलेजी ने कल

भी यहाँ से फाइल क्लीयर करके ऊपर न भेजी तो? फिर परसों से तो बड़े साहब पन्द्रह दिन के टूर पर बाहर निकलने वाले हैं। बोवनी का टाइम ही निकल जाएगा। फिर तो काम अटका ही रह जाएगा। तब? कोशिशें जारी हैं। पूजा-पाठ की विधियाँ तजवीज की जा रही हैं। तरह-तरह के टोटके चल रहे हैं। किसी तरह हो, इन्द्र देवता को तो मनाना ही है। रूठे हैं इन्द्र। तभी रोके हुए हैं बारिश। रोके हुए हैं कागज बबेलेजी। फाइल उठा-उठू के वापस धर देते हैं। रूठे हैं बबेले महाराज, शायद। दस हजार रुपयों की पूजा लगती है उनकी। लोग बताते हैं। यही उनकी शास्त्रसम्मत रेट थी। हमने आठ देने की कोशिश की थी। इसी पर रूठे हुए हैं शायद। अब तो सीधे मुँह बात भी नहीं करते। कहते हैं कि रिश्वत की बात करी तो पकड़वा देंगे।...एकदम इन्द्र टाइप ही रूठे बैठे हैं। बारिश का ऑर्डर इश्यू नहीं कर रहे इन्द्र। लाख बादल घुमड़ लें परन्तु फाइनल चिड़िया कागज पर बबेलेजी को ही बिठाना है। तब तक एक बूँद भी टपक जाए या फाइल में झाँकने को भी मिल जाए तो मजाल है।

पर कोशिश तो करनी है साहब। कर रहे हैं। कल से अखंड कीर्तन चल रहा है। महिलाएँ लगातार ही माइक पर चें-चें कर रही हैं। ढोलक। मजीरे। कुत्ता-कुतिया की शादी करवाने का टोटका तक कर डाला। काम सलटवाना है भाई साहब। कैसे तो भी। हमें किसी भी पूजा या टोटके से एतराज नहीं। सुझाव दें। करेंगे। किसी ने बताया है कि बबेलेजी की कृपा-दृष्टि सैनी मैडम पर रहती है।

गधी पूजा लगेगी तब जाकर इन्द्र प्रसन्न होंगे। आप तो सैनी मैडम को पटा लो। जो उनका पूजा विधान बनता हो। वे जो बता दें। वही। बस। वे ही सब सेट करा देंगी।...अब सैनी मैडम के चक्कर। अखंड पाठ। मैडम, तनिक कृपा कर देतीं तो...। फिर बड़े साहब निकल जाएँगे लम्बे दौरे पर तो...। बारिश हो जाती टेम पे तो हम बुवाई कर लेते।...काम करा देंती मैडम तो हम साहब के दफ्तर में कोशिश कर लेते।...पीछे लगे रहे।

दिन भर बादल घुमड़े।

दिन भर यहाँ-वहाँ से सैनी मैडम को साधने की कोशिशें कीं।

दफ्तर बन्द होने का टाइम हो आया। लग रहा है कि आज का दिन भी अकारथ जाएगा। आज भी बारिश नहीं होगी। काम फिर रह जाएगा।

पर साहब, शाम होते-होते बादल ऐसे घने हो गए कि बस! तेज बिजली चमकने लगी। बबेलेजी न केवल मुस्काने लगे बल्कि बैठने को कुर्सी भी ऑफर की। फिर तो साहब मौसम एकदम सुहावना हो गया। तब से जो झड़ी लगी तो पानी आज तक बरसे जा रहा है। इन्द्रदेव ने खूब कृपा की अन्ततः। पूजा-पाठ में लगे रहो तो अन्ततः देवता प्रसन्न हो ही जाते हैं। बढ़िया पानी बरस गया। बबेलेजी ने फाइल पर तुरत-फुरत साइन करे और शरारती नज़रों से सैनी मैडम को देखते हुए बोले कि यार

तुम्हारे काम के चक्कर में टाइम से नहीं निकले और देखो कैसी बारिश शुरू हो गई! सैनी मैडम के कहने पर आठ में ही कर दिया है, पर अभी भीग गए और बीमार पड़े, तो बिल मैडम भरेंगी।...दोनों हँसने लगे। धन्यवाद दिया कि साहब काम कर दिया आपने। नमस्ते किया मैडम जी को।...बबेलेजी ने कहा कि काम ही करने को बैठे हैं हम। क्यों न करेंगे? ठीक ही तो कहा। पानी बरसाने को ही तो बैठे हैं इन्द्र। न बरसाएँगे तो क्या करेंगे? वो तो जरा रूठ गए थे। पूजा-पाठ हुआ तो मान भी गए न।

पानी झमाझम बरस रहा है।

काम होने की खुशी में भीगते हुए ही निकल गए हैं हम।

बबेलेजी भीग गए होते परन्तु भीग नहीं पाए। सैनी मैडम छाता लाई हैं न। एक ही छाते में जाते हुए बारिश और भी दिलकश लग रही है दोनों को।

ठहर गए समय पर गर्व

हमारे खानदान में पुरानी वस्तुओं को रखने, सहेजने और उन पर गर्व करने की परम्परा रही है। जिस सामान को आप जैसे नासमझ कबाड़ या अटाला कहकर फेंक देते हैं उसी को हम बेहद सँभालकर धरे रहते हैं। अलबत्ता नई चीजों को हम ठेंगे पर ही धरते हैं। नई का क्या है साहब, वो तो सभी के पास मिल सकती हैं। न हो तो दुकानों में तो धरी ही रहती हैं। सो उनका क्या! हो सकता है कि आपके घर नये बर्तन-भाँडे हों, परन्तु हम तो तब मानें जब आपके पास सौ वर्ष पुराना वह ताँबे का लोटा हो जिससे आपके पूर्वज नहाते रहे हों या जिसे लेकर दिशा मैदान जाते रहे हों—ऐसा कुछ हो तो बताएँ। वैसे वो लोटा हमारे पास मिल जाएगा। कभी उठाकर दिखाएँगे आपको। लोटा उठाए इतना गर्वित शख्स आपने पहले कभी न देखा होगा। हमारे घर में ऐसी चीजें भरी पड़ी हैं। एक पुराने सन्दूक में पुराने बर्तन हैं। एक सन्दूक तो खुद इतना पुराना है कि हम खोलने में हिचकिचाते हैं। सन्दूक इतना भारी है कि चोर उसे उठा न सकें और हम उसे खोल न सकें। सन्दूक का ढक्कन खोलने के लिए दो ऐसे आदमी लगते हैं कि जिन्हें दिल या दमे की बीमारी न हो; हाँ, दिमाग की बीमारी वालों पर कोई पाबन्दी नहीं।

हमारे पिताजी जो कोट पहनते थे उसके बारे में वे स्वयं गर्व से सिर उठाकर कहा करते थे कि यह उनके दादाजी का कोट है और देखो कि आज भी कैसा कोरा नज़र आता है। इसी चक्कर में वे ठंड में सी-सी करते घूमते थे, पर कोट पहिनने से कतराते थे कि कहीं घिस न जाए। घर की ज़्यादातर चीजों का हम इसी कारण इस्तेमाल नहीं करते थे कि वे इतनी जूनी पुरानी थीं कि इस्तेमाल करने पर टूट या बिखर सकती थीं। और इन्हें फेंकते नहीं थे कि ये पुरानी हैं। नई चीजें हम ख़रीद भी लाएँ तो सँभालकर रख देते थे ताकि वे धरी-धरी पुरानी हुआ करें और बाद में हमारे गर्व करने के काम आ सकें। इसी चक्कर में हमारे घर में इतनी सारी पुरानी चीजें और उनके साथ ही इतना सारा नया-पुराना गर्व भी इकट्ठा हो गया था कि यदि शहर में किसी को भी किसी बात पर गर्व करने की आवश्यकता पड़ती तो वह हमसे उधार या मुफ्त ले जा सकता था। हमारे पिताजी अपने पुराने जूतों को

सँभालकर पहिनते थे और उन्हें वर्षों तक चलाते रहे। हमेशा जूता दिखाकर कहते कि देखो तो, यह दस साल पुराना जूता है और फिर भी इसका तल्ला कैसा मज़बूत और बेदाग पड़ा है। नहीं, वे जूतों को सिर पर उठाकर तो खैर नहीं चलते थे परन्तु जूते पहिनकर ऐसे हौले-हौले चला करते थे कि दफ्तर प्रायः लेट ही पहुँच पाते थे। वैसे उन्होंने नए जूते भी ले रखे थे परन्तु उन्हें पहिनते नहीं थे क्योंकि उनके अनुसार नए जूते काटते थे और पुराने वाले कैसे बढ़िया मुलायम धरे थे। वे नए को पुराना करके पहिनते थे और नए जूते को पुराने जूते की ठोकर में रखते थे।

हमारे घर में पुरानी किताबों, पुरानी फिल्मों, पुराने गानों और पुराने ज़माने की इतनी इज्जत थी जितनी उन्हें कभी अपने ज़माने में भी नहीं मिली होगी। हमारे दादाजी बात-बात में पुराने ज़माने की बात ले आते थे। यह उनके भी दादाजी का ज़माना रहा होगा जिस पर उन्हें सन्देह तथा विश्वास था कि वह पुराना गुजरा ज़माना बेहद सुखपूर्ण तथा आनन्ददायक रहा होगा। पुराने ज़माने में, जब वे पुरानी किताबें नई रही होंगी और उनको लिखने-पढ़ने वाले ज्ञानीजन आसपास रहे होंगे तब का समय कैसा प्रकाशवान रहा होगा और एक आजकल के तुम स्साले गधे लोग हो—ऐसा कहते और सोचते हुए वे अकसर उद्वेलित हो जाते थे और पुराने ज़माने के उपलक्ष्य में हम नए ज़माने वालों की ठुकाई-पिटाई पर उतारू हो जाते थे। वे या तो खुद के समय की छुद्रता, घटियापन और असफलताओं से इतने परेशान थे कि पुराने ज़माने की कल्पना के रचे स्वप्न को छाती से चिपटाए रहते थे, या शायद वास्तव में ही पुराने समय को ऐसा ही मानते थे, कहना कठिन है। पर यह पक्का था कि वे हमसे पुराने ज़माने की हर शै की खूब इज्जत करने की अपेक्षा करते थे और वैसा न करने पर वे पुराने ज़माने के किसी पुराने डंडे से ऐसी कुटाई करने की धमकी देते थे कि जिस पर नए ज़माने की कोई भी मरहम-पट्टी काम न आएगी। मरहम-पट्टी का ढंग भी आयुर्वेदिक होता। हमारे घर में आयुर्वेद की महिमा गाई जाती थी और एलोपैथी को गाँजे की भाँति छुपकर वापरा जाता था। हम हर एक ऐसी जड़, छाल, पत्ती या फूल को जड़ी-बूटी की इज्जत देते थे जिसे हम पहचान न पाएँ। दादजी कहते कि सँभालकर रख लो। यह ज़रूर कोई चमत्कारी बूटी निकलेगी। पिताजी तो रीठा, शतावरी, ग्वारपाठा, शंखपुष्पी, आँवला, त्रिफला, काली मिट्टी आदि के दीवाने जैसे थे। सिरदर्द होने पर वे माथे पर काली मिट्टी पोत लेते, आँखों को त्रिफला से धोते, उसी का कपड़छन करके चाट भी जाते और उसी का लेप बनाकर विभिन्न व्याधियों में विभिन्न अंगों पर चुपड़ भी लेते। वे आँवले को सुखाकर कूटकर चबाया करते, उसी का मुरब्बा तैयार कराते, उसी को घोलकर शरबत पीते और (इसमें प्रायः तो पूरा आँवला खत्म हो जाता, पर) बचे आँवले का अचार बनवा डालते। वे अपना पुराना पाजामा पहनकर आँवले के पुराने पेड़ पर चढ़ जाते और

नए आँवले उतारकर उन्हें पुराना होने रख देते। कहते कि एक बार पुराना हो जाए तो आँवले में इतना आँवलापन आ जाता है कि खा लो तो पुराने से पुरानी कब्ज़ ठीक हो जाए और नये से नये दस्त बन्द हो जाएँ।

हमारे पिताजी को आयुर्वेद पर मात्र इसी कारण इतना विश्वास था क्योंकि वह एक पुरानी विद्या थी। वे मानते थे कि ज्ञानीजन तो बस पुराने ज़माने में हो गए हैं अबके ज्ञानी तो क्या कहें क्योंकि उन्हें सही-सही चूतिया कह डालेंगे तो तुम कहोगे कि अश्लील शब्द कहते हो जबकि यह शब्द भी बेहद पुराना है और इसी कारण हम ऐसों की भी इज्जत करते हैं। वे मानते थे कि हमारे पूर्वज हवाई जहाज बनाना जानते थे (पर उड़ाते नहीं थे क्योंकि उड़ाना नहीं जानते थे, बनाकर रख लेते थे।) वे मानते थे कि हमारे पूर्वज सूर्य से शक्ति प्राप्त कर वर्षों तक बिना भोजन के ही स्वस्थ रह सकते थे और वे लोहे से सोना बनाने की विधि भी जानते थे। हमें हमेशा आश्चर्य तथा शर्म होती कि हमारा पुराना ज़माना कितना शानदार और सुनहरा था, और एक हमारा समय और हम हैं!

अपने समय की चुनौतियों से मुँह चुराने का सबसे सटीक तरीका यह है कि आप पुराने ज़माने में पड़े रहो और उस पर गर्व करने में समय निकालते रहो। कमोबेश हमारे देश में यही तो चलता रहता है। समय हमारे आँगन में ठहर गया है और हमें न मालूम क्यों इस दुर्घटना पर गर्व है।

कोई तो रोके इन्हें बड़ा होने से

बच्चे बड़े हो रहे हैं।

कौन न चाहेगा कि बच्चे बड़े हों। पर यहाँ मामला एकदम अलग है। वे ऐसे बड़े हो रहे हैं कि बच्चे बच्चा होना ही भूल रहे हैं। दुनिया, बाज़ार, मीडिया, रियलिटी शो, टीवी, देर रात की फिल्में, इंटरनेट, मोबाइल, विज्ञापन, रेडियो—सभी एक गिरोह-सा बनाकर इस अभियान में जुटे हैं कि बच्चा, बच्चा न रहने पाए। सपनों भरी बचपन की दुनिया से घसीटकर उसे सीधे बड़ों के निर्मम कँटीले संसार में जबरन खड़ा किया जा रहा है, जहाँ वह भौचक है। उधर बड़े, उसे बड़ों जैसा व्यवहार करवा के तालियाँ पीट रहे हैं कि देखो तो, है तो बस चार साल की बच्ची, पर साहब कैसे ठुमके लगाकर नाची और जब जज लोगों ने उलटे-सीधे, बड़ों वाले प्रश्न भी किए तो कैसे कॉन्फिडेंस से एकदम बड़ों जैसे ही मुँहतोड़ उत्तर भी दिए। गजब है भाई!

जादू का शो-सा चल रहा है। सजे, दमकते मंचों पर जादूगर खड़े हैं। इनाम-इकराम वाली हाथ की सफाई चल रही है। मासूम बच्चा, जिसके दूध के दाँत वहीं हैं जो सदियों से होते आए हैं और जो टाई, कोट, धोती, कँगना, लिपस्टिक, घाघरा, चोली, हैट, सिंगार, मेकअप आदि के नीचे भी अभी बच्चा ही है—उस बच्चे को अचानक ही जादू के मंच पर अकेला छोड़ दिया गया है। माँ-बाप तक साथ नहीं। वे सामने की तमाशबीन भीड़ में कहीं बैठकर तालियाँ बजा रहे हैं। अंधी दौड़ की आरी के नीचे लेटा है बच्चा। बच्चे को महत्त्वाकांक्षा के डिब्बे में बिठाकर खंजर डाले जा रहे हैं, यहाँ-वहाँ से। गाना, डांस, मिमिक्री, सवाल, देश की जनता से अपने लिए वोटों की चापलूसी भरी अपील, जज अंकल और अंटियों को रिझाने वाली चमचाई की कला, अपनी उम्र से बहुत आगे के गाने के बोलों पर ठुमके, लटके-झटके और भाव व्यक्त करने की दुष्ट माँग—न जाने किस- किस तरह के कितने खंजर यहाँ-वहाँ से डालकर जादूगर दर्शकों को यह चमत्कार दिखाने पर तुला है कि बच्चा अभी भी डिब्बे में साबुत बचा है। इधर खंजरों के बीच फँसा बच्चा, जो कैसे तो भी आड़ा,'तिरछा-सिकुड़ा होकर जान बचाए है, जब प्रतियोगिता के डिब्बे से अचानक ही बाहर निकाला जाता है, तब क्या वास्तव में वह ज़िन्दा होता है? क्या यह वही बच्चा रह जाता है, जो शुरुआत में इस डिब्बे में डाले जाते वक्त

रहा था? वह बच्चा तो रह गया डिब्बे में वहीं। सब बदल जाता है। डिब्बे में खंजरों से बिंधा उसका बचपन छूट जाता है। अचानक बड़ा हो गया बच्चा ही वापस लौटता है। मंच से हार या जीतकर उतरा हर बच्चा, (या अभी उस्ताद/चैंपियन/सम्राट आदि के खेल में उलझा हर बच्चा) मुझे विराट ज़ादूनगरी में भटकता वह मासूम प्रतीत होता है, जिसके माँ-बाप को दुष्ट जादूगर ने जादू पढ़कर पत्थर में बदल दिया हो और बच्चे को अपनी मायानगरी में कैद कर अट्टहास कर रहा हो।

बच्चे बड़े हो रहे हैं।

बच्चे पहले भी समय पर बड़े होते ही थे। पर समय अब बदल गया है। अब वे पैदा होते ही बड़े हो रहे हैं। और समाज इसे चमत्कार मानकर तालियाँ बजा रहा है। समाज बच्चों के उन कारनामों पर वाहवाही कर रहा है जो उन्हें बचपन की देहरी से बाहर घसीटकर ही करवाए जा सकते हैं। बच्चे बदल रहे हैं। बच्चे बड़े हो रहे हैं। अब वे तितलियों के पीछे नहीं भागते। वे पेड़ों पर चढ़ते-कूदते नहीं। वे बरसते पानी में नहीं भागते, नाचते। वे एक-दूसरे को थप्पी मारकर भागते-भगाते नहीं। वे माँ के आँचल में छुपने-खेलने में समय बरबाद नहीं किया करते। वे रातों में तारों को निहारते नहीं पड़े रहते। वे छुपनछुपाई नहीं खेलते। वे खेलते ही नहीं। वे माँ-बाप से मचलते नहीं। वे अच्छे बच्चे हैं या शायद बच्चे ही नहीं रहे। वे जिद नहीं करते। वे परियों की कहानियाँ पढ़ना नहीं चाहते। कभी पढ़ें तो उन कहानियों पर हँसा करते हैं कि देखो तो इन्होंने हमें एकदम बच्चा समझ रखा है क्या कि ऐसी बचकानी कहानियाँ हमारे लिए लिखते हैं।

तो प्रश्न यह तो उठता ही है कि यदि बच्चे यह सब नहीं कर रहे तो वे बच्चे ही कहाँ रहे?...वही तो हमने शुरुआत में ही बताया न कि बच्चे अब बड़े हो रहे हैं। वे अब बचपना नहीं करते। वे अब कागज की नावें तैराने की बेवकूफी नहीं करते। बच्चे आजकल बचपना करने की रिस्क नहीं लेते। उन्हें आगे बढ़ना है। उन्हें दुनिया जीतनी है। उन्हें अपने उन माँ-बाप का नाम रोशन करना है जो स्वयं कभी ठीक से टिमटिमा भी नहीं पाए। उन्हें पाँचवीं कक्षा के बाद ही आईआईटी की कोचिंग चल पड़ना है। स्कूल से लौटकर म्यूजिक क्लास। वहाँ से आकर डांस मास्टर के साथ। नहीं। संगीत और नृत्य में धेले की दिलचस्पी नहीं उसकी। बल्कि नफरत है। पर यही 'इन थिंग' है आजकल। मजबूरी है। सभी अपने बच्चों को इन चीजों में डाल रहे हैं तो हम कैसे न करें? वह पीछे रह जाएगा, तो? बच्चे को क्विज जीतना है, टीवी शो पर आना है, मेरिट में आना है, उस्ताद बनना है, सारा नाम बचपन में ही कमा लेना है। उसे बचपन में ही इतना बड़ा बन जाना है कि इसके बाद बस बूढ़ा होना ही शेष रह जाए।

बच्चे बड़े अजीब और डरावने तरीके से बड़े हो रहे हैं आजकल। बच्चे बूढ़े हो रहे हैं। कोई रोकने वाला नहीं है। या खुदा! तू ही कुछ कर न! तू कहीं है भी या नहीं? या कि यह अफवाह सही है कि ईश्वर कब का मर चुका?

फैशन तो ठीक, पर पहनें कैसे?

मेरे एक मित्र मशहूर फैशन डिजाइनर हैं। वे चाहे जब नई काट की कुछ ऐसी पोशाक बना डालते हैं कि जो पहनते चाहे न बने परन्तु येन केन प्रकारेण, चर्चा का विषय ज़रूर बन जाती है। बनाते ही ऐसी हैं।

अभी उस दिन उन्होंने अपना डिजाइन किया घाघरा हमें गर्व से दिखलाया। घाघरा तो आप जानते ही हैं। पहिना न भी हो, देखा तो होगा ही। देखा न हो तो सुना तो होगा ही क्योंकि हिन्दुस्तान में यदि आप बहरे न हों तो यह शब्द सुने बिना रह नहीं सकते। घाघरा और चोली को लेकर हिन्दी फिल्मी गीतों का एक सतत हल्ला दशकों से कुछ ऐसा चल रहा है मानो प्रेम-व्यापार में लगे पिया, सजना तथा परदेशी बलम वगैरह इन्हीं के लिए प्रेम करते हों, जो वैसे कई बार सच भी होता है। तो वे यही घाघरा दिखाने लगे। घाघरे की डिजाइन का तनिक अन्दाज हमें भी है। पहले वही बता दें आपको। घाघरा गोल-गोल-सा होता है। ऊपर की तरफ नाड़ा होता है और नीचे की तरफ घेर। बीच में ढेर-सी चुन्नटें और फोल्ड होते हैं जो यदि न होते तो इसके एक-चौथाई कपड़े में ही घाघरा बन गया होता। परन्तु घाघरा जब तक इसी तरह घेरदार न हो तो घाघरे के नाम पर कलंक कहाएगा। डिजाइन के अलावा हमें यह ज्ञान भी है कि घाघरा सिलते किस तरह हैं। हमने सिला तो नहीं परन्तु देखकर ही जाना है क्योंकि एक छोटा-मोटा बेरोजगार फैशन डिजाइनर तो हमारे अन्तर्मन में भी रहता है। घाघरा सिलना बेहद सरल है। आप बड़ा सा बेनाप कपड़ा लीजिए, उसे गोल-गोल घुमाकर उसके दोनों किनारे पास लाइए और कुछ इस तरह सिल दीजिए कि अगर एक तरफ और सिल डालें तो बड़ा-सा झोला बन जाए। इतना सीधा-सा वस्त्र। परन्तु हर सरल पोशाक को कैसे इतना जटिल बना दिया जाए कि उसे पहिनने के अलावा उससे हर काम लिया जा सके, इस कार्य में मेरे फैशन डिजाइनर मित्र विशेषज्ञ हैं। इस घाघरे में उनने यही किया था।

वे मुझे अपना बनाया अजीबोगरीब घाघरा दिखाने लगे।

इस घाघरे में सामने की तरफ उन्होंने दो सुनहरी जंजीरें लटका दी हैं—करीब-करीब वैसी, जैसी खतरनाक कैदियों की टाँगों और टखनों के बीच बँधी रहती हैं।

बस इनने नीचे बाँधी भर नहीं हैं। लटकी हैं। इनका क्या मतलब यार? पूछने को मन किया। पहिनकर महिला चलेगी तो ये टाँगों में न अड़ेंगी। फिर? टाँग में फँस-फँसा गई तो वह मूँ के बल गिर न जाएगी? गिरी तो खैर मुँह टूटने की कोई बात नहीं परन्तु साथ में इत्ता महँगा घाघरा मैला न हो जाएगा? हमने डरते-डरते मित्र से पूछ लिया कि यह घाघरे में जंजीरों की क्या उपयोगिता? मित्र ने बताया कि फैशन में उपयोगिता नहीं देखी जाती। ये जंजीरें घाघरे को एथनिक टच दे रही हैं। फैशन के बाज़ार में आप किसी भी कपड़े में घंटिया, जंजीर या फुँदने लटका दो तो उसमें एक एथनिक टच आ जाता है, और एक बार यह भर आ जाए तो फिर दो धेले की चीज को आप हजारों में बेच सकते हो। साथ ही उन्होंने हमें फटकारते हुए यह ज्ञान भी दिया कि यार तुम ये फँसने, गाड़ने, चुभने, अड़ने आदि की बातें फैशन के कपड़ों के विषय में मत किया करो क्योंकि फैशन डिजाइनर इन छोटी-मोटी बातों में समय खराब नहीं करता। उन्होंने कहा कि यदि आपको इन्हीं चीजों का खयाल यदि रखना है तो फिर आप कच्छे और बनियान में घूमो और फैशन की सोचो ही मत।

और घाघरे में इतना ही कुछ नहीं था। उन्होंने एक नाकुछ से घाघरे में इतना सारा फैशन डाल दिया था कि उसमें टाँगे डालने से पहले दस बार सोचना पड़े। बताने लगे कि देखिए, हमने इसमें कितना नया तथा मौलिक प्रयोग किया है कि नाड़ा ऊपर की तरफ न डालकर नीचे के घेर में डाल दिया है। यह नितान्त यूनिक और नॉवल प्रयोग हुआ कि नहीं? फैशन की दुनिया में, खासकर घाघरे की घेरदार दुनिया में ऐसा पहले कभी भी, किसी ने किया है क्या कि नाड़ा ऊपर न बाँधकर नीचे बाँधने का इन्तजाम किया हो? बताने लगे कि फैशन संसार में यह एक क्रान्तिकारी डिज़ाइन कहाएगी और घाघरे का इतिहास तो छोड़िए, नाड़ों के इतिहास में भी अन्यत्र इसका उदाहरण नहीं मिलेगा।....हमने कहा कि यह डिजाइन तो घाघरे का इतिहास के अलावा भूगोल भी बदल देगी क्योंकि इसे नीचे बाँध के पहन भी लिया तो कमर से खिसककर यह टखनों पर आकर जब टिक जाएगा तो इसे पहिचानना कठिन हो जाएगा। ऐसा होने पर पहिनने वाले के भूगोल के जो अज्ञात क्षेत्र थे उनका जो खुलासा होगा उसका क्या होगा? मित्र गुस्सा हो गए। बोले कि यह घाघरा पहिनने वाले की ज़िम्मेदारी होगी कि वह घाघरे के नीचे भी हमारे ही डिजाइन किए अधोवस्त्र धारण किया करें तो ज़माना उनके फैशन की समझ पर अश-अश कर उठेगा। दोहरी फैशन।

मैं हैरान होकर उनका डिजाइन किया हुआ घाघरा देखता रह गया। घाघरे में घंटिया भी थीं, फुँदने भी, नीचे की तरफ नाड़ा था, सामने जंजीरें लटकी थीं, चुन्नटों पर बड़े फूल थे, बगल में छोटे छापे थे, किनारों के साथ-साथ गोट लगी थी, एक लहरियादार जाली की पट्टी आगे-पीछे सिली थी, बहुत से छोटे-बड़े बटन यहाँ-वहाँ

टँके थे और घाघरे के घेर में तीन-चार स्थानों पर ऐसा तिरछा कटा था मानो गलती से किसी की कैंची लग जाए और तय कर लिया जाए कि अब कट ही गया है तो यही सही।

'कैसा लगा यह घाघरा तेरे को?' वे पूछने लगे।

'तू तो यह बता कि तू दे, तो भाभी इसे पहिनेंगी क्या?' हमने पूछ ही लिया।

बस, वे तब से बुरा माने बैठे हैं। सबसे बताते फिर रहे हैं कि दोस्त होकर भी कैसी घटिया बात कही ज्ञानू ने। बताइए कि बदतमीज चाहता है कि मेरी वाइफ ऐसी-वैसी ड्रेस पहने।...इधर मेरा निवेदन मात्र इतना है कि जिसे तेरी बीबी न पहन सके उस तरह की पोशाक तू दूसरों की बेटी या बीवी के लिए क्या सोचकर डिजाइन करता है यार? कोई शराफत से और आराम से पहन सके ऐसी पोशाक बना न मित्र।

कृपया भरोसा बना रहने दें

अभी समाचार पढ़ा कि कहीं कोई आदमी रिश्वत देने आया था और अफसर ने उसे पकड़वा डाला। जब से पढ़ा है तब से मैं चिन्तित तथा विचारमग्न हूँ।

क्या वास्तव में ही घनघोर कलियुग आन पहुँचा है? भाई सा'ब, ऐसी घटना तो उसी की निशानी प्रतीत होती है अन्यथा एक भला आदमी आपको रिश्वत देने आया है और आप उसी को पकड़वा दें तो इससे बड़ा अन्याय और क्या कहाएगा? क्या कोई समझदार आदमी अफसर के पास बिना रिश्वत के पहुँचने की हिम्मत तथा हिमाकत कर सकता है? जानता है कि न लेकर गया तो बाहर बैठा चपरासी ही हकाल डालेगा। मन्दिर में तो एक बार फिर भी आप बिना प्रसाद या चढ़ावे के भी दर्शन ट्राई कर सकते हो और सम्भावना है कि पुजारी तथा भगवान एकाध बार बुरा न भी मानें परन्तु अफसर के पास तो रिश्वत लेकर ही जाना पड़ेगा न। कोई यूँ ही जा नहीं रहे। काम फँसा है तो ही जा रहे हैं न? उसी से वो आदमी गया और बिना रिश्वत के भी अफसर काम कर सकता है ऐसा उस बेचारे का अनुभव कभी रहा ही नहीं!...और इन्होंने पकड़वा दिया बेचारे को। हद है कि नहीं?

क्यों पकड़वाया होगा अफसर ने?

क्या अफसर घनघोर ईमानदार था? या बेहद मूर्ख था? कहीं डरपोक तो नहीं था? चक्कर क्या था? वह अफसरी के सामान्य से प्रोटोकोल का बुरा क्यों मान बैठा? कहीं यह ख़बर सही तो नहीं कि वह दूसरी पार्टी से इसी काम के लिए इससे ज़्यादा रकम पहले ही वसूल चुका था? पेट भरा हो तो अफसर तक को कभी-कभी ईमानदारी सूझने लगती है क्योंकि ऐसे में ईमानदारी झाड़ने में अपने बाप का कुछ खास जाता भी नहीं है। आपने भी बहुत से पेटुओं को तब थाली सरकाते देखा ही होगा कि जब वे पहले ही डट के रबड़ी, पूड़ी आदि छान चुके हों। पर भाई सा'ब, वे भी विनम्रतापूर्वक थाली सरकाते हुए बस मना भर करते हैं। वे परोसने वाले को लतियाना शुरू नहीं कर देते। जबकि अफसर ने तो यही किया। रिश्वत देने वाले श्रद्धालुओं के साथ यदि सरकारी मन्दिरों में ऐसी बदसुलूकी चल पड़ी तो फिर कौन रिश्वत देने को यहाँ आएगा? अफसरी और आमजन के बीच हमारी व्यवस्था ने आत्मीय संवाद

का जो सुविधाजनक तथा स्थायी पुल इतने वर्षों में खड़ा किया है, आप तो उसे ही तोड़ने की कोशिश कर रहे हो? ऐसा हुआ तो फिर तो जनता का भरोसा रिश्वत, अफसर और व्यवस्था से ही उठ जाएगा। तब क्या होगा? मुझे वैसी ही चिन्ता हो रही है जैसी किसी ज़माने में बाबा भारती को अपना घोड़ा धोखे से छुड़ा लिये जाने पर हुई थी कि हाय! अब गरीब पर कोई कैसे भरोसा करेगा?

भाई सा'ब, हमारा तो कहना है कि यदि ऐसा ही था तो मना कर देते। न लेते। कह देते कि भाई हम रिश्वत नहीं लेते हैं। हो सकता है कि शुरू में वह आपके कहे का विश्वास न करता और कहने के बावजूद रिश्वत देने की कोशिश भी करता क्योंकि उसने इससे पहले भी बहुत से ईमानदार अफसरों को इसी अदा के साथ रिश्वत लेते देखा है। ऐसा करता तो आप तनिक फटकार लेते उसे। न लेते। भगा देते। परन्तु उसे पकड़वाने का क्या मतलब निकला? क्या मिला आपका? अब उसे इस काम की रिश्वत तो बाद में किसी और अफसर को देनी ही पड़ेगी, साथ ही जिनसे आपने पकड़वा दिया वे अलग माँगेंगे। डबल रिश्वत में फँसवा दिया न? बल्कि ट्रिपल रिश्वत में क्योंकि अभी की रिश्वत के पैसे भी तो जब्त करवा डाले आपने। जो हुआ, हम तो यही कहेंगे कि ठीक नहीं हुआ भाई सा'ब।

वैसे यह सत्य है कि लोग अफसर के मुँह पर उसकी बड़ी तारीफ भी कर रहे होंगे कि सर आपने ईमानदारी की जो मिसाल राष्ट्र के समक्ष धरी है, वह बेमिसाल बगैरह है। सत्य यह भी है कि ये ही उसकी पीठ पीछे उस पर हँसते भी रहे। कुछ यह पता लगाते घूम रहे हैं कि असली किस्सा क्या था क्योंकि घर आई रिश्वत को कोई यूँ तो ठुकराता नहीं। कहीं इसे भनक तो नहीं लग गई थी कि यह रिश्वत नहीं बल्कि उसे ट्रेप करने की साजिश की गई है? या कहीं ऐन मौके पर झिकझिक हो गई हो कि हमने तो तब तुम पर भरोसा करके वायदे पर ही फाइल क्लीयर कर दी थी और तुम अब दस की जगह पाँच टिपाकर हमें बेवकूफ बनाना चाहते हो क्या? गरमागरमी में पकड़वा मारा हो? या कहीं स्साला वास्तव में ही तो ईमानदार नहीं क्योंकि जब यह इटारसी में पोस्टेड था तो वहाँ के लोग भी यही कहते थे कि यह है ही चूतिया!...सभी असली किस्सा जानने की जुगत में हैं।

आप तो संयोग देखिए भाई सा'ब कि हाल ही में हमारी दोनों से मुलाकात हो गई। इसी अफसर से तो एक काम के सिलसिले में। हमारे एक परिचित की फाइल इसके पास फँसी थी। मैं मिला। कहा कि काम एकदम जायज और कानूनसम्मत है। फाइल निकलवा दें। मैंने तारीफ भी की कि बड़ी बात है कि आप रिश्वत भी नहीं लेते।...वे हँसते हुए फटकारने लगे कि यार तुम्हें यह किसने बरगला दिया कि हम रिश्वत नहीं

लेते?...अरे वो एक दूसरा ही मामला था भाई। उससे मत जोड़ो। हम लेते हैं। बिना लिये कुछ नहीं करते। वे यह भी पूछते रहे कि आप दफ्तर के उस हरामी का नाम हमें ज़रूर बताइएगा जो हमारे बारे में ऐसी अंट-शंट अफवाहें उड़ा रहा है कि हम रिश्वत नहीं लेते। यह तो इनडिसीप्लीन की हद है।

और उनसे भी मुलाकात हुई जिन्हें इस अफसर ने रिश्वत देते पकड़वाया था। खुश थे। बताने लगे कि अन्ततः वह केस तो दाखिल दफ्तर हो गया। किसी गलतफहमी के चक्कर में पकड़वा दिया था अफसर ने अन्यथा आदमी बहुत बढ़िया है। पर चलिए कि सब ठीक निबट गया। गवाह पलट गए और जाँच अधिकारी इतने भले निकले कि खुद तो अपनी रेट कम करी ही, साथ में अदालत में भी इतनी कम करा दी कि जज साहब बाद में उन्हें फटकारते रहे कि तुम ऐसेई केस लाओगे तो अगली बार स्साले को ऐसी सजा देंगे कि रेट पर मोलभाव करने की बात भूल जाओगे।

दोनों से मुलाकात हो गई तो अब मुझे भी चैन है कि बात वैसी नहीं है और चिन्तित होने का कोई कारण नहीं है। फिर भी मेरा सभी अफसरों से आग्रह रहेगा कि भविष्य में ऐसी घटनाएँ न दोहराई जाएँ। हम नहीं चाहेंगे कि आमजन का भरोसा रिश्वत से भी उठ जाए। यही तो ऐसी चीज है भाई सा'ब कि जिस पर देश का भरोसा अभी भी बना हुआ है। कृपया इसे तो बनाए रखें।

एक शाम, अचानक...

फोन बन्द करके वे अवाक् से बैठे रह गए।

मुँह उतर सा गया। चेहरा मानो बुझ-सा गया। बातों में वह लय ही नहीं रही और कार्यकर्ताओं की हर बात पर 'हाँ', 'हूँ' ही करते रह गए। पार्टी दफ्तर में उनके आसपास हमेशा ही मँडराते रहने वाले दो-तीन चमचों ने पूछ भी लिया कि क्या हो गया नेताजी? कोई ऐसी-वैसी बात? तो वे यही कहते रहे कि अरे नहीं, सब ठीक-ठाक है, चकाचक।...पर साफ था कि कुछ तो हुआ है। कुछ हुआ तो है। पक्का।

नेताजी कुछ कारण बुदबुदाकर पार्टी दफ्तर से घर चले आए हैं। अन्दर घुसे ही थे कि पत्नी ने एकदम ताड़ लिया कि कुछ तो गड़बड़ है। वे घर में घुसे तो सीधे बेडरूम में घुस गए और औंधे लेट गए। तनाव में हों तो तुरन्त औंधे लेट जाते हैं। पत्नी जानती है।...'क्या हो गया?...दिल्ली में किसी से कोई बात-आत हुई है क्या?'... पत्नी पूछ रही है। चुनाव होने हैं, पार्टी टिकिट मिलना है—यह पता है उसे। पत्नी को यह भी पता है कि प्रदेश की राजनीति को खूब साध रखा है उनने। यहाँ की तो किसी बात से नहीं घबराने वाले। वैसे दिल्ली में भी आलाकमान में चीजें फिट कर रखी हैं, फिर भी।...वहीं से कुछ होगा। पक्का।

पत्नी पानी ले आई। पी लीजिए...। कुछ देर तो वे चुप्पी लगाए पड़े रहे। पत्नी ने फिर से पानी का कहा तो चिड़चिड़ाए। फिर उठे। हवा में किसी को गालियाँ देने लगे। पानी पिया। फटकारने लगे। इस मौसम में फ्रिज का पानी पिलाकर गला खराब कराओगी क्या?...फिर धीरे-धीरे प्रकृतिस्थ हुए। पत्नी को बताने लगे कि दिल्ली से उपाध्यायजी का फोन आया था अभी। दफ्तर में। बता रहे थे कि इस बार आपका टिकिट काटने का चक्कर यहाँ चल रहा है। कह रहे थे कि अध्यक्षजी से कुछ सही न जमा पाए तो पूरे चांस हैं कि टिकिट न मिले तुम्हें। एकदम अन्दर की बात बता रहे थे कि इस बार आपकी जगह नीखरा को टिकिट मिल रहा है।

'अरे!...ऐसे कैसे?'...पत्नी ने उनका हौसला बढ़ाने के लिए यह भी जोड़ दिया कि कोई आपका टिकिट कैसे काट सकता है?...ऐसा होई नहीं सकता...।

वे और चिढ़ ही गए। कहने लगे कि ऐसा ही हो रहा है क्योंकि हाईकमान में तुम्हारे या हमारे बाप का राज नहीं चल रहा।

'पर आपने तो पार्टी के लिए इत्ता किया है, वो सभी देख रहे हैं।...यहाँ से दिल्ली तक हरेक के काम किए।...कित्ता सारा फंड जुटाया है...' पत्नी उनके द्वारा किए गए वे सद्‌कार्य गिनवाने लगी जिनको आधार बनाकर ही पार्टी किसी भी शरीफ कार्यकर्ता को टिकिट दिया करती है।

उनने मानो सुना ही नहीं। बड़बड़ाते हुए नीखरा को गालियाँ देने लगे, 'भोत हरामी निकला यह स्साला नीखरा का बच्चा! सोचा नहीं था कभी...'

'और ऊपर से देखो।...जहाँ मिल जाए तो भाभीजी-भाभीजी करता है।...हर बार पैर छूता है।' पत्नी ने आश्चर्य प्रकट किया।

'तुम पॉलिटिक्स नहीं समझतीं। उसमें दिमाग न उलझाओ।...बस, घर चलाओ जो तुम्हारे बस का है।...पाँव छुए कोई, तो छुलवा लो, बस...। वरना पाँव छूने वाले यहाँ ऐसे हैं कि...। अरे, ये स्साला नीखरा दिल्ली में मूर्ती सा'ब के कान भर रहा था कि नेताजी अगर दो करोड़ पार्टी फंड को देते हैं तो चार खुद धर लेते हैं। खुद उपाध्यायजी को बताया मूर्तीजी ने।...बताओ भला...। अरे यार, हम इत्ता भी अपने पास नहीं रखेंगे तो फिर मूरख थे जो क्या मन्त्री वने। बाद में खँजड़ी बजा के भीख माँगते घूमेंगे क्या?...हद कर दी नीचता की, इस नीखरा ने...' वे भुनभुनाते रहे।

पत्नी को मानो अभी भी विश्वास नहीं हो पा रहा। कहने लगी : 'सच्ची।...देखो कि कितना बदमाश निकला यह।...ऊपर से देखो तो कित्ता भोला...'

नेताजी चिड़चिड़ा उठे।

'यह तुम ऊपर से देखो, ऊपर से देखो ही करे जाओगी क्या?...अरे अन्दर से कहाँ से देख लोगी? स्साले की चड्ढी उतारकर देखोगी क्या?'

'छी-छी...कैसी गन्दी बातें करते हो...' पत्नी न केवल रूठ गई बल्कि चली भी गई वहाँ से।...इन्हें तनिक चाय-नाश्ता करा दूँ।...तब तक दिमाग भी कुछ ठंडा हो जाएगा तो खुद ही सारा बताएँगे। हर काम बिना पत्नी को बताए कभी करते ही नहीं।...मूड में हों तो पूरी पार्टी पॉलिटिक्स बताते हैं। पार्टी में कौन सगा, कौन भितरघाती, कौन बदमाश। किस पर विश्वास। कौन क्या तिकड़म जमा रहा है।...खुद ही सब वताते हैं।...खुद ही हमेशा नीखरा की तारीफ करते रहे। खुद का खास बनाकर अपने साथ रखते रहे। हरदम साथ-साथ डोलता रहा। हर डील में साथ।...और आज उसी ने धोखा दिया है तो खुद को दोष न देकर हम पे चिड़चिड़ा रहे हैं।...छी-छी...। चाय तैयार करते हुए विचारमग्न रही पत्नी।

पत्नी ने चाय दी। वे चुपचाप पीने लग गए। साथ में उनकी मनपसन्द मठरियाँ। गुटकते गए। साथ-साथ अपनी व्यथा के दो-चार फोन यहाँ-वहाँ लगाकर बात करते

रहें। '...क्या भैयाजी, हमारा ही पत्ता कटवाए दे रहे हैं क्या? सुने तो यही हैं, सो सोचा कि आपकी सलाह...। अध्यक्षजी को तो सब पता है...। यहाँ क्षेत्र का हर कार्यकर्ता हमारे पीछे जान देने को तैयार हैं और उधर दिल्ली में देखिए कि...। वोई तो।...येई तो हमने भी कही...।'

चाय खत्म हो गई तो हिम्मत करके सीधे ही सी.एम. से और फिर दिल्ली सीधे मूर्ती साहब को फोन ठोक दिया। ऐसी-तैसी। बात तो कर ही लें। इससे बुरा और क्या हो जाएगा?

लम्बी बात करी। पत्नी पास बैठी रही। जी हाँ, जी हाँ, धन्यवाद...चलता रहा।

फोन खत्म होते-होते वे उत्साह से भर उठे। फोन बन्द किया तो पत्नी को प्यार से हाथ खींचकर पास बिठा लिया। बताने लगे फोन की डिटेल्स। आवाज़ में चुस्ती। चेहरे पर वही मस्ती। बताते रहे कि हमने सबसे कन्फर्म कर लिया है। सब गलत बाते हैं। टिकिट हमें ही दे रहे हैं। खुद मूर्तीजी ने कहा कि तुम तो अपने क्षेत्र में जुट जाओ। मान लो कि टिकिट मिल चुका।...ये अपने उपाध्यायजी भी बस...। खुद कन्फ्यूज रहते हैं और दूसरों को भी करते हैं। बुढ़ापा आ गया है उनका। बताओ तो...हमें इत्ते दम लगाकर बताने लगे कि नीखरा आपका टिकिट कटवाए दे रहा है।...हमने कहा भी कि नीखरा तो हमारा ऐन खास आदमी है तो हँसने लगे कि खास आदमी लोग ही तो धोखा देने की पोजीशन में रहते हैं।...बताओ। हमें तक शक में डाल दिया था। वो तो हमने सीधे दिल्ली बात कर ली तो...।

पत्नी सब सुनती रहीं परन्तु नाराज़ तो हैं ही। मुँह फुलाए हैं।

'नाराज़ हो गईं?...अरे तब तो हम बड़े टेंशन में थे न, तो...' वे मनाने लगे। वे मुँह फुलाए ही बैठी रहीं। नेताजी छेड़ने लगे...'वैसे नीखरा ऊपर से देखो तो भोला ही लगता है।...हाँ, भीतर से...'

पत्नी भी हँसने लगी। दोनों अब हँस रहे हैं।

तभी किसी ने दरवाजे से बताया है कि नीखराजी आकर बैठे हैं बाहर।

'अरे बिठाओ उन्हें। कहना कि हम आते हैं।' कहकर वे पत्नी को अर्थपूर्ण ढंग से देखने लगे हैं। दोनों ही खुलकर मुस्कुरा रहे हैं अभी।

विद्रोही मुर्गा और समझदार आदमी

मुर्गे ने आदमी को धमकाते हुए कहा कि यदि तुम लोग मुर्गे खाना बन्द नहीं करोगे, तो मुर्गे भी बाँग नहीं दिया करेंगे। इससे दुनिया में सुबह होनी बन्द हो जाएगी क्योंकि हम बाँग देते हैं, तभी तो सुबह हुआ करती है।

आदमी हँसने लगा।

उसने मुर्गे से कहा कि यार, तू स्वादिष्ट होने के साथ-साथ भोला भी है। तेरी बाँग का भला सुबह होने से क्या सम्बन्ध?

मुर्गा भ्रमित भी हुआ और दुखी भी। पीढ़ियों से जानी गई बात को आदमी यूँ मजाक में उड़ा रहा है।

'हमारे बुजुर्गवार मुर्गा लोग तो हमें बचपन से यही बताते आए हैं कि मुर्गा जब बाँग देता है तभी जाकर सुबह होती है...' मुर्गे ने कहा।

'देखो प्यारे, हर कौम में कुछ झूठ, यों ही, बार-बार मात्र कौम का मनोबल बढ़ाने के लिए बोले जाते हैं। पीढ़ी-दर-पीढ़ी बोला-बरता गया यही झूठ पारम्परिक विश्वास में तब्दील हो जाता है, जिसे पारम्परिक ज्ञान का दर्जा दिया जाता है।...तुम मुर्गों के बीच तो एक यही भ्रम चल रहा है, जबकि हम आदमियों के बीच तो ऐसे हजारों किस्से पलते हैं।...' आदमी अभी तक मुस्काए जा रहा है।

मुर्गा मानने को तत्पर नहीं।

'तुम मिथ्या भाषण कर रहे हो। सच बात तो यह है कि हमारी बांग से सुबह तो होती है। मैंने स्वयं देखा है। रोज ही देखता हूँ कि इधर मैं बाँग देता हूँ और कुछ ही देर बाद उधर सुबह हो जाती है...' मुर्गे को आदमी की बातों पर सन्देह हो रहा है।

'यार मुर्गे, तू इतना भोला है कि शादी के बाद मुर्गी तुझे पंजों पर नचाया करेगी।'

'क्यों भला?'

'तू बातें ही ऐसी करता है।...देख, मुझे सुबह-सुबह हाजत लगती है। सोते-सोते ही पेट में प्रेशर बनने लगता है और मैं जान जाता हूँ कि सुबह होने को है।...मैं जब तक टॉयलेट से निकलकर आता हूँ कि तब तक सुबह होने लगती है। अब मैं कहूँ,

तो तेरी तरह कह सकता हूँ कि मेरे टॉयलेट जाने से ही सुबह होनी है और मैं जिस दिन भी टॉयलेट जाना बन्द कर दूँगा, उसी दिन से सुबह होनी बन्द हो जाएगी।...पर ऐसा सोचना भी मेरी मूर्खता कहाएगी।'

मुर्गा मौन हो गया। मनन करता मुर्गा कभी देखा हो आपने, तो ठीक वैसा खड़ा रहा।

आदमी ने उसे आगे समझाया : 'देख मुर्गे, तू आदमी को नहीं समझता। उसी ने चालाकी से यह भ्रम मुर्गों के मन में डाल रखा है। इससे सुबह-सुबह, अपने आप आदमी को पता चल जाता है कि मुर्गा है कहाँ? अन्यथा तुम मुर्गों का क्या भरोसा कि दाना चुगते या मुर्गी के पीछे डोलते हुए तुम किधर को निकल जाओ।...तुम सुबह-सुबह बाँग देकर स्वयं ही ख़बर दे देते हो कि मुर्गा किधर है और आदमी को छुरी लेकर किस तरफ जाना होगा।'

मुर्गा मानने को तत्पर नहीं। बोला : 'तुम मुझे नाहक ही भ्रम में डाल रहे हो। तुम तो मेरे मन में, मेरे होने के औचित्य पर ही प्रश्न पैदा कर रहे हो। आज तक मैं इसी विश्वास और अभिमान में कलगी उठाकर शान से जिया हूँ कि इस संसार में नित्य सुबह लाने वाला प्राणी मैं ही हूँ।...तुम मेरा विश्वास ही हिलाए दे रहे हो।...तुम सच बताओ। क्या यह सब मुर्गों का भ्रम है?'

'ऐसे भ्रम न पाले तो प्राणी फिर जिए कैसे? तू एक भ्रम को रो रहा है, यहाँ आदमी तो पचासों भ्रमों में जिया करता है। वैसे मेरी सलाह तुझे यह है कि यदि तुझे स्वयं पर गर्व ही करना है, तो इस बात पर कर कि तेरे जैसा स्वादिष्ट और कोई प्राणी नहीं है।'

'यह गर्व करने की बात कैसे ठहरी?'

'यह गर्व की बात इस तरह है कि तुम सदियों से आदमी के पेट की खातिर कुर्बानी देते रहे हो। हम मनुष्यों के बीच कुर्बानी का बड़ा महत्त्व है। इसीलिए तुम स्वयं को एक किस्म का शहीद मानकर गर्व कर सकते हो। तुम जो अगर आदमी होते तो कदाचित् इसके लिए तुम्हारी बेवा मुर्गी या अनाथ चूजों को ताम्रपत्र अथवा पेंशन-वेंशन भी मिल सकती थी...।'

'पर कम से कम मैं तो यह कुर्बानी नहीं देना चाहता...'

'मुर्गों की नाक कटाएगा रे?'

'नाक का चक्कर ही नहीं पाला है मुर्गों ने—'

'अबे, कलगी तो है। उसे कहाँ ले जाएगा? दूसरे मुर्गे थूकेंगे तुझ पर। आदमी तुझे मुर्गों की जात से बाहर करा देगा।'

'मुर्गे आदमी की सुनेंगे कि मेरी? मैं उन्हें समझाऊँगा कि आदमी के पेट में जाना उनकी नियति नहीं है।'

'तुम भोले हो रे मुर्गे। आदमी ने कभी आदमियों को एकजुट नहीं होने दिया, तो क्या वो तुझे मुर्गों को एकजुट करने देगा? आदमी बेहद शातिर शै है। वह एकता में ही शक्ति होने की बातें तो खूब करता है, परन्तु इसी कारण कमजोरों को कभी एक नहीं होने देता। कमजोरों का कमजोर ही बने रहना आदमी की ताकत है। सो मुर्गों के लिए लाजिमी है कि वे अपनी औकात में रहें। नक्सली तेवर मुर्गों पर शोभा नहीं देते। ये तेवर तो आदमी पर भी बर्दाश्त नहीं किए जाते रे, फिर तू अदना-सा मुर्गा क्या चीज है!'

मुर्गा चुप रहा। वह गोल-गोल आँखों से आदमी को घूरता रहा।

चुपचाप अपने रास्ते जाते हुए भी वह उसे घूरता ही रहा।

आदमी चिन्तित निगाहों से उसे जाते हुए देखता रहा। मुर्गों में यूँ विद्रोह पनपना ठीक नहीं। ऐसे मुर्गे सारे मुर्गों को खराब कर सकते हैं।

अगली सुबह मुर्गे ने बाँग नहीं दी।

कदाचित् आपको भ्रम हो कि मुर्गे ने विद्रोहस्वरूप बाँग देने से इनकार कर दिया।

जबकि वास्तविकता यह है कि उसी रात, क्रान्ति के मसालों में पकाकर मुर्गे को आदमी के डिनर में रख दिया गया था। मुर्गा विद्रोह करके अपना स्वाद बिगाड़े, उससे पूर्व ही उसे स्वाद रहते आदमी ने हलाल कर दिया था। आदमी विद्रोह बरदाश्त नहीं करता—न मुर्गों का, न ही आदमियों का।

सत्ताधर्म और धर्म की सत्ता

शेर ने सियार से पूछा कि क्या हालचाल हैं?

सियार ने उत्तर में वही कहा, जो सफल, समझदार और महत्त्वाकांक्षी सियार ऐसे मौके पर शेर से कहते हैं। कहा कि हुजूर के इस्तकबाल से सब बढ़िया चल रहा है सरकार!

शेर न जाने किस मूड में था। शेरों के मूड का ठिकाना तो रहता नहीं। शेर ने कहा कि हम तुम्हारा नहीं, जंगल का हाल पूछ रहे हैं, क्योंकि हमें ज्ञात है कि तुम्हारा तो बढ़िया ही चलता है।

सियार सतर्क हो गया। वैसे भी सियार हमेशा सतर्क रहते ही हैं।

शेर मजाक कर रहा है, कटाक्ष या कुछ और?

'कृपानिधान, मैं जंगल की ही बात बता रहा था...' सियार ने कहा।

'तो जंगल में आपके हिसाब से सब ठीक-ठाक चल रहा है। क्यों?' शेर ने पुनः पूछा।

सियार घबराया। चौकन्ना हुआ। शेर को अवश्य ही कहीं से कोई सूचना मिली है। पर क्या?

'सुना है कि बकरियाँ कोई आन्दोलन खड़ा करने वाली हैं?' शेर ने चुप खड़े सियार से पूछा है। अचानक मानो जान में जान आई हो। सियार हँसने लगा।

'बकरियों की क्या तो औकात मालिक! पहले खुद तो ठीक से खड़ी हों लें। यूँ ही में-में करके कुछ हल्ला कर रही हैं, पर उस में-में का कोई अर्थ नहीं सरकार। कौन सुनता है? कौन पूछता है बकरियों को इस जंगल में...?'

परन्तु शेर जानना चाहता है और आश्चर्यचकित है कि आखिर बकरियों को लोकतन्त्र के इस जंगल से क्या शिकायत हो सकती है?

'नालायक कौम ठहरी। बकरी जात। जाहिल। गँवार। तभी 'में-में' करके बेसिर पैर का माँग कर रही हैं।'

'कैसी माँग?'

'यही कि आप बकरियाँ खाना छोड़ दें...'

शेर दंग रह गया। हद है यह तो। बकरियाँ ऐसा सोच भी कैसे सकती हैं? शेर है तो वह बकरी तो खाएगा ही। शेर क्या शेर होना छोड़ दे?

'पर हम तो सदियों से बकरी को खाते रहे हैं? यह कोई अनहोनी बात है क्या? क्यों? यह आन्दोलन क्यों?'

'अनहोनी बात यह हुई है सरकार कि आजकल बकरियाँ मानने लगी हैं कि उनको भी ज़िन्दा रहने का हक है।'

'कमाल है! और शेर का हक? शेर को बकरी खाने का अधिकार है कि नहीं? जंगल के धर्म ने सदियों से जो परम्पराएँ डाली हैं, जो नियम बनाए हैं कि भक्ष्य कौन और भक्षक कौन—तो क्या ये बकरियाँ उन उज्ज्वल परम्पराओं के विरुद्ध जाएँगी?'

'वैसे मालिक, भेड़ियों ने हमेशा ही भेड़ों और बकरियों को यह धार्मिक ज्ञान दिया है कि शेर के काम आने में ही उनके जीवन की सार्थकता है और शेर का पेट ही उनका अन्तिम मोक्ष है...'

'फिर? फिर ऐसा क्योंकर?'

'छोड़िए सरकार, इन भेड़-बकरियों का तो ऐसा है कि किसी ने भी कुछ कहा कि चल देती हैं उसी के पीछे...'

'पर इन बकरियों को बताओ कि हम ही दूसरे जंगल के जानवरों से उनकी रक्षा भी तो करते हैं।'

'सरकार, इन घासफूस चबाने वालों की इत्ती सी तो अक्ल। कहती हैं कि दूसरों से रक्षा करते हैं, ताकि बाद में खुद खा सकें।...'

'हद है यह तो एहसानफरामोशी की! यह तो देशद्रोह कहा जा सकता है? क्यों भई?'

'है ही। देशद्रोह ही है। जो राजा के लिए जान देने पर प्रश्न उठाए, वह तो देशद्रोही ही कहाया।'

'शेर बकरी न खाएगा तो कितने दिन ज़िन्दा रह पाएगा?'

'मरें आपके दुश्मन, मालिक।'

'और शेर ही न रहे तो जंगल का क्या अर्थ?'

'सरकार, शेर से ही जंगल है। आप हैं, तभी तो जंगल है। सही कह गए आप...'

'परन्तु ये बकरियाँ ऐसा नहीं मानतीं क्या?'

'नादान हैं। मूरख प्राणी...'

'ये कमजोर-सी बकरियाँ ऐसा सोचती हैं क्या कि कल हम न रहे तो भी इस जंगल को चला लेंगी?'

'सरकार का इकबाल बुलन्द रहे, आप क्यों न रहेंगे अन्नदाता?'

'शेर से यदि बकरी न खाने की अपेक्षा की जाएगी, तो यही तो होगा...'

'बकरियाँ जंगल की रिवायतों को भूल रही हैं...'

'इनकी तरह ही कल को खरगोश, हिरन, गाय, भैंस आदि भी ऐसी ही माँग करने लग गए तब क्या तो जंगल और क्या जंगल का राज..., फिर हमारे शेर होने का अर्थ ही क्या रह जाएगा?'

'नीच जातियों के जनावर हैं ये सब, मालिक...बठ्ठर लोग। खर दिमाग। बरगला देते हैं बदमाश लोग। वरना क्या इन बकरियों को इतनी सी बात नहीं पता कि वे तो खाए जाने के लिए जनमी हैं। शेर नहीं तो कोई और खाएगा। इनका भाग्य ही खोटा कि ऐसी जात में जनम लिया। पुराने जन्मों के करम। माथे पर लिक्खे को कौन मिटा...'

'मुझे नहीं, उनको समझाओ। ज्ञान दो बकरियों को...' शेर ने कहा।

'जी मालिक...हो जाएगा...' सियार के लिए कुछ भी असम्भव नहीं।

सियार ने इन्तजाम कर भी दिया।

जंगल भर में, अचानक ही, यहाँ-वहाँ कीर्तन, प्रवचन, भंडारों का सिलसिला चल पड़ा है। और इनमें धर्मगुरु की भगल ओढ़े भेड़िए समझा रहे हैं, बकरियों, भेड़ों, खरगोशों आदि की धर्मप्राण भीड़ को कि जीवन नश्वर है, आत्मा अमर है और आत्मबलिदान देना सबसे बड़ा पुण्य है। धर्मग्रन्थों के हवाले से इशारों-इशारों में बताया जा रहा है कि शेर तो मोक्ष का मार्ग मात्र है और शेर द्वारा मारे जाने के बाद भी आत्मा अमर ही रहती है। आत्मा को शेर भी नहीं मार सकता और यही तुम्हारी ताकत है।

बकरियाँ कीर्तन गा रही हैं। कीर्तन के बोल हैं कि शेर की तृप्ति में ही बकरी के जीवन की सार्थकता है।

शेर मुस्कुरा रहा है।

धर्मसभा का मुख्य अतिथि शेर है।

गलत सवालों से पैदा गलत आदमी

एक ज़माने में मुझे गणित का यह सवाल बेहद परेशान किया करता था जिसमें पानी की एक अजीबोगरीब टंकी का मसला दिया गया था। यह टंकी निश्चित ही किसी सरकारी दफ्तर की टंकी थी। इस टंकी को भरने वाला तो बस एक नल होता था, जबकि इसे खाली करने वाले दो नल इसमें फिट किए जाते थे। अमूमन होता यह था कि इन नलों को ऑपरेट करने की ड्यूटी पर तैनात कर्मचारी सारे नलों को एक साथ खोलकर, हाफ-डे की आकस्मिक छुट्टी की दरख्वास्त पटककर घर चला जाता था, और बजाय टंकी के नलों को बन्द करने का इन्तजाम करने के, दफ्तर के अफसरान सभी लोगों से यह दरयाफ्त करते घूमते थे कि तुरन्त नोट पुटअप करें कि यह टंकी कितनी देर में भरेगी?

खोलकर गायब हो जाने या भूल जाने वाले पर कोई कार्यवाही नहीं। उस टंकी डिजाइन करने वाले अफसर से कोई पूछताछ नहीं कि जिसने टंकी भरने का तरीका यह बनाया कि भरने वाले नल के साथ खाली करने वाले भी खोलकर बैठो और फिर परेशान हो कि टंकी भर क्यों नहीं रही? सबसे पूछते फिरो कि कब तक भरेगी? गणित के विद्यार्थी को परेशान करो। उस ज़माने में हम गणित के विद्यार्थियों को सामाजिक शास्त्र का यह प्रश्न उठाने की इजाजत नहीं थी कि इस सिस्टम पर सवाल करें। हमसे उम्मीद की जाती थी कि हम स्वयं को, टंकी कब तक भर पाएगी, यहीं तक सीमित रखें। फिर भी मैंने तो एक बार पूछ ही लिया कि मास्साब, क्यों न हम टंकी खाली करने वाले नलों को बन्द कर दें ताकि टंकी फटाफट भर जाए। गणित के मास्साब को मेरा यह गणितेतर दखल नागवार गुजरा। मेरे कान को नल की टोंटी-सा घुमाते हुए वे बोले कि तू स्साले, कामचोरी पर उतारू नज़र आता है। चाहता है कि टंकी खटाखट भर जाए और तू फटाफट कॉपी बन्द करके खेलने को निकल जाए। उन्होंने यह भी बताया कि तू क्या, तेरा बाप भी सरकारी टंकी के इन नलों को बन्द नहीं कर पाएगा क्योंकि इनकी टोंटियाँ चुराई जा चुकी हैं तथा नई टोंटियों के सेंक्शन के लिए फाइल चल रही है। सरकारी टंकियाँ इसी तरह से भरती हैं। इसमें न तुम कुछ कर सकते हो, न हम। फिर, किताब के छपे सवाल फिक्स हैं और जवाब

भी। हमारे विरुद्ध कार्यवाही हो जाएगी और तुम ठुक जाओगे। नियम बन चुका है। टंकी तो ऐसेई भरेगी।

मैं सवाल तो खैर हल करता था पर साथ ही मैं सोचा करता कि यार ये गणित वाले कित्ता पानी फालतू ही बरबाद करते हैं। सरकारी गणित का मजा ही अलग। वरना तो हमारे मोहल्ले में नल बमुश्किल आधे घंटे को आते थे और माँ बरजा करती थीं कि एक बूँद पानी भी बेकार मत बहाना रे।...और इधर ये पट्ठे नल तथा दिल खोलकर पानी बहा रहे हैं। हद है। सरकारी क्षेत्र में भी कोई अफसर मेरी माँ की तरह मामलों पर नज़र क्यों नहीं रखता? मैंने अपने उस जिगरी दोस्त से बात भी की जो गणित को बच्चों के विरुद्ध घातक षड्यन्त्र मानता था। हमने बात की कि यदि मास्साब हमें बता दें कि यह टंकी आखिर धरी कहाँ है, तो हमीं जाकर नल बन्द कर आएँ। हाँ भई, पानी क्यों बरबाद हो? पर मास्साब को शायद ठीक से पता नहीं था, या शायद वे मानते थे कि सभी सरकारी टंकियों में ऐसे ही नल लगे हैं तो तुम कहाँ-कहाँ जाकर बन्द करोगे? और बन्द करते फिरोगे तो फिर पढ़ोगे कब? वे कहते कि छात्रों को नलों की राजनीति से दूर रहना चाहिए और जैसे भी सवाल दिए जाएँ, आँखें मूँदकर रटे हुए उत्तर देते रहना चाहिए। फिर मुझे तो यह पक्का ही लगता था कि ऐसे सवाल इस देश में किसी को परेशान भी नहीं करते। मास्साब ऐसे आराम से यह पूछते कि टंकी कितनी देर में भरेगी, मानो निरर्थक बह रहे पानी से उनका कोई लेना-देना ही न हो! वे शायद डरते भी थे कि फालतू बह रहे पानी का प्रश्न उठाने पर कहीं सरकार उन्हें निलम्बित न कर डाले क्योंकि सरकार ऐसे हर प्रश्न के विरुद्ध रहती ही है।

तब मैं यह भी सोचता था कि आखिर इतना पानी आता कहाँ से है? कौन इस पानी का बिल भरता होगा? और जो इतना भारी-भरकम बिल भरता होगा, वो पता क्यों नहीं करता कि एक अदनी सी टंकी भरने में आखिर इतना पानी क्यों लग रहा है? उसे चिन्ता क्यों नहीं होती कि पता करे कि इतना पानी आखिर जा कहाँ रहा है? फिर मैं यह भी सोचता कि यार, इतना पानी दो नलों से बह रहा है, तब तो टंकी के इर्द-गिर्द तमाम कीचड़ मच जाता होगा? तो भरी टंकी का भी जनता को क्या लाभ मिलता होगा? प्यासे तो बेचारे कीचड़ में फिसल-फिसलकर नल तक ही न पहुँच पाते होंगे? भरी टंकी तक प्यासों की पहुँच ही नहीं। इतना पानी ढोलकर भी, भरी हुई टंकी का यदि उपयोग न हो पाता हो, तो? टंकी फालतू ही भरी पड़ी रहती होगी? पानी सड़ता-बजबजाता रहता होगा। आसपास का कीचड़ बदबू मारता होगा। इस पानी और कीचड़ में मक्खी, मच्छर, कीड़े-मकोड़े पनपते होंगे कि नहीं? तो जो टंकी सरकार ने लोगों की प्यास बुझाने के लिए बनाई थी उससे प्यास तो बुझी नहीं, बल्कि उसके पानी में वे कीटाणु पनपते हैं होंगे जो इन प्यासे लोगों के विरुद्ध ही काम करते

हैं। जो टंकी इस उद्‌देश्य से लगाई गई थी कि लोगों के काम आएगी, अन्ततः उन्हीं लोगों के खिलाफ काम करने लगती है।

है न बड़ा अजीब सा गणित इन सरकारी टंकियों का?

और पानी जहाँ से चला था, वे भी यह सवाल कभी नहीं पूछते कि पानी प्यासों तक पहुँचा कि नहीं?

वे बच्चों से पूछ रहे हैं कि टंकी भरती क्यों नहीं?

वे बच्चों से बचकाने सवाल पूछ रहे हैं। वे स्वयं बचकाने प्रश्नों में उलझे हैं। बच्चों को गलत सवालों में उलझा रखा है। इसीलिए बड़े होकर भी वे या तो समझ नहीं पाते कि टंकी भरती क्यों नहीं, या फिर वे टंकी सँभालने वाले गिरोह का हिस्सा हो जाते हैं। टंकी बदलने वाले आदमी पैदा नहीं करते ऐसे सवाल। याद रहे कि ऐसे गलत सवालों के उत्तर कभी भी सही आदमी पैदा नहीं कर सकते।

ईश्वर की परीक्षा

'परीक्षा की घड़ी है। ईश्वर तुम्हारी परीक्षा ले रहा है। उसी की घड़ी चल रही है। धैर्य रखो।'

कोई समझा रहा है मुझे। मैंने कुछ भी गलत नहीं किया था, परन्तु मैं ही फँस गया था। गलती मेरी नहीं थी, पर मुझे ही गलत सिद्ध कर दिया गया था। मैं दुखी भी था और चकित भी कि ऐसा क्यों हो रहा है कि एक आदमी, जो एकदम सही है, उसे ही फँसाया जा रहा है? इसी में मुझे परेशान पाकर किसी ने सान्त्वना देते हुए अन्दर की बात बताई थी कि तुम नाहक चिन्तित मत हो क्योंकि दरअसल मामला फकत यह है कि ईश्वर तुम्हारी परीक्षा ले रहा है। बस! इतनी सी बात है। परीक्षा की घड़ी है यह, बस्स!

जीवन निकला जा रहा है पर ईश्वर की परीक्षाएँ ही खत्म होने पर नहीं आ रहीं। हर बार आपको लगता है कि इस दफा यह टंटा समाप्त हो जाएगा। पर होता नहीं। एक सज्जन से जब हमने यही बात कही तो वे बोले कि यार, जीवन तो एक निरन्तर चलने वाली परीक्षा है। हमने कहा कि भैया, परीक्षा तो ठीक है परन्तु ईश्वर हमें ही हर बार गलत पेपर क्यों पकड़ा रहा है? परीक्षा खूब ले, हम तैयार हैं। सृष्टि ईश्वर की। पाठशाला उसकी। हम उसी के। ब्रह्मांड में फैली उसकी विराट कक्षा के अदने से छात्र हम। नियम से पढ़ाई, लिखाई, तैयारी करने वाले ईमानदार छात्र। नियम मानने वाले। प्रायः सच्चे। प्रायः ईमान वाले। प्रायः परिश्रमी। परन्तु जब भी उलटी-सीधी परीक्षा लेने की बात आई, उसने हमें ही चुना। हमारी ही ली। और परीक्षा भी कैसी?...कि सारे प्रश्न आउट ऑफ कोर्स, कि किसी और की नकल की पुर्जी हमारी टाँगों के पास से उठाकर हमें अपराधी घोषित कर दिया गया या कि हमसे कॉपी ही छुड़ा ली कि तुम्हारा टाइम खत्म।

'ईश्वर हमारी परीक्षा ले रहा है'—घर पर कोई भी मुसीबत आती, तो हमारे पिताजी भी हमें यही कहते थे। वे जिन्दगी भर परीक्षा की कापियाँ लिखते रहे। नौकरी से हटा दिए गए क्योंकि फैक्टरी में गैर-कानूनी ढंग से तालाबन्दी करा डाली फैक्टरी मालिक ने। परन्तु पिताजी ने इसके लिए फैक्टरी के मालिक को दोषी नहीं माना,

बल्कि यही मानकर सन्तोष कर लिया कि ईश्वर हमारी परीक्षा ले रहा है। मैंने पूछ लिया कि हमारी परीक्षा ही क्यों लेता रहता है वो? वह इस फैक्टरी मालिक की परीक्षा क्यों नहीं लेता कि जिसने गरीबों के लाखों रुपए इधर-उधर करके फैक्टरी ही बन्द कर दी और हजारों मजदूरों को भूखा मरने की कगार पर ला छोड़ा? पिताजी ने पहले तो मेरे कान मरोड़कर, फिर कान छोड़कर उन्हीं हाथों को जोड़कर ईश्वर से मेरे पापी प्रश्नों के लिए क्षमा माँगी और वापस फिर कान पकड़कर मुझे बताया कि ईश्वर ही तय करता है कि किसकी परीक्षा ले—इसमें हम नश्वर प्राणी क्या कर सकते हैं? मैं फिर भी नहीं समझ पाया था कि ईश्वर का यह कौन सा सिस्टम है कि वो, बस, मुसीबतजदा लोगों को ही इम्तिहान में डालता है? मैंने पिताजी से तो कुछ भी नहीं कहा, पर सोचता रहा।

ईश्वर बदमाशों की परीक्षा क्यों नहीं लेता?

कहीं, वो, डरता तो नहीं बदमाशों से? डरता हो कि कहीं ये हरामी ही न ले डालें उसकी परीक्षा? बल्कि मुझे तो बहुत करके यह लगता है कि वे लोग पहले से ही ईश्वर की परीक्षा-सी ले रहे हैं। वे नित्य ही ईश्वर के नियम तोड़ते हैं और उसकी परीक्षा लेते हैं कि देखें कि वह इनका क्या बिगाड़ पाता है? बदमाशों की हिम्मत देखिए कि वे ईश्वर का टेस्ट लेते हैं कि देखें कि ईश्वर को पता भी चल पाता है कि नहीं कि कैसे कुछ लोग उसके सिस्टम को लात मारकर अपनी सत्ता कायम कर चुके हैं? और पता चल भी जाए तो क्या कर पाता है वह? वे नित्य उसकी परीक्षा लेते हैं। और ईश्वर क्या करता है? वो इनसे तो कुछ नहीं कहता, परन्तु हमारी परीक्षा लेने बैठ जाता है। वो नाराज़ तो इन पर होता है, परन्तु थप्पड़ हमें जड़ता है। हमारी पाँचवीं कक्षा के निरीह मास्साब भी ठीक यही किया करते थे। कक्षा में पढ़ रहे तहसीलदार, दरोगा तथा सेठजी के उद्दंड लड़कों की शरारतों से तंग आकर वे उन्हें तो कुछ नहीं कह पाते थे परन्तु हमें पीटने लगते थे कि तुम बैठे-बैठे टाँगें क्यों हिलाते रहते हो? ऐसा करते हुए वे बड़े दयनीय नज़र आया करते थे। तो क्या ईश्वर भी उन जैसा ही दयनीय और लाचार होता जा रहा है? जिसकी कसकर परीक्षा ली जानी चाहिए, उनकी झूठी मार्कशीट मानने को मजबूर है क्या यह ईश्वर?

ईश्वर से मेरा नम्र निवेदन है कि वह परीक्षा का अपना सिस्टम ठीक करे।

मेरी प्रार्थना यह भी है उससे कि केवल परीक्षाएँ ही न लेता फिरे—कभी उनके परिणामों पर भी गौर किया करे। जो लोग पास होते जाएँ, उन्हीं की बार-बार न लिया करे। इसी चक्कर में मुझे तो सन्देह होने लगा है कि ईश्वर परीक्षा की हमारी कॉपियों को ठीक से जाँचता भी है कि नहीं? कहीं वे रास्ते में ही तो इधर-उधर नहीं हो जातीं? बंडल गुम तो नहीं हो जाते? किसी और को तो नहीं दे देता, जाँचने के लिए? कहीं शैतान को तो नहीं दे देता कि हमारे पास तो इतना टाइम नहीं है? हमारे एक

अध्यापक, ऐसे ही, बी.ए., एम.ए. की कॉपियाँ, दसवीं में पढ़ने वाले अपने भतीजों-भानजों से तब तक जँचवाते रहे कि जब तक वे स्वयं एम.ए. नहीं करने लगे। ऐसा ही कुछ तो नहीं चल रहा ईश्वर के कने? कहना मुश्किल। बल्कि ईश्वर की परीक्षा के तो और भी बुरे हाल। सालों से रिजल्ट घोषित नहीं किए ईश्वर ने। बस, परीक्षाएँ चल रही हैं। बताते हैं कि फरिश्ते टेबुलेशन में लगे हैं और कयामत के दिन रिजल्ट भी बताए जाएँगे। पता नहीं कि चक्कर क्या है? परीक्षाएँ देते हमारी तो उम्र निकल गई। बचपन में जब हमारे पिताजी मरे, तब बताया गया था कि यह भी ईश्वर की परीक्षा का एक आइटम था और अभी-अभी किसी ने हमारी झूठी शिकायत करके हमें फँसवा दिया, तो तब भी यह उसकी परीक्षा का ही चक्कर निकला। हमारी परीक्षा ही खत्म नहीं हो रही। समझ में नहीं आता कि किससे शिकायत करें? ईश्वर की शिकायत कहाँ सुनी जाती है, यदि यह बता सकें तो मेहरबानी होगी आपकी।

कुछ तो भी बेचने का समय

दो नौजवान। खड़े हैं पान की दुकान पर।

सिगरेट खींची जा रही है। धुआँ फेंकते हुए एक ने कहा कि प्यारे, अपुन नौकरी-फौकरी नहीं करने वाले क्योंकि नौकरी में धरा ही क्या है? 'क्यों, सच्ची बात है कि नहीं?' उसने पूछा।

दूसरा 'हाँ' के अलावा और क्या कहता? सिगरेट भी तो वही पिला रहा है।

पहला उत्साहित हो उठा। बोला कि अपुन ने तो तय कर लिया है कि कुछ बेचेंगे। मार्केटिंग का ज़माना है।

'क्या बेचोगे?' दूसरे ने मानो समय काटने के लिए पूछ लिया क्योंकि सिगरेट अभी भी बाकी है। फिर उसे इन बातों की उतनी समझ भी नहीं गो कि ज़माने की हवा देखते हुए उसे भी लगता है कि बाज़ार को पकड़े बिना जीवन में सार्थकता नहीं।

'कुछ तो भी बेचेंगे यार...जिसकी भी मार्केट चल रही हो...' पहले ने लापरवाही से कहा।

साफ नहीं है कि क्या बेचेंगे। परन्तु यह पता है कि आजकल ज़माना कुछ तो भी बेचने का है और बीच में कमीशन बनाने का है। कमीशन ऐजेंटों की एक पूरी नौजवान पीढ़ी खड़ी कर चुका है बाज़ार।

'कुछ' को बेचा कैसे जाता है? आप पूछेंगे। सरल है। कभी कुछ लेकर बेचने निकलिए। मान लें कि आपके पास कुछ है। कुछ भी। कुछ तो भी यार। या आप कुछ बनाते हैं। अब आपकी तमन्ना है कि इस कुछ को, किसी तरह, कुछ तो भी करके, कुछ बेचकर, बहुत कुछ कमाने का डौल बने। या मान लें कि आपके पास कुछ नहीं है, परन्तु कुछ भी बेचने की कला है। एम.बी.ए. टाइम कुछ डिग्री, आदत अथवा व्यक्तित्व। तब आप मेरे पास पड़े कुछ को, (जो वस्तुतः ना कुछ सा है, उसे ही) बेच सकते हैं, बशर्ते कि कुछ ठीक-ठाक सा कमीशन मिल सके। कमीशन कितना कुछ होगा, यह कुछ-कुछ, बल्कि बहुत-कुछ इस बात पर निर्भर करेगा कि बेचे जा रहे ना कुछ में कुछ है भी या नहीं? मान लो कुछ बेचा जा रहा हो, उसमें कुछ भी न हो, तब? आप कुछ भी कमशीन माँग सकते हैं और बहुत कुछ पा भी सकते हैं।

पर आप ना कुछ को बेचेंगे कैसे? उसे अच्छे कमीशन या डिस्काउंट पर क्यों नहीं निकाल सकते यार! ज़माना बाज़ार की चपेट में है। नौजवानों से पूछिए। उन्हें पता है।

'मैं तो सोचता हूँ कि कोई ऐजेन्सी डाल लूँ...' पहले ने कहा है। सिगरेट पीते दोनों पास खड़ी मोटरसाइकिल तक आ गए हैं।

'डाल ले यार...सही कह रहा है...'

'पर काहे की डालें यार?...यही तो चक्कर है स्साला...'

'कुछ भी डाल ले...'

'वही सोचते हैं कि शुरू में कुछ तो डाल लें।...नहीं सलटा, तो कुछ और डाल लेंगे।...बाप ने दुकान का बयाना भी दे दिया है। कहते हैं कि कुछ डालो।'

'हमारे बाप की गाँठ में तो एक धेला नहीं। हम तो बस...'

'यार, तू मेरे साथ बैठ...सच्ची। मजा आ जाएगा। अपुन कुछ तो भी सोचकर कुछ तो भी कोशिश करेंगे तो कुछ बेच ही लेंगे। बाज़ार उफान पर है।...'

'सो तो है...'

दोनों मानते हैं कि बाज़ारवाद के इस युग में आप यदि लग ही लेंगे तो कुछ न कुछ तो बेचकर कुछ पैसा तो पीट ही लेंगे। कुछ भी बेचेंगे। कुछ भी। जो हाथ लग जाए। वही। मान लो कि कुछ न हो, तब? थोड़ा इन्तजार कर लें। वे सुनहरे दिन भी आ रहे हैं कि जब 'कुछ नहीं' को भी बेचा जा सकेगा। जीवन को बाज़ार के पूरे चपेट में आने दो। तब यह भी हो जाएगा। परन्तु तब तक कुछ तो चाहिए। कुछ लाओ। कुछ बेचो। कुछ दो। कुछ बनाओ। बाज़ार को चलना है। न चला, तो जीवन बैठ जाएगा। जीवन अब बिन पाँवों का। मार्केट के ठेले पर। बेचना है। ख़रीदा जाना है। ख़रीदने वाले तैयार करने हैं। फैशन के नाम पर, ट्रेंड के बहाने, परम्परा की दुहाई देकर—कुछ तो भी करके कुछ भी बेचना है। कुछ ऐसा हो कि कुछ लेकर कहीं बैठें और कुछ माल काट सकें। हराम का कुछ हो, तो और बेहतर। मार्केट पर नज़र रखो। क्या कुछ चल रहा है? क्या कुछ जुगाड़ हो सकती है? बेचने का हुनर आपने सीख लिया है। ठीकठाक कमीशन फिक्स कर दें, तो किसी भी दफ्तर में कुछ भी निकाल ही देंगे आप। कुछ मार्जिन बढ़ा दें, तो कुछ भी निकाल सकेंगे आप।

'कुछ पूछूँ तेरे को?' दूसरे ने झिझकते हुए पूछा है।

सिगरेट कब की खत्म हो चुकी।

यहाँ-वहाँ की बातें। दोनों ही देर तक मोटरसाइकिल के पास खड़े रहे।

मोटरसाइकिल पहले वाले नौजवान की है, जो पैसे वाला दिखता भी है। उसके सपने अलग। वह देश में पनपे नए पूँजीवाद और बाज़ार का हिस्सा है। वह रोशनी में खड़ा है। दूर तक प्रकाश ही प्रकाश। हर तरफ आशा ही आशा। इस बाज़ार में कुछ भी बेचकर कुछ बनाने की ठानने वाले लोग।

और दूसरा वाला?

नौजवान तो वह भी। उसी पीढ़ी का। न जाने किस झोंक में एम.ए. कर बैठा, अंग्रेजी लिटरेचर का शौकीन। उसका दोस्त कहता भी है कि यार तूने एमबीए नहीं करके बड़ी मूर्खता की। अब वो नकल करना भी चाहे और कुछ भी बेचने के इस चक्रव्यूह में उतरना चाहे तो उतर नहीं सकता। उसकी गाँठ में कुछ नहीं। न पूँजी, न सही तालीम।

'हाँ, पूछ न?' मोटरसाइकिल स्टार्ट करते हुए पहले ने कहा।

'यार, जेब में कुछ रखे हैं क्या?...चाहिए था।...स्सालों ने नौकरी के फॉर्म तक इतने महँगे कर रखे हैं कि...' दूसरे ने कहा।

पहले ने जेब से कुछ नोट निकालकर दे दिए। 'और कुछ? कि इत्ते में काम हो जाएगा?'

दूसरे ने चुपचाप पैसे ले लिये। फिर मानो हवा से बोला—'बाप से इस काम के लिए माँगने की हिम्मत नहीं होती यार।...उनकी खुद की नौकरी वीआरएस दिलाकर खत्म कर डाली हरामियों ने...'

मोटरसाइकिल बढ़ाते हुए पहला बोला...' 'यार तू एमबीए करा होता, तो नौकरी तो ये धरी थी।...पर तू नौकरी की छोड़।...सच कहता हूँ। मेरे साथ बैठ...। अपुन बेचते हैं कुछ।...'

मोटरसाइकिल वाला निकल गया।

दूसरा थोड़ी देर बाज़ार से परे बनी सड़क के अँधेरे में देर तक खड़ा रहा। जो कुछ बेच न पाए, वो कहाँ जाए?...'तेरी तो...' कहा उसने और निकल गया उस तरफ, जिस तरफ बाज़ार नहीं है। पर आजकल अँधेरा है उस तरफ।

कबाड़ ही होना है सबको

कबाड़ी की दुकान।

टूटी-सी कुर्सी पड़ी है कबाड़ के अटाले में।

कुर्सी के अलावा भी ढेर-सा टूटा-फूटा सामान पड़ा है वहाँ। पंखे, तार, खटके, पाये, गाड़ियों के हिस्से-पुर्जे, बर्तन-भाँड़े, बक्से, पटिए, काँच, पाइप और ऐसी ही चीजें। सभी ने कभी अच्छे दिन भी देखे थे। पर कोई भी उन दिनों को याद करके वैसा नहीं रोया करता, जैसा कि यह कुर्सी रोती है। कबाड़ में जो उसे मिल जाए, उसी को अपने पुराने दिनों के किस्से सुनाने लगती है। बताती है कि हमारे भी क्या दिन थे। किसी बड़े साहब की कुर्सी रही है वह। ऐसा दफ्तर था साहब कि बड़े-बड़े सलाम मारने पहुँचते थे। मोटी गादी धरी रहती थी हम पर...बता रही है कुर्सी। ये मोटी। स्पंज वाली। और पीछे भी गदेली टिकान। और कमरे में चलती रहती थी ठंडी हवा वाली मशीन। ऐसी ठंडक कि काठ के रोएँ तक खड़े हो जाते थे।...बड़े सुनहरे दिन देख चुकी है कुर्सी। कठिनाई यही है कि हर बड़ी कुर्सी भी अन्ततः एक फालतू-से कबाड़ में तब्दील हो जाती है। पर कठिनाई यह भी है कि कुर्सी लाख कबाड़ हो जाए, वह भूल नहीं पाती अपने कुर्सी वाले दिन।

ऐसा नहीं कि बाकी के कबाड़ को अपने पुराने दिन याद न आते हों। आते ही हैं। पर वे कुर्सी की भाँति रोना नहीं रोते। जो बीत गई सो बात गई। थे। वे भी दिन थे। और अब ये दिन हैं। और अभी आगे जो हों। जाहि विधि राखे राम। क्या कीजिएगा। जीवन है। जब तक चले। ईश्वर की माया। बेचारा कबाड़ कर भी क्या सकता है? पुराने दिनों का रोना रोने से तो ये दिन काटना और भी कठिन। सो मस्त रहो। पड़े रहो। देखो दुनिया। बाज़ार देखो। गाहक। हलचल। शोर। गाहक तो कबाड़ के भी आते ही हैं। टटोलते हैं। मोलभाव। उठा भी ले जाते हैं। अचानक ही कबाड़ में पड़ी चीज को इज्जत मिल जाती है। लग जाएगी किसी काम की जगह। रहेगी इज्जत कुछ दिन और। बाद में शायद कबाड़ी भी न ले। यही जीवन। हर चीज का।

'पुराने दिनों की हाय-हाय न किया करो...' समझाया करते हैं कुर्सी को सभी।

परन्तु कुर्सी को चैन नहीं। बड़े अफसर की कुर्सी रही है वह—यह बात वह अपने

कबाड़-समय में भी भूलने को तत्पर नहीं। भूल ही नहीं पाती वह, वे दिन। लकड़ी ऐंठ चुकी है उसकी ठंडी हवा में, और ठंडे आदमी के नीचे पड़ी-पड़ी। उसके पटियों की अकड़ और जकड़ जाती ही नहीं। ढीले पाँयों में अभी भी ठसक सी है और झूलते हत्थों में असीमित ताकत की यादें। कुर्सी की पॉलिश उखड़ रही है। किसी ने पलटकर धर दिया है। टाँगे ऊपर। खोपड़ी जमीन पर। कभी किसी ने दफ्तर में कुर्सी को तिरछा भी धर दिया, तो कैसा चिल्लाते थे साहब। फटकारते थे पूरे दफ्तर को।... पर अब कहाँ तो वे दिन। जलवे ढल गए। झंडियाँ उतर गईं। तम्बू उखड़ गए। साहब भी कब के रिटायर होकर ऐसे ही पड़े हैं कहीं। टाँगें उठ गईं उनकी—कोई बता रहा था। जाँच बिठा दी किसी ने। आजकल भगे-भगे फिरते हैं, इस कचहरी से उस कचहरी।...कुर्सी को याद है साहब के जलवों के वे दिन कि कमरे में किसी के भी बिना इजाजत आने की सख्त मुमानियत रहती थी। मायावी सी साहबी दुनिया की नागरिक रही है कुर्सी। और आज ये दिन कि कबाड़ के अंगड़-खंगड़ में।...और बेचारे साहब कैसे बैठ पाते होंगे कचहरी के उस बरामदे में कि जो भरी रहती हैं गलीज, गरीब-गुरबा नागरिकों के कबाड़ से?...ऐसे साहब थे कि...उलटी पड़ी कुर्सी सुनाने की कोशिश कर रही है साहब के बहाने अपने वैभव के दिनों के किस्से। कोई और तो सुनता नहीं। इधर एक टूटा-फूटा जूसर-मिक्सर पटक गया है कोई पास के कबाड़ में। उसी को सुनाने की कोशिश कर रही है। 'कोई भी नया-नया पकड़ में आ जाए तो यह सुनाने लगती है अपने किस्से...हद है'—किसी ने किसी से कहा। कहते रहो। कुर्सी को परवाह नहीं। वो सुनाती ही रही।

जूसर ने यही कहा कि भैया, अपुन तो ठहरे छोटे लोग। है कि नहीं? आप जैसे बड़े लोगन जैसी कोई बात कभी हमारे जीवन में घटी ही नहीं। हमारा बंदा तो ठेले पर जूस बेचता था। ठेले पर ही जूसर फिट। दो प्लास्टिक की कुर्सियाँ। कहाँ आप और कहाँ वे कमजोर कुर्सियाँ। हमारे मालिक का तो यही जीवन रहा कि चार पैसे ठेले से कमाए तो दो घर में, और दो दारू में। पर उसका भी अपना अलग सा जलवा रहा भैया। दारू पीकर लौटता, तो ठेले को पीछे धरता और जूसर को झुग्गी में पटककर फिर सबकी ठुकाई करता। महरारू को ठोकता। बच्चों को मारता। गरीबी का गुस्सा उन सब पर निकालता।...तो हमने तो भैया ऐसे दिन गुज़ारे हैं।...हमारा मालिक तो हमेशा ही भूखा रहता था स्साला। पर सपने बड़े-बड़े देखता था। कहता था कि कभी टपरा डालकर जूस की दुकान पटक लूँगा। तीन लौंडे रखूँगा। काले पटिए पर खड़िया से रेट लिखा रहेगा कि मौसमी का जूस इत्ते का, तो मैंगोशेक इत्ते का।...हवाई बातें उसकी। दारू पी लेता, तो तेरे साहब का भी लाट साहब बन जाता। सच्ची।

कुर्सी हाँ-हूँ करके सुनती रही जूसर की बोर बातें। उसकी इन बातों में रुचि ही नहीं। उसने साहबी वाले दिन देखे हैं। जिस तरह के टटपुँजिये का किस्सा ये बता

रहा है, वैसे लोगों को तो दफ्तर के दरवाजे से ही हँकाल दिया जाता था यार। थी कुर्सी की ताकत। उसके दफ्तर से एक कागज निकलता और झुग्गियाँ उजाड़ दी जातीं। सनक आती और पटरी मार्केट के छोटे दुकानदारों का सामान जब्त हो जाता। ठेले उठ जाते। सामान फिंक जाता। छज्जे तोड़ देते। ऐसी कुर्सी। ऐसी ताकत।... और आज कबाड़ में पड़े हैं और सड़कछापों को मुँह लगाना पड़ रहा है। हद हो गई। वाह री किस्मत!

जूसर बता रहा है अपना किस्सा। इन स्सालों को मूँ लगा ले तो ऐसा ही होता है। सोच रही है कुर्सी।

बताने लगा जूसर अपने मालिक और स्वयं के कबाड़ में बदल जाने का किस्सा।

कि उस दिन बड़ा कड़क छापा पड़ा था साहब, बाज़ार में। कोई सक्सेनाजी नाम के कड़क अफसर ज्वॉइन किए थे। उन्हीं का आदेश। नगरपालिका की गाड़ियों में सारे ठेलों का सामान जब्त कर ले गए। फल-वल फेंक-फाँक दिए नाली में। उठा ले गए सब कुछ। कैसे तो भी जूसर बचा पाया ठेला वाला। दौड़ा हमें उठा के। खाए डंडे। पुलिस बन्दोबस्त तगड़ा रहा साहब। पचासों रिरियाते रेड़ी वाले खूब ठुके उस दिन।... रोता, बदहवास लौटा मेरा मालिक उस दिन।

'फिर?' सक्सेनाजी का नाम सुनकर अचानक ही चौंक गई कुर्सी।

'फिर क्या...बाद में मर गया वो आदमी। दारू पीकर कहीं नदी में कूद गया। वैसे भी पड़ा रहता था बेरोजगार, झुग्गी में। सक्सेना जी की माँ-भेन करता।...फिर मर गया।'...बता रहा है जूसर।

कुर्सी एकदम चुप है।

कहना चाहती है पर कह नहीं पा रही कि सक्सेनाजी की हालत भी ठीक नहीं चल रही। कचहरियों के चक्कर लगा रहे हैं वे आजकल।

और जब लौटेगा, तब...

उसे सनसनी कहना तो अतिशयोक्ति कहाएगी, फिर भी उसी तरह का कुछ मानिए। तीन दिनों से सनसनी-सी है उस झुग्गी बस्ती में।

रामसरन का लौंडा घर से भाग गया। भागता फिर रहा है रामसरन। चिरौरी करता। रुआंसा।

तीन दिन तक तो, सा'ब हमें पता ही नहीं लगा।...हम और पार्वती येई सोचते रहे कि रात में होटल पेई सो गया होगा। सरदारजी के होटल पे मुलाजिम लगा था सा'ब। फटका मारना, बर्तन-भाँडे निबटाना, पोंछा-बोंछा—येई छोटे-मोटे काम सा'ब। आठ साल का तो लौंडा। कातिक में हुआ आठ का। अब इत्ता सा बच्चा इतनी कारगुज़ारी वाला तो होता नहीं मालिक कि खाबे की टेबुल पे दाल-फिराई, अंडाकरी वगैरह लगा सके। वैसे तो ढाबा ही है सरकार, पन गाहक बड़े-बड़े। कभी नाराज़ हो जाएँ तो बच्चे की तो मरण हो जाए न। तभी सरदारजी बड़ा काम देते नहीं थे। एकाध बार हमने कही भी कि इसे भी थोड़ी-भोत जे काम की टिरेनिंग में डाल दें तो जिनगी बन जाएगी इसकी। पर वो कहे कि रामसरन, ये काम भोत ज़िम्मेदारी का। एक बस भी रुके तो एकदम्म से दस-बारह सूटबूट वाले गाहक आ के बैठ जाते हैं। फिर ये ला, तो ये ला। दौड़- दौड़ के काम करो। वो अभी लौंडे के बस का नहीं। सही बात। तभी लगा रखा था छोटे कामों में। बर्तन, पानी। बाल्टियाँ भर-भर के डालना।...तो हम तो इसी भरम में रहे कि गया होगा ढाबे पेई। पेले भी जाता था। कभी भोत काम भी निकल आता है न मालिक। है कि नहीं? रोज दस-ग्यारा तो बजते ही। नींद आने लगती थी स्साले को। बताते थे सरदारजी।...छोटा है न। तो रोक लेते थे कि सो जा यँई। तो हम तो इसी सोच में। वो तो आज सरदारजी का लौंडा सुबे-सुबे झुग्गी पे आ गया कि मुन्ना काम पे काहे को नहीं आ रहा?...तब जा के पता चला।

तीन दिन और गुजर गए। पता नहीं चल रहा मुन्ना का। रामसरन रोना रो रहा है।

हमारा तो मगज काम नहीं कर रहा कि क्या तो करें? कहाँ जाएँ? उदर ये पार्वती छाती कूट रही है। औरत जात का हाल तो स्साला आप जानतेई हो मालिक। तो

उसे अलग सँभालो, समझाओ और फिर लौंडे के लिए अलग यहाँ-वहाँ भागते फिरो। जहाँ ख़बर लगे, तो वहीं भगे जाते हैं। तीन दिन से तो हम खुदई काम पे नई गए हैं। आज तो ठेकेदार खुद चला आया कि तुमने ऐन प्लास्टरिंग के टेम पे जे बढ़िया चोट करी! अरे दाता, हम क्या चोट करेंगे। खुद परमात्मा ने हम पे जे चोट कर दी है। भाग गया लौंडा घर से।...इत्ती शानदार नौकरी पे लग गया था सा'ब। खाना, कपड़ा, डेड़ सौ रुपैया महीना। और क्या चईये? बताइए। पन स्साले को हर टेम खेलने की लगी रहती। खुद सरदारजी ने ढाबे के पीछे कंचा खेलते पकड़ा। वो तो हम चिरौरी किए कि नौकरी से न निकालें। दिल के भले आदमी। पन अपना येई नटखट। शुरू में तो बीच-बीच में घर भाग आता। रोता। कहे कि हमें नहीं जाना है काम पे। जमीन पे लोट-लोट जाए। पार्वती पुचकारती। कित्ती बार तो हमने ठुकाई करी कि तू स्साला कौन सा रईस की अउलाद कि कोई तुझे घर बिठा के खिलाएगा। आठ साल का घोड़ा हो गया था—काम न करता अब्ब तो फिन कब्ब करता? है कि नहीं सा'ब? पन मन नहीं लगता था उसका काम में। ये तो बात एकदम्म पक्की।

तो भाग गया न अब्बी? तो अब्ब? समझ नई पड़ता सा'ब। क्या करें?

कहाँ होगा मुन्ना? भाग के गया कहाँ होगा? घबराता है सोच-सोचकर रामसरन।

सोच के दिल काँप जाता है सरकार। सौ कह लें, पन है तो छोटा-सा बच्चा न सरकार। आठ साल का ही तो। और ज़माना खराब। कहाँ होगा? क्या खाता होगा? कहीं भूखा पड़ा होगा सा'ब। भोत भूख लगती थी उसे मालिक। भुख्खड़ था स्साला। भोत प्यारा बच्चा सा'ब। भोत प्यारा। देखो तो एकदम्म से चूमने का मन करे। लगे कि गोदी में उठा लो। पन जब भूखा होता न, तो उसका मूँ सूख जाता। एकदम्म। पार्वती देख के तुरत जान लेती। माँ जान जाती है सा'ब। वो रखती थी उसके लिए। कुच्छ न कुच्छ। याँ वाँ छिपाछिपू के। देती कि ये ले नासपीटे, भकोस। पन खाता देखती तो जी जुड़ा जाता पार्वती का। माँ का तो सा'ब बस ऐसा ई मामला।...पन अब्बी क्या? कहाँ होगा? भूखा होगा, तो?...खाना नहीं खाते बनता सरकार। शरीर है, तो खाना पड़ता है। पन रोटी खाओ तो हलक में अटक जाती है।

भागता फिर रहा है रामसरन। यहाँ-वहाँ। पर मिला नहीं।

पुलिस में रिपोर्ट करी कि नहीं?

नई सरकार। पुलिस में रपट नँई की। पुलिस का स्साला कोई भरोसा? सरदारजी ने भी येई समझाया। मना किया कि तू रपट लिखवाएगा तो थानेदार हरामी ढाबे पे पोंच के सरदारजी को परेशान करेगा। पैसा माँगेगा। पुलिस पूछेगी कि छोटे बच्चे को काम पे रखने का जब कानून में नँई है तो तुम काहे को रख्खा? कहते हैं कि छोटे बच्चों को काम पे मत रख्खो। पन मत रख्खो, तो फिन भूखा मारें क्या? उसका

स्साले कुछ नँई बताते। बस्स, मत रखखो। कहते हैं कि स्कूल में पढ़ाओ। मुफ्त में पढ़ाएँगे। हमने भी पेले भेजा था मुन्ना को। पन मास्टर को पत्थर मार के भाग आया। केने लगा कि मास्टर हमारे साथ बदमासी वाला काम करने की कोसिस करता है।...गरीब का बच्चा सरकार। कौन सुनेगा हमारी?...मान लो कि हम रपट लिखा भी दें और मुन्ना लौट आया तो थाने वाले तो बाद में भी परेशान किया करेंगे। ले जाएँगे थाने बच्चे को। उलटा-सीधा बयान लेंगे। बस्ती में सभी रोक रहे हैं कि पुलिस में न चले जाना। सो हम तो नँई गए।...जगन्नाथ ले के गया था हमें पंडितजी के पास। रमल जानते हैं वे। जनमपतरी देख के बता दिए हैं कि ज़रूर लौटकर आएगा तेरा बेटा। इस नवमी के बाद आ जाएगा। बता रहे थे कि उत्तर की दिशा में निकला है। साथ में दो लौंडे और होंगे, ऐसा बताया उन्होंने। एकदम्म साफ देख लिया है पंडितजी ने। सौ रुपए और घी-आटा की दक्षिणा में इत्ता साफ बता दिया सा'ब। बस, अब तो इसी की आसा लगाए हैं। नवमी निकले तो। पार्वती ने तो व्रत धर लिया है नवमी तक।...आ जाएगा। पक्का।

तो क्या मुन्ना वास्तव में आ जाएगा? विश्वास के अलावा और सहारा भी कौन सा है? पर मान लो कि मुन्ना लौट ही आया तो? रामसरन ने उसका इन्तजाम भी कर लिया है। बैठा है सरदारजी के पास। जमीन पर बैठकर बता रहा है। सरदारजी हाँ-हूँ करते काम निबटा रहे हैं हिसाब की कॉपी का।

...आएगा सा'ब। ज़रूर आएगा। गुनी पंडित है मालिक। माँ की याद आएगी तो भागकर आएगा ही। भोत लाड़ करती थी उससे पार्वती। आएगा ही। छोटा है न। नासमझ। तभी भागा। पन वापस आ जाएगा। छोटा है न। आप नाराज़ न होना सरदारजी। वो आएगा।...किसी और को काम पे मत रख लेना। वो आएगा। समझा-पुचकार के मैं खुद लेकर आ जाऊँगा। यहीं। काम पे। आपके ढाबे पे ही वापस काम करेगा वो।...आप चिन्ता न करना सरदारजी। किरपा रखना। नवमी तक की तो बात है।

लौटेगा तो फिर काम पर जाएगा मुन्ना। रामसरन का मुन्ना एक दिन भी बेरोजगार नहीं बैठेगा। वह लौट तो आए। बस।

अन्धे रास्तों पर अन्धे

'तुम इस स्कीम में अभी इतना लगा दो, तो मान लो कि छह महीने में इतने का इतना तो हो ही जाएगा। यह भी हो सकता है कि मार्केट जिस ढंग से जोर पकड़ रहा है, उसमें तुम्हारा लगाया इतना सा भी इतना सारा हो जाए कि तुमसे सँभालते न बने और तुम इतना भी न समझ पाओ कि इतने का करें क्या? सच्ची में, यह इतनी बढ़िया स्कीम है इसीलिए तो हम इतना समझा रहे हैं, वरना आजकल इतना टाइम किसके पास फालतू रहता है यार? इतनी देर में तो मार्केट में वारे-न्यारे हो जाते हैं।...और इसमें न लगाने की इच्छा हो और इतना कमाना चाहते हो कि सात पुश्तें खाएँ तो इतने में से ही इतना निकालकर शेयरों में लगा दो क्योंकि शेयरों में भी लोग आजकल इतना बना रहे हैं कि तुम्हीं बाद में हमसे शिकायत करते फिरोगे कि हमने तुमसे इतना-सा ही क्यों लगवाया?...और यह भी बता दें कि यदि तुम्हारे पास अभी इतना न भी हो, तो तुम इतना सारा न लगाकर इतना सा भी लगा सकते हो क्योंकि लोग तो जितना जहाँ से निकाल सकते हैं, उतना लगाकर भी आजकल इतना पैसा पीट रहे हैं कि क्या कहें!'

मेरे मित्र हैं वे। समझा रहे हैं कि मार्केट ऐसा तगड़ा चल रहा है कि कोई इतना-सा भी समझदार आदमी होगा तो तुम्हारी तरह इतना सोचता नहीं बैठा रहेगा बल्कि जितना लगा सके, लगा डालेगा क्योंकि बैठे-बैठे कमाने का इतना सुनहरा मौका फिर नहीं मिलने वाला। पर मैं इन मामलों में इतना कमजोर हूँ कि कहते हुए इतनी शर्म आती है कि मैं वास्तव में इतना-सा भी समझ नहीं पाता। इसी के चलते मैं नादानों की माफिक बेवकूफी भरा प्रश्न पूछ बैठा।

मैंने आश्चर्य से यह पूछ लिया कि इतने जरा से पैसे लगाकर इतने सारे पैसे कैसे बन सकते हैं? मैंने यह डर भी प्रकट किया कि मान लो कि इतना बनाने के चक्कर में यदि मेरा इतना भी डूब गया तो? मैं बाद में इतना भी कहाँ से जुटा पाऊँगा? हिन्दी के लेखक को कोई इतना देता भी नहीं कि वह यहाँ वहाँ इतना लगाने की रिस्क ले सके।...मित्र ने कहा कि यार, हिन्दी में लिखकर तो वो रिस्क तुम पहले ही ले चुके हो। तुम हिन्दी की ऐसी डूबती मार्केट में पहले ही इन्वेस्ट किए जा रहे

हो कि जहाँ तुम इतना लगाओ या उतना, वापस या तो आता ही नहीं, या इतना सा आता है कि बताने में शर्म आए।...मैंने उसके तर्कों को मानते हुए भी अपनी मजबूरी बयान की कि मेरी तो हिम्मत ही नहीं होती कि इतना-सा भी लगाऊँ क्योंकि मार्केट इतना ऊँचा-नीचा होता रहता है कि पता नहीं चलता।...वे बोले कि यार घबराने से कैसे काम चलेगा? तुम इतना-सा ही लगाकर देखो न। इतना तो लगा ही लो। लोग तो कितना-कितना लगा रहे हैं। वे भी यदि इतना घबराएँ तो कैसे काम चले? तुम इतना घबराओगे तो फिर मार्केट से इतना कैसे कमा सकोगे? इतना ऊँच-नीच तो मार्केट में रोज ही होता रहता है। इतना रिस्क तो लेकर चलना ही होगा यार। मन पर इतना कंट्रोल तो रखना पड़ेगा। देखो तो कि सेंसेक्स किधर से किधर जा रहा है। यार, तुम इतना घबराते क्यों हो—यदि तुम हमें बता दो तो फिर हम तुमसे इतना क्या, इतना भी नहीं कहेंगे? पर पता तो चले।

मित्र इतना इसरार कर रहा था कि मैं इतना शरमाने लगा कि क्या जबाव दूँ? सच तो कह रहा वह। जब जीवन ही मार्केट के कब्ज़े में हो, तब इतना तो समझना ही होगा। फिर? फिर क्या तय किया मैंने?

मैंने मित्र से डरते-डरते पूछा कि मान लो कि मेरे पास जितना भी है, मैं उसी में प्रसन्न और सन्तुष्ट रहा आऊँ तो? कहीं मेरा चालान तो नहीं कट जाएगा?

मित्र ने गम्भीर होकर कहा कि यह मजाक का वक्त नहीं है। हिन्दुस्तानी आदमी की सदियों से यही प्रॉब्लम रही है कि इतना है, तो वह इतने में ही इतना सन्तुष्ट है कि हमें तो उस पर इतना गुस्सा आता है कि उसे इतने जूते लगाएँ कि ठीक कर दें स्साले को।...यार, जब आप इतना बना सकते हो तो इतना-सा लेकर बैठना कहाँ की समझदारी है? इतने मौके हैं। तुम इतने का इतना कर सकते हो, फिर भी। हद है। इतना भी क्या यार। इतना सन्तोष तो अकर्मण्यता कहाएगा। अरे, जब लोगबाग घरबार बेचकर इतना लगा रहे हैं, तब तुम हमारे इतना समझाने पर भी ऐसी बातें क्यों कर रहे हो? इतना भी नहीं समझ पाते हो क्या? तुम्हें खैर हम इतना तक तो समझते थे, मगर तुम इतना निकलोगे, इतना तो हमने भी कभी सोचा नहीं था।

मित्र द्वारा इतना धिक्कारने पर मैं सोच में पड़ गया। सोचता रहा।

इतने आराम से बैठे-बैठे, जब आप इतना बना सकते हो तब इतना-सा पैसा फँसाने में मैं इतना सोच क्यों रहा हूँ? मैं इतना सोचता क्यों हूँ? जितना सोचता हूँ, समझ नहीं पाता। मित्र से और पूछने की हिम्मत नहीं हो रही। अब पूछा तो वह यही कहेगा कि तेरे जैसे आदमी को तो बीच मार्केट में इतने पड़ने चाहिए कि गिन न सके कोई।...ठीक ही कह रहा होगा वह। सच है कि सभी लगा रहे हैं। यही तो बता रहा है वह। पर मेरी दिक्कत यह है कि मेरे पास बस इतना ही है। इतना बनाने के चक्कर में यदि यह इतना भी निकल गया तो? उधर मार्केट वाले कहते हैं कि

तुम इतना सोचो मत। पर मुझे लगता है कि सोचना तो पड़ेगा क्योंकि मार्केट तो चाहता ही है कि नागरिकों की एक पूरी पीढ़ी ऐसी तैयार हो, जो या तो कुछ सोचे ही नहीं, या बस मार्केट की सोचा करे।

'फिर? फिर तूने क्या सोचा? लगाता है तो बता? फॉर्म मेरे पास है। बस, एक चेक काट दे। दो जगह तेरे हस्ताक्षर दे दे। पैन कार्ड की फोटो कॉपी। बस?...मत चूक। लगा दे।' ...मित्र ने मेरी तरफ आशा भरी निगाहों से देखते हुए कहा है।

चल...जैसा तू कहे। लगा ही देता हूँ।...मैं फॉर्म भर रहा हूँ।

मैं उन हजारों-लाखों मध्यमवर्गीय भारतीयों में से हूँ, जो मार्केट, शेयर, सेंसेक्स आदि की कतई समझ नहीं रखते, परन्तु मुफ्त का पैसा पीटने के मारक लालच में अपनी जमापूँजी को मार्केट के हवाले किए जा रहे हैं। टटोलकर बढ़ रहे इस घुमावदार अन्धे रास्ते पर आगे कहाँ गड्ढा या खाई है, हम जैसों को नहीं पता।

और वे कह रहे हैं कि 'इश्यू' दस गुना ओवर सब्सक्राइब हो गया है।

विमर्श की इन्तिहा

मेरे एक मित्र मनोवैज्ञानिक टाइप के हैं।

हर घटना या व्यवहार की तह में जाकर उसकी व्याख्या करते हैं वे। इसीलिए, जिन बातों को हम नहीं समझ पाते, तो उन्हीं का सहारा लिया करते हैं। वे देते भी हैं। कुछ भी पूछो, तुरन्त बता देते हैं। उनके उत्तरों से हम कितने बुद्धिमान हुए, यह तो खैर वे भी नहीं बता सकते, पर समय काटने के लिए वे बुरे नहीं हैं। फिर वे ऐसी-ऐसी बातें बताते हैं कि सोचकर हैरानी होती है कि कोई ऐसा भी सोच सकता है।

अब हमारे कुत्ते का ही केस ले लें। हमने एक कुत्ता पाला। पर वह ऐसा डरपोक निकला कि क्या कहें। हर एक से डरता। पूँछ निरन्तर ही पिछली टाँगों में दबी। मुँह पर झेंप के भाव। क्षमाप्रार्थी सी शक्ल। दूसरे कुत्तों को देखते ही ऐसा छुपता कि मानो वे उसे सस्पेंड या बर्खास्त कर देंगे। दिन भर घबराया घूमता। लोट-लोट जाता। बेवजह पूँछ हिलाता। दरवाजे पर घंटी बजती, तो भौंकता हुआ, घर के सबसे पीछे वाले कमरे में भाग जाता। हमें उसकी रक्षा करनी पड़ती, जबकि यह सोचकर पाला था कि वो घर की रक्षा करेगा। हमें भ्रम होने लगा था कि वो तो हमारा मालिक नहीं? दूसरे कुत्तों को हम स्वयं कुत्तों की तरह चिल्लाकर यूँ भागते कि लगता कि हम ही तो कुत्ता नहीं? एक-दो बार इसी कारण, गुस्से में हमने उसे ठोक भी दिया। पर इससे वो और भी डरने लग गया।...एक बार यूँ ही इस कुत्ते का जिक्र मैं उनसे कर बैठा। वे समझाने लगे कि मारने-पीटने से तो बात और बिगड़ जाएगी, क्योंकि तुम्हारा कुत्ता एक जटिल मनोवैज्ञानिक केस है।...कैसे?...कई सम्भावनाएँ बनती हैं—वे बताने लगे। एक तो यही कि हो सकता है कि तुम्हारा कुत्ता तुम्हें देखकर हीन ग्रन्थि अर्थात इन्फीरियरिटी कॉम्प्लेक्स से पीड़ित हो। कैसे? इसी बात की हीन भावना कि वह कुत्ता पैदा हुआ, जबकि कुत्तागिरी में कम न होते हुए भी आप आदमी पैदा हुए। वैसे, एक सामान्य कुत्ते को इस बात पर प्रायः गर्व होता है कि वह कुत्ता पैदा हुआ। इस गर्व को वह अकारण ही भौंककर, गुर्राकर अथवा बिना बात ही अन्य जानवरों के पीछे भागकर प्रकट भी करता रहता है। परन्तु आपका कुत्ता पैदा होने के बाद ही निराश,

हीन तथा दब्बू क्यों है, इस पर सोचना पड़ेगा। कहीं कुत्ते के साथ-साथ आपके घर में कोई बच्चा भी तो पैदा नहीं हुआ था? आपके द्वारा उस पर इससे अधिक प्यार लुटाने के कारण कुत्ता कहीं 'सिबलिंग रायबलरी' से पीड़ित न हो गया हो? आदमी अपने बच्चे को तो बेहतर ढंग से पाले और कुत्ते को कुत्ते की तरह, तो कई कुत्ते बुरा मान जाते हैं।...उन्होंने कुत्ते के व्यवहार का एक परामनोवैज्ञानिक स्पष्टीकरण भी सुझाया। कहने लगे कि हो सकता है कि यह इस कुत्ते का पुनर्जन्म हो और इसे पिछले जन्म की यादें परेशान करती हों। पिछले जन्म में आपका कुत्ता ऐसा आदमी रहा होगा कि जिसने या तो किसी का मर्डर किया होगा या कि स्वयं इसका मर्डर हुआ होगा। कुत्ता बन जाने के बावजूद इस जन्म में इसे हरदम पुलिस आने का खटका लगा रहता है या उन हत्यारों का, तभी यह घंटी बज़ने पर चौंक-चौंक जाता है। मित्र ने सुझाया कि कुछ महीनों तक आप पुलिस की वर्दी पहनकर घर में घूमा करें। खासतौर पर अपने कुत्ते के आसपास घूमते टाइम तो हथकड़ी तथा चालान वाला कट्टा भी हाथ में लटका लिया करें। इससे कुत्ते का भय निकल जाएगा कि पुलिस उसे पकड़ने को नहीं घूम रही, बल्कि उसे हत्यारों का डर भी निकल जाएगा क्योंकि वह चौबीसों घंटे स्वयं को पुलिस प्रोटक्शन में महसूस करेगा। एक सम्भावना उन्होंने और बताई। कहा कि यह कुत्ता जब पिल्ला था, तब या कि बाद में कोई गहरी भावनात्मक चोट खा चुका है और इसी कारण ऐसा असुरक्षित महसूस करता है। क्या चोट? जैसे कि किसी कुतिया के प्यार में पड़ गया हो और वो इसे कुत्ते की भाँति दुत्कार कर चल दी हो। कुत्तों का आपको पता ही है। वे उम्र नहीं देखते। बचपन में ही कुतियों के पीछे लग लेते हैं और कुतिया ने पिल्ले को लतिया दिया हो, तो आश्चर्य नहीं। या फिर कहीं आपने बेफालतू ही कभी इसे फटकार दिया हो या किक कर दिया हो, जो हम-आप प्रायः कुत्तों को कुत्ता मानकर करते ही रहते हैं। मित्र बताने लगे कि आप कुत्ते के मन को नहीं समझ सकते। वे आपके मारने का बुरा मान सकते हैं। तो न मारेंगे आगे से—हमने कहा। वे बताने लगे कि चीज इतनी आसान भी ना मान लें, क्योंकि कुत्ते को इस बात से भी भावनात्मक चोट लग सकती है कि मालिक ने बहुत दिनों से हमें मारा ही नहीं—वे मुझे अपना समझते ही नहीं, पत्नी को तो मारते रहते हैं, पर हम पर आजकल ध्यान ही नहीं देते।...कुल मिलाकर यह कि आप न कुत्ते को समझ सके, न ही उन्हें, गो कि अच्छा-खासा विमर्श कर डाला।

वे कुत्तों वाले ही तरीके से ही आदमी वाली समस्याओं पर भी विचार किया करते।

एक बार मैंने बातचीत के दौरान उनसे यूँ ही अपने एक सपने का जिक्र कर दिया। मैंने सपने में देखा था कि तेज बहते पानी में मैं डूब रहा हूँ। वे तुरन्त डीटेल में उतरे। पूछने लगे कि यह याद करने की कोशिश करो कि पानी आखिर इतना तेज बह कहाँ रहा है—नदी में, नाले में, नाली में या कहीं और? हमने ऐतराज जताया कि

नाली में डूबने का सपना हम भला क्यों देखेंगे? क्यों नहीं? बिल्कुल देख सकते हो। उन्होंने बताया कि हो सकता है कि तुम सपने में देखते हो कि तुम एक कीड़ा हो, जो तेज बहती नाली में डूबता-उतराता बह रहा है। वे यह भी इसरार करने लगे कि तुम दिमाग पर जोर देकर यह याद करो कि तुम कौन सा कीड़ा थे—क्योंकि कुछ कीड़े तैरना जानते हैं, तो कुछ नहीं। तुम यदि सपने में तैरने वाला कीड़ा होकर भी डूब रहे थे, तो यह दर्शाता है कि यथार्थ जीवन में तुम्हें अपनी योग्यताओं पर भरोसा नहीं है और जो ज्ञान है, उसे अप्लाई नहीं कर पाते। और जो न तैरने वाला कीड़ा थे तो? तब तुम अपने कुत्ते की तरह ही हीन भावना से ग्रसित हो। पर सपने में हम कीड़ा न होकर हम ही थे, हमारी यह बात सुनकर वे बोले कि तब तो यह और भी जटिल मनोवैज्ञानिक समस्या कहाई क्योंकि यह दर्शाता है कि आप बदलना ही नहीं चाहते तथा यह आपके जड़, यथास्थितिवादी रवैए का परिचायक है। अपने को डूबता देखना आपका निराशावाद है, क्योंकि आशावादी होते तो इसी सपने की इसी चढ़ी नदी के तेज पानी में अपने दुश्मन को डूबता हुआ देखते।

दरअसल उनके पास हर सीधी बात का उलटा स्पष्टीकरण है। और उलटी बात का? उसका तो ऐसा उलटा स्पष्टीकरण है कि उलटा भी अपने जीवन में कभी इतना उलटा न हुआ होगा। वे बताते हैं कि फूल इसीलिए खिलते हैं क्योंकि वे इतने मूर्ख हैं कि उन्हें नहीं पता कि खिलने पर कोई उन्हें तोड़ ले जाएगा। जूता इसीलिए पैरों में पहना जाता है, क्योंकि आदमी सिर के बल नहीं चलता। छोटा बच्चा इसीलिए कपड़ों में पेशाब कर लेता है, क्योंकि उसे नंगा रहने में मजा आता है, वरना यदि मात्र छोटा होने के कारण ही इंसान की पेशाब निकल जाया करती तो ठिगने तथा बौने भी गीले घूमते। पपीता अमरूद जैसा क्यों नहीं होता, जबकि दोनों ही पेड़ पर उगते हैं?...वे न जाने किन-किन समस्याओं में उलझे रहते हैं। परन्तु मैंने शुरू में ही बताया कि समय काटने के लिहाज से ऐसे बुरे आदमी भी नहीं हैं वे।

समझदारों की क्रान्ति

उनसे मेरी पहली मुलाकात शायद तब हुई थी, जब वियतनाम पर हमला करने के लिये वे अमेरिका के खिलाफ हमारे कस्बे में मोर्चा खोले हुए थे। वे हवा में नारे, गालियाँ तथा धमकियाँ उछालते, जो अमेरिका तक तो खैर क्या पहुँचतीं, पर वहीं कस्बे में वापस गिरकर धूल का छोटा-सा बगूला तो उठाती ही थीं, जिसकी बाकायदा स्थानीय अखबारों में रिपोर्टिंग भी होती। गंगेले जी कभी मिल गए, तो इस बगूले की फोटू भी छप जाती थी। बाद में कई दिनों तक दिखे नहीं। जब तक अन्तर्राष्ट्रीय स्तर पर झिंझोड़ने लायक कुछ न हो, वे निष्क्रिय ही रहते हैं। बाद में वे कई बार मिले। हर बार उत्तेजित। हर बार साम्राज्यवादी, फासीवादी ताकतों को जमींदोज करने को दृढ़प्रतिज्ञ। शायद वोस्तवाना में बम फटा था या कि टिंबकटू में किसी ने प्रजातन्त्र का गला घोंटने की कोशिश की थी, या शायद तब की बात है कि जब चीन में छात्र आन्दोलन कुचला जा रहा था—उन दिनों उनकी तड़प देखते ही बनती थी। लगता था कि पाजामे में कुछ घुस गया है। ईराक युद्ध के दौरान तो ऐसे भागते फिरे कि जैसा सद्दाम भी न भागा होगा। कस्बे में कुत्ते तक उत्तेजित होकर इनके पीछे भागा करते कि आखिर माजरा क्या है?

दरअसल, हमारे कस्बे में बुद्धिजीवियों का एक मँझोला सा ग्रुप है, जो क्रान्ति का पक्षधर है और अपने तौर पर इस शौक में लगा रहता है। राष्ट्रीय स्तर पर क्रान्ति का मामला तनिक कठिन है, परन्तु अन्तर्राष्ट्रीय मामलों में इनकी जागरूकता देखने से ताल्लुक रखती है। ये उसी गिरोह के क्रान्तिकारी हैं। वे मोहल्ले में हुए अन्याय पर उद्वेलित नहीं होते। दरअस्ल वे दूरी नापकर होते हैं। पास की घटना पर विरोध करना ठीक नहीं—वे जानते हैं। दस-बारह हजार किलोमीटर से इधर घटित किसी भी अन्याय को वे घास नहीं डालते। इससे दूर किसी देश में यदि पटाखा भी फूटे, तो वे विश्व का नक्शा लेकर पता करते हैं कि कहाँ अन्याय हुआ है अरि वह फलानास्तान स्साला है कहाँ? विश्व का मानचित्र आपने देखा ही होगा। कैसी घिचपिच मची रहती है। इतने देश। इतनी तरह की रेखाएँ। जब कभी उन्हें न मिले, तो ऐसे में मेरे पास भी आते हैं। भूगोल तथा पास की नज़र—दोनों ही कमजोर हैं

मेरी। वे बुरा मान जाते हैं। एक तरफ वहाँ इनसान को निर्दयता से कुचला जा रहा है और यहाँ आप आराम से बैठकर चाय पी रहे हैं? मैं यही कहता हूँ कि यार इत्ता ही है, तो वहाँ का टिकिट कटवा के वहीं चले चलते हैं। वे नाराज़ हो जाते हैं। यार, वहाँ जाने की कौन कह रहा है तुमसे? तुम तो यहीं बैठकर भी उनके साथ हो सकते हो। हम भी तो होते ही हैं न। यहीं कस्बे में बैठे-बैठे हम दुनिया के हर मजलूम व्यक्ति के साथ हो लेते हैं। वे बताने लगे कि हमारे लिखे इस बयान पर हस्ताक्षर करके तुम भी बैठे-बिठाए, अन्तर्राष्ट्रीय स्तर पर महत्त्वपूर्ण हस्तक्षेप कर सकते हो। यही तरीका भी है। पान की गुमटी, चाय की दुकान या काफी हाउस में बैठे- बैठे वे हजारों अन्तर्राष्ट्रीय घटनाओं में क्रान्तिकारी दखल देते रहते हैं, गो कि कभी किसी ने उन्हें पूछा नहीं।

वे अभी उस दिन गुस्से से काँपते हुए आए।

काँपते हाथों में एक धधकता बयान भी था, गो कि कागज जला नहीं था।

ऐसे क्रोधित कि बुश सामने पड़ जाए तो लात-घूसों से कूटकर रख दें। बुश ने ईरान को चेतावनी दी थी, और ईरान से ज़्यादा ये बुरा माने बैठे थे। कहने लगे कि ईरान की सम्प्रभुता में दखल देने की बुश की कोशिश को उन्होंने बेहद गम्भीरता से लिया है और वे चुप नहीं रहने वाले।

'क्या करेंगे आप लोग?' जिज्ञासावश पूछा।

'बयान प्रसारित करेंगे। आवश्यक हुआ तो और भी कड़ा बयान प्रसारित करेंगे, जिसकी भाषा बेहद आक्रामक हो सकती है। हो सकता है कि हम काले झंडे लेकर कस्बे से गुजरें और कोई सस्ता-सा पुतला मिल गया, तो उसे फूँकने से भी गुरेज न करें।' बताया उन्होंने।

'यह बयान छपवाएँगे कहाँ? 'वाशिंगटन पोस्ट' में या 'न्यूयॉर्क टाइम्स' में?' पूछा।

वे बताने लगे कि इनके सम्पादकों को तो हम जानते नहीं और बिना पहचान के कोई स्साला आजकल ये बयान छापता नहीं। पर छपेगा। कल का 'छतरपुर समाचार' देखना। रामटेकेजी का अखबार, यार। औरों को भी भेजेंगे। पर स्साले छापेंगे नहीं। पहचान नहीं न अपनी। बल्कि कुछ तो हमें पहचान गए हैं, इसीलिए नहीं छापते।

'परन्तु बुश तो 'छतरपुर समाचार' शायद नहीं पढ़ता? बयान तो फिर बेकार गया न?' मैंने कहा। वे नाराज़ हो गए। 'बेकार कैसे गया? ऐसे ही बयानों से सक्रियता बनती है। दुनिया के संघर्षशील लोग ऐसे ही एक होते हैं। अन्ततः बुश को झुकना ही होगा, बशर्ते कि हम दनादन बयान जारी करने में कोई कोताही न करें। कागज का खर्चा है, पर असर होगा। क्रान्ति सफल होगी और उसकी सफलता का पता भी सबको 'छतरपुर समाचार' पढ़कर ही लगेगा।

अचानक ही मैंने सुझाव दिया कि क्यों न अपने कस्बे में उस दिन बिजली की माँग करने वाले किसानों की जो ठुकाई पुलिस ने करी है, लगे हाथों हम उसके विरुद्ध भी बयान निकाले हैं?

वे घबरा गए। बोले कि यार, आप हमें मरवाओगे क्या? लोकल पॉलिटिक्स में फँसवाकर ट्रान्सफर कराना है क्या? जिस दरोगा ने हाथ-पाँव तोड़े, वो मामाजी के गाँव का है और जिस अफसर ने लाठीचार्ज का आदेश दिया, उसी के अंडर अपनी वाइफ काम करती हैं। वैसे भी वाइफ लेट जाती हैं और जल्दी घर आ जाती हैं। बच्चे छोटे हैं न। फालतू परेशान करने पर आ गया, तो अफसर...। वे बताते रहे कि क्यों कस्बे या पड़ोस में हुए अन्याय का विरोध करना गलत बात होगी।

मैं समझ गया कि हजारों मील की दूरी पर हो रहा अन्याय क्यों उन्हें आन्दोलित करता है? सुरक्षित रहते हुए तथा खुद का बाल भी बाँका न हो, समझदार ऐसी क्रान्ति को ही चुनते हैं। आजकल क्रान्तिकारी भी दुनियादारी समझते हैं भाई साहब।

वे दिन

दो रिटायर्ड लोग मिल गए। खड़े हो गए सड़क पर। बातें होने लगीं।

जल्दी ही यह बात भी सामने आ गई कि दोनों जन के विचार आपस में इतने ज़्यादा मिलते हैं कि लाजिमी रहेगा कि आगे से जल्दी-जल्दी मिला करें क्योंकि आजकल ऐसे लोग मिलते ही कहाँ हैं कि जो इस तरह सोचते हों? बातें यहाँ से शुरू हुईं कि ज़माना बेहद खराब आ गया है, लोग कटी हुई उँगली तक पर मूतने को तैयार नहीं होते, आदमी बेमुरव्वत हो गया है और कुछ भी कह लें, हमारे ज़माने की बात ही कुछ और थी। बातें इस सहमति पर पहुँचीं कि जैसा काम हम लोगों ने किया, वैसा ये आजकल के लौंडे, लाख सर पटक लें तो भी नहीं कर सकते। वे सहमत हुए कि दुनिया बेईमान हो गई है, बच्चे गैरज़िम्मेदार हुए जा रहे हैं, स्त्रियाँ उच्छृंखल तथा आवारा बन रही हैं तथा समाज का सांस्कृतिक पतन हो रहा है।

शुरुआती सहमति के इन बुनियादी बिन्दुओं पर एका पाकर अन्य चर्चाएँ चल निकलीं।

'आप तो सन्तानी साहब के अंडर में थे न?'

'अरे साहब, सन्तानी जैसा बॉस तो, भगदान की कसम, हमने फिर कभी देखा ही नहीं। हीरा आदमी। दिल का राजा। ठोकर पर रखते थे नियम-कायदों को। आप मर्डर भी करके आ जाओ—बस, बता भर दो कि हजूर तनिक मर्डर हो गया है गलती से, तो फिर पुलिस तक को लतियाकर भगा दें कि फालतू बात न करें क्योंकि मेरा ये असिस्टेंट तो सुबह से मेरे चैम्बर में बैठा डिक्टेशन ले रहा था...। जिससे खुश हो जाएँ, बस्स! राजा आदमी...। एकदम सोना।...'

'बॉस तो खैर ऐसा ही होने चाहिए।...और एक स्साले हमारे वो दुबेजी होते थे; महा हरामी। दफ्तर आने में पाँच मिनट भी लेट हुए कि सीधे हाफ डे की सी.एल. माँगते थे। खुद ऐसा खड़ूस कि स्साला, दस का दफ्तर है तो पौने दस बजे आकर बैठ जाए। और दिन भर यही जाप करे कि भई काम करो, काम करो। भौत ही सूअर आदमी था साहब...'

'साहब, हम तो बॉस के मामले में हमेशा ही बड़े लकी रहे हैं। हमें हरदम ही

राजा तबीयत के बॉस मिले। हमारे खान साहब बारह बजे के आसपास तो दफ्तर आते थे। फिर कहते थे कि भाई लोगो, यदि कहीं दस्तखत वगैरह करवाने हों तो अभी करवा लें क्योंकि एक बजे हो जाएगा लंच, और हमने एक बार खाना खाने के बाद जो नींद पकड़ी तो फिर हमारे बाप भी हमें न उठा पाएँगे। वे हँस-हँसकर बताते कि मेडिकल साइंस में कहीं लिखा हुआ पढ़ा है उन्होंने कि पेट से चलकर कुछ नसें सीधे पलकों से अटैच रहती हैं–पेट भरते ही नसें नीचे की तरफ खिंच जाती हैं और पलकें ऑटोमेटिकली बन्द हो जाती हैं।...बड़े मजे किए हमने खान साहब के राज में। ऐसा हँसमुख बॉस कि कोई फाइल गुमगुमा जाए तो कहते थे कि कौन सी बीवी गुम गई है कि परेशान हो रहे हो? बीवी भी हो तो भी नई बना सकते हो, तुम मामूली फाइल को क्यों रो रहे हो...?'

'और इधर एक हमारे मनहूस बॉस थे चौबेजी। हँसने की छोड़ दीजिए, स्साला कभी मुस्काता तक नहीं था। मानो खुद की मैयत में आया हो, ऐसे मुँह लटकाकर दफ्तर में घुसता था। हमें हँसना हो तो टायलेट में जाकर, सिटकनी लगाकर, फिर मुँह पे रूमाल धरकर हँस के आते थे। कित्ती बार सोचा कि दो-चार लोग मिलकर, एकाध बार इसे अँधेरे-उजाले में जमीन पे पटक के इत्ता गुदगुदाएँ कि इसे पता तो चल जाए कि हँसना होता क्या है?...पर जनाब, सस्पेंड-फस्पेंड न कर दे, इस डर के कारण हमारी तमन्ना दिल की दिल में ही रह गई।'

'ये सच्ची कही। पर सस्पेंड करने की धमकी देने वाले बॉस से डरना नहीं चाहिए साहब। हमारी तो अपने धुर्वे साहब से इसी पे ठन गई थी। एक दिन कहने लगे कि काम किया करो वरना सस्पेंड कर देंगे। हमारे तो तनबदन में आग लग गई। हमने कहा कि अब किसी का बाप भी हमसे काम करा ले तो हम अपने बाप की पैदाइश नहीं, और किसी के बाप में कलेजा हो तो हमें सस्पेंड करके दिखा दे। अरे, तुम हरामी तो हम महाहरामी। हमारे भी ऊपर दिल्ली तक कॉन्टेक्ट रहते थे भाई साहब। ऐसे-वैसे तो हम भी नहीं थे।...फिर तो धुर्वेजी कहते मर गए, पर दो साल तक हमने जो एक भी फाइल को हाथ लगाया हो।...वैसे भी हमारा तो यह सिद्धान्त रहा कि सरकारी नौकरी में, सस्पेंड करने से ज़्यादा और क्या उखाड़ लेंगे आप हमारा? और जो सस्पेंड करेगा, वही बहाल भी करेगा। है कि नहीं?'

'सच कह गए हैं आप! बॉस सधा रहे तो...'

'...हमने तो ज़्यादातर साधकर ही रखे। अपनी मर्जी से काम किया, प्रमोशन लिये, लोगों के पिछवाड़े पे लात मारकर पैसे लिये और...'

'...पर अपने टाइम पे बॉस भी बॉस जैसे होते थे। पावर भी और दम भी। बोलते थे कि जित्ती रिश्वत माँग ली है, उससे कम ऑफर करने वाले की खाल खींच दो। एक साख रहती थी एडमिनिस्ट्रेशन की। ये आजकल जैसी हें-हें नहीं कि कोई भी

बॉस के कमरे में घुस के तू-तड़ाक करने लगे कि काम क्यों नहीं हो रहा?...'

'समय खराब आ गया है साहब...'

'...अब तो ऐसे चूतिया बॉस हो रहे हैं कि खुद ही गधे टाइप काम में लगे रहते हैं...'

'...खुद परेशान और कर्मचारी हैरान। हमारा बेटा बेचारा सुबह जाता है और रात नौ-नौ बजे तक लगा रहता है। न फैमिली के लिए टाइम, न ताशपत्ती। हम तो जेब में ताश की गड्डी और दराज में शतरंज धरते थे...'

दोनों सहमत हैं कि फालतू के दिन आ गए हैं। दोनों ने माना कि हमारे ज़माने की बात ही कुछ और थी। दोनों का कहना था कि बीते समय जैसा समय अब हो नहीं सकता और वे दिन गजब के थे। 'कल फिर यहीं मिलते हैं' का तय करके, धीमे-धीमे चलते हुए वे दोनों रिटायर्ड बूढ़े अपनी अपनी दिशा में चले गए। घुटने बेहद परेशान करने लगे हैं आजकल। बीते ज़माने में, जब घुटनों में दर्द नहीं था, तब वास्तव में दिन कितने सुहावने होते थे।

लोकतन्त्र का जंगल

जंगल में ख़बर है कि जंगल समझदार हो रहा है।

जंगल के समझदार होने का मतलब? यार, जंगल में शेर, जंगल में पेड़, जंगल में खरगोश तथा किसम-किसम के दीगर जानवर। हजारों को मिलाओ, तब तो स्साला एक ठो ठीक-ठाक-सा जंगल बने। हमने ठीक कही के नई?...तो भैया, किसके समझदार होबे की बात चल रही है?

देखिए, मामले को समझिए।

शेर तो पहले से ही समझदार। शेर के पास ताकत। ताकतवर तो समझदार होता ही है। या कहें कि ताकतवर की जो, जैसी भी समझ हो, समझदारी इसी में कहाएगी कि उसी समझ को हम समझदारी मानें। सो शेर तो समझदार। शेर की समझदारी के आगे जंगल की समझदारी पानी भरे। ताकत की एक समझ होती है, जिसे कमजोर लोग खूब जानते हैं। आप खुद समझदार हैं और जानते हैं। तो शेर तो समझदार।... फिर गीदड़ तो यार ऐसा समझदार कि कहें क्या! उसकी चालाकी के किस्सों से जंगल के इतिहास की फाइलें भरी पड़ी हैं। शेर तक को चकमा देने में प्रवीण। चालाक होने के लिए आपका समझदार होना ज़रूरी है। बल्कि जंगल का यह जाना-माना नियम है कि जो यहाँ समझदार है, वह चालाकी का महत्त्व जानता है। सो गीदड़ भी समझदार।...अब रह गए पेड़। उनका क्या? यार, पेड़ तो शुरू से इतने समझदार कि हमेशा चुप। मौन रहने में ही समझदारी है, जानते हैं वे। बीत गई उम्र पेड़ों की 'जंगल राज' में 'जंगल के कानून' लागू होते हुए देखकर भी हमेशा ही मौन खड़े रहते। मौन, और अपने स्थान पर, अपनी सीमाओं में रहते हुए। चुपचाप खड़े रहते हैं पेड़ जंगल के। कभी हिले भी तो मानो सहमति में मुंडी हिलाते हुए। या हरहराहट के ध्वनि मत से जंगलराज की हर बात पर 'हाँ-हाँ' कहते-से।...सो, एक तरह से कहें तो पेड़ सबसे समझदार कि जानते हैं जंगल में अपनी औकात।

तो भैया, जब सभी समझदार हैं, तब जंगल में जे स्साली कौन सी चर्चा आप लेके बैठ गए कि जंगल समझदार हो रहा है? वो तो पेलेई से हुआ न? ठीक कई के नई?

यार, आप एक लिहाज से ठीक कह तो रहे हैं। सभी समझदार हैं जगल में।

पर नई बात यह सुन रहे हैं कि पहले तो सब अलग-अलग समझदार थे, अब, अचानक मानो सारा जंगल ही आपस में मिल गया है और समझदार हो रहा है।

यह नई बात हुई है और इस बात से वे समझदार चिन्तित हैं कि जिनका अस्तित्व ही उन नासमझों पर टिका है, जो समझदार रहते हुए भी अलग-अलग रहकर जंगल को वैसा जंगल बनाने देते हैं जिसके लिए जंगल बदनाम है।

कैसे पता चला कि जंगल समझदार हो रहा है?

दरअसल, एक फुसफुसाहट सी सुनाई देती है जंगल में इन दिनों।

शेर सतर्क, भेड़िए परेशान, गीदड़ असमंसज में।

यह फुसफुसाहट कैसी? फुसफुसाहट से डर लगता है। तभी तो डर रहे हैं जंगल के समझदार। आपके आसपास फुसफुसाहट हो रही हो, तो डर लगता ही है आपको कि क्या तो षड्यन्त्र चल रहा है? फुसफुसाहट का मतलब षड्यन्त्र– ऐसा मानना है समझदारों का। जो छुपकर फुसफुसा रहा है और पकड़ में आता नहीं, वह समझदार कहाया। जंगल में समझदार लोग फुसफुसा रहे हैं इन दिनों।

'कौन इत्ता धीरे फुसफुसा रहा है? पकड़ो स्साले को और पेश करो गुफा की अदालत में...' शेर ने कहा है।

'जान की अमानत हो तो बताऊँ हजूर कि पूरा जंगल ही फुसफुसा रहा है इन दिनों।' गीदड़ ने बताया है।

'क्योंकर भला?'

'वह यूँ सरकार कि जंगल समझदार हो रहा है। आजकल गुफा की हर बात पर उसका ध्यान है। फुसफुसाकर न जाने क्या तो स्कीम पकाते रहते हैं बदमाश।' गीदड़ ने कहा।

'...वैसे, प्रजा समझदार हो रही हो, तो क्या यह राज्य और राजा के लिए अच्छी बात न कहाएगी?' शेर भी कभी-कभी मूर्खतापूर्ण बात कर देता है।

'राज्य का पता नहीं मालिक, परन्तु राजा के लिए तो अच्छी बात नहीं कहाएगी।...अब मान लें कि कल के दिन यदि खरगोश ही समझदार हो गए, तब आपके डिनर का क्या बनेगा सरकार?' गीदड़ समझा रहा है शेर को।

शेर लोग गीदड़ को यूँ ही नहीं पालकर रखते। जब-जब शेर, शेर जैसा व्यवहार नहीं करता, तब-तब गीदड़ उसे याद दिलाता है कि शेर होने के प्रोटोकोल क्या हैं और शेर को शेर बने रहने के लिए किस हद तक शेरपना कायम रखना होगा। और कैसे?

गीदड़ों का अस्तित्व टिका है ऐसे शेरों पर कि जो सलाह के लिए उनका मुँह ताकें।

'फिर?' शेर चिन्तित है।

'जंगल को समझदार होने से रोकना होगा मालिक...'

जंगल को समझदार होने से रोकना ही होगा।

जंगल को जंगल जैसा रहना चाहिए—ऐसा मानना है शेर का। जंगल जो शेर को शेर की तरह रहने में मदद करे। निरंकुश शेर। जो मनमानी करे तो जंगल कहें कि भई करते ही हैं आला अफसर तो मनमानी। जो फाड़ खाए सन्तानों को तो जंगल मान ले कि भाग्य ही था कि ऐसे जंगल के जंगल बने। जंगल, जो सलाम करे। ज़ंगल कि जिसके बीच शेर यों निरापद घूमे कि मानो अफसर की गाड़ी निकल गई हो या कि मन्त्री की कार। जंगल, जो पेट भरे शेर का और काम आए गीदड़ों के। जंगल जो चुप रहे। जंगल, जो नाम भर का जंगल हो। जंगल, जो हर जंगलीपन सहने को तत्पर हो। जंगल, जो सदा सन्नाटे में हाथ जोड़े खड़ा रहे। जंगल कि जिसकी अपनी कोई मर्जी ही न हो। जंगल जो अपने जंगल होने में इस कदर मग्न हो कि जंगल की आग उसे न तो दिखाई दे, न उसे कोई आँच ही महसूस हो।

शेर और गीदड़ को ऐसा ही जंगल चाहिए—प्रजातन्त्र के पंचतन्त्र का अलिखित नियम है यह।

'रोको यार...कुछ करो। जंगल को समझदार मत होने दो।...कुछ करो।...' शेर ने गीदड़ को कहा है। दोनों मन्त्रणा में लगे हैं।

पिछ्ले दिनों गीदड़ को शहर में देखा गया है। बार-बार। राजकीय दौरा कह लें।

जंगल की सरकार तक ख़बर है शहरों की सरकार की। और उसी चक्कर में गीदड़ घूम रहा है शहर में। जंगल में शेर तक सूचना पहुँची है कि शहर-गाँवों की सरकारें लोगों को समझदार होने से रोकने में सफल हुई हैं। कहते हैं कि उनने लोगों के पास सोचने का समय ही नहीं छोड़ा है कि वे समझदार बनें। लोगों के पास समझदार होने की फुर्सत ही नहीं छोड़ी। लोग टीवी, बाज़ार, मीडिया और फैशन द्वारा बेचे जा रहे सपनों में इतने व्यस्त कर दिए गए हैं कि उनके समझदार होने का खतरा ही नहीं रहा।

शेर ने भेजा है गीदड़ को शहर। वह अध्ययन कर रहा है।

जंगल समझदार न होने पाए, इसके लिए वे किसी भी हद तक जाने को तैयार हैं।

भोले भगवान और चुस्त भक्त

हनुमानजी प्रकट हो गए।

बड़ी मान्यता है कस्बे में टोरिया वाले हनुमानजी की।

वर्षों पुराना मन्दिर है। पर हनुमानजी पहले कभी प्रकट नहीं हुए थे।

शायद वे आज भी न होते। पर यह भक्त पिछले एक माह से ऐसी लगन से लगातार मन्दिर आ रहा था कि हनुमानजी को दया से कहीं ज़्यादा जिज्ञासा हो आई कि इस छोटे से बालक पर ऐसी क्या विपदा आन पड़ी है कि खेलकूद छोड़कर नित्य शाम को मन्दिर में आकर खड़ा हो जाता है और इतनी देर तक साष्टांग पड़ा रहता है कि लगने लगता है कि कहीं सो तो नहीं गया? सो हनुमान प्रकट हुए।

भक्त होगा यही कोई चौदह-पन्द्रह वर्ष का। दुबला, पतला-सा लड़का।

भक्त साष्टांग मुद्रा में था जब हनुमानजी प्रकट हुए।

'क्या समस्या है तेरी, वत्स...?' पूछा प्रभु ने।

'वरदान दें प्रभु...' वहीं चरणों में पड़े-पड़े बालक ने कहा।

'कुछ बताओगे, तब न देंगे? प्रकरण क्या है? स्पष्ट करो...' हनुमानजी ने पूछा।

भक्त दसवीं कक्षा का छात्र है। आज तक जुगाड़ लगाकर पास होता आया है। परन्तु इस बार है बोर्ड की परीक्षा। मन डरपत है। हृत्कम्पन। अनिष्ट की आशंका। कुंजी, गाइड और गेस पेपरों का न फँसा, तब? इसी भय से वह मन्दिर के चक्कर लगा रहा है। भगवान क्या नहीं कर सकते। टोरिया वाले हनुमानजी से बिना पूछे तो मेरिट लिस्ट भी नहीं निकलती बोर्ड की। कौन कहता है? सब बताते हैं। सो हर शाम। बिना नागा। अटेंड करता है शाम की आरती। बुदबुदाता है कि हे दयानिधान, जो दो-चार प्रश्न यहाँ-वहाँ से रट रखे हैं, वही भेज दें पेपर में, तो भक्त कृतकृत्य हो जाए।

'बोलो वत्स?' हनुमानजी ने पुनः आग्रह किया।

'मैं जो नित्य प्रार्थना करता हूँ प्रभु, बस वही कृपा हो जाती...', लड़का शरमा रहा है।

'तू इतना धीमे बुदबुदाता है, मन ही मन में। मुझे कैसे पता चलेगा? फिर ऊपर से घंटा-घड़ियाल बजाकर सब इतना शोर करते हैं कि मैं तो पूजा के समय अपने

कान बन्द कर लेता हूँ।...'

'प्रभु, मुझे तो लगता था कि आप मेरे मन की समझ जाएँगे। संसार में सभी कहते हैं कि भगवान तो मन की समझ लेते हैं?'

हनुमान नाराज़-से हो उठे, 'अब हम तुम्हारे मन की समझने भी बैठें? तुम स्वयं बोल नहीं सकते?'

लड़का घबरा गया। बोला, 'क्षमा करें प्रभु, मेरी प्रार्थना तो बस यह थी कि इस बार की परीक्षा में मुझे...'

'अच्छा, तो पढ़ाई-लिखाई का मामला है? इसमें हम तुम्हारी सहायता नहीं कर सकते हैं बालक। हाँ, कहीं किसी से युद्ध हो, रार ठनी हो, या मारपीट वगैरह का प्रकरण हो, तो प्रार्थना करो।...और तुम तनिक शरीर भी बनाओ। हड्डी-हड्डी धरे हो। बादाम-उदाम नहीं खाते हो?'

बालक का यह कमजोर पक्ष है। वह मौन रहा।

'कितने दंड-बैठक निकाल सकते हो एक घंटे में? 'धोबीपाट लगाना जानते हो?' हनुमानजी को बालक के स्वास्थ्य की चिन्ता हो रही है। वे उसकी असली समस्या पर ध्यान ही नहीं दे रहे।

'गरमियों की छुट्टियों में कसरत कर लूँगा भगवन। अभी तो आप परीक्षा में मुझ पर कृपा करो।'

'देखो, हमने जतलाया न कि बुद्धिबल के कार्य हमारे नहीं। वे सरस्वती माँ के हैं। तुम उनके मन्दिर क्यों नहीं गए?'

'सरस्वती के मन्दिर ही नहीं कस्बे में। आपके ढेर हैं।'

'पर हमने तो सुना है कि खूब हैं वे भी?'

'आप कोचिंग-इंस्टीट्यूटों' की तो नहीं कह रहे प्रभु? पर वहाँ तो वे ही भक्त प्रवेश पा सकते हैं कि जिनके बाप के पास पैसा हो।'

हनुमानजी परेशान। चिन्तित भी। यह क्या बात हुई भला। झूठ तो नहीं बोल रहा भक्त? मुख से तो भोला-भाला। कैसे सहायता करें? दुश्मन की नली तोड़ने की बात होती, तो वे चुटकियों में कर देते। पर समस्या उनके कार्यक्षेत्र से बाहर की है। बेचारा बालक।

कि अचानक हनुमानजी का ध्यान भक्त की शर्ट की जेब पर गया।

'यह तुम्हारे वस्त्रों में क्या रखा है?'

लड़का सटपटा गया।...'सिगरेट हैं भगवन। दरअसल बिना इसे पिए, पढ़ने में ध्यान कन्सन्ट्रेट नहीं कर पाता...'

हनुमानजी क्रोधित हो उठे। बाप के पास सिगरेट के लिए पैसा है। इस उम्र का बालक धूम्रपान आदि मदों का व्यसन पाल ले और सोचे कि मेरे मन्दिर में सिर

नवाकर कार्य सिद्ध हो जाएँगे? हद है।

'ब्रह्मचर्य व्रत का पालन कर रहे हो न? तुम्हारे मुख पर तेज दीखता ही नहीं?'

'बाप क्लर्क है भगवन। क्लर्क के बच्चों के मुख पर काहे का तेज...'

बातें करने में चुस्त है लड़का। हनुमानजी ताड़ गए हैं। फालतू ही प्रकट हुए। टालने के लिए बोले वे कि पोथियों का अध्ययन तो तुमने कर ही लिया होगा? बस, पास हो जाओगे। आशीर्वाद है हमारा।

भक्त कैसे कहे अपने मन की? आशीर्वाद नहीं, वरदान चाहिए।

कैसे कहे कि साल भर धेले भर का नहीं पढ़ा। मान लो कह दे और हनुमानजी नाराज़ हो जाएँ, तो? भक्त देख रहा है कि हनुमानजी का 'अट्टीट्यूड' ठीक उसके बाप जैसा दिख रहा है। पढ़ने को कह रहे हैं। हद है। पढ़ना ही पड़े, तो फिर काहे की भक्ति में शक्ति!...पर ये बातें कही नहीं जा सकतीं। थोड़ा कूटनीति से काम लेना होगा।

'टाइफॉयड हो गया था प्रभु। पढ़ाई सही-साट नहीं हो पाई।' लड़के ने नज़रें बचाते हुए कहा।

'मिथ्याभाषण करता है रे पापी?' हनुमानजी ने मन की बात तुरन्त जान ली।

अभी दो मिनट पहले खुद कह रहे थे कि मन की बात नहीं जान पाते और अभी तुरन्त जान गए! बालक हनुमानजी की इस बात से दुखी है।

बालक चुप रहा। चुप रहने में ही भलाई है। हनुमानजी भयंकर क्रोधित हैं। मुँह तो उनका वैसे ही लाल। सोंटे पर हाथ फेर रहे हैं। कहीं मारमूर दिया तो परीक्षा में मेडिकल लगाना पड़ेगा।

'तुझे अवसर मिले हैं मूर्ख और तू गँवाए जा रहा है। पढ़ाई के दिन हैं और पढ़ता नहीं? अरे, हमारे किष्किन्धा के अरण्य में तो कोई ऐसा आश्रम ही नहीं था कि जहाँ वानरों की शिक्षा का प्रबन्ध हो। तुझे सब उपलब्ध है और तू पढ़ता नहीं...?'

हनुमानजी क्रोध में बड़बड़ा रहे हैं। बालक चुप खड़ा है।

'...बिना अध्ययन किए परीक्षा में पास होना चाहते हैं? हद है। क्या समझा है? हम इसमें क्या कर लेंगे? कौन सा वरदान दे दें? कि कोरी कॉपी धर आना और तुम पास हो जाओगे? ऐसे चमत्कार कहीं होते हैं क्या? पढ़ो। पास हो। इसमें हनुमानजी क्या करें? मन्दिर में रोज आओ, चाहे खटिया डालकर बैठ जाओ—इससे पास हो जाओगे क्या? बिना पढ़े कहाँ से पास होगे?'

हनुमानजी क्रोधित हो बड़बड़ाते रहे और बालक को रक्तिम नेत्रों से घूरते हुए अचानक अदृश्य हो गए। बालक मौन खड़ा रहा।

कैसे भोले हैं बजरंगबली। भक्त ने सोचा।

वह कैसे कहता हनुमानजी से कि पढ़ने से पास होने या मेरिट का भला क्या

सम्बन्ध? वह उन्हें कहना चाहता था कि आप एक बार चाह भर लें, तो क्या नहीं हो सकता? दो लातें परीक्षक को मारें, या केवल सोंटा ही दिखा दें, तो क्या वह पास नहीं करेगा? हनुमानजी को शायद पता ही नहीं है कि आजकल के परीक्षक तो टुटपुँजिए नेताओं, पार्षदों, अफसरों और रिश्तेदारों से घबराकर पास कर देते हैं।

भोले हैं हनुमान।

फिर क्या हुआ भक्त बालक का?

क्या होना था!

उसने मन्दिर ही बदल दिया।

इन दिनों वह तालाब वाले शिवजी के मन्दिर जाता है, नित्य। मान्यता इस मन्दिर की भी बड़ी है साहब।

गूमड़ वाले गुरुजी

माथे पर गूमड़, गाल पर लप्पड़ के निशान, शर्ट गुच्च-मुच्च, बटन टूटे हुए, बाल बिखरे और होंठ सूजा हुआ—देखते ही बताया जा सकता है कि मास्साब कॉलेज से ड्यूटी निबटाकर आए हैं। पर किसने पीटपाट दिया बेचारों को? यार, छात्रों के रहते हुए और किसी की क्या मजाल कि टीचर को हाथ भी लगा सके। छात्रों ने ही ठुकाई कर दी। क्यों करी? यूँ ही। बस, सामने पड़ गए, तो ठोक दिया। इत्ती सी बात।

'भई, आप सामने पड़े ही क्यों उनके?' पूछ रहा है घटना का जाँच अधिकारी।

'कॉलेज में था तो छात्रों के सामने आना ही था...' आश्चर्यचकित है टीचर इस प्रश्न पर।

'देखिए, आजकल के लौंडों को टैक्टफुली डील करना चाहिए आपको...' प्रिंसिपल ने समझाया।

'कोई कैसे टैक्टफुली डील करे इन्हें?' सोच रहा है मास्टर।

क्या पढ़ने को न कहा करे? वो तो उसने वैसे भी कब से बन्द कर डाला है। अटेंडेंस पूरी दे दिया करे? वो तो वह देता ही है, वरना वे ले भी लेते हैं। 'और जो वे क्लास में हल्ला करें, पढ़ाने न दें तो?' पूछा है मास्साब ने। प्रिंसिपल नाराज़ हुआ। 'अब हर हगती-मूतती बात हमसे न पूछो, बस, टैक्टफुली डील करो।' वैसे प्रिंसिपल स्वयं असमंजस में रहता है। जानता है कि वो भी, कभी भी पिट सकता है। यह बात हर अध्यापक जानता है कि वह बारूदी सुरंगों पर खड़ा होकर पढ़ा रहा है। ज्ञान बाँटना है और झोली खोलने नहीं देते छात्र। पढ़ाई ठप्प है, चुनाव चल रहे हैं। किताब बन्द है, खोपड़ी खुली है। छात्रसंघ वाले घूम रहे हैं, मास्टर बैठे हैं। छात्रशक्ति बेचैन। युवाशक्ति की अपार ऊर्जा—बढ़िया सा एक घूँसा जमा दें, तो पसलियाँ चटख जाएँ मास्साब की। जाँच अधिकारी उचित ही तो कह रहा था कि आप सामने पड़े ही क्योंकर? यही बात थानेदार ने भी कही, चौकीदार ने भी। पत्नी तक ने यही कहा उसे।

पर सामने पड़ने से बचें किस तरह शिक्षक लोग? छात्र तो हर तरफ।

कहें तो नकली दाढ़ी मूँदें रखा करें जेब में और कुछ ऊँच-नीच का भय हो, तो

तुरन्त ही भेस बदलकर खटाक देनी निकल जाया करें? कहें तो पाइप पकड़कर बिल्डिंग से उतर भागने, कचरे के ड्रम आदि में छुपने, बाउंड्री जम्प करने तथा खिड़की से कूदने आदि की ट्रेनिंग भी बेसिक शिक्षक ट्रेनिंग में शामिल करा दी जाएँ ताकि ऐन मौके पर पिटने से पूर्व ही वे तिड़ी हो सकें? क्या करें? आप बताएँ न।

'बहुत तेज मारा था न?' रुँआसी पत्नी को समझ ही नहीं आ रहा कि मास्साब का दुख कैसे बाँटे?

'नहीं, नहीं तेज तो खैर नहीं मार पाए। हम ऐन टाइम पे एकदम्म से इस तरफ को झुक गए न, तो लप्पड़ आधे गाल पर ही पड़ पाया। और जो लड़का हमें मारने को पीछे की तरफ से लात उठा रहा था न, वो अच्छा चूतिया बना—हमारे अचानक झुकने की बजह से हमारा पिछवाड़ा एकदम्म से उसकी उठी हुई लात से चिपक गया, तो बच्चू लात घुमा ही न सके।...तेज नहीं लग पाई। न लात, न लप्पड़। सच्ची।...'

मास्साब और कैसे सान्त्वना दें पत्नी को जो इन दिनों बेहद भयभीत रहा करती है?

'और जो वे कहीं चाकू-साकू मार देते तो?' पत्नी रो रही है फूट-फूटकर। पड़ोसनें ढाढ़स बँधा रही हैं। बहुत से लोग आसपास चुपचाप खड़े हैं। मातम मनाया जा रहा है मास्टरी का।

'चाकू कैसे मारते...नहीं-नहीं...आखिर को छात्र हैं हमारे।'...कहने को कह तो गए मास्साब, पर स्वयं अपनी आवाज़ क्यों इतनी खोखली लग रही है उनको? आवाज़ गले में फँसी क्यों जा रही है? गला घुटता सा क्यों है? गले में जो भर आया है, वह क्या है—उनका दुख या दुनिया के खत्म हो जाने के बाद उतरे आँसू? पता नहीं क्या।

'तुम पढ़ाते ही क्यों हो? छोड़ो यह नौकरी। कुछ भी कर लेंगे। भीख माँग लेंगे। पर यह नहीं। बस, यह नहीं।...' बिलख रही है पत्नी।

मास्साब चुप हैं।

कहना चाहते हैं कि यह मात्र नौकरी भर नहीं थी उनके लिए और पढ़ाना मात्र पैसे कमाना ही नहीं था। पढ़ाने का सुख अनिर्वचनीय था। कैसे बताएँ!

पर सही-सही बताना मास्साब कि वैसे इन दिनों कौन सा उल्लू का पट्ठा पढ़ा पाता है? पढ़ाना तो शिक्षक कभी का तज चुके। समय ही नहीं। मास्टर के सिर पर सौ काम। वह चुनाव ड्यूटी पर। वह जनसंख्या की नपती में। वह पोलियो अभियान में। वह सरपंच की सेवा में। वह शिक्षाधिकारी के चरणों में। वह डिप्टी कलक्टर के दरबार में। वह ऐमेले साहब की जीप में। वह ट्यूशन में। वह नेताजी की जुहार में।...वह क्लास के अलावा हर जगह।

मास्साब चुप हैं। क्या उत्तर दें? किसे दें? और किसको ये उत्तर पता नहीं? सभी को तो पता हैं। सो मास्साब चुप हैं। मास्साब लाल-नीले पड़े हैं। मास्साब के गूमड़ की सिंकाई चल रही है। पुलिस केस बन गया है। सी आई डी वह पता कर रही है, जो सारे देश को पता है।

जाँच चल रही है। राजनीति चल रही है। गिद्ध उतर रहे हैं। कीड़े रेंग रहे हैं। पानी सड़ रहा है। कीचड़ है। गटर खुल गया है। बदबू है। थू-थू हो रही है। अखबार रँगे जा रहे हैं। बहसें चल रही हैं। पर मास्साब को कोई भ्रम नहीं। मास्टर जानता है कि देश में उठी यह हवा उसके लिए नहीं है। कैसे जानता है वह? क्यों चुपचुप हैं मास्साब? क्योंकि साथ-साथ मास्साब को यह भी तो बार-बार समझाया जा रहा है कि आप टेक्टफुली क्यों नहीं निबटा करते छात्रों से। हर समझदार पूछ रहा है मास्साब से कि यार तुम छात्र नेताओं के सामने पड़े ही क्यों?

ऊटपटाँग उपमाएँ और ऊटपटाँग प्रश्न

किसी महापुरुष के श्रीचरणों की एक मुट्ठी धूल मिल जाए, उसमें एक तसला भर राजपथ की धूल-मिट्टी मिला दें और फिर सरकारी नल का पानी डालकर इसे गूँथा जाए, तो उससे जो बेपेंदी का मिट्टी का लोंदा तैयार होगा, उसी मिट्टी के बने हैं वे। उसी एक मुट्ठी धूल का वास्ता देते उन्होंने अपना पूरा जीवन निकाल दिया । इसी धूल के नाम पर वे तीन बार मन्त्री बने, चार बार चुनाव जीते, दसों बार पिटते बचे और हर बार जेल जाते-जाते रह गए। दरअसल, उनकी पार्टी में कभी उस महापुरुष के चरण, कुछ देर को पड़े थे। जहाँ पड़े थे, वहाँ की मिट्टी खोदकर न जाने कितने बने। वे भी बने। अभी भी जब तब वहीं की मिट्टी खोद लाते हैं, गो कि वहाँ अब एक गड्डा बन गया है। कांग्रेस में गांधीजी वाला गड्डा तो आपने देखा ही है कि जिसकी मिट्टी आज भी चुनावी राजनीति के लिए मुफीद मानी जाती है और जिसमें गांधीवाद गहरे दफन है। ठीक वैसे ही गड्डे, हर पार्टी में। वहाँ की एक मुट्ठी और शेष कीचड़ अपनी नाली का। एक कामचलाऊ-सा महापुरुष निकल आता है, भारतीय राजनीति का। जैसे कि ये, जिनकी अभी हमने बात की।

अवसरवाद की गोंद का एक पेड़ हो, उसके नीचे, अपने नीच इरादों का मज़बूत घड़ा लेकर कोई आए और तिकड़मों की चाकू से छील-छीलकर वो यहाँ-वहाँ से गोंद निकालकर घड़े में धरकर उस पर जोड़तोड़ का कपड़ा बाँधकर सिद्धान्तों की कुठरिया में धर दे—और फिर अवसर पाकर, किसी भी कुर्सी पर इसी गोंद को चुपड़कर वो बैठ जाए—ऐसे बैठा करते हैं वे। उठाओ तो कुर्सी साथ उठती है। पिछवाड़ा कहाँ समाप्त होता है और कुर्सी कहाँ से शुरू होती है, पता नहीं चलता। 'सीमलेस ज्वॉइंट' सा। फिर वे गोंद की हँड़िया भी साथ ही धरते हैं। पकड़ कमजोर हो रही हो तो निकालकर और चुपड़ लेते हैं। समर्थन की गोंद। जोड़तोड़ की हँड़िया। कुर्सी के लिए बना शरीर। सत्ता में घुसी आत्मा। कुर्सी से हटाओ, तो चमड़ी वहीं चिपकी रह जाए।

चरखे के पहिए में अटका गांधीवादी सूत का कोई धागा हो, जिसे पार्टी हाईकमान नए समय को देखकर मिल के पोलीएस्टर तागे के साथ ऐसा बुने कि एक सिद्धान्तवादी नकाब तैयार हो जाए, जिसे अपने बेशर्म चेहरे पर डालकर, शर्मीली

बनकर, राजनीति के विराट नाटक में कोई सोहिनी बनकर उतरे और वोटर नामक महिवाल को नारों का कच्चा घड़ा पकड़ाकर उसे वायदों के गहरे दरिया में उतारकर स्वयं किनारे बैठा रहे—ऐसे बैठे हैं वे। पाँच वर्षों में न जाने कितना पानी इस दरिया में बह जाएगा और मतदाता भूल जाएगा कि वायदों में कितने गोते उसने खाए। तब तक कोई और नई नकाब पहिनकर वे पुनः आएँगे। उन्हें पता है कि वोटर कभी असली चेहरे नहीं पहिचान पाता, और नकाब तो उनके पास हजारों।

गांधीजी की लाठी के चार टुकड़े किए जाएँ और उससे कुर्सी के चार पाये बनाए जाएँ, फिर इस गांधीवादी कुर्सी में पुलिस की लाठी के टुकड़ों की बनी पीठ लगाई जाए और गांधीजी के चरखे पर कते सरकारी सूत से इस कुर्सी को बुनकर, उस पर बहुराष्ट्रीय कम्पनी के फोम की गादी धरकर अन्ततः निर्मम सत्ता की जो तथाकथित सर्वहारा बैठक बने—उसी पर बिराजकर मुस्का रहे हैं वे। बहुर्राष्ट्रीय किस्म की देशभक्ति में सने नेताओं की गिरफ्त में हैं यह देश आजकल। गांधीजी के बन्दरों को नये सिरे से ऐसी दीक्षा दी जाए कि वे हाईकमान के गैरगांधीवादी डंडे के इशारों पर मनमाफिक खेल दिखाया करें और शेष समय में आँख, कान, मूँ बन्द करके मौन समर्थन देते रहें—ऐसा वानर राज चला रहे हैं वे।

तिरंगे से चक्र चुराकर कोई अपने राजनीतिक ठेले में पहिए की जगह लगाकर देशभक्ति की चाल में ठेला ढकेले, परन्तु ठेले पर उसी तिरंगे का या तो बस केसिरया, या फिर केवल हरा रंग ही धरने की ठाने और चाहे कि बेबस देश के पास तिरंगे का बस श्वेत रंग रह जाए, जिससे आत्मसमर्पण वाला सफेद झंडा बनाकर देश के समस्त समझदार इन साम्प्रदायिक ठेलों के समक्ष नतमस्तक हो जाएँ, ऐसा चाहते हैं वे। तिरंगे के सारे रंगों को यदि ये साम्प्रदायिक शक्तियाँ यों बाँट लेंगी और उनके डंडों और झंडों की भीड़ का यही आलम देश में रहा, तो हमें तो तिरंगे के गुम हो जाने का डर है। पर वे न तो डरते हैं, न परेशान। उनके रंग का झंडा फहराता रहे, तिरंगे की ऐसी-तैसी!

छब्बीस जनवरी का दिन हो और देश इसे गणतन्त्र दिवस न मानकर छुट्टी का अवसर माने, पिकनिक पर जाकर तम्बोला खेले और शहीदों को बिसरा दे, या कि पन्द्रह अगस्त सोमवार को पड़ रहा हो, तो देशभक्त नागरिक एक कैजुअल लीव तथा संडे मिलाकर पत्नी-बच्चों के साथ ससुराल जाने का शुभ अवसर मानकर स्वतन्त्रता दिवस का स्वागत करे या कि गांधी जयन्ती पर गांधीजी की तस्वीर पर माला चढ़ाते हुए कोई समझदार कमीशनबाज नेता हिसाब लगाने लग जाए कि अगर गांधीजी ठीक ढंग से नेगोशिएट करना जानते तो अंग्रेजों से कितना तो पैसा पीटकर स्विस बैंक के खातों में बॉ के नाम पर डलवा सकते थे—ऐसी मानसिकता वाले दिन हैं ये। स्वतन्त्रता दिवस या गणतन्त्र दिवस अब मात्र एक गजेटेड छुट्टी है और देशसेवा

मात्र पैसा पीटने का अचूक अवसर। वे स्वयं इन दिनों की पैदाइश हैं या कि ये दिन इनके पैदा किए गए हैं? वल्दियत के दिलचस्प प्रश्न उठते हैं इनको देखकर।

सीमा पर तैनात कोई जवान हो, जिनमें इनकी या इन जैसों की दलाल आत्मा प्रवेश कर जाए, और वो सौदा करे उस तरफ वाले फौजी से कि कितने पैसे देता है इस चौकी से मेरे भाग जाने के, तब? एक कोई तोप हो कि जिस पर बढ़िया कमीशन मिला हो, तोप का एक कोई गोला हो कि जिसकी बारूद गीली रही पर दलाली तगड़ी, और इस तोप-गोले का इंचार्ज वो सिपाही हो कि जिसका आधा जीवन उन अफसरों की अर्दली में सेवा-टहल-सलाम करते बीता हो जो कमीशन तय करते रहे जीवन भर और हें-हें करते रहे उस नेता की जो इस कमीशन के गिद्धभोज में शामिल रहता है—तब इस बात की क्या गारंटी कि मौके पर तोप चलेगी कि नहीं, चली तो सही जगह गोला गिरेगा कि नहीं, गिरा तो फटेगा कि नहीं और चलाने वाले कहीं खुद के विरुद्ध तो नहीं चला देंगे?

बड़े ऊटपटाँग प्रश्न उठा करते हैं इन दिनों मेरे मन में। कभी सोचो तो घबराहट सी लगती है। और वे? उनका बढ़िया है। वे सोचते ही नहीं।

अकेले में आनन्दराग

बड़ा-सा बँगलानुमा घर है, जिसमें वे दोनों रहते हैं।

बस, दो लोग। बूढ़ा और बुढ़िया।

समृद्ध लोग हैं। आजकल समृद्धों के बेटे-बेटियाँ और-और समृद्धि की आस और तलाश में अमेरिका, कनाडा, यूके तरफ निकल जाते हैं। इन दोनों के भी निकल चुके। दो बेटे हैं। दोनों अमेरिका में। एक बेटी भी। बेटी-दामाद भी वहीं कहीं। या शायद दुबई या सऊदी-फऊदी में। फोन करते रहते हैं दोनों को। ई-मेल। काड्र्स। कैसे हैं पापा? घुटने का दर्द कैसा है? ज़्यादा एक्जरशन न किया करो माँ। टेक केयर। दवाइयाँ टाइम पर लेना। सिंकाई करने का लेंप देकर गया था बेटा। इलेक्ट्रॉनिक बीपी इंस्ट्रूमेंट दे गया था दूसरा बेटा। बाप की एंजियोग्राफी रिपोर्ट ई-मेल करने को कह रहा था ताकि अमेरिका में डॉक्टर को दिखाकर राय ले सके, 'क्योंकि अपने इधर के डॉक्टरों का भरोसा नहीं पापा'।

खाली बैठे रहते हैं दोनों जन।

बस, फोन की प्रतीक्षा। ई-मेल की उत्कंठा। बच्चों के समाचार जानने की अकुलाहट। परसों ही ई-मेल पर पोती का फोटो भेजा है इन्होंने। गबदूद-सी बच्ची। एकदम झक्क गोरी। खूब रंग-बिरंगे घर और हरियाली के बीच खेलती। जी भर आया दोनों का। कब से तो नहीं देखा है। दो साल हो जाएँगे इस मई में। ई-मेल से प्रिंट निकलवाकर फ्रेम करवा लेंगे कल। खाली घर में चहका करेगा यह फोटो। वरना तो घर में सूनापन और सन्नाटा। या फिर यादों की प्रतिध्वनियाँ। जब बच्चे छोटे थे। कैसा लड़ते थे आपस में! स्मृतियों में बच्चों का शोर बजता है किसी संगीत की भाँति। उनकी पढ़ाइयाँ। लड़ाइयाँ। तब कैसा भागमभाग वाला जीवन था। कैसी दौड़ रहती थी इसी मकान में। दौड़ की पदचापें। सुबह से शाम तक दौड़ता था यह घर। और मानो अचानक ही सन्नाटा भर गया कोने-कोने में। मानो समय के पहिए पर तेज चलता जीवन का पट्टा अचानक ही चटककर टूट गया। अब, बस समय का पहिया अकेले-अकेले घूमे जा रहा है और जीवन का पट्टा उतरकर घर के कोने में फालतू-सा पड़ा है। अब कुछ नहीं घूमता। अब कोई शोर नहीं। पहिया बेआवाज़ घूम रहा है। और यह भी कब तक...!

कि अचानक फोन बजा है। घंटी की आवाज़ से लरज उठा है सन्नाटा।

उन्हीं का होगा!

और कौन करता है इन्हें फोन। कभी कोई बैंक या कम्पनी की स्कीम वाले अयाचित फोन। बस। बूढ़ा एकदम पास में धरकर बैठता है फोन। घुटने सूजे रहते हैं न। डॉक्टर कहता है कि घुटना बदल वाला ऑपरेशन करा लें। पर कोई बच्चा फुर्सत पाकर आए तो कराएँगे और अभी तो उनका आना मुश्किल। सो फोन तक भागकर जाना कठिन। गिरगिरा जाएँ, तो कूल्हे की हड्डी टूट सकती है। बिस्तर से लग गए तो? अकेलेपन के त्रास में इस डर को जोड़ दो तो झुरझुरी आ जाती है बूढ़े को। तभी तो बड़ा सँभलकर चलता है वो।

'हलो', बूढ़े ने बड़ी उत्कंठा और आशा से फोन उठाया है।

बुढ़िया पास ही आरामकुर्सी पर अधलेटी, न जाने आँखें मूँदे क्या तो सोच रही थी। वह भी पूरी चैतन्य होकर उत्साह से भरी देख रही है। 'लल्लू का है कि...' पूछने को हुई कि बूढ़े ने हाथ के इशारे से रोका है उसे। बूढ़े को इन दिनों ऊँचा सुनाई देने लगा है। बुढ़िया बोलेगी, तो फोन सुनना कठिन।

लल्लू का नहीं है। दूसरे बेटे का है।

बेटे ने नया मकान ख़रीदा है वहाँ। उसी की चर्चा। बता रहा है कि बहुत बर्फ पड़ रही है वहाँ। बूढ़े ने मकान का पूछा। कितने में पड़ा? किस लोकलिटी में? बुढ़िया ने चेताया कि तेरे को तो झट से जुकाम पकड़ लेता है रे, सो बर्फ से बचकर ही रहना। हँस रहा है बेटा उधर। मुझे कुछ नहीं होगा माँ। यहाँ तो ऐसा ही मौसम रहता है। पर कार, घर, दफ्तर—सारे एयरकंडीशंड। इंडिया वाला मामला नहीं है। फिर वही रुटीन बातें। पापा, टेक केयर। मम्मी, दवाई समय पर लिया करो। दरवाजे पर जंजीर, ताला वगैरह लगाकर रखा करो। आजकल दिल्ली में कितना तो क्राइम। वहाँ के बारे में यहाँ तक बताते हैं लोग। दरवाजा खोलने से पहले खिड़की से झाँक लिया करो पापा। आप फटाक से बाहर आ जाते हैं। फिर घुटने की बात। फिर पोती से लाड़-प्यार की बातें। अंग्रेजी में फर्राटे से बोलती है। ऊपर से लहजा एकदम अमेरिकन। इधर कान बहरे हो रहे हैं। क्या कह रही है, यह कुछ तो समझ आया और कुछ नहीं। पर जी तृप्त हो गया। कैसी मीठी आवाज़, गुड़ियारानी की। वे ध्वनियाँ ही ऐसी रसीली। वो आवाज़ ही ऐसी सुगन्धित कि खुशबू-सी उड़ने लगी है घर भर में।

देर तक बात करते रहे दोनों।

फोन खत्म हुआ।

ऐसे फोन कॉल्स भी खत्म तो होते ही हैं न। आप लाख चाह लें कि न हों, पर हो जाते हैं।

फोन रखकर बुढ़िया ने बूढ़े की तरफ देखा है।

बूढ़े के घुटनों में अचानक मानो दर्द ही नहीं बचा।

बूढ़े का बहरापन कहाँ है? संसार की सर्वश्रेष्ठ राग-रागनियाँ और संगीत की धुनें बज रही हैं उसके चारों तरफ। बुढ़िया ऐसी दीप्तिमय। खुश। जीवन अचानक ही कितना सुन्दर नज़र आने लगा है। घर में बच्चों की आवाजें। किलकारियाँ। पुरानी यादों के मीठे सिलसिले जीवन्त होकर, जुलूस बनाकर निकल रहे हैं, दोनों के मन के गलियारों में। कुछ देर पहले ही घर कैसा खाली-खाली लग रहा था और अब स्मृतियों और आशाओं की ऐसी भीड़ कि चलने की मानो जगह ही नहीं।

'चाय पियोगे? बुढ़िया ने किचन की तरफ जाते हुए पूछा है।

'शक्कर कम डाला करो यार...' बूढ़े ने कहा।

बुढ़िया के पाँव जमीन पर नहीं। किचन में कहीं उड़ती हुई न पहुँच जाए।

बूढ़ा गुनगुना रहा है कुछ। या शायद न गुनगुना रहा हो। पर देखो, तो गुनगुनाता-सा ही लग रहा है।

किस्मत की पिच

उजाड़-सी सपाट पिच पर हरी घास का छोटा-सा टुकड़ा है।

इतरा रहा है घास का यह पिद्दी-सा टुकड़ा। इठला रही है घास। यही घास कहीं और होती तो कभी की चर ली गई होती। परन्तु पिच पर है तो इज्जत देखिए इसकी। सही समय पर, सही जगह बैठ जाओ, तो यही होता है। एक से एक सड़कछापों को कुछ समय के लिए महान होते देखा है हमने। ना कुछ जरा-सी घास, पर पिच पर उगे तो ठाठ। फिर रात की ओस भी बैठ गई है पिच पर। टुइयाँ सी घास पर चन्द ओस की बूँदें। पर जलवा। हर निगाह इन्हीं पर। वैसे हवा भी है, धूप भी। रिस रही है ओस भाप बनकर। कन्फ्यूजन चल रहा है। नमी बरकरार रहेगी पिच में कि नहीं? पिच को देखकर पता नहीं चल पा रहा। एकदम चुप्प पड़ी है पिच। स्वभाव ही ऐसा। बोलती, बताती नहीं। खुद समझो। पर समझो कुछ, और निकलता है कुछ। पत्नी टाइप मामला।

टॉस होने को है।

चिन्तित कप्तान ने पिच को दबाकर देखा। पिच मुस्काई। घास की तरफ देख के आँख दबाई। देख ले बेट्टा! पिच को समझना इत्ता ही सरल होता तो फिर बात ही क्या थी। तहें हैं पिच के व्यक्तित्व में। एक समझो तो दूसरी रह जाती है। समझना नामुमकिन। ऊपर की तह को देखकर बैटिंग ले डाली और नीचे की दब गई तो टूटनी शुरू हो गई ऊपर वाली। जिस भर भरोसा करके बँहियाँ गहीं, वही दगा दे गई। क्या करो? करोगे क्या। रोओ।

कप्तान तरद्दुद में। कप्तान की शक्ल देखकर रोक न पाई खुद को। मुस्का दी पिच। मुस्कराई तो होंठों के पास, गुडलेंथ पॉइंट पर तनिक-सी चटख गई पिच। चटखे स्पॉट को देखकर होंठ सिकुड़ गए कप्तान के। क्या उसके बॉलर इस चटखने को इस्तेमाल कर सकेंगे? वैसे, सभी तो स्साले आउट ऑफ फॉर्म चल रहे हैं। एक जो अच्छा था तो उसका टखना मुचक गया। वैसे एक तो सबसे ही अच्छा था पर उसे लिया ही नहीं गया टीम में। समझ नहीं पा रहा कप्तान। असमंजस में पड़ा कप्तान बैठ गया है पंजों के बल, पिच की बगल में। नहीं-नहीं, चक्कर नहीं आए। यूँ ही

बैठकर जाँच रहा है पिच। इधर दूसरी टीम का कप्तान खड़े-खड़े ही जायजा ले रहा है। पिच ने आँखें उठाकर घूरा है उसे। दूर से क्या समझेगा रे तू। पिच को समझना किसी स्त्री को समझने जैसा कठिन है। दूर से सरसरी तौर पर देखकर कुछ तय कर लिया तो फिर रोना मती बाद में। तू तो ऐसा नादान कि मानो कोई चाय की ट्रे लेकर आई लड़की को देखकर ही सोचे कि शादी के लिए हाँ करूँ कि नहीं? पास से समझ आती नहीं और तू दूर से समझने में लगा है। हद्द है।

कौन समझा है पिच के रहस्यवादी व्यक्तित्व को?

कहाँ पंच तत्त्वों से बना कप्तान और कहाँ पिच का चोला! कहाँ की रेत। किधर की मिट्टी। कितनी मिट्टी। कितने रोलर। कितनी बार। कित्ता पानी। कितने दबाव। कितनी खुदाई। कितनी भराई।...कितने अनुभवों से गुजरकर बनती है एक पिच। और तुम दूर से समझ लोगे उसे? एक उम्र लगाई है श्रीमान। तब जाकर। और आप है कि...। मजाक समझा है क्या? हम गेंद को ऐसा घुमाव देंगे कि चकरा जाओगे। या ऐसी ठस कर देंगे कि रोते फिरोगे। कितना पसीना मिला है इस पिच में, यह पता भी है कि बस? तुमने तो मूँ उठा के कह डाला कि पिच ठीक से नहीं बनाई गई। ठीक का क्या मतलब होता है यार? क्या जब तक तुम्हारी सेंचुरी न बन जाए, तुम पिच को खराब ही बताते रहोगे? पिच को समझोगे भी कभी कि ऐसेई? पिच का चोला मस्त है और तुम रो रहे हो कि पिच ज़्यादा ही टर्निंग हो रही है। पिच मस्ती में नाचेगी, तो बॉल न नाचेगी क्या?

क्रिकेट का इतना बड़ा मैदान—इस बाउंड्री से उस बाउंड्री तक। पर सबका ध्यान बाईस गज के इस टुकड़े पर कि जिसे पिच कहते हैं। मानो उजड्ड से चेहरों के बीच एक खूबसूरत-सी हसीन लड़की। निगाह है कि वहीं जा-जाकर ठहरती है। प्रश्न। उधेड़बुन। संशय। सपने। लिफ्ट देगी कि नहीं? मुस्काएगी कि मुँह बिचका देगी? कैसे व्यवहार की अपेक्षा करें? टर्न लेगी कि...? मुड़कर देखेगी? बॉलर के साथ जाएगी कि रकीब बल्लेबाज के साथ? सैंडिल तो नहीं निकाल लेगी? उछलकर मुँह तो नहीं तोड़ देगी बॉल? हल्ला तो नहीं कर देगी? अम्पायर को तो नहीं पुकारने लग जाएगी? बाप स्ट्रिक्ट तो नहीं इसका? कौन था इसका क्यूरेटर? जैसी सीधी-सादी दिख रही है, मैच शुरू होने के बाद वैसी ही रहेगी या कि शादी के बाद असली रंग बताएगी?... पचासों प्रश्न। आपने क्रिकेट न भी खेला हो, पर शादी तो की है। समझ सकते हैं कप्तान की परेशानियों को।

टॉस का सिक्का लुढ़ककर पिच के पास आ टिका।

टॉस जीतने वाला अभी तक असमंजस में है। पिच को आखिरी बार निहारा है उसने। कदाचित् कोई इशारा मिले। पर आपको पता ही है। अपनी पिच भी एक ही

चीज है साहब। मजाल है कि...। चेहरे पर भाव नहीं आते उसके। आँखें बन्द करके कुछ सोचा है और फिर बैटिंग ले ली कप्तान ने। अब जो हो।...पिच मुस्काई। कैसा चरका दिया स्साले को! पिच और मुस्काई। लगभग खुलकर। पिच पर चार-पाँच नई दरारें उभर आईं। कप्तान ने दरारें देखीं। मर गए यार। ये दरारें कैसे मिस कर गया? क्या बैटिंग लेकर गलत कर दिया?

बॉलर हावी हो गए तो? पिच को घूरकर देख रहा है कप्तान। पिच के चेहरे पर शिकन तक नहीं।

खेल चालू होने को है।

शोर। हल्ला। नारे। भीड़।

खिलाड़ी मैदान में आ रहे हैं। तालियाँ। प्लेकार्ड। ढोल।

अम्पायर पिच के दोनों तरफ खड़े हो गए। स्टम्प ठुक गए। गिल्लियाँ बैठ गईं। बल्लेबाज ने गार्ड लिया। ठोक रहा है बल्ला पिच पर। खैंच रहा है निशान जमीं पर। मुस्कुरा कर देखा है घास के टुकड़े ने पिच की दिशा में।...देख रही हो स्साले के ठनगन? निशान खैंच रहा है धूल में। उससे होना क्या रे। तेरे माथे पर किस्मत की रेखा से जो टेढ़े-मेढ़े निशान डाल रखे हैं परमात्मा ने, उनका क्या? पता है तेरे को वे निशान? किसे पता होते हैं साहब? शायद पिच को पता हो। क्रिकेट अधिकारियों के अलावा पिच ही किस्मत लिखती है इनकी।

मुट्ठियों वाले खाली हाथ

चुनाव थे, तो रोजगार से था वह। कल वोट पड़ गए। काम खत्म। फिर बेरोजगार हो जाएगा। दो माह बढ़िया कटे। सुबह से शाम तक। नित्य। जीप में सवार। नारे। पोस्टर। झंडियाँ। भीड़। झंडे। डंडे। चाय। नाश्ता। पूड़ी-सब्जी। दो-चार रुपए भी इधर-उधर मारमूर लेने के अवसर। गुटका। बीड़ी। जय हो। जीतेगा भई जीतेगा। इसी सबमें दिन-रात कटे। कल वोट हो गए। सब खत्म। अब सन्नाटा। अब सूनापन। बियाबान। फिर से बेरोजगार नौजवान। फिर वही काम तलाशने का काम।

बेरोजगार युवक है वह। बड़ी आशाओं से कभी डिग्री ली थी उसने। न जाने कब। अब तो याद भी नहीं। शायद तीन साल पहले। या और पहले। सदियाँ गुजर गईं। गुजर गई उम्र। ओवरएज हो चला। कहीं काम नहीं। सपनों का दरवाजा नहीं खुला। दरअस्ल वह था ही नहीं। दीवार थी। मारते रहो सिर। छोटे-मोटे काम। जो इस बड़ी डिग्री के बिना भी मिल ही जाते। और वो अकेला नहीं। ऐसे न जाने कितने हैं शहर में। हर शहर में। देश में। सब तरफ। जिस इंटरव्यू के लिए जाओ, वहीं। एक से चेहरे। वही-वही लोग। वही के वही चेहरे। एक से। घबराए। ऊपर-ऊपर हँसते। भावहीन चेहरे। गर्दन में फाँसी की तरह लटकी टाई और हाथों में बायोडाटा की लाशें उठाए। राख-राख चेहरा। मानो जानते हों कि ऐसे ही गुजर जानी है जिन्दगी। घर जाओ, तो माँ-बाप के चेहरे, जो बोलते नहीं। बाप आँखें चुराता है और चुप। माँ एक और रोटी खिलाने की कोशिश करती है कि कहीं बेटा यह न समझे कि बेकार है तो हमें प्यार ही नहीं। वो खीजता है। यह दया। यह प्यार। गोल फूली रोटी की गरम भाप, उसकी सुन्न उँगलियों को मानो सुलगा देती है। जल्दी-जल्दी खाना और कुछ भी कहकर बाहर। दम घुटता है घर में। दिन भर, यहाँ-वहाँ। घर लौटते डर लगता है। पर लौटता है। रोज। पतंग की तरह यहाँ-वहाँ भटककर, देर रात मानो कोई चरखी सी लपेटता है और वो घर वापस।

ऐसी ही चल रहा था कि प्रदेश में आम चुनाव आ गए।

अब चाहिए कार्यकर्ता। नारे लगाने वाले गले। किराए के हाथ। किराए की मुट्ठियाँ। किराए के समर्थक। भीड़। आवाज़ के पैसे मिलेंगे तो गला फटने तक नारे

लगाने को तैयार है वह। चलेगा रे? किसी ने पूछा। क्यों नहीं। ज़रूर। बैठेगा वह भी, किसी की जीप में। थामेगा कोई भी झंडा। चिपकाएगा पोस्टर। उखाड़ेगा दूसरों के पोस्टर। वो किसी के साथ नहीं। जो ठीक पैसा दे। 'दिल लगाकर प्रचार करो, नेताजी जीत गए तो तेरे जॉब का भी कुछ कराते हैं।' सुनकर हँसता रहा वह, मन ही मन। बाद में जीप से थूक दिया उसने। स्साले! चूतिया समझते हैं। इत्ता तो हमें भी पता है यार। कि तभी किसी ने नारा उठाया कि देश का नेता कैसा हो...। सामूहिक प्रत्युत्तर। उसका हाथ। उसकी मुट्ठी। उसकी तनी हुई रगें। भागती जीप। फड़फड़ाती झंडियाँ। झालरें। बड़े कटआउट। नाली के दोनों तरफ पाँव रखकर, दीवार पर पोस्टर चस्पाँ करता वो। निकल पड़ता अलस्बाह। बल्कि रात ढलते-ढलते। कई बार लौटता ही नहीं। माँ को कहकर निकलता था। या पड़ोस में फोन। आंटी, मम्मी को ज़रूर बता देना कि पप्पू रात में नहीं आएगा। नहीं तो फालतू परेशान रहेगी। जागती रहेगी। वैसे, आंटी बता भी देगी, तब भी तो रात भर नहीं सोएगी वह। ये स्साली माँएँ ऐसी क्यों होती हैं? रातों में माँ क्यों दिखती है बार-बार, उस दरी के पास खड़ी, जिसे बिछाकर सो रहा है वह किसी दालान में?

तो ऐसे कटे पिछले चालीस-पैंतालीस दिन।

खूब हुड़दंग रहा। उलटा-सीधा खाना। खूब खाया। कट चाय। समोसे। मिठाइयाँ। अपने जैसे अन्य प्रेतों से धौल-धप्पा। ऊपर से बेलौस। पर अन्दर-अन्दर सन्नाटा। बियाबान में आवाज़ें। पोलिंग बूथ के पास छोलदारी लगाकर ड्यूटी। पर्चियाँ काटने की। दो सौ मीटर की दूरी। मेज-कुर्सी। कनात। झंडियाँ। आइए आंटी। नाम? अलकापुरी से कि शक्तिनगर से? चेक करो रे। रामप्रसाद चौबे वल्द कृष्ण दयाल चौबे। ये पर्ची आपकी।...चल रहा यह सब। और इसके बीच वह। हमेशा खड़ा। यहाँ। वहाँ। नेताजी आएँ तो सामने पड़ना लाजिमी। बाद में पैसे देते टेम हरामीगिरी न दिखाए कि तुम तो कहीं दिखे ही नहीं। सो नेताजी की गाड़ी आए तो सामने। सब सही-साट?...हाँ, दादा एकदम टंच।

पर मेला खत्म हुआ। तमाशा खत्म। कल वोट पड़ गए।

आज दिन भर खाली-खाली। घूमता रहा। बड़ी किचकिच के बाद पैसे दिए स्साले ने। सौ रुपए फिर भी दबा लिये। शुरू में कल पे टाल रहा था। पर दिए। कहते रहे सब कि दारू पी ले, फिर निकलियो। यार, नोट निकाल दो, बस। कुछ था उसके कहने में और उसकी आँखों में कि दे दिए। पैसे जेब में डालकर जा रहा है घर की तरफ। कुछ दिनों माँ से पैसे नहीं माँगने पड़ेंगे।

रात हो गई है।

घर के लिए गली में मुड़ा है वह। गली में अँधेरा है। वैसे मुख्य सड़क की रोशनी पलटकर आ रही है। फिर घरों की खिड़कियों से झरता प्रकाश। वह अँधेरे-उजियारे

के बीच, थके कदमों से, धीरे-धीरे लौट रहा है घर की तरफ। रात काफी गुजर चुकी। गली सुनसान-सी। सन्नाटा। बन्द दरवाजों के पीछे से टीवी सीरियलों की उठती-गिरती आवाज़ें। कहीं कोई कुत्ता भौंका। न जाने कहाँ से, कई कुत्ते भागते हुए निकल गए। भौंक रहे हैं कुत्ते। अचानक भौं-भौं। शोर। शोर।...और नारे बजने लगे हैं उसके दिमाग में। ऐसे ही तो। निरर्थक। यूँ ही। कुत्तों की तरह दौड़ता, शोर करता रहा है वह। इतने दिनों।

घर आ गया।

खटखटाने से पहले ही माँ ने दरवाजा खोल दिया। मानो उसकी साँसों की आहट सुन ली हो गली में। ये माँएँ ऐसी क्यों होती हैं?...'आ गया तू...' या ऐसा ही कुछ कहा उसने।...कि एकाएक बिजली चली गई। डूब गया अन्धकार में सारा शहर। गली। घर। सब। घुप्प अन्धकार। मन में तो पहले ही है। माँ नहीं दिख रही।

माँ से आँखें नहीं मिलानी पड़ेंगी। अँधेरे से सुभीता हो गया।

घर में घुसते-घुसते अजीब सा विचार उसके जेहन में आया है कि मान लो कि बिजली हमेशा के लिए चली जाए और रात खत्म ही न हो, तो?

बड़े आदमी का आतंक

अपने दयारामजी ठीकठाक से, खाते-पीते घर के मध्यवर्गीय आदमी हैं।

बड़े आदमी तो खैर नहीं ही हैं, पर ऐसे ऐरे-गैरे भी नहीं हैं। सरकारी नौकरी में मँझोले अधिकारी। अभी बड़े लड़के की शादी तय की उन्होंने। कार्ड बाँट रहे हैं उसी के। मेरे पास आए कि यार, कार्ड देने के लिए एक जगह हमारे साथ चले चलो। एक बहुत बड़े आदमी को देना है। ऐसा मानो कि बॉस का भी बाप टाइप आदमी। इत्ता बड़ा है कि स्साले से अपना ही बड़पन नहीं सँभलता। बड़ेपन में ही दबा पड़ा रहता है। पर है बड़े काम का आदमी। होते ही हैं बड़े आदमी, बड़े काम के। सो कार्ड तो देना ही देना है। आएगा तो खैर क्या। इत्ता टाइम उसके पास नहीं भैया कि हम जैसों की शादियाँ अटैंड करता फिरे। इत्ते टाइम में तो वो तीन फोन दिल्ली, तो दो हैदराबाद घुमाकर काम के आदमियों से 'हें-हें' कर लेगा। हमारे साथ समय क्यों खराब करेगा? पर कार्ड देना आवश्यक है। न दो, तो माइंड ज़रूर कर सकता है। सो कार्ड देने चलना है। रात चलेंगे। आठ के आसपास। तब तलक बड़ा आदमी घर पहुँच चुका होता है।...आप साथ रहोगे तो हौसला रहेगा और हमारा भी थोड़ा जलवा खिंच जाएगा कि इत्ते बड़े लेखक से हमारी दोस्ती है।...हमने यही कहा कि ज़रूर चले चलेंगे। गिने-चुने लोग ही हमें बड़ा लेखक मानते हैं। कई तो लेखक ही नहीं मानते। ऐसी दारुण स्थिति में हमें भी ऐसी दोस्तियाँ सँभालकर रखनी होती हैं। कह दिया कि चलेंगे।

गए भी।

हम बड़े आदमी के घर गए। दयारामजी के हाथों में कार्ड था। गाड़ी उनके बँगले से बीस कदम दूर ही खड़ी कर दी। कहने लगे कि बड़े आदमी के घर के सामने तक कार ले जाना ठीक बात न होगी। वो इसी बात का बुरा मान सकता है कि कार में आए। मैंने कहा कि कहो तो अपने मुँह पर सड़क की धूल मल लें, शर्ट को गुच्चड़-मुच्चड़ कर लें, बटन नोच लें, बाल बिखरा लें ताकि तुम्हारे बड़े आदमी को सन्तोष मिल जाए कि उसके अलावा शेष दुनिया फटेहाल घूम रही है। दयारामजी ने बरजा कि यार ऐसा कोई मजाक तुम उनके सामने न कर बैठना। बड़े आदमी

हँसते-वसते नहीं। गम्भीर आदमी हैं। मजाक करो तो उखड़ भी सकते हैं। हमने कहा कि वैसे भी दुनिया में सबकी मनहूसियत को दूर करने का ठेका हमने नहीं ले रखा। इत्मिनान दिलाया कि हम चुप रहेंगे। इशारा करोगे तो मुसका भर देंगे। वो भी, बीच-बीच में। उससे भी डर हो तो वो भी न करेंगे। दयाराम ने धीरे से हाथ दबा दिया हमारा और फाटक के पास लगी घंटी दबा दी।

पहले तो एक कुत्ता भौंका। फिर एक और कुत्ता भौंका। फिर पड़ोस के बँगले के कुत्ते भी भौंकने लग गए। फिर चपरासी जैसा कोई झाँककर चला गया। फिर असली चपरासी आया। कौन लोग हैं आप? किधर से? क्यों? पहले से टाइम लिया था कि ऐसेई? यहीं खड़े रहें। साहब को बताकर आते हैं। दूर ही रहना। कुत्ते कटखने हैं।...फिर और भौंकना। और प्रतीक्षा। सन्नाटा। चुप्प। बस, पोर्च की रोशनी। अन्दर से लपककर बाहर आतीं टीवी की आवाज़ें।...देर तक कोई आया ही नहीं। हम लोग खड़े रहे। स्साले को सूचना है कि हम बाहर खड़े हैं। शादी का कार्ड देने आए हैं। पर देखो।...दयारामजी से यह बात कहता तो वे यही बताते कि बड़ा आदमी है यार—समझा करो। अभी बँगले की छत से वो हमारे सिर पर पेशाब कर दे, तब भी दयारामजी यही समझाएँगे कि बड़ा अदामी है न, इसीलिए। वो हमारे ऊपर इन कुत्तों को छू कर दे, तब भी हमें बुरा मानने का हक न होगा, बल्कि वो हमारी बदतमीजी होगी। बड़ा आदमी है न।

हम देर तक खड़े रहे।

इसी बीच दयारामजी को खाँसी आई। 'खूँ-खूँ' करके दबा गए। भय से चेहरा काला-नीला पड़ गया कि खाँसी के दौरान ही साहब बाहर निकल पड़े तो अनर्थ हो जाएगा। तो क्या साहब को कभी भी खाँसी नहीं आती है? पर वे बड़े लोग हैं यार। उन्हें कभी भी, कहीं भी खाँसने का हक है। पर हमारा ऐसा नहीं है। बुरा मान सकता है बड़ा आदमी। कहेगा कि घर आकर खाँस रहा है। अपने घर से पहले ही खाँसकर, फिर यहाँ आना चाहिए था। प्रोटोकोल पता नहीं।...बोर होने लगे हम। साहब निकल नहीं रहे। हम लोग बाहर के फाटक पर। मैं बोरियत में पैर हिलाने लगा। यूँ ही कुछ गुनगुनाने लग गया। दयारामजी ने घबराहट में मेरा हाथ पकड़कर ऐसा अनर्थ करने से रोका। फुसफुसाकर कहा कि चुपचाप नहीं रह सकते क्या यार? चाहो तो बाद में जोर-जोर से गला फाड़कर गा लेना। तुम्हारे गाने से बुरा माना तो तुम्हें पता नहीं कि यह मुझे हिन्दुस्तान के किस कोने में पटक सकता है। पाँच मिनट चुपचाप खड़े हो लो भैया।...पर पाँच के दस हो चुके। तुम्हारा बड़ा आदमी निकल ही नहीं रहा, स्साला।...यार, हो सकता है कि टॉयलेट में बैठा हो। या फोन पर बतिया रहा हो किसी से। समझा करो स्थिति। आप तो इत्ते बड़े लेखक हो। इत्ता तो समझो। क्यों हमें मरवाने पर तुले हो?

कि अचानक ही दरवाजा खुला।

बड़ा आदमी बाहर आया। मुश्किल से दो मिनट के लिए। बाहर फाटक पर ही कार्ड लिया। झपट्टा टाइप मारकर।...बेटे की शादी है सर। हें हें हें।...गुड। वेरी गुड। कांग्रेट्स।...हें-हें सर। पधारिएगा हुजूर। और सर ये मेरे मित्र हैं। बहुत बड़े लेखक, आपने सुना ही...। उसने फालतू की बातें कब सुनी हैं? सुना ही नहीं। बात बीच में ही काटकर कहा कि वो आने की कोशिश करेगा। ऐनी हाऊ। टेक केयर। कांग्रेट्स अगेन। थैंक यू।...और ये जा और वो जा। जितनी तेजी से प्रकट हुआ था, उससे दुगुनी तेजी से वापस घर में चला गया। कहिए कि सटाक से।

हम लोग बाहर चले।

दयारामजी अब जाकर सहज हुए। बाकायदा मुस्कुराने तक लगे। बोले कि यार, यह मानो कि एक बहुत बड़ा काम निबट गया। अब शादी वगैरह जैसे छोटे-मोटे काम रह गए, सो हो ही जाएँगे।

'परन्तु यार, तुमने अपने बड़े आदमी को यह तो बताया ही नहीं कि हम कितने बड़े लेखक हैं...' हमने मजा लेते हुए पूछा।

दयारामजी ठहाका मारकर हँसने लगे। बोले, 'स्साला...'।

दयारामजी अब सहज हैं। बड़े आदमी के आतंक से बाहर।

हम दोनों हँसते हुए, बड़े आदमी की नकल उतारते लौट रहे हैं गाड़ी से, जिसे दूर छोड़कर गए थे हम।

हमारी दुनिया के बीच उनकी दुनिया

रुक-रुककर बरसता रहा है पानी। दिन भर।

शाम को तनिक मौसम खुला तो वे दोनों खेलने निकल आए हैं।

उनकी जेबों में कंचे हैं। बबलगम। चाँदी-सा चमकता पन्नी का टुकड़ा भी। इमली का चियाँ भी। चमकदार और चिकना-सा एक ढक्कन भी, पेन का। पड़ा मिला तो चमत्कृत होकर धर लिया। तार का एक टुकड़ा। एक छल्ला। रबर बैंड। किरमिच की घिसी हुई गेंद। दो स्क्रू। पेंसिल का एक टुकड़ा। हनुमानजी की प्लास्टिक की छोटी-सी तस्वीर। प्लास्टिक की कलाई घड़ी के अवशेष। कागज की अधबनी नाव। एक रुपए का सिक्का।

जेबें भरी हैं दोनों की। ऐसी ही अल्लम-गल्लम चीजों से।

सरकारी मकानों की कॉलोनी है यह। दूर-दूर बने घर। ढेर-सी जमीन। मकानों के पीछे दूर तक खाली पड़ा वीरान-सा मैदान, जिसमें ये दो बच्चे भटकते हुए खेल रहे हैं। बारिश का मौसम। पूरा मैदान हरी घास से ढका। पत्थरों पर काई। बीच-बीच में पानी के चहबच्चे। पत्थरों के बीच लाल-लाल बीरबहूटियाँ घूम रही हैं। मेंढकों का टर्राना। भाएँई की चीं-चीं। एक मेंढक अचानक ही पैर के पास उछला तो दोनों चौंक गए।

छोटे छोटे बच्चे। पाँच-छह साल की उम्र वाले। उनकी अपनी ही दुनिया। बारिश बन्द हुई तो वे बड़ों की दुनिया में अपनी दुनिया को तलाशते निकल पड़े हैं। हर चीज उन्हें कौतुहल और आश्चर्य से भर रही है। हर पत्थर, हर तिनका, हर पौधा, हर कीड़ा, सब कुछ। खेलते हुए मानो जीवन के अनुसन्धान में जुटे हैं दोनों ही।

इसी मैदान में, थोड़ी दूर पर इनसे बड़े बच्चे क्रिकेट खेल रहे हैं।

कॉलोनी की सड़क पर थोड़ी-बहुत चहलपहल। एक स्कूटर निकला। घर से निकलकर किसी ने रोटी डाल दी कुत्ते को। घरों के बाहर खड़ी कुछ औरतें।...शान्त सी कॉलोनी।

माचिस की खाली डिबिया में वीर बहूटियाँ एकत्रित कर रहे हैं दोनों बच्चे। एक होड़ सी। तूने इत्ती तो मैंने इत्ती। मुख पर खजाना मिल जाने के भाव। माचिस की डिबिया को वो बार-बार खोलकर देख लेते हैं। लाल-लाल बहूटियों की कौंध बच्चों

की आँखों में। करोड़ों का माल हाथ लगा है। छोटी-छोटी मुट्ठियों में। एक बच्चे ने बड़े से पत्थर को पलट दिया। खूब जोर लगाकर। दूसरा उसके साथ। दोनों मिलकर पृथ्वी का हर कोना खँगाल डालना चाहते हैं। और जिस कोने को देखते हैं तो वही नए-नए आश्चर्यों से भरा है। अब यह पत्थर हटाया तो नीचे से केंचुआ निकल आया। एक डंडी से कोंचकर पड़ताल कर रहे हैं वे केंचुवे की। डरते। उत्सुक। कौतूहल से भरे।

अभी घूम रहे हैं वे मैदान में।

बरसात में ऊँची घास। बरसाती पौधे। गीली मिट्टी। नन्हे पाँव घूम रहे हैं धरती पर। न जाने क्या तो तलाशते। अब बैठ गए हैं वे। घास में ही। उकड़ूँ। न जाने क्या तो निरीक्षण करते रहे। एक पौधे को उखाड़कर उसकी जड़ देख रहे हैं। घास में उगे नन्हे से सफेद फूल को सहला दिया और हँसने लगे।

कि एक बच्चे ने वहीं पड़ा खाली पैकेट देखा है। सिगरेट का पैकेट।

उठा लिया। सूँघा। आपस में शरारती नज़रों से एक-दूजे को देखा। गलत चीज उठा लेने का मजा ले रहे हैं। माँ डाँटेगी। गन्दी चीज। छी। अचानक खूब दूर फेंक दिया। उस स्थान से ही दूर हट लिये।

पत्थर उठाकर एक मेंढक पर निशाना लगाया। दूसरे ने भी मारा। फिर दोनों भाग लिये। मेंढक उछला। वे भयभीत होकर भागे। पीछे न आ रहा हो। बड़ा तेज उछलता है मेंढक। दूर तक भागते चले गए दोनों। अब रुककर हाँफ रहे हैं।

अपने स्वर्ग में खड़े हैं दोनों।

कि बड़े बच्चों द्वारा मारी गई क्रिकेट बॉल उछलकर इनके पास आकर गिरी।

बड़े बच्चे, इन नन्हों को दूर से आवाज़ें दे रहे हैं कि बॉल फेंक दो। परन्तु ये खुद की दुनिया में ऐसे मग्न कि सुना ही नहीं। देखा ही नहीं। फेंकी ही नहीं। उधर से एक बड़ा बच्चा दौड़कर आया। 'क्यों बे स्साले, जरा सी बॉल नहीं फेंक सकता?'—कानकुच्ची कर दी दोनों की। जाते-जाते वो घुमाकर थप्पड़ दिया कि माचिस की डिबिया हाथ से फिंका कर घास में जा गिरी। बिखर गई बीरबहूटियाँ। खजाना लुट गया। लुट गए दोनों। मानो किसी ने अचानक ही लात मारकर स्वर्ग से निकालकर निर्मम दुनिया में धकेल दिया हो।

रोते-बिसूरते खड़े हैं दोनों। ऊँची-ऊँची घास के बीच। पीछे घटाओं वाला आसमान कि जिसमें कहीं छुपा सूरज ढल रहा है। हलके अँधियारे ने घेरना शुरू कर दिया है बच्चों को। बच्चों को खोजती माँ आ गई हैं मैदान के उस किनारे। आवाज़ें दे रही हैं इनको। बरसात के दिन। ये बच्चे कुछ समझते क्यों नहीं। इत्ती घास में खेल रहे हैं। कहीं कोई कीड़ा-वीड़ा काट-कूट ले तो?

डाँटती हुई घर वापस ला रही है माँ।

कल का होमवर्क लेकर बिठाया है माँ ने।

बच्चे मानो नरक में बिठा दिए गए हैं।...और स्वर्ग की याद है कि पीछा ही नहीं छोड़ रही। कित्ता मजा आया न आज? कित्ती बहूबूटियाँ। कैसी लाल-लाल। और वो मेंढक! कित्ता मजा आया। अपुन कल फिर वहीं जाएँगे। पक्का। है न?

'खुसफुस मत करो रे...पढ़ाई में मन लगाओ...' पास ही कोई पत्रिका पलटती हुई बैठी माँ ने फटकारा है।

बच्चे मुस्कुरा रहे हैं।

बड़ों की दुनिया में रह रहे बच्चे अपनी दुनिया के सपनों में खोए हैं।

उदासी में खुश आदमी

आज सुबह से ही वे बहुत उदास हैं।

क्यों भला? उदासी की क्या बात?

एक हो तो बताएँ। कई हैं। पहली तो यही कि उनकी शक्ल ही कुछ उदास टाइप की है। कभी एक उदासी सम्प्रदाय हुआ करता था। वे लोग कितने उदास को 'उदासी' मानते थे, यह हमें नहीं पता, परन्तु कभी इन्हें देख लेते तो अपना मुखिया बना लेते। हमेशा उदास आदमी। कभी खुश होते भी हैं, तो ऐसे क्षमाप्रार्थी भाव से भरे हुए कि मानो अपराध हो गया हो। छुपकर होते हैं। या खुश हों भी तो चेहरे से पता नहीं चलने देते। सदैव ही लटका हुआ चेहरा। उतरा हुआ। जैसा कि बाप के मरने पर निकल आता है। या कई बार बाप के न मरने पर भी निकल आया करता है। शक्ल देखिए तो। होंठ नीचे की तरफ, पपोटे सूजे-सूजे और आँखें मुँदी-मुँदी। ऐसी सूरत कि देखते ही सान्त्वना देने का मन करे। लगे कि पीठ पर हाथ फेरते हुए पुचकारा जाय कि ईश्वर की यही इच्छा थी, होनी को कौन टाल सका है, हम हैं न, वगैरह-वगैरह।...अब ऐसी सूरत वाला आदमी यदि सच में उदास हो जाए, जो कि वे आज हैं, तो शक्ल कैसी निकल आती होगी, इसे उनको देखे बिना समझा नहीं जा सकता। आईना चटख जाएगा, यह तो नहीं कह सकते क्योंकि आईने भी आजकल मज़बूत आने लगे हैं और उनका चेहरा वैसे भी इतना नीचे तक लटक जाता है कि दीवार पर लगा आईना घुटने के लेवल तक देख नहीं पाता!

वे पैदायशी ऐसे हैं या बाद ऐसे में उदास हुए, इतिहास इस बारे में मौन है। दिखते पैदायशी ही हैं। मजा आता है उन्हें बेवज़ह उदास होने में; और वज़ह मिल जाए तो फिर बात ही क्या है। कभी खुशी का अवसर पैदा हो जाए तो वे इसी कारण उदास हो जाते हैं कि दुनिया उन्हें ठीक से उदास भी नहीं रहने देती। लटका हुआ मुँह एक विशेष किस्म का आनन्ददायी खिंचाव देता है उन्हें। वे उदास होने का कोई अवसर हाथ से नहीं निकलने देते। कल की ही बात लें। वे सुबह बढ़िया जागे। नींद अच्छी रही। सुबह सुन्दर थी। आदमी उदास हो सके, ऐसा कुछ दिखा नहीं उन्हें। मौसम बेहद सुहावना था। चिड़ियाँ चहचहा रही थीं। सुखद बयार बह

रही थी। पेट अच्छा साफ हुआ था। सबसे बड़ी बात यह कि स्वयं उनको भी अच्छा महसूस हो रहा था। वे भयंकर परेशान हो उठे। यह सारा दृश्य उन्हें प्रकृति द्वारा उनके विरुद्ध रचा षड्यन्त्र मालूम होने लगा कि जिसमें उनका पेट भी शामिल था। वे स्वयं को लानतें भेजने लगे कि उन्हें क्यों अच्छा लग रहा है? उनका बस चलता तो इस अपराध के लिए स्वयं को काँटे वाली जंजीरों से मारते। वे उदास होने की तरकीब सोचने लगे। अरे, कुछ तो उदास होने लायक मिले। वे खोजने लगे। खिड़की से झाँका। पड़ोस में कोई मर-मरा गया हो, तो काम चल निकले। पर पड़ोसियों की बदमाशी देखिए कि वे सभी ज़िन्दा थे। सबको लानतें भेजते हुए उन्होंने खुद का पेट दबाकर देखा। कहीं दर्द लगता तो बात बन जाती। पर नहीं लगा। एक लड़की सिर ढककर गली से निकली। उसने चुन्नी भी ठीक ढंग से ओढ़ रखी थी। स्त्री दुश्चरित्र दिख पाती तो ही उदास हो लेते। पर वह तो नहीं थी, थी तो उन्हें पता नहीं चल पा रहा था और पता चल भी पाता तो यह तो तय था ही कि वह उनके कारण दुश्चरित्र तो नहीं ही थी। उन्हें लड़कियों के दुश्चरित्र होने पर कभी कोई ऐतराज़ नहीं था बशर्ते कि चरित्र बिगाड़ने में उनका भी कोई रोल सुनिश्चित हो सके। अन्यथा वे उदास हो जाते।

इस तरह वे पूरी सुबह परेशान रहे। वो तो सुबह ग्यारह बजे के आसपास एक रिश्तेदार को तगड़ा हार्ट अटैक होने का समाचार मिला, तब जाकर बेचैनी मिटी वरना बेचैनी इतनी थी कि इन्हें हार्ट अटैक हो सकता था। इस मुद्दे को फिर वे चार-पाँच दिन तक जब-तब उदास होने के लिए काम लाते रहे। जैसे कोई आदमी खाना पकाकर फ्रिज में डाल दे और नित्य थोड़ा-थोड़ा निकालकर खाता रहे। रिश्तेदार अटैक में मर भी गए। अगले सात दिन इसी बात पर उदास चले कि कज़िन मर गया और वे स्वयं ज़िदा बैठे हैं। अगले तीन दिन इस भय से परेशान और उदास रहे कि जैसे कज़िन ब्रदर मर गया, कहीं वैसे ही वे भी तो नहीं मर जाने वाले? इससे आगे का सप्ताह इस उदासी में निकाला कि उनके परिवार में ऐसा हादसा हो गया परन्तु कोई भी यूँ ही दिखाने के लिए भी उदास नहीं दिख रहा? वे दो दिन तक अलग से इस बात पर भी लगे हाथों उदास हो लिये कि देखो यार, दुनिया कितनी कमीनी होती जा रही है? फिर उन्होंने अपना यही मत अपनी पत्नी के समक्ष रखा तो उसने माना नहीं—कहा कि प्रायः लोग भले ही होते हैं दुनिया में—तो वे लम्बी उदासी में चले गए कि उनकी पत्नी ने आज तक उन्हें समझा ही नहीं।...यही या इसी से जुड़ा कुछ चलता रहता कि इसी बीच एक दिन पेट साफ नहीं हुआ तो उनके चिन्तन की दिशा ही बदल गई और वे इस बात से उदासी प्राप्त करने लगे कि यदि पेट इसी तरह फूलता रहा या गड़गड़ करता रहा तो आखिर कैसे काम चलेगा?

पर बात तो हमने शुरू की थी उनके आज उदास होने से?

तो आज वे क्यों उदास हैं?

बताना कठिन है। वे उदास हैं, क्या यही पर्याप्त नहीं? हो सकता है कि सुबह दर्पण में झाँकने पर उदास हो गए हों कि यार, यह कैसा उदास-उदास सा चेहरा निकल आया है? या कि नहाने के बाद बाथरूम के फर्श पर चार बाल पड़े देखकर उदास हो गए हों कि ऐसा चला तो एक दिन गंजे हो जाएँगे। चार-चार बाल यदि प्रतिदिन गिरें, तो कितने दिन में पूरे गंजे हो जाएँगे—शायद इसका गणित लगाने बैठे हों और पाया हो कि बारह का पहाड़ा ही पूरा याद नहीं आ रहा—और अब इसी बात पर उदास बैठे हैं कि कहाँ तो पाँचवीं कक्षा में गणित के परचे में पूरी तहसील में सर्वोच्च नम्बर लेकर सन् बत्तीस में पास होने पर बाप से जलेबी मिली थीं और कहाँ आज उनके गणित की यह स्थिति! या यह भी हो सकता है कि सुबह-सुबह रेडियो पर सारंगी वादन सुनकर उदास हो गए हों क्योंकि कई बार ये स्साले ऐसी बजाते भी हैं कि सारंगी के भविष्य को लेकर स्वयं हम तक उदास होने लगते हैं तो फिर इनकी तो बात ही क्या। या कि हो सकता है कि यही सोचकर उदास हो रहे हों कि आजकल उनकी उदासी में वो पहले वाली बात क्यों नहीं रह गई है? उनकी उदासी का स्तर गिर क्यों रहा है?

पता नहीं कि किस बात पर हैं। उनसे खुद पूछना ठीक नहीं। पूछो तो वे यही सोचकर और उदास हो जाएँगे कि लोग उन्हें बेवज़ह उदास मान लेते हैं, जबकि वे हमेशा कितने खुश रहते हैं।

रावण मरता ही नहीं

रावण का पुतला बनाया जा रहा है मैदान में।

चार-पाँच कारीगर, दस बारह दिन पहले से इस मैदान में डट जाते हैं, तो दशहरे के दिन तक एक ठीक-ठाक सा रावण बन जाता है। अलबत्ता पिछले साल वाला रावण थोड़ा मरियल टाइप बन गया था। यार, रावण को रावण जैसा तो लगना ही चाहिए। रोबीला। दबंग। चपरासी टाइप रावण बनाकर खड़ा कर दिया पिछली बार। विनम्र। दब्बू जैसा। बीमार-सा। ऐसे रावण को मारने में स्वयं राजा रामचन्द्रजी का अपमान। इसे तो उनकी फौज का कोई बन्दर ही मार दे। सो दशहरा कमेटी की बड़ी फज़ीहत हुई लास्ट ईयर। लोगों ने पैसा खा जाने की बात भी की। कहा कि कमेटी की अध्यक्षता जब से नेताजी ने पकड़ी है, तभी से है यह सब। बाँस-खपच्ची कम लगाए और पन्नी-फन्नी भी ठीक-ठाक नहीं रहीं पिछली दफा। पुरानी कमेटी के तेज बहादुरजी ने जब कहा कि चवन्नी में रावण खड़ा कर दिए हैं, तो नेताजी ने यही कहा कि बुढ़ऊ अपने ज़माने के रावण को भुला नहीं पा रहे! पर सभी ने माना कि साहब इस साल का रावण ठीक नहीं बना। अरे, मैदान में तन के ठाँड़ा हो, तभी न पब्लिक को लगेगा कि ये है कि जिसे बस भगवान रामचन्द्र ही मार सकेंगे। तभी आदमी 'बोलो रामचन्द्र महाराज की जय' बोलेगा न! ये थोड़ेई कि बना दिया पिचके गालों वाला रावण। मानो कि स्साले को दस्त लग गए हों।...तभी इस वर्ष कमेटी वाले सतर्क हैं। बजट भी बढ़ा दिए हैं। चरखारी वाले कारीगरों की इस साल छुट्टी कर दी है। ठीक से काम नहीं किए हरामी लोग। फालतूफंड में कमेटी का नाम बदनाम हुआ। नेताजी ने इस बार हमीपुर वाले खान साहब की पार्टी बुलाई है। गुनी कारीगर हैं। देखो तो कि दो दिन में ही कैसी फुर्ती में पुतलों का ढाँचा खड़ा कर दिए हैं ये लोग।

काम जोरदार चल रहा है।

ये लोग मैदान में तम्बू लगाकर रहते हैं। ईंट का चूल्हा। वहीं नहाना-धोना, खाना-पीना और रावण का निर्माण। बाँस। खपच्ची। पन्नी। मूँज। लेई। कपड़ा। पतंगी कागज। रंग-रोगन। मसाला। बन रहा है रावण। कस्बे के बच्चे तथा फालतू

लोग खड़े होकर दिन भर रावण को बनते देखते रहते हैं। विस्फारित नेत्रों और उत्साह से। दिन भर। इन सबसे बेख़बर कारीगर बनाते रहते हैं पुतला। रावण का सिर तैयार हो चुका है। गर्दन और सिर बनकर ज़मीन पर धरा है। बाकी बॉडी बन रही है। सिर भी वैसे पूरी तरह तैयार नहीं। फिनिशिंग टच रह गया है। पर वैसे अभी से रावण का सिर लग तो रहा है। वही आँखें। मूँछ तो देखो। कैसी गाल पे फैल के कान तक जा रही हैं। पर रावण के तो दस सिर। दस नहीं बनाए खान साहेब? पूछ रहे हैं बच्चे। खान साहब का यह खानदानी काम। हमीरपुर तो क्या, पूरे यूपी में नाम है खान साहब का। उनके जैसा रावण मेघनाद, कुम्भकर्ण। उनके जैसी आतिशबाजी। वाह रे वाह! जान डाल देते हैं रावण में।...बता रहे हैं बच्चों को। दस सिर वाला पटिया अभी अलग से तैयार होगा। चिन्ता न करो। पीछे से बाँध देंगे तो एकदम्म दशानन। समझते हो दशानन के मायने बरखुरदार? ...बिलकुल सही। पर असली सिर तो यही। जमीन पर धरा है जो। अभी मुकुट लग जाने दो। फिर देखियो।...पर थोड़ा दूर से देखियो। रावण के सिर की झाँईं भी बदन पे पड़ गई तो जानियो बेट्टा कि जिनगी खराब! सच्ची। तुमाई सौं।...और खान सा'ब, वो गधे वाला सिर? रावण का एक सिर गधे का भी। बच्चे उत्सुक हैं। बनेगा बच्चे, वो भी बनेगा। मुकुट में लगाएँगे। पीछे से। पर अभी तुम भागो तो। काम करने दो। चलो तो।

काम चल रहा है। रावण बन रहा है।

कि नेताजी पधार गए। खद्दर। रामनामी दुपट्टा। दशहरा कमेटी के माई-बाप। हिन्दुओं की राजनीति के स्थानीय होलसोल एजेंट। लम्बे-चौड़े। हट्टे-कट्टे। भरे गाल। घनी मूँछें। लाल आँखें। राक्षस-सा शरीर। हराम का मिले, तो व्यक्तित्व ऐसा हो ही जाता है।

जीप से उतरकर निरीक्षण करने लगे।

'कित्ता क्या हो गया खान सा'ब?'

'चल रहा है मालिक...तनिक रमजानी को बुखार की बज़ह से...'

'रावण का सिर तो जोरदार निकाला है, क्यों भय्यू?' नेता ने चमचे से पूछा।

भय्यू क्या कहते, सिवाय इसके कि ठीक कह रहे हैं आप। यही कहा। पर यह सुझाव भी दे डाला कि यदि एक को काला मस्सा भी लगा देते रावण के गाल पे, तो मजा आ जाता। फिल्मों में विलेन के मुँह पर काला मस्सा देख-देखकर जवान हुए हैं भय्यू।

'देख लो खान सा'ब, लड़का ठीक कह रहा है। लगा दोगे तो रावण के चेहरे पे चमक आ जाएगी।'

'ठीक न लगेगा मालिक...' खान सा'ब ने हाथ जोड़कर निवेदन किया है।

'देख लो...न सही गाल पे, ठुड्डी पे ठोक दो...बच्चे का दिल भी रह जाएगा...'

'जैसा हुक्म दें...'

'अच्छा तनिक इधर सुनें तो...'

नेताजी खान साहब को दूर ले जाकर खुसफुस करते रहे। उड़ती आवाज़ों के टुकड़े।...मालिक, पेट पे लात न मारें।...तीन पुतलों में मिलता ही कितना है। बारूद महँगी। कारीगरों की रोजनदारी। इतना न कर सकेंगे सरकार।...ऐसा न करें।... नेताजी की हँसी।...मियाँ, इत्ता तो करना ही पड़ेगा। हमें ही देखना है सब। करिए पटाखे कुछ कम। मेघनाद और कुम्भकर्ण की हाइट कम कर दें। सब रावण को देखते हैं।...नहीं-नहीं...करना तो पड़ेगा।

चले गए नेताजी। जीप निकली तो दूर तक धूल उड़ती रही मैदान में।

'क्या कह गए नेताजी?' एक बुजुर्ग कारीगर ने पूछा।

खान साहब ने जमीन पर थूकते हुए कहा, 'कहते हैं कि सत्तर में से दस लेंगे जबकि बात आठ हजार की तय हुई थी। अब कमीशन बढ़ा रहे हैं। बताइए। स्साली आदमी की जुबान भी कोई चीज होती है कि नहीं...'

खान सा'ब क्रोधित हैं और व्यथित भी।

'रावण से कम नहीं स्साले।...हमारा बस चले तो हम तो चार पलीते बाँध के इनको ही दशहरे पर रामचन्दरजी के सामने पेश कर दें कि किरपानिधान, तनिक इनको भी निबटाओ।'

कारीगर हँस रहे हैं।

इधर खान साहब मौन होकर रावण का मुँह देख रहे हैं। एकदम नेताजी जैसी शक्ल। एकदम। बस, नेताजी की एक आँख थोड़ी सी छोटी और दबी है।

'सुन रे सलीम...तनिक रावण की उधर वाली आँख तो ठीक कर...। छोटी कर उसे।' कहा है खान साहब ने।

सलीम समझ ही नहीं पा रहा कि खान साहब अचानक खुशी से हँसने क्यों लगे हैं?

पिछड़ेपन का मोर मुकुट

मध्य प्रदेश और छत्तीसगढ़ के वासी हैं हम। हमें गर्व है कि हम पिछड़े हैं।

गर्व के अलावा हमें इसी बात का डर भी है। खटका लगा रहता है कि कोई हमसे कहीं हमारा पिछड़ापन न छुड़ा ले। अगड़े बनने की हर कोशिश से बचते हैं। बल्कि ऐसी कोशिश करते ही नहीं। यह नहीं कि हमें अगड़े बनने से कहीं कोई ऐतराज है। अगड़े बनने में बस यही बात आपत्तिजनक लगती है कि फिर आप पिछड़े नहीं रह पाते। जबकि, हमने शुरू में ही बताया कि इसी पर तो हमें गर्व है। हम केन्द्र सरकार से रियायतें माँगते हैं कि हमारे पिछड़ेपन का ध्यान रखा जाए। उद्योग लगाने के लिए विशेष छूट दे रहे हैं, जैसा कि पिछड़े क्षेत्रों में देने का रिवाज़ है। हम छूट तो देते हैं, परन्तु उद्योगों को बिजली-पानी आदि के लिए रुलाते हैं कि कहीं ये स्साले चल निकले तो हमें अगड़ा बना देंगे, जो हमारी पिछड़ेपन की पारम्परिक पहिचान को छीन लेगा। हमें पहिचान की चिन्ता है। और जो गर्व वाला मसला है, सो हमने ऊपर बताया ही!

हर जोर-जुल्म की टक्कर में हमारा यही नारा रहता है कि हम पिछड़े हैं। हमारी सड़कें खराब हैं, हमारे यहाँ बिजली गुप्त रोग विशेषज्ञों के पास तक नहीं रहती और बेहद ग़रीबी भी है। यूँ पिछड़े प्रदेश में ठीक-ठाक सड़कें शोभा भी तो नहीं देतीं। जब तक आदमी दचके नहीं खाएगा, तब तक उसे कैसे पता चलेगा कि उसकी गाड़ी पिछड़े एरिया से गुज़र रही है? हमारे यहाँ अच्छी सड़क हो जाए तो यह तो वैसा ही होगा कि जैसे गरीब-गुरबा की औरत, बर्तन-झाड़ू के काम पर, जरी की रेशमी साड़ी डालकर निकले। सो हम तो सड़कें ऐसी बनाते हैं कि पिछड़ेपन की हमारी पहिचान और पुख़्ता हो। किसी भी बाबत, कोई भी, कुछ भी पूछे तो हमारा उत्तर यही रहता है कि सर क्या बताएँ, पिछड़ा प्रदेश है न, बस इसी कारण। और मजेदार बात यह कि लोग मान भी जाते हैं। अभी उस दिन एक मेहमान ने हमें कहा कि यार, तुम्हारे भोपाल में तो बड़ी गरमी है—तो हमने तुरन्त यही जवाब दिया कि क्या करें, पिछड़ा प्रदेश है न। वो पूछ सकता था कि गरमी का पिछड़ेपन से भला क्या सम्बन्ध? पर नहीं पूछा उसने। वह पाँच दिनों से यहाँ था और हर बात के जवाब में यही सुन

सुनकर जान चुका था कि ये लोग कब, कहाँ, किस सन्दर्भ में पिछड़ेपन को पेश कर दें, यह भगवान भी नहीं बता सकता कि जिसने स्वयं पिछड़ापन बनाया।

हम अपना पिछड़ापन सिर पर उठाकर लेकर चलते हैं। हम इसे अप्लीकेशन में अटैच कर सकते हैं, भाषण में डाल देते हैं, आरोपपत्र में जड़ सकते हैं, माँगपत्र में डालते ही हैं, मुँह पर मार सकते हैं, मुकुट में खोंस सकते हैं और मौके पर इसकी आड़ भी ले सकते हैं। ऐसी बहु-उद्देशीय चीज और कहाँ मिलती है साहब? तभी तो हमें इस पर वो है जो हमने ऊपर तो कहा परन्तु शर्म के मारे बार-बार नहीं कह पा रहे हैं। पिछड़ा आदमी शरमाता भी तो बहुत है।

परन्तु आजकल हम परेशान हैं। पिछड़ापन साधना दिनोदिन कठिन होता जा रहा है। लोग हरामी हो रहे हैं। या तो वे मानते ही नहीं कि आप पिछड़े हैं। या फिर मान लें तो एक साजिश के तहत आपका विकास करने का षड्यन्त्र करते हैं। कहते हैं कि आपका पिछड़ापन समाप्त करना है। वे अनुदान देने की बदमाशी करते हैं, योजनाएँ क्रियान्वित करने का हरामीपना करते हैं, यहाँ-वहाँ से ब्याज रहित कर्जा देकर विकास के लिए फालतू ही हमें फुसलाते हैं, पुराने कर्जे माफ करके मूर्ख बनाना चाहते हैं और अगड़ा बनने के लाभ गिनाने की ठग-विद्या फैलाते हैं। फाँसने की पूरी कोशिश करते हैं स्साले। यह दीगर बात है कि हम फँसते नहीं। हम अपने पिछड़ेपन से ऐसा चिपके रहते हैं जैसा शिवाजी महाराज की गोह किले की दीवार से चिपक जाया करती थी। हम सतर्क रहते हैं। चौकन्ने। बाख़बर। पिछड़ेपन पर पूरी नज़र और पकड़।

हमारी सांस्कृतिक, सामाजिक और आर्थिक धरोहर है हमारा पिछड़ापन। इसी की गाते हैं। इसी की बजाते हैं। इक-दूजे के लिए। एक आप्रवासी भारतीय ने हमसे कहा कि हम पैसा डालकर आपका एरिया ऐसा शानदार विकसित कर देंगे कि लोग आश्चर्यचकित हो जाएँगे। हमने मूरख को चेताया कि ख़बरदार, जो ऐसी कमीनी हरकत करने की सोची भी—हाँ, अगर पिछड़े इलाके के नाम पर कोई स्कीम डालकर ऐसा करने वाले हो कि कुछ पैसा तुम बनाओ और कुछ हम भी खैंच सकें, तो हम बेखटके तैयार हैं। वैसे भी हम पिछड़ापन दूर करने की ऐसी स्कीमें लाने में सिद्धहस्त हैं कि जिनसे पिछड़ेपन पर आँच भी न आए और काम भी चलता रहे। पिछड़ापन हमारे कने एक स्कीम है। अवसर है। बाप की छोड़ी वसीयत है। ईश्वर का वचन है। मोर मुकुट है। नौलखा द्वार है। चँदोवा है। पिछड़ापन हटाना एक सतत प्रक्रिया है हमारी तरफ। एक तरफ से हटाओ, तो दूसरी तरफ से बनी चली आती है। पिछड़ापन नियति से मुठभेड़ का हमारा अनोखा अस्त्र है। शौक है। गहना है। सुहाग की निशानी है।

दरअसल हम बड़े अज़ीब से स्ट्रक्चर हैं। अनोखी रचना है हमारी। ऐसी बनावट

कि जिधर से देखो, पिछवाड़ा ही दिखता है। सब तरफ से पिछड़ापन। आगे हैं भी तो पिछड़ेपन से ढके हुए। हमारा पिछवाड़ा ही हमारा अगवाड़ा है। पिछला दरवाजा ही मेन गेट है। इस मकान का अगवाड़ा है ही नहीं। ऐसी अजीब पंक्ति है यात्रियों की कि जहाँ सभी पीछे खड़े हैं। यहाँ कोई भी आगे नहीं। न है, न होना चाहता है। जो आगे भी है, वो मानने को तत्पर नहीं। कहता है कि नहीं, हम भी पिछड़े ही हैं। वे खूब जानते हैं कि पिछड़ा कह-कहकर ही तो आगे बढ़े हैं। पिछड़ापन टट्टू है उनका। कहते हैं कि हम तनिक आगे ज़रूर आ गए हैं, पर पिछड़ापन छूटा नहीं है हमारा। पिछड़ेपन को छोड़ेंगे भी नहीं। हम चूतिया नहीं हैं। हमें पिछड़ेपन में छुपे अगड़ेपन की खूब पहिचान है।

हमारा पिछड़ापन कोई दूर नहीं कर सकता। जो करने की कोशिश करेगा तो उसे हम ठीक करके धर देंगे।

अथ सरकारी गड्ढा कथा

एक सरकारी गड्ढा खोदा जा रहा है यहाँ।

पाँच-छह लोग लगे हैं इस काम में।

तीन लोग तो खुदाई में लगे मान लीजिए। चौथा किनारे खड़ा मुआयना कर रहा है। देखता रहता है कि खुदाई का काम नियमानुसार हो रहा है कि नहीं? तो ये तो हुए चार। फिर पाँचवाँ? वह अभी-अभी जीप से पहुँचा है। वह तो हमेशा जीप में ही दिखता है। उसका गड्ढे की खुदाई से क्या सम्बन्ध? देखिए, वो जीप में ही होता है। जब से सरकारी नौकरी में आया, तभी से सरकारी जीप में बैठा है। या शायद माँ के पेट से ही। इस एरिया में खुद रहे सारे गड्ढों का ओवरऑल इंचार्ज मान लें। ...इतने सारे आदमी मिलकर एक अदना सा गड्ढा खोद रहे हैं—यह तो हद है। भैया, कोई हद-फद नहीं। सरकारी गड्ढा खुदवाना कोई छोटी-मोटी घटना नहीं होती। बड़ी औपचारिकताएँ लगती हैं साहब। हर काम की फाइल चलती है। गैंती-सब्बल के हर प्रहार का सेंक्शन लेना पड़ता है। एक-एक इंच की खुदाई का बजट पास होता है। बिल बनते हैं। पास होते हैं। मुआयने होते हैं। जवाबतलब होते हैं। विधानसभा में प्रश्न उठते हैं। न जाने क्या-क्या खटकरम। तब जाकर एक सरकारी गड्ढा खुदता है जनाब। ऐसा आसान काम समझ रखा है क्या?...अच्छा, तनिक चुप रहें। साहब की जीप आ रही है।

जीप रुकी।

जीप से अफसर उतरा। छोटा अधिकारी, जो गड्ढे के किनारे खड़े होकर मज़दूरों से गप लगा रहा था, वहाँ से दौड़ा। साहब की अगवानी की। गड्ढे की दिशा में चलते हुए साहब ने पूछा कि सब कैसा चल रहा है मोटवानी? छोटे अफसर ने परम्परानुसार यही कहा कि सब बढ़िया चल रहा है श्रीमान। उसने यह भी आश्वस्त किया कि बस, खरे बाबू टाइम पर बिल पास करते रहें तो आश्चर्य न होगा कि हम समय पर गड्ढा खोदकर राष्ट्र को समर्पित कर सकें।...इस गड्ढे में होना क्या है? पेड़ लगाना है कि खम्भा-फम्भा गाड़ा जाना है? अफसर ने गड्ढे के पास पहुँचकर पूछा।...वो तो ठीक ठीक पता नहीं सर। अभी तय नहीं हुआ शायद। कोई बताता था कि एरिया

के पार्षद ने माँग की थी। वे धरने पर भी बैठे थे कि इस मोहल्ले में सरकार ने एक गड्ढा तक नहीं खुदवाकर दिया। सो उन्हीं की डिमांड पर खुद रहा है, ऐसा बताते हैं।...अफसर ने कहा कि यार हमें इससे क्या? हमारा काम तो जनता की सेवा है। जनता की माँग थी, बजट भी मिल गया, ठेकेदार सेटिंग कर गया, सो खोद देते हैं। अब आगे जनता की मर्जी कि वो गड्ढे का क्या करती है? डंडा गाड़े, पेड़ लगाए, वापस पूर दे या खुद कूद जाए। सरकार जो बतायेगी, हम वही चीज गड़वा देंगे इसमें। एक बार गड्ढा भर खुद जाए, तो उसमें कुछ भी गाड़ने का सुभीता हो जाता है। है कि नहीं?...जी श्रीमान। ठीक फरमाया आपने।...

अफसर गड्ढे के एकदम किनारे आकर झाँकने लगा। मिट्टी है गड्ढे के किनारे। खोद-खोदकर वहीं फेंक रहे हैं मज़दूर।

एक तो मिट्टी तनिक चिकनी। फिर अफसर का पेट। अफसर का वज़न। उसकी अफसरी का वज़न। फिर खुद के पाँवों पर खड़े होने की आदत भी नहीं उसे। सो फिसलकर गड्ढे में गिरते-गिरते बचा। वो तो पीछे से छोटे अफसर और मजदूरों ने सँभाल लिया।

'ये मिट्टी साथ-साथ हटाते क्यों नहीं जाते? खिसियाते अफसर ने गुस्से से पूछा।

'सर, नपती तो मिट्टी से ही होनी है। हिसाब रखना पड़ता है श्रीमान कि कित्ती निकली। हेडक्वार्टर का सर्कुलर है श्रीमान कि मिट्टी सुरक्षित रखी जाए ताकि बाद में गड्ढे की वास्तविक नपती और मिट्टी के वज़न को मिलाकर फाइनल बनेगा कि गड्ढा कित्ता खुदा। कहते हैं कि सेंट्रल विजिलेन्स वालों के इंस्ट्रक्शंस हैं सर...' छोटे अफसर ने मजबूरी बताते हुए कहा।

'इन स्साले सीवीसी वालों का बस चले तो हम एक काम न कर पाएँ।' अफसर बड़बडाया। फिर कुछ देर सोचता रहा वह। फिर चिन्तित होकर पूछने लगा, 'रात में कोई मिट्टी उठा ले जाए तो फिर तो हमें विजिलेंस को फेस करना पड़ सकता है। क्यों?'

'सो तो है, पर कौन उठाएगा मिट्टी श्रीमान?' छोटे ने कहा। छोटा इसीलिए तो छोटा रह गया। उसे छोटी-छोटी चीजों के बड़े कॉम्प्लीकेशन समझ नहीं आते। पर बड़े साहब को तो सरकारी काम की बारीक़ियों का खूब पता है। उन्होंने छोटे को फटकारा कि तुम समझते क्यों नहीं?

'फिर सरकार, जैसा आप कहें?' छोटे ने आदरपूर्वक पूछा।

'सुनो, तुम तो एक नोट तैयार करो। आज ही। बल्कि अभी। माँगो कि एक चौकीदार सेंक्शन किया जाए, जो रात में गड्ढे पर पहरा दे।...गड्ढा और मिट्टी सुरक्षित रहें, यह तो देखना ही होगा हमें...' साहब उसे समझाने लगे।

'जी सर...' छोटा अफसर पीछे चलता हुआ नोट का मज़मून समझने लगा।

'पर हेडक्वार्टर से मंजूरी आते तो देर लगेगी।...' साहब बड़बड़ाते हुए जीप की दिशा में वापस आ रहा है। वह रिस्क नहीं ले सकता। मिट्टी चोरी हुई तो मिट्टी पलीद हो सकती है। उसने छोटे अफसर को ताकीद की है कि तुम तो आज ही नोट बनाकर दो। मैं कल एक मीटिंग के लिए हेडक्वार्टर जा रहा हूँ। अरजरियाजी से वहीं दस्तखत ले लूँगा।...तुम कल से एक आदमी रख ही लो। बाद में पोस्टफेक्टो सेंक्शन कराते रहेंगे।...और तुम इस गड्ढे के लिए एक फेंसिंग के लिए भी नोट पुटअप करो। रात वात में कोई गिर-गिरा गया, तुम्हारा चौकीदार ही इसमें टपक गया तो बाद में फालतू का तमाशा...'

'पर बाद में गड्ढा तो भर देंगे? तो फेंसिंग का क्या करेंगे सर? कहीं ऑडिट ऑब्जेक्शन न आ जाए मालिक कि जिस गड्ढे को भरना ही था, तो उसमें फेंसिंग क्यों लगाई गई?' छोटे अफसर ने धीरे से कहा।

'तुम तो पेपर तैयार करो...बाकी का हम देख लेंगे...'

'और तब तक...?'

'तब तक मजदूरों से कहो कि गड्ढा धीरे-धीरे खोदें...'

'धीरे ही खोदते हैं। कामचोर हैं सारे...'

'सरकारी गड्ढों के लिए कामचोर ही ठीक हैं। अभी पूरा खोद दिया होता, तो इतनी जल्दी कहाँ से फेंसिंग लगवाते?' साहब हँसते हुए जीप में बैठ गए।

जीप निकल गई। गड्ढे के पास बैठकर बीड़ी पीने लग गए मज़दूर। छोटा अफसर तो तुरन्त ही कहीं निकल गया।

फिर क्या हुआ सरकारी गड्ढे का?

देखिए, कुछ दिन तो खुदा। एकाध बार साहब देख भी गए। फिर शायद साहब की कहीं और पोस्टिंग हो गई। या वे रिटायर हो गए शायद। या सस्पेंड हो गए हों। शायद अरजरियाजी भी हट गए हो हेडक्वार्टर से। शायद चौकीदार नहीं मिला। शायद फाइल गुम गई। शायद बिल पास नहीं हुए। शायद इन्क्वायरी बैठ गई कि गड्ढा तो कहीं और खोदा जाना था और यहाँ कैसे खुद रहा है? शायद पार्षद महोदय किसी और आन्दोलन में लग गए। ठीक-ठीक पता नहीं कि क्यों हुआ, पर हुआ यह कि अन्ततः गड्ढा खुदा नहीं।

अब जो आते-जाते आपको आधा खुदा गड्ढा अपने मोहल्ले में दिख जाता है, तो नाराज़ न हुआ करें। सरकारी गड्ढों का तो अन्ततः यही होता है साहब!

श्रद्धांजलि के शौकान

श्रद्धांजलि सभा का आयोजन है।

इतने कम लोग आए हैं कि यदि मरने वाला किसी प्रकार देख पाता, तो ग्लानि से दोबारा मर जाता। मरने वाला अपनी किस्म का बड़ा लेखक हुआ करता था। ज़िन्दगी भर कलम घिसता रहा। उम्मीद की जाती है कि उसकी मृत्यु पर श्रद्धांजलि के लिए कम-से-कम, शहर के वे साहित्यजीवी तो एकत्रित होंगे ही जो साहित्य के रिश्ते से मरहूम के कज़िन ब्रदर वगैरह होते थे। पर हुआ यह कि आज ही शहर में नई फिल्म लग गई, एक बम्पर सेल में मिट्टी-मोल 'इम्पोर्टेड आयटम' मिलने का आखिरी दिन हो गया और पास में ही मशहूर तोता-सर्कस लग गया—सो वे भी नहीं पहुँच पाए हैं, जो अन्य और कोई 'इंटेरेस्टिंग' काम न होने पर ऐसे कामों में शिरकत करने आ ही जाते हैं।

बहरहाल धीरे-धीरे आठ-दस इक्कठे हो गए हैं। ये प्रोफेशनल किस्म के श्रद्धांजलि देने वाले लोग हैं।

ये तो आते ही। हर श्रद्धांजलि सभा में रहते ही हैं। आगे भी रहेंगे। खुद की श्रद्धांजलि भी जब होगी, इनकी तो आत्मा यहीं मँडराएगी। ये श्रद्धांजलि देने के शौकीन लोग हैं। कुछ दिनों तक कोई न मरे तो कुलबुलाने लगते हैं। मुझे तो लगता है कि कुछ दिनों तक यदि कोई न मरे तो ये मर्डर भी कर सकते हैं ताकि अगले दिन उसे श्रद्धांजलि दे सकें। ये अपरिचित को भी ऐसे मनोयोग से श्रद्धांजलि दे आते हैं कि आपको भनक भी नहीं लग सकती कि यहाँ पधारने के दो मिनट पूर्व तक इन्हें दिवंगत के विषय में सिवाय इस बात के कुछ भी पता नहीं था कि वह मर गया है; और यह कि वह वैसा लगता रहा होगा कि जैसा कोने में धरे उस फोटो में लग रहा है जिस पर मालाएँ चढ़ी हैं और जिसके फ्रेम में खोंसकर तीन अगरबत्तियाँ जल रही हैं।

खैर, सभा प्रारम्भ हो गई है। जो आ गए थे, वे भी कहीं बहाना मारकर वापस जाना शुरू न कर दें, इस एहतियात को बरतते हुए श्रद्धांजलि सभा शुरू कर दी गई है। कहा गया कि सभी अपने-अपने विचार रखेंगे। सभी को ढाँढ़स बँधा कि हमें भी मौका मिलेगा। जो अभी तक कसमसा-से रहे थे, ढीले होकर बैठ गए हैं जाजम पर।

आश्वत हुए कि पिछली दफा जैसी धाँधली नहीं मचेगी—सबको चांस मिलेगा। बड़े आदमी कोई बार-बार तो मरते नहीं साहब। इस बार मौका चूक जाओ, तो अगले का कहा नहीं जा सकता। लोग आजकल ठीक-ठाक जी जाते हैं। फिर कई बार मरने का पता नहीं चलता या श्रद्धांजलि सभा हो जाती है और हमें बुलाना भूल जाते हैं स्साले। या घर वाले ही फोन रिसीव करके बताना भूल जाते हैं। या देर हो रही हो, तो ये लोग बदमाशी कर जाते हैं साहब। अभी पिछली बार वो कौन तो स्साले अच्छे से लेखक मरे थे, तो उनकी वाली में इन लोगों ने यही किया कि चालाकी से एक-दो चहेतों से श्रद्धांजलि बुलवाकर एकदम से दो मिनट का मौन धरवा दिया। हरामखोरी की हद है साहब। 'अब ऐसे में आदमी मौन रहकर मरबे वाले की आत्मा की शान्ति के लाने काहे की प्रार्थना करे सुसरा कि जब खुद उसकी आत्मा दारी कचोट रही हो कि इस स्साले गुप्ता ने हमें बोलबे का मौका नहीं दिया... ।' पर इस बार माहौल ठीक दिख रहा है। गुप्ताजी हैं नहीं। जायसवाल साहब इस मामले में लोगों की भावनाओं की कद्र करते हैं। वे सबसे बुलवाएँगे। अगरबत्ती का पूरा एक पुड़ा एक्स्ट्रा लेकर आए हैं। और लगा देंगे, बोलने देंगे, सबको।

मिश्राजी श्रद्धांजलि दे रहे हैं फिलहाल।

मिश्राजी मूलतः कवि हैं, और मौका मौत का हो, अथवा प्रेम का, वे सीधे भावुक हो जाते हैं। भावुक हो जाने का सीधा फायदा यह होता है कि आपको कुछ भी अललटप्पू बोलने की छूट मिल जाती है, क्योंकि आदमी, भावुक व्यक्ति की अनर्गल बातों को नज़रअन्दाज कर देता है। मिश्राजी की आँखें लाल हैं, जो श्रद्धांलजी देने की उनकी पात्रता बढ़ा रही हैं। रात में ज़्यादा पी ले, तो आँखें अगले दिन भर लाल बनी रहती हैं और लगे हाथों काम आ जाती हैं। श्रद्धांजलि देते हुए वे कुछ ऐसा सन्दर्भ ले आते हैं कि किसी बहाने अपनी कोई कविता या मुक्तक पेश कर सकें। जैसे कि अभी अभी मौत के विषय में बात करते हुए उन्होंने अपनी वे दो काव्य पंक्तियाँ प्रस्तुत की हैं, जो हर श्रद्धांजलि में बोल-बोलकर वे लोगों को रटवा चुके हैं। इनमें मिश्राजी कहते हैं कि रे मौत, तू मेरा क्या कर लेगी, जबकि आत्मा अमर है और जिसे तू मौत का नाम दे रही है रे नादान, वह तो मेरा परमात्मा से मिलने का टाइम पहले ही फिक्स था! कुछ इसी भाव की कविता। वे आगे बोले कि वस्तुतः दिवंगत मरे नहीं हैं, गोकि डॉक्टर भी गलत नहीं कह रहे होंगे। हमारे जिला अस्पताल के डॉक्टर इत्ती भी गलती नहीं करते हैं। सबसे बड़ी बात यह कि यदि वे ज़िन्दा होते तो जलाते टाइम तो कम से कम, गरम-गरम लगने के कारण उठ खड़े होते। वे जिन्दा तो खैर नहीं हैं परन्तु वे मरे भी नहीं है। वे मरकर भी अमर हैं, हमारे हृदय में सदैव जीवित हैं तथा अपनी रचनाओं के माध्यम से वे समाज को रास्ता दिखलाते रहेंगे

गोकि समाज ने उनकी तब एक न सुनी कि जब वे ज़िन्दा थे। 'वैसे, वे ज़िन्दा हैं, ज़िन्दा थे और ज़िन्दा रहेंगे'—ऐसा कहते-कहते मिश्राजी उत्तेजित हो उठे और माइक भींचकर कहने लगे कि जो भी हरामी यह कहता है कि मरहूम मर गए हैं, हम उसे ज़मीन में ज़िन्दा गाड़ देंगे। लोगों ने समझा-बुझाकर बिठाया।

फिर रसालजी आए।

वे कुछ देर तक इधर-उधर तो देखते रहे। फिर काफी देर तक कोने मे धरी दिवंगत की तस्वीर को यूँ घूरते रहे कि मानो गुमशुदा की तस्वीर को पहिचानने, मिलान करने की कोशिश कर रहे हों। अन्ततः वे आसमान (छत) की तरफ देखने लगे और देखते ही रहे। जायसवालजी बेचैन हो रहे हैं। यह रसाल का बच्चा हर बार यही ठनगन करता है। ...'बोलो यार'...किसी ने कहा है। वे अब बोल रहे हैं। श्रद्धांजलि देने के उनके तरीके में यह भी है कि वे सीधे ही बताने लगते हैं कि वे दिवंगत के इतने करीब थे कि पट्ठा हर चीज के लिए सलाह लेने इनके पास ही भागा-भागा आता था और हर रचना दिखाकर पूछता था कि दादा, कैसा क्या लिखना चाहिए! वे बताते हैं कि दिवंगत को कभी भी बड़ा लेखक होने का घमंड नहीं रहा। हमेशा मेरे घर आता और कहता कि रसाल दादा, चाय पिलवाओ और यह रचना सुनो। चाय भी हमीं से पीता। बदमाश था। प्यारा बदमाश। पर जो लिखता, तुरन्त हमें दिखाता। डिस्कस करता। जो हम ठीक करने को कहते, तुरन्त करता। कहता था कि दादा, आपकी समझ के सामने नतमस्तक हूँ। बदमाश। प्यारा बदमाश।...बाद में तो बड़ा आदमी होकर दिल्ली में बैठ गया, तब भी वहीं से फोन पर पूरी रचना सुनाता। एसटीडी बिल की परवाह न करता। सरकारी फोन। खूब डिस्कस करते हम लोग। रात में फोन की घंटी बजती और हम जान जाते कि कौन होगा।...पर अब रात में क्या तो बजेगी फोन की घंटी, और बजी भी तो हम कैसे जान पाएँगे कि किसकी होगी?...ऐसा बोलते-बोलते वे फूट-फूटकर रोने लग गए।...सभी को इसी पल का इन्तज़ार था। वे हर श्रद्धांजलि में ऐसा करते हैं। ऐसा करके वे दूसरों को नीचा दिखाने की कोशिश करते हैं कि स्सालो, मेरे जितना दुखी होकर बतलाओ, तो जानें।

वे सिसकियाँ लेते हुए बड़ी मुश्किल से हटे।

शम्भुनाथजी क्रान्तिकारी साहित्यकार हैं। आज तक लोग पता नहीं कर पाए हैं कि वे हैं क्या? कुछ उन्हें कवि बताते हैं, तो कुछ का शक है कि वे कथाकार हैं, तो कुछ के बीच उनके आलोचक होने की अफवाह आती है। वे जो भी हों, जिस भी विधा में रहें, वहाँ क्रान्ति के फेवर में रहते हैं। किसी भी साहित्यकार की मौत हो, वे इसके लिए सरकार तथा समाज को दोषी मानते हैं। सौ वर्ष की उम्र वाला भी यदि मरे तो घोषित कर देते हैं कि भ्रष्ट सरकार तथा निष्ठुर समाज ने उसकी असमय हत्या कर दी। एक बार हमने उन्हें समझाने की कोशिश भी की, कि यदि

मरहूम इससे ज़्यादा जीते, तो बोर होकर घर वाले ही उनकी हत्या कर डालते। शम्भुजी ने बुरा मानते हुए कहा कि घर वालों को हत्या का तो हक़ है, सरकार को नहीं।...आज भी वे इसी मूल थीम से शुरू हुए हैं और छोड़ नहीं रहे। वे कह रहे हैं कि इत्ता बड़ा साहित्यकार मर गया, क्या सरकार में एक पत्ता भी खड़का है? क्या किया सरकार ने? कोई बड़ा पुरस्कार मरहूम को नहीं दिया—यह बताते हुए वे सरकारी पुरस्कारों की राजनीति में घुस गए, जो उनका प्रिय विषय है। फिर फासीवाद, साम्प्रदायिकता तथा दक्षिणपन्थी साजिशों का ज़िक्र न जाने किस कौशल से बीच में लाते हुए उन्होंने यह कहकर श्रद्धांजलि खत्म की कि दिवंगत हस्ती को हमारी सच्ची श्रद्धांजलि यही होगी कि हम क्रान्ति करें तथा फासीवादी ताकतों के पाँव उखाड़ दें। उन्होंने आह्वान किया कि हम, यदि डेली, थोड़ी-थोड़ी क्रान्ति भी करते चलें तो साल के अन्त में पाएँगे कि काफी मिकदार में क्रान्ति हो गई है। यह करके ही दिवंगत की आत्मा को शान्ति मिलेगी। बात खत्म करते-करते उन्होंने धीरे से यह निमन्त्रण तथा आह्वान भी दिया कि सभी से निवेदन है कि टाउन हॉल के सामने वाले शादी हॉल में आयोजित पावस कवि गोष्ठी में कल अवश्य पधारें।

इनके बाद सलोनेजी हैं। कोई मरे, ये सबसे यही कहते हैं कि हम सबको उनके छोड़े गए कामों को पूरा करना होगा और उनके रास्ते पर चलकर ही हम सच्ची श्रद्धांजलि अर्पित कर सकते हैं। मान लीजिए कि आप किसी और रास्ते पर जा रहे हों, तो सलोनेजी का आग्रह रहेगा कि अब आप इस वाले पर आ जाएँ कि जो इनके मरने से खाली तथा सूना हो गया है। अभी भी वे यही कह रहे हैं।...लोगों के बीच दबी आवाज़ में बातें शुरू हो गई हैं। दफ्तर की। राजनीति की। गरमी की।...इधर सलोनेजी बता रहे हैं कि मरने वाला बहुत सा काम अधूरा छोड़ गया है, जिन्हें हम सभी को पूरा करना है। सलोनेजी के बताने से ऐसा प्रतीत हो रहा है कि मरने वाला काम तो हजारों चालू कर बैठता था, परन्तु उन्हें पूरा करते हुए उसकी नानी मरती थी।...सलोनेजी मरहूम की तेरहवीं तक भी रुकने को राजी नहीं हैं तथा चाहते हैं कि इस सभा के तुरन्त बाद ही हम उनके छोड़े गए कामों में हाथ डाल दें।

खुसफुस बढ़ गई है।

सभा चल रही है।

लोग बातों में लग गए हैं। एकाध ने मज़ाक-सा भी कुछ किया है। कुछ खी-खी, ही-ही, ठी-ठी भी। सभी अपने मौके की प्रतीक्षा में बैठे हैं। सभी को बोलना है।

अभी देर लगने वाली है। दिवंगत आत्मा को अपनी शान्ति के लिए थोड़ी और प्रतीक्षा करनी होगी। जल्दी निबटाने की कोशिश उचित नहीं होगी अन्यथा न बोल पाने वालों की आत्मा अतृप्त तथा अशान्त रह जाएगी।

गर्व के शरमाने का समय

वे साहब के मुँहलगे हैं और उन्हें इस बात पर गर्व है।

वे बॉस की सब्जी ख़रीदकर लाते हैं और मेम साहब की साड़ियों में फॉल लगवाया करते हैं–इन बातों पर भी उन्हें गर्व है। जब भी देखो, वे या साहब के चरणों में मिलते हैं या गोद में–और दोनों ही स्थितियों पर उन्हें नाज है। वे साहब के जूते का नाप जानते हैं तथा इस बात पर गर्व करते हैं कि उनके खुद के सिर का नाप साहब के जूते की साइज से कम है। वे गर्व करते हैं कि 'सरजी' उन्हें कभी भी नहीं टोकते कि तुम काम पर इतनी देर से क्यों पहुँचते हो? वे सिर उठाकर, तिरछी मुस्कान के साथ बताते हैं कि कल तो हम एक मिनट को भी ऑफिस नहीं आए और बाद में साहब अटेंडेंस रजिस्टर में हमारे द्वारा बनाई चिड़िया को देख-देखकर मुस्काते भी रहे; पर बोले कुछ नहीं। उनका दावा है कि दफ्तर में किसी भी उल्लू के पट्ठे में दम हो तो उनसे काम करा के दिखा दे! उनका दावा है कि इस बार भी प्रमोशन उनका ही होना है। वे जानते हैं कि वे बिना टाँगें हिलाए आगे बढ़ेंगे। उनकी चुनौती रहती है कि जिसको जो उखाड़ना है, सो उखाड़कर देख ले।...और इन सभी दावों पर उन्हें गर्व है।

वास्तव में जिन बातों पर आमतौर पर आदमी को शर्म आनी चाहिए, उन्हीं बातों पर इन्हें गर्व रहा आता है। वे चुल्लू भर पानी में डूबते नहीं और समन्दर में भी तैर जाते हैं। वे किसी सड़ी, पोली लकड़ी की भाँति भारतीय प्रशासनिक व्यवस्था के ठहरे पानी पर तैरते रहते हैं। वे उन बातों पर छाती फुलाए घूमते हैं, जिन पर क़ायदे से सिर के अलावा झंडा तक झुक जाना चाहिए। उन्हें गर्व करने के ठीक-ठीक मायने नहीं पता, या कि शर्म पैदा करने की मशीन ही ईश्वर ने उनके शरीर में फिट नहीं की है या कि यह मशीन कुछ ऐसी गड़बड़ फिट की है कि वे शर्म की जगह गर्व करते हैं और गर्व करने वाले कर्मों को फालतूफंड की ज़िम्मेदारी, यह कहना कठिन है।

पर उनको भी ग़लत कैसे कहें? इस देश में शनैःशनैः बहुत से शब्दों के अर्थ बदल गए हैं। याद कीजिए कि कभी आप ईमानदारी पर गर्व किया करते थे कि नहीं?

और अब? अब ईमानदार आदमी हर सेट-अप में एक लानत तथा लायबेलिटी माना जाता है। राजनीति में हो, या प्रशासन में—समझ में नहीं आता कि इस स्साले का किया क्या जाए? बातें होती हैं। साथी रोते हैं। ...यार अपने वे तो भैया ऐसे ईमानदार हैं कि क्या कहें; टेक्टफुल धेले के नहीं। उन्हें लगा दोगे तो सारा काम बिलोर देंगे। गर्व की बात होनी थी कि ईमानदार हैं, पर वही परेशानी का सबब भी है। गर्व इन पर होना था, पर उस पर किया जा रहा है जो परम तिकड़मी है, चीजें सेट करके रखता है, टेक्टफुल है, लोगों को मैनेज करना जानता है और सही जगह पर बैठे हर आदमी को पकड़कर रखता है।

अब गर्व करने वाली बातें या तो डराती हैं, या फिर हँसी का विषय बन रही हैं। दारू न पीने वाले पहले कैसे शान से यह बात बताते थे और आजकल इसी बात पर माफी माँगते, शरमाते फिरते हैं। लोग हँसी करते हैं कि भैया, बे आ रहे हैं सत्यवादीजी—स्साले से जरा सा झूठ बोलते नहीं बना कि कह देता कि साहब, हमने देखा ही नहीं। आप झूठ नहीं बोल पाते और आपकी इस कमी पर आपके सिवाय सभी शर्मिन्दा हैं। परिवार वाले कहा करते हैं कि ये तो ऐसेई हैं, पत्नी मुँह बिचकाती है और बॉस मानता है कि आप बिल्ली के गू हैं! आप चमचागिरी नहीं करते, अपने काम से काम रखते हैं, बेहद ईमानदारी से काम में लगे रहते हैं, समय पर दफ्तर पहुँच जाते हैं, बिना यह देखे लोगों की सहायता करते हैं कि वो आपके काम का आदमी है भी या नहीं—और मजेदार बात यह भी कि आपको इन बातों पर गर्व भी है, जिसे एक मज़ेदार बात मानकर लोग हँस रहे हैं कि यार कैसा तो मूरख है ये! बॉस भी उस दिन कहीं कह ही रहे थे कि यह काम तो बढ़िया करता है, पर घमंडी आदमी लगता है और प्रोटोकॉल्स नहीं समझता। इसकी सी.आर. कोई ऐसेई थोड़े ही बिगाड़ी बॉस ने। हमने तो भोत कहा कि सर, जाने भी दीजिए, पर बॉस बोले कि भई, ऐसे कैसे!

बड़ा गड़बड़ समय है यह।

गर्व करने के विषय बदल गए हैं। जिन पर गर्व किया करते थे, उनकी लिस्ट ही खारिज हो गई। शर्म करने वाली लिस्ट पर ही गर्व का ठप्पा मार दिया गया है। चमचे पहले भी होते थे। पर, तब, चमचा होना शर्म की बात कहाती थी। लोग छुपकर होते थे। कभी पूछो तो मना करने लगते थे कि हम ऐसे नहीं हैं। कभी चमचाई करते दिख जाएँ., तो शरमा जाते थे और कई दिन तक हें-हें करते फिरते थे। बॉस भी शरमाता था। खुलकर नहीं बढ़ाता था चमचों को। काम करने वाले मेहनती लोग चमचों पर हँस लेते थे। चमचे शर्मसार रहते और प्रायः झुककर चला करते थे। परन्तु दिन बदल गए हैं अब। चमचे गर्व करते हैं। गर्व से कहते हैं कि वे फलाँ के चमचे हैं और अभी दो मिनट में तुम्हारा पटिया उखड़वा देंगे। और अब

बॉस भी शर्मिन्दा नहीं होते। हाँ, काम करने में ही विश्वास रखने वाले अलबत्ता शरमाए-शरमाए घूमते हैं। वे अब गर्व नहीं करते। वे अपनी मेहनत और ईमानदारी पर गर्व करने में घबराते हैं कि कहीं ये चमचे जाकर बॉस को चुगली न लगा दें कि सर, ये स्साला जरा सा काम क्या करता है इसी पे बड़े भाव खाता फिरता है! बॉस का आपको पता ही है कि वे कितने सख्त हैं। चमचों के अलावा वे किसी को भी ठिकाने लगा सकते हैं।

सिफारिशी पत्रों की कला

स्कूली शिक्षा में सिफारिशी पत्र लिखना नहीं सिखाते, जबकि इस किस्म के पत्र लिखना सामान्य पत्र लेखन की कला से एकदम अलग मामला है। यह मात्र पत्र लेखन नहीं। और प्रेमपत्रों की भाँति भी नहीं कि जहाँ मूर्खता के प्रदर्शन का डर नहीं रहता, बल्कि सही तो यह है कि बिना मूर्खता प्रदर्शित किए बग़ैर ठीक सा प्रेमपत्र बनता भी नहीं है। सिफारिशी पत्र लिखना मानव मन में सेंध मारने की कला माँगता है, गो कि कुछ पत्र सीधे लट्ठमार शैली में भी सिफारिश करते हैं। बहरहाल, ऐसे पत्र लिखना सरल कार्य नहीं। नीचे कुछ सिफारिशी पत्र दिए गए हैं, जो इसके कला पक्ष तथा प्रभाव क्षेत्र को दर्शाते हैं :

एक

आदरणीय गोवर्धनजी,

पत्रवाहक श्री मूलरामजी के सुपुत्र ने इस साल आपके स्कूल से नौवीं की परीक्षा दी है। गणित में तनिक कमज़ोर पहले ही था, ऊपर से परीक्षा से ऐन पहले बेचारे को हैजा हो गया। स्वयं मूलारामजी दमा और भगन्दर से परेशान रहने के कारण बेटे की पढ़ाई नहीं करा पाते हैं। बेचारे मुसीबतज़दा हैं। अपने अभिन्न मित्र हैं। वो तो पता चला कि आप ही वहाँ सब देखते हैं तो तसल्ली हो गई। इस बच्चे की गणित की कॉपी दिखवा दें। पास तो करा ही देंगे, हो सके तो फर्स्ट क्लास खिंचवा दें। अरे, आपके रहते तो हम डिस्टिंक्शन भी माँग सकते हैं।

इधर आपने गनेशी बाबू को हमारे कने भेजा था, सो हमने उनकी फाइल तलब करके सारे गड़बड़ कागजात उनके सामने ही जलवा दिए थे ताकि उन्हें तसल्ली हो जाए। अब उन्हें कोई माई का लाल जेल नहीं भेज सकता। ऐसा कोई और कार्य भविष्य में भी पड़ें तो याद कर लीजिएगा। फाइलें जिस कमरे में रहती हैं, वहाँ की चाभी, और माचिस हम सदैव ही साथ रखते हैं।

आपका सेवक, राजाराम कुशवाहा, एलडीसी (परमानेंट)

दो

आदरणीय सिंह साहब,

हम धनेश्वर बाबू को आपके पास भेज रहे हैं। अपने सगे साढ़ू भाई हैं। थोड़ा-सा बलात्कार के केस में फँसे हैं। आपके थाने का ही केस है। हैसियत वाले आसामी हैं, पर समझ नहीं पा रहे कि किसको नोट-पानी पहुँचाएं। आप जानते ही हैं कि ज़माना ऐसा बेईमान हो गया है कि लोग रिश्वत लेकर भी काम नहीं करते हैं। वे आपकी ईमानदारी का किस्सा सुना रहे थे कि इलाके में वहाँ एक ही थानेदार की यह मशहूरी है कि रिश्वत ले ले तो जान लो कि काम होगा ही होगा। तब हमें आपका पता चला कि आजकल आप छतरपुर में हैं। गढ़ी मलहरा में सस्पेंड होने के बाद आप जब बहाल होकर हाट पिपल्या चले गए थे, उसके बाद दुर्भाग्य से आपसे सम्पर्क नहीं रहा। दया करके धनेश्वरजी से ही रिश्वत स्वीकार करें क्योंकि ये बता रहे हैं कि विरोधी लोग भी रिश्वत ले के घूम रहे हैं वरना बलात्कार वाली पार्टी की हैसियत ही नहीं थी कि थाने तक जा पाती।

आपका साथी श्री रामकरण चौबे (बाँदा वाले)

तीन

प्रिय खान साहब,

पत्रवाहक रमेश बहुत भरोसे का लड़का है और अपनी रिश्तेदारी में है। कृपया इसे दसवीं का अंग्रेजी तथा साइंस का पर्चा आउट करा दें। रेट ठीक-ठाक ही लें क्योंकि घर का मामला है। किसी और केस में बढ़ाके दिला देंगे। लड़का गोपनीय मामलों को समझता है, अतः चिन्ता न करें। वैसे पहिचानेंगे तो इसी लड़के को आपने आठवीं बोर्ड का गणित का पेपर भी दो साल पहले आउट कराया था। हो सकता है कि न भी पहिचान सकें क्योंकि आप तो बीसों को परचे आउट कराते रहते हैं सो हरेक की शक्ल कहाँ तक याद रखें, फिर इस उम्र के लौंडों की मोंछा आदि निकल आती है तो शक्ल भी पहले से एकदम अलग हो जाती है। आप भरोसा करके पैसा ले लें और काम करा दें।...ईश्वर आपको गोपनीय शाखा में परमानेंट बनाए रखे तो लाखों छात्रों का भविष्य बन जाएगा।

आपका हितैषीः रामौतार शुक्ला (सेवानिवृत्त हेडमास्टर)

चार

आदरणीय चौहान सा'ब, सादर बन्दे।

मैं अपने कज़िन ब्रदर को भेज रहा हूँ। बेचारे एक ज़रा से काम के लिए परेशान

हैं। ये अपने ससुर का तनिक मर्डर कराना चाहते हैं। यहाँ-वहाँ पैसा भी फँसा चुके हैं, पर काम हुआ नहीं। लोग पैसा ले के भी मर्डर नहीं किए और उनसे वापस माँगो तो उलटे इन्हीं का मर्डर करने की धमकी देते हैं। आप इस मामले में पूरे भरोसे के आदमी हैं। दूसरे मर्डरों से फुर्सत निकालकर तनिक इनका भी काम देख लें। सुना है कि आप कोई विदेशी पिस्तौल मँगाए हैं। न हो तो इनके ससुरजी से ही उद्‌घाटन कर डालें। बाकी आपकी मर्जी। हमें तो मर्डर से मतलब।

आपका प्रशंसक और ताबेदार : सिसोदिया (लवली पान भंडार वाले)

पाँच

परमआदरणीय डॉक्टर साहब,

पत्रवाहक श्री कृपाशंकरजी कोलारस में शिक्षक हैं। बेचारे बड़ी मुसीबत में हैं। आप मेहरबानी करके एक जाली सर्टीफिकेट दे दें कि चार-पाँच फरवरी को ये आपके नार्सिंग होम में भर्ती थे। इतने में इनका काम हो जाएगा। असल में इनने हेडमास्टर को दो लप्पड़ क्या मार दिए कि स्साले जाँच बिठा दिए हैं। उसी के सिलसिले में यह सर्टीफिकेट चाहिए। आपका लिखा तो विधाता भी नहीं काट सकता। आपने इधर भर्ती दिखा दी, तो उसी तारीख में पीटना अपने आप कट जाएगा, ऐसा स्वयं केस की इन्क्वायरी कर रहे मिश्राजी ने ही सुझाया है। सो अब आपका ही सहारा है। कृपा कर दें। नोट-पानी की चिन्ता न करें। व्यवस्था हो जाएगी।

आपका पुराना मरीज : करमचन्द अग्रवाल (हर्निया ऑपरेशन वाले)

छह

प्रिय मित्र रेवाशंकर हेडकान्स्टेबुलजी,

अपने परममित्र साहजो को आपके पास भेज रहा हूँ। मैं इनसे आपका जिक्र कर रहा था, तो इसरार करने लगे कि ऐसे बड़े आदमी से हमें भी मिलवा दो। उसी सिलसिले में ये आ रहे हैं। इनकी हार्दिक इच्छा है कि अगली बार थाने या अन्यत्र कहीं भी, जहाँ भी आप बलात्कार करें तो कृपाकर साथ लेकर इन्हें भी एक मौका दें। ये अपना मोबाइल नम्बर दें देंगे। एक से भले दो होते हैं, चाहे वह बलात्कार में ही क्यों न हो।

आपका चरणसेवक : राजू (जेबकट)

पत्र तो और भी हैं मेरे पास। परंतु फिलहाल इतने ही। कभी सिफारिशी पत्रों को कोर्स की किताब में रखने की सोचें, तो बन्दे को न भूलें।

सार्थक बयान के पीछे

सरकार बयान तैयार कर रही है।

किस बात पर?...किसी पर भी मान लीजिए। किसी देश में तख्ता पलट गया, या किसी मित्र या शत्रु देश में कहीं कुछ हो गया, या अमेरिका ने आदतन किसी को थप्पड़ ही जड़ दिया या टँगड़ी मारकर गिरा दिया–ऐसी ही कोई सी तो भी बात! पर ऐसी बातों पर रिवाज़ यही है कि सरकार को बयान प्रसारित करना होता है। सावधानी से चुने शब्द। गोलमोल सा अर्थ। या एकदम अर्थहीन ही। करना ही होता है प्रसारित। एक टोटका ही मान लें।

सो ऐसा ही कोई बयान तैयार करने की कवायद में ये चार लोग लगे हैं। सरकार के शीर्षस्थ लोग। बड़े अफसर, सलाहकार, राजनीतिज्ञ। बड़े लोग, जिनका जीवन ही बयानों में गुज़रा है।

'...' हम स्थिति पर नज़र रखे हैं'...अब इसके आगे?' एक सज्जन बयान का रफ ड्राफ्ट बनाते जा रहे हैं। उन्होंने ही पूछा।

'...यार, स्थिति पर नज़र रखे हैं–हमें तो यह वाक्य भी कुछ जम नहीं रहा।... क्यों न हम इसे पैनी या सतर्क नज़र लिख दें?' दूसरे ने सुझाव दिया।

इतना वाक्य अभी तक तीसरे ने अपने तईं बेहद गहन चिन्तन के बाद लिखवाया था, सो वे संशोधन से तुरन्त असहमत हो गए,...'पैनी या सतर्क नज़र से हमें बचना होगा। ऐसा कहते ही बयान कड़ा मान लिया जाएगा, जिसे शायद वे पसन्द न करें। हम उनके बुरा मानने की रिस्क नहीं ले सकते।'

बहस चल पड़ी।

नज़र यदि पैनी या सतर्क हो जाए तो बयान कितना कड़ा हो जाता है?... उदाहरण दिए गए। बताया गया फलाने मसले पर शुरुआत में हमने मात्र नज़र रखने वाला बयान दिया था। मसला खिंच जाने के बाद हमने पैनी नज़र रखने की बात की, तो उन्होंने हमें फ्रैंडलीनेशन की लिस्ट से ब्लैक लिस्ट कर दिया था। याद है कि नहीं?...यहाँ भी बड़ी ताकतें इनवाल्व हैं, सो हम पैनी दृष्टि की बात न ही करें, तो बेहतर।...सुझाव आया कि क्यों न सतत नज़र, गहन नज़र जैसा कुछ कर दें? अन्ततः

इस बात पर समझौता हुआ कि बयान यूँ चले कि हम स्थिति पर लगातार नज़र रखे हैं और सतर्क हैं। इससे होगा यह कि हम नज़र को सतर्क कहने से भी बच गए और अपना यह अधिकार भी सुरक्षित रख लिया कि जो आदमी नज़र रखेगा, वह सतर्क तो ऑटोमेटिकली हो ही जाएगा और ऐसा सतर्क होना कोई अनफ्रैंडली-एक्ट भी नहीं माना जा सकेगा।

चलिए, एक वाक्य तो फाइनल हुआ। अब आगे चलें?...आगे क्या लिखा जाए?

'क्यों न अब हम यह बात डाल दें कि सारे मामले पर दिल्ली ने चिन्ता प्रकट की है...?' दूसरे ने कहा।

'यार, चिन्ता की बात डालनी ठीक कहाएगी क्या?' किसी ने चिन्तित होकर कहा।

'खैर, चिन्ता की बात डाल तो सकते हैं। आफ्टरऑल फ्रैंड्स भी चिन्ता तो प्रकट कर ही सकते हैं। इससे कोई गलत सन्देश तो जाता नहीं। है कि नहीं?' दूसरे ने कहा।

'तो ड्राफ्ट में डाल दूँ कि हम स्थिति पर नज़र रखे हैं और हमें चिन्ता है...?' लिखने वाले ने पूछा।

'रुको भाई, जल्दी न करो.,' तीसरा पुराना अनुभवी है, सीनियर ब्यूरोक्रेट। कुछ देर आँखें मूँदकर सोचता रहा। फिर बोला, 'हमें बहुत ध्यान रखना होगा मित्रो! मामला संवेदनशील है। औरों ने भी बयान दिए हैं। उनके मद्देनज़र अब हमारे बयान पर सबकी नज़र रहेगी। सोचकर देना होगा।...यार, आप एक बार फिर से तो पढ़कर बताओ?...यहाँ तक तो ठीक ही लग रहा है। क्यों?'

दूसरा भी सोचता रहा। फिर बोला : 'मुझे लगता है कि नज़र और चिन्ता दोनों को जो हम मिला रहे हैं तो बयान तो ऑटोमेटिकली कड़ा हुआ जा रहा है। या तो नज़र ही रखे रहें या चिन्ता वाली बात टाल दें। दोनों को एक साथ कर देने पर बयान से भर्त्सना का स्वर उठ रहा है और हम अनावश्यक ही जजमेंटल हो रहे हैं...'

'वैसे दोनों बातें हैं अलग। चिन्ता है, तभी तो स्थिति पर नज़र रखे हैं। और यह भी गलत नहीं है कि आप किसी भी नज़र रखने लायक स्थिति पर नज़र धरो, तो आपका चिन्तित होना स्वाभाविक ही है। मेरा विचार तो है कि ऐसा करके बयान कड़ा तो ख़ैर नहीं बनता क्योंकि चिन्ता और नज़र की बात करके हम एक ही बात को तो कह रहे हैं।...' तीसरे ने कहा।

'जब एक ही बात है तो दो तरह से क्यों कहें? इससे तो यह सन्देश जाएगा कि हम वही बात न जाने क्यों बार-बार कह रहे हैं। इससे भी बयान फालतू ही कड़ा बन जाएगा।...' किसी और ने दूसरे के समर्थन में कहा।

'तो यार, आप ही लिखा दो...'

'ज़रूर-ज़रूर...लिखो भाई कि हम स्थिति पर नज़र रखे हैं...'

'वो तो एक घंटे से लिखा धरा है...'

'...अच्छा, अब सभी सहमत हों तो हम इसके साथ ही यह आशा व्यक्त कर सकते हैं कि मसले का शीघ्र ही कोई ऐसा हल निकल आएगा कि जो सभी पक्षों को मंजूर हो...?'

'...यह भी ठीक रहेगा, यदि हम इसी में कहीं लोकतन्त्र, मानवीय सरोकारों तथा शान्ति की स्थापना की बात भी डाल सकें क्योंकि ऐसी बातों से बयान मुकम्मल हो जाता है।'

'खैर, ये बातें तो किसी भी बयान में डाली जा सकती हैं...' किसी ने कहा।

'पर इन सबसे बयान लम्बा हो रहा है...'

'तो होने दो...उससे क्या?'

'यार, लम्बे बयान के पचास अर्थ निकाले जा सकते हैं, सो लम्बा करना ठीक नहीं। जितना संक्षिप्त रखें, ठीक रहेगा।'

'फिर?'

'फिर क्या? काटो यह सब।...साचते हैं कुछ और...'

वे देर तक विचार-विमर्श करते रहे।

आज ही सरकार ने जो बयान दिया है कि हम स्थिति पर नज़र रखे हैं, तो इसे छोटा-सा, यूँ ही दे दिया गया बयान न मान लें। बड़ी लम्बी और गहन चर्चा के बाद यह सार्थक बयान निकला है।

सरकार के सर्वश्रेष्ठ दिमाग जब अपना सर्वश्रेष्ठ लगा देते हैं, तो नतीजे ऐसे ही सार्थक निकला करते हैं।

सद्वचनों के झाँसे में

हमारे शहर में एक बड़ा-सा मैदान है।

यह मैदान इतना बड़ा है कि एक बार में पच्चीस-तीस हजार आदमी आ जाएँ। यहाँ वर्ष भर कुछ न कुछ प्रोग्राम चलते रहते हैं। इधर कुछ ऐसा संयोग रहा कि लगातार ही यहाँ किसी न किसी महात्मा के प्रवचन चले। भीड़ भी खूब रही। धर्मप्राण जनता का तो आपको पता ही है। मैदान खचाखच रहा। आस-पास गाड़ियों के हुजूम। सड़क तक कारें, जीपें, मोटरसाइकिलें। खूब बढ़िया-बढ़िया बातें कही गईं। जीवन जीने की कला से लगाकर परलोक सुधारने के तरीकों तक पर महात्मा लोग बोले। खूब प्रवचन चले। इतने सद्वचन बोले गए कि सुबह झाड़ू मारने वाला सभी को बटोर पाता, तो परमज्ञानी हो जाता। अच्छी-अच्छी बातें बोलीं उन्होंने। लोगों ने दिल लगाकर सुनी भी। हर बात पर मुंडी हिलाई। बात-बात पर वाह-वाह भी करी। भजन भी खूब गाए। झूमे। ध्यान भी किया। साँस खींची, छोड़ी भी। दास मलूका टाइप हो गए।...प्रवचनों के बाद निकले तो गाड़ी तक पहुँचने के दौरान ऐसे गम्भीर, ध्यानमग्न और अविभूत रहे कि गिरते-गिरते बचे। फिर अगले दिन भर यार-दोस्तों को भी बार-बार बताते रहे कि यार तुमने बड़ी तगड़ी चीज मिस कर दी। यू मस्ट हैव बीन देयर। रियली।...हर एक को बताया कि बड़ा डिवाइन अनुभव रहा यार। सच्ची। परम शान्ति का ऐसा अनुभव हुआ कि बस...। कमोबेश सभी ने यहाँ-वहाँ ऐसा ही कहा।

फिर?

फिर तो भैया, शहर के नागरिकों के जीवन में क्रान्तिकारी बदलाव आ गए होंगे? आदमी एकदम से बदल गया होगा? है कि नहीं? अचानक ही प्रेमभाव बढ़ गया होगा? चिपट जाते होंगे चाहे जिससे? और प्रेम इतना बढ़ा होगा, तो थाने वाले तो पाँव पसारकर बैठते होंगे? सही कहा न हमने? चोर-डाकू चोरी का माल-मत्ता सिर पर लादकर वापस ला रहे होंगे और कान पकड़कर क्षमा माँगते होंगे कि हमने जो चोरी के चक्कर में आपकी खिड़की की ग्रिल और जाली काट दी थी, उसका पैसा तो हम आपको दे पाने की स्थिति में अभी नहीं हैं, परन्तु यह माल वापस लेकर हम

पर अहसान करिए प्लीज।...अचानक ही लोग सच्चरित्र हो गए होंगे, तो कई दीगर किस्म की कठिनाइयाँ भी सामने आ गई होंगी, जिनका ज़िक्र आपके चरित्रवान होने के कारण तथा रचना को अश्लील होने से बचाने की कोशिश के कारण हम यहाँ नहीं कर पा रहे। यह भी हुआ होगा कि सभी एक-दूसरे की स्त्री को माँ मानने लगे होंगे, जिससे यह परेशानी आई होगी कि सब स्वतः एक-दूसरे के बाप भी बन गए होंगे। सभी सत्य बोलने का संकल्प ले लेने के कारण चुपचाप मौन रहने लगे होंगे क्योंकि सच बोलने पर जूते चल जाएँगे और प्रेमभाव के बढ़ जाने के कारण जूते चलाए नहीं जा सकते।

कितनी कठिनाइयाँ हो गई होंगी? क्यों भाई साहब? है कि नहीं?

सन्तो-महात्माओं के झाँसे में आकर आदमी यदि सचमुच ही बदल जाए तो दुनिया कैसे चले? महात्माजी कह गए हैं कि झूठ न बोलो। ऐसे में वह गवाही वकालात और अदालत का क्या करे? जिनका चार जगह प्रेम-सम्बन्ध झूठ पर ही चल रहा है, वे क्या चारों से एक बार में जूता खा लें, या अलग-अलग खाएँ? महात्माजी जीवों पर दया करने को बता गए। अब वो सिपाही क्या करे, जो जीव से साक्षात्कार डंडा लेकर ही करता है? अरे, हम स्वयं अपनी बताते हैं आपको। हम सत्य का संकल्प ले लें, तो मर जाएँ। सच्ची कह रहे हैं आपसे। ऐसे ही जीवों पर दया तथा प्रेम की बात। हमारे ही मोहल्ले में दो कुत्ते तथा तीन आदमी ऐसे खूँखार टाइप जीव हैं कि यदि इन पर महात्माजी का फॉर्मूला फिट करें तो आदमी स्वयं दया का पात्र बन जाए। एक बार ऐसे ही एक प्रवचन से लौटते में, सद्वचनों के वशीभूत हमने एक कुत्ते को प्यारपूर्वक पुचकारने की कोशिश की थी। वो गुस्सा था, या यूँ ही कुत्तागिरी पर उतारू था, या फिर किसी कुतिया द्वारा अभी-अभी दुत्कारा गया था—पता नहीं; परन्तु वह एकदम से झपट पड़ा और पुचकारने वाले हाथ को ही दबोचने के लिए उछला। वो तो अच्छा रहा कि हमने लात भी तैयार ही रखी थी क्योंकि हमें पता था कि कुत्ते ने महात्माजी का प्रवचन नहीं सुन रखा था और सांसारिक अनुभवों ने हमें सिखाया था कि किसी को भी पुचकारो, तो लात भी तैयार रखो। वही बात यहाँ काम भी आई।

खैर, ये बातें तो छोड़ें। आप तो यह बताए कि फिर हुआ क्या? सद्वचनों के असर में इस तरह कहीं शहर बदला होगा, तब तो बड़ी परेशानियाँ हुई होंगी? क्यों सा'ब?

अरे नहीं। ऐसा कुछ नहीं हुआ। होने का टाइम ही नहीं मिला। इसी मैदान ने स्थिति सँभाल ली, ऐसा कह सकते हैं। हुआ यह कि इन प्रवचनों के तुरन्त बाद इसी मैदान में पहले तो दो सप्ताह तक दशहरा मेला लग गया, फिर एक सर्कस लगा रहा, फिर दो राजनीतिक दलों की जंगी रैलियाँ आयोजित हो गईं तथा एक डांस तथा फैशन

शो भी हो गया। इन आयोजनों का नतीजा यह हुआ कि शहर के नागरिकों के विचार पुनः अपनी वाली पर लौट आए तथा सत्संग से शहर पर उठा खतरा पूरी तरह टल गया।

कुछ नहीं बदला। शहर सद्वचनों के झाँसे में नहीं आया। कुछ भी नहीं बदला। सब वही रहा। शहर मानता है कि सन्तों का काम तो सन्तवाणी बोलना होता ही है। वे बोलते हैं। बोलेंगे ही। हम सुन लेते हैं। बोलने वाले को सुनने वाले भी लगते हैं कि नहीं? उन्हें सुनने वाले भी चइये कि नहीं चइये? चइये ही। इत्ते बड़े मैदान में अकेले बैठकर तो नहीं बोल सकते हैं न वे? है कि नहीं? तो यही सोचकर हम सुनने बैठ जाते हैं। हमारा बैठना भी सार्थक काम हुआ न। न बैठते, न सुनते तो वे बेचारे किससे बोलते? ज्ञानी आदमी तो बोलता ही है सा'ब। बोले बिना उसको चैन नहीं आता। उसे तो बोलना ही बोलना। और सद्वचन ही बोलना है वापड़े को। और हमको सुनना ही सुनना। गाना, गजल, नारे, भाषण भी तो हम इत्ती भीड़ लगाकर ही सुना करते हैं। तो महात्माजी को सुनने आई भारी भीड़ से यह भ्रम न पाल बैठना कि सद्वचनों से दुनिया बदल जाएगी। आदमी सद्वचनों के झाँसे में नहीं आता। वह जानता है कि सद्वचनों को मैदान में छोड़कर ही आना है। उसके घर और जीवन में पहले ही इतना अल्लम-गल्लम सामान भरा पड़ा है कि सद्वचनों के लिए उसके पास जगह ही नहीं बची है।

ठंड में कुत्ता-फजीहत

ऐसी शीतलहर तो यार पूरे कुत्ता-जीवन में नहीं देखी अपुन ने।

कैसी तेज ठंड और कितनी गीली हवा। धूप पूँछ दबाए न जाने कहाँ छुपी रहती है। कोहरा दिन भर जीभ लटकाए डटा रहता है और सूरज किसी दब्बू कुत्ते-सा लगता है, जिसके होने-न होने से किसी को फर्क नहीं पड़ता। कॉलोनी के बूढ़े आदमी दिन भर बाहर धूप में बैठे, खड़े या पड़े रहते हैं—हाथ या बगल में डंडा धरे। यार, हम कुत्ते खुद ठंड से इस कदर परेशान हैं कि तुम टाँग भी सामने धर दो तो काटने को कौन उठेगा। पर आदमी को कुत्तों पर भरोसा ही नहीं। हाथ में डंडा लिये रहता है। शाम होते-होते कॉलोनी में सन्नाटा हो जाता है। रात आठ-नौ बजे तक तो, सभी लोग घरों में दुबक जाते हैं। बस, यहाँ-वहाँ बरामदों में जलती बत्तियाँ, बुझी-धुँधलकी सी स्ट्रीट लाइट्स, कोहरा, सन्नाटा, अँधेरा और सूनी सड़कें। रात दस-ग्यारह बजे तक तो सर्दी भरा मौसम एकदम कुत्ताघसीटी करने पर उतर आता है। अजब कुत्ती ठंड है भाई इस बार।

उपरोपक्त विचार उस कुत्ते के हैं, जो रात के कोहरे में ऐसी ही सन्नाटे भरी ठंडी रात में किसी डरावनी फिल्म की आत्मा टाइप भटक रहा है। कुत्ते के विचारों से सहमत होना आवश्यक नहीं, पर आप भी यह तो मानेंगे ही कि इस साल ठंड कुछ ज़्यादा ही हुई पड़ी है। जब आपका यह हाल है, तो हमारी इस कथा के उस सड़कछाप कुत्ते की सोचिए। कुत्ता-जीवन उसका। थुक्का-फज़ीहत और कुत्ता-फज़ीहत से लबरेज़। कौन सा उसके पास लिहाफ है या घर। यूँ ही पूरी रात काटनी है सड़कों पर उसे। अब आप यहाँ यह मत कहने लगिएगा कि ऐसे तो कितने ही गरीब-गुरबा आदमी भी सड़कों पर ठंड की रातें काट रहे हैं। काटते होंगे यार। पर यह कहानी इस कुत्ते की है। उसी की रहने दें। उस दिन एक सुप्रसिद्ध आलोचक महोदय टीवी पर हिन्दी लेखकों की भर्त्सना करते हुए यही तो कह रहे थे कि हिन्दी लेखक मार्केट और पॉपुलर कल्वर की चीजें तो लिखता नहीं और गरीबों का रोना लिखता रहता है, फिर कहता है कि किताबें नहीं बिकतीं! तो कहानी को ठंड और कुत्ते पर ही रहने दें क्योंकि मार्केट में ठंड का डर तथा कुत्तों की अहमियत बरकरार रहने वाली है।

बहरहाल, कहानी यह है कि सर्द रात में कँपकँपाता कुत्ता सड़क पर भटक रहा है।

थोड़ा दौड़ लिया जाए, तो शायद कुछ गरमी आए।...दौड़ने लगा है कुत्ता। दिशा हीन दौड़। किधर तो भी। यूँ ही। यहाँ से वहाँ, और अचानक ही पलटकर फिर कहीं और। तेजी से भाग रहा है कुत्ता। हाँफ गया। गरमी भी आई और शिकार पर झपटने की बढ़िया प्रैक्टिस भी कर ली। कुत्ते को कभी यूँ ही भागते दिखें तो जानिए कि वे रियाज़ या नेट-प्रैक्टिस जैसा कुछ कर रहे हैं। कुत्ता फिर भागा। भागता ही चला गया। सीधा। तिरछा-टेड़ा। घूमकर। बीच में। किनारे से। अचानक ही बाडंड्री वॉल से निकले तार में उलझ गई उसकी टाँग। छिल गई खाल। ठंड की चोट का तो आपको पता ही है। कैसी कल्लाती है। झन्ना गया कुत्ते का पाँव। थोड़ी देर तक तो पें-पें करता गोल गोल घूमता रहा। 'मर गए रे' कहने का कुत्ते यही तरीका है। फिर जीभ से चाटता रहा वहाँ। गरम जीभ से कुछ सुकून तो मिला। चोटों की वैसे भी बहुत परवाह नहीं करता वह। चोटें तो लगती रहती हैं। कुत्ता जीवन। कभी दूसरे कुत्ते से, तो कभी किसी ने पत्थर सन्ना दिया या कभी कुतिया ने पलटकर काट लिया, तो कभी भागते हुए यूँ ही। सो कुत्ता चोट को भूल सड़क को देख रहा है। चुपचाप खड़ा है।

कॉलोनी की सड़क पर कोहरा, हलकी स्ट्रीट लाइट, अँधेरा-उजाला और निचाट सन्नाटा है।

कहीं कोई दिख नहीं रहा। बाकी के कुत्ते कहाँ निकल लिए यार? कुत्ता चिन्तित है कि सर्दी के चक्कर में कहीं उससे कुत्तागिरी का कोई दिलचस्प अवसर न निकल गया हो। कहाँ गए कल्लू, भूरा, टामी, टाइगर वगैरह? कुतिया भी नज़र नहीं आ रही। वैसे भी आजकल बहुत भाव बढ़ गए हैं दारी के। नखरे तो देखो। उस दिन हम तनिक पीछे-पीछे क्या चल दिए, तो ऐसी दाँत निकालकर गुर्राई हम पर कि...। हद है। न छेड़ेंगे भाई। पास की कॉलोनी में जाकर किसी और को छेड़ेंगे। वहाँ तो तीन-तीन हैं। और वहाँ तक जाएँगे, तो गरमी ही आएगी। पर बात तो अभी की है। इस समय कुछ और कुत्ते होते, तो भागते एक दूजे के पीछे। भौंकते। काटते-कूटते। पसीना आता। सर्दी भागती।

खामोश खड़ा है कुत्ता। सर्द रात में।

कोहरे में डूबी सड़क पर दूर से कोई आदमी आता दिख रहा है। अब मजा रहेगा। वह भौंककर पीछे लग जाएगा इस आदमी के। पहले चुप रहेगा और एकदम पास आने पर ही अचानक झपटा जाएगा। जम्प मारूँगा अचानक। फिर थोड़ा आगे, थोड़ा पीछे। पीछे भागते हुए डराया जाएगा इसे। काटेंगे नहीं बेचारे को। ठंड भरी रात में कहाँ डॉक्टरों के चक्कर लगाएगा। बस, मजे लेकर जाने दिया जाएगा।...आदमी पास आ गया है। ओवरकोट डाले। हाथ में टार्च और डंडा। डंडा देखकर सन्ताई पर उतर आया है कुत्ता। पवित्र विचारों से पूँछ तलक भर उठा कुत्ता। अरे छोड़ते हैं। जाने देते हैं। काहे परेशान करो किसी को। कितनी तो सर्दी है। बेचारा इतनी सर्दी में न जाने किस मुसीबत में घर से निकलना पड़ा है इसे।...कुत्ता किनारे दुबक गया क्योंकि

हो सकता कि आदमी के विचार ऐसे पवित्र न हों और निकलते हुए यूँ ही मौज में डंडा फटकार दे। आदमी का भरोसा नहीं कि कब कुत्तेपन पर उतर आए।

इस साल कुछ ज़्यादा ही ठंड है। दो साल पहले भी ऐसी ही पड़ी थी। जीभ बाहर निकालकर चलो तो जीभ तक अकड़ जाती थी। कभी कोई कुतिया प्यार भरी नज़रों से देख भी ले तो टाँगे ठंड में ऐसी जकड़ी रहती थीं कि चाहकर भी पीछे जाते नहीं बनता था। उसी ठंड में तो कुत्ते के बाप भी मरे थे। ट्रक के पहिए में पीछे की टाँगें आ चुकी थीं, तो चलना-फिरना पहले ही नहीं-सा था। घिसटते फिरते थे। कुत्ताघसीटी, साक्षात। फिर, दूसरे कुत्ते भी उनकी फजीहत करते थे। छुपकर बैठे रहते थे। जो मिला, खा लिया। जैसे बहुत बूढे आदमी पड़े रहते हैं न। वैसे ही। कमज़ोर थे ही। ऊपर से कड़ाके की ठंड। रात भर चुपचाप एक करवट पड़े रहे और सुबह-सबेरे एकदम जकड़े-अकड़े मिले। खेल खत्म। कुत्तो का तो यही किस्सा जनाब। कुछ वैसी ही ठंड है आजकल। इस साल न जाने कितने बूढ़े, कमज़ोर कुत्ते, कुत्ते की मौत मरने वाले हैं। कौन पूछता है सड़क के कुत्तों को? सड़क के आदमी को ही कौन पूछता है यार। कुत्तों की तुमने ऐन कही!

गीली ठंड है। सड़क गीली हो रही है। गीली हवा। ओस बैठ रही है कुत्ते के बालों और खाल पर। तीखी हवा, मानो किसी ने फेंककर पत्थर मारा हो। धुंध। अँधेरा। रात। अकेलापन। डरावनी, विषाद भरी रात।...डिप्रेशन में जा रहा है कुत्ता। उसका मन कर रहा है कि जोर जोर से रोये। रोने लगा कुत्ता। कुत्तों का तो यही। सोचते नहीं आदमी की तरह। मन में आया और फटाक देनी कर भी डाला।...रो रहा है कुत्ता। बल्कि जोर-जोर से रो रहा है कुत्ता। रात के सन्नाटे में उसके रोने की आवाज़ मानो आसमान तक भर गई। दूर, कुछ और कुत्ते रोने लगे। कुत्तों का सामूहिक रुदन उधर से और इधर से इस कुत्ते की रुलाई।

सड़क किनारे एक बँगला बन रहा है। अधबना घर। बजरी। पत्थर। सीमेंट। लोहा-लंगड़। ईंटों की बनी, टीन की छत वाली झोंपड़ी में, पतली-सी रजाई में गुड़ी-मुड़ी लेटे चौकीदार को ठंड के कारण वैसे ही नींद नहीं आ रही। ऊपर से इस कुत्ते का रोना। और रोता ही चला जा रहा है स्साला। असगुनिया। बहुत देर से पेशाब अलग लगी है। ठंड के मारे उठने की नहीं बन रही। पर अब इस कुत्ते का तो कुछ करना ही होगा।...आदमी झोंपड़ी से बाहर निकला। अन्दाज से ही पत्थर उठाकर सन्ना दिया उसने। अँधेरे में भी एकदम सटीक लगा है निशाना। कुत्ता पें-पें करता भागा है और भागता ही जा रहा है। कुत्ते की फ़ज़ीहत करके आदमी पेशाब करता हुआ मुस्कुरा रहा है। क्या बढ़िया मारा स्साले को। अचानक झुरझुरी-सी आई है आदमी को।...कितनी ठंड है स्साली—आदमी ने सोचा है। कुत्ते की आवाज़ नहीं आ रही। कहीं, ठंड में काँपता चाट रहा होगा चोट को।

फलाने परसादजी का शताब्दी-वर्ष

आजकल मैं ऐसे आदमियों की फिराक में घूम रहा हूँ, जिनको पैदा हुए सौ साल हो चुके हों।

सौ साल पहले का आदमी आपके बड़े ही काम का, क्योंकि इसका शताब्दी-वर्ष मनाने का सुभीता है। बस, वो थोड़ा महापुरुष टाइप का होना चइए। मान लो कि ज़्यादा महापुरुष न भी रहा हो, तो भी चलेगा। थोड़-सा भर हो। माने कि रुपए में बारह-तेरह पैसे भर निकल आए। बाकी का उसे हम बना देंगे। शताब्दी वर्ष मनाना हो तो इत्ता तो करना ही होगा। हम तो कहते हैं कि देश के लेबल का न मिले, तो कम से कम तहसील लेबल का तो हो बापड़ा। फिर तो हम सिद्ध करते रहेंगे कि वे थे तो राष्ट्रीय स्तर के महापुरुष परन्तु उन्होंने अपना जीवन तहसील में ही गुज़ार दिया और मोहल्ले के स्तर पर उनकी राष्ट्रीय किस्म की ही छवि रही। किसी भी क्षेत्र का महापुरुष चलेगा। किसी पर कभी महापुरुषाई का सन्देह भी हुआ हो, तो वह भी चलेगा। पर शर्त यही है कि पट्ठा चाहिए हमें सौ साल पुराना। कैलेंडर के हिसाब से सूट कर जाए, बस। सरकार हमारी है। बजट हमारे पास है। सरकारी तन्त्र हमारी मुट्ठी में है। फाइल क्लीयर होते देर न लगेगी। कमाई का बढ़िया चांस है। बस, आप तनिक सौ साल पुराने कोई छोटे-मोटे महापुरुष का जुगाड़ भर करा दें।

कोई भी चलेगा। किसी भी क्षेत्र का चलेगा। हम किसी भी तरह के कैसे तो भी महापुरुष का शताब्दी-वर्ष मनाने को लालायित घूम रहे हैं। कोई भी रहा हो। हिन्दी का लेखक तक चलेगा। हम उससे भी काम निकाल लेंगे। कोई भी रहा हो। कोई भीऽऽ। हमें उसकी महापुरुषाई से भी कोई खास मतलब नहीं। हमें मतलब नहीं कि वह नेता था, या समाजसेवी, चिन्तक, सुधारक, ऊधो, माधो या कोई उल्लू का पट्ठा ही। बस, असल चीज यह कि वह जो भी हुआ हो, हुआ सौ साल पहले था। जनाब, यह सौ साल पहले होना आसान बात नहीं है। हर कोई नहीं हो सकता। सौ साल पहले होने के लिए सौ साल पहले होना पड़ता है। मज़ाक समझा हुआ है क्या? चलिए, आप अभी हो के बता दो? सौ साल पहले पैदा होना ही विलक्षण बात है। अस्सी-नब्बे साल पहले भी हो सकते थे। पर उनकी महापुरुषाई देखिए कि ठीक सौ

साल पहले हुए वरना हमें कोई और खोजना पड़ता। मान लो कि आप वास्तव में ही महापुरुष रहे, पर सौ साल में अभी आपके दो साल कम पड़ रहे हैं, तो फिर आप हमारे किस काम के? तब तक तो यह सरकार बदल जाएगी और वे सेक्रेटी साहब भी रिटायर हो लेंगे कि जिनसे हमें शताब्दी वर्ष के नाम पर फंड खींचने की उम्मीद है। तब? तब क्या हम इन महापुरुषजी का अचार डालेंगे भैया? बड़ी बात महापुरुष होना नहीं है। बड़ी बात है कि वह सौ साल पहले का माल चाहिए। न एक साल इधर, न एक साल उधर हो। सर्टीफाइड माल चाहिए। भई शताब्दी-वर्ष मनाने बैठे हैं हम।

सही बताएँ आपको? हम तो हर साल महापुरुषों की लिस्ट खँगालते हैं। कोई मिल जाए जो सौ साल वाला हो। मिला कि हम शुरू हुए। शताब्दी-वर्ष मनाने में कितना तो तामझाम लगता है भाई साहब। आसान चीज नहीं। पब्लिक के बीच अलख टाइप जगानी पड़ती है उसकी। प्रायः तो जनता भूल ही चुकी होती है कि बात किसकी चल रही है? कई होते भी ऐसेई हैं। इतना भर आइडिया होता है कि यह बन्दा सौ साल पहले पैदा हुआ था। और मज़ेदार बात यह कि मात्र यही बात पब्लिक को अविभूत भी कर डालती है। अपने देश में, जिसे अपने प्राचीन होने पर वैसे भी बड़ा गर्व रहता है, जूनी पुरानी चीजों की बड़ी कद्र है। लोग फख्र से बताया करते हैं कि यह हमारे दादाजी के ज़माने की साइकिल, कुर्सी, मकान या लोटा है। लोटे का लोटा होना महत्त्वपूर्ण नहीं। महत्त्व है उसके जूने पुराने होने का, फिर वह चूँता ही क्यों न हो, परन्तु पुराना होने के कारण आदणीय है। बस, इसी भावना के वशीभूत होकर तथा इसी का लाभ उठाकर हम किसी का भी शताब्दी वर्ष उठाकर मनाने लगते हैं। ऐसा करके अपनी परम्परा से, जो हमेशा उज्ज्वल होती ही है, जुड़ने का जो सुखद भ्रम पैदा होता है, उसे बोनस मान लें। अभी हमारे जैसे ही एक धन्धेबाज मित्र उस दिन एक प्रपोजल लेकर पधारे कि हम फलाने साहब का शताब्दी वर्ष मना रहे हैं, सो आपको भी एक दिन उसमें शिरकत करना है। मैंने सहज संकोच में यह पूछ लिया कि ये थे कौन और बेचते क्या थे? वे आँख मारकर बोले कि यार, अभी तक तो यही पता चला है कि आप सौ साल पहले पैदा हुए थे–शेष बातों का पता हमको तथा आप जैसे विद्वानों को लगाना है। हो सकता है कि शताब्दी-वर्ष में आयोजित विमर्शों से कुछ निकल ही आए। कोशिश करना अपना काम है। फंड इतना मिल गया है कि कुछ तो निकालना ही पड़ेगा। आप जैसे चार विद्वान, टीए-डीए. लेकर क्या नहीं निकाल सकते? निकालते ही रहते हैं। निकालिएगा। इस बहाने से मित्रगण बैठ भी लेंगे। महापुरुष के सौजन्य से दारू पार्टी का बढ़िया इन्तजाम हो जाएगा। और क्या चाहिए यार एक महापुरुष से? जान लोगे क्या बेचारे की? और वो भी कैसे ले सकोगे क्योंकि वो तो पहले ही मर चुका है।

तो कोई ढंग का तो खैर नहीं मिला हमें, परन्तु इधर एक फलाने परसादजी मिले हैं, जिनका शताब्दी-वर्ष मनाने की ठानी है हमने। ठीक से आदमी थे वे। कुछ मित्रों ने, जिन्हें फलानेजी के विषय में आग-लूगर भी पता नहीं है, उन पर बढ़िया आलेख तैयार कर लिए हैं। वे हर साल करते हैं और कइयों पर करते हैं क्योंकि कइयों का मनता भी रहता है। वे लोग इसी की खाते हैं। फलाने परसादजी की एक कामचलाऊ सी जीवनी भी तैयार कर ली गई है। उनके गाँव के फोटू-सोटू भी खिंच गए हैं। एक पुराने मकान की फोटू भी कहीं से मिल गई है, जो इनका बताया जाएगा। पैतृक निवास बताने का बड़ा असर होता है कि देखो तो, कहाँ तक खोज करी है बेचारों ने। कुछ पुराने फोटू भी मिल गए हैं, जिनमें ये फलाने परसादजी कुछ-कुछ करते दिखाए गए हैं। अच्छी बात यह है कि तस्वीरें पीली, घिसी और धुँधली सी हैं। इनमें फलाने और ढिकाने परसादजी के बीच के अन्तर का पता ही नहीं चलता। हमने इन्हीं में कुछ ऐसी ही, और फोटुएँ भी घुसेड़ दी हैं, जिन्हें हम पहले भी यहाँ-वहाँ प्रयोग कर चुके हैं। पता नहीं चल पाता। सौ साल पहले के किसी आदमी का ठाठ खड़ा करना ऐसा कठिन काम भी नहीं। दो-चार लोगों ने, न जाने कहाँ से उनके संस्मरण भी एकत्रित कर लिए हैं, जिन्हें सुनकर पता चलता है कि स्वर्गीय फलाने परसाद जी बड़े दृढ़ निश्चयी, ईमानदार, कृतसंकल्प, चरित्रवान तथा स्वाभिमानी वगैरह तो थे ही, विनोद वृत्ति वाले भी थे। सभी महापुरुष होते ही हैं। उनकी विनोदवृति के किस्से चलते हैं। फलाने परसादजी के विनोदपूर्ण किस्सों की एक बुकलेट भी निकाली जा रही है। बनाने वाले ने इसमें कुछ विनोदपूर्ण किस्से तो नाम बदलकर गांधीजी वाले ही डाल दिए थे, जो हमने हटवाए कि यार, ये किस्से सबको पता हैं। अब वो चुटकुलों की किताबों से कुछ और देख रहा है।

तो तैयारी तो पूरी है। बस, फलाने प्रसादजी का पूरा नाम-धाम पता चल जाए, तो इस बार का शताब्दी-वर्ष उनके नाम पर।

बुरे दिन : कुछ अच्छी-बुरी कथाएँ

एक

कहा कि कक्का, वोट अपने दाऊजी को ही देना।

चुनाव के टाइम पर सभी कक्का। सभी अम्मा। सभी भौजी।

मौका आ ही जाए, तो बाप भी।

सो हाथ जोड़कर कहा स्सालों से कि देना अपने दाऊजी को ही वोट।

जानते हैं कि क्या जवाब दिया बदमाश बुढ़ऊ ने?

कहने लगा कि सोचकर बताएँगे।

बुरे दिन आ गए हैं कि वोटर भी सोचने लगे हैं।

दो

'हम तो वी.आर.एस. ले रहे हैं यार...'

'काहे को फालतू में रिटायरमेंट लेते हो भैया, लगे रहो नौकरी में?'

'यार...दफ्तर में काम का वो माहौल ही नहीं बचा...'

'कैसे?'

'बुरे दिन आ गए हैं। हरामी लोग कहते हैं कि दफ्तर टाइम पर आया करो। बताइए भला!

तीन

बाप ने जवान बेटे को सिगरेट पीते देख लिया।

बुरे दिन आ गए हैं कि इतनी कम उम्र के लौंडे सिगरेट पी रहे हैं।

सही कहा आपने।

बुरे दिन तो आ ही गए हैं कि बापों से इत्ता नहीं होता कि कभी ऐसा कुछ दिख जाए, तो मुँह दूसरी तरफ घुमा लें।

चार

सस्पेंड हो गए। इन्क्वॉयरी बैठ गई। ऑफिस अटैच हो गए। कल तक जिनके पेशाब से चिराग जलते थे, आज उनकी गली में ही अँधेरा हो गया।

जब तक रहे, दोनों हाथों से बटोरा। माल बनाया। नोट छापे। मलाई काटी। रेट वाजिब रखे, पर वसूलने में कोताही नहीं की।

ठीक कहा आपने। पर यह भी तो देखें कि उन्होंने काम सबका किया। हेल्पिंग नेचर के आदमी थे। पैसा लेते थे, तो काम पक्का करा देते थे। बाई हुक या बाई क्रुक।...बड़ा हुशियार अफसर था साहब।

कलम का पक्का। इत्ता नाम ऐसे ही नहीं था।

और साहब, कभी अकेले नहीं खाया। सबको बराबर हिस्सा दिया, पहुँचाया। टाइम पर लिफाफे।

समय पर पेटी। भाभीजी को गहने। ऊपर से लेकर नीचे तक। कभी किसी का हिस्सा नहीं मारा।

चपरासी तक का खयाल।

बुरे दिन आ गए हैं कि ऐसा भला अफसर सस्पेंड हो गया।

पाँच

घूमते-घूमते एक दिन मिल गए अच्छे और बुरे दिन।

होने लगी बातें। गप्प-सड़ाका। कैसे क्या? और प्यारे? बस बढ़िया बॉस। ऐसी बातें।

बुरे दिनों ने बताया कि अपने तो अच्छे दिन कट रहे हैं।

अच्छे दिनों ने कहा कि अब इतने अच्छे दिन नहीं रहे अच्छे दिनों के।

'और कब आ रहे हो यहाँ?'

'हम तो तुम्हारे पीछे ही खड़े रहते हैं यार। तुम हटे नहीं कि हम आए।'

एक ने दूसरे से कहा।

छह

राजा नंगा घूम रहा था।

'राजा घूम सकता है नंगा'—मानती है ऐसा प्रजा।

नंगा राजा भी अन्ततः होता तो राजा ही है और नंगा राजा भी आपको फाँसी पर टँगवा सकता है, जानती है ऐसा प्रजा।

राजा होता तो है नंगा, पर चाहता नहीं कि कोई उसे नंगा कहे।

और हमने कह दिया कि राजा नंगा है।

राजा के कारिंदे तभी से हल्ला मचा रहे हैं कि दिन कितने बुरे आ गए हैं कि लोग 'बिलो द बेल्ट' हिट करने में भी नहीं शरमाते।

उन्हें कौन कहे कि नंगे बेल्ट नहीं बाँधते।

पितृ-ऋण

एक था बाप। वैसा ही जैसा कि अपने तरफ हुआ करते हैं। नाम लालाराम रख लें।

बच्चे थे उसके। रहे ही होंगे। बिना बच्चों के बाप कैसे बनता?

बाप बूढ़ा हुआ। और बच्चे बड़े हो गए। इत्ते कि बाप की उपयोगिता पर विमर्श कर सकें तथा उसके होने-न होने के लाभ-हानि जान सकें।

बूढ़ा बाप अक्सर कहता रहता कि पता नहीं, ईश्वर उसे कब बुलवा ले। ऐसा कहकर वह अपने ही मजाक पर हँसता और बच्चे दूसरे तरफ देखकर मुँह बिचकाते। क्या कहें। बुढ़ापा, और बुढ़ापे की चुतियापे की बातें। पर कौन टोके और कैसे टोके? आखिर बाप ठहरा।

उससे भी बड़ा पेच यह कि मकान बूढ़े के नाम पर है। और मकान बड़े मौके का है।

अपनी तरफ मौके के मकान का मतलब है ऐसा मकान कि जो या तो बाज़ार में हो, या बाज़ार के पास, या कुछ ऐसा कि जिसमें दुकानें निकाली जा सकें।

इसी कारण बच्चे बूढ़े बाप की बड़ी इज्जत करते हैं। और चारा भी तो नहीं।

आपको पता ही है जनाब कि इन स्साले बुड्ढों का भरोसा नहीं रहता। कब क्या सनक आ जाए। लल्लो-चप्पो करके न रखो, तो मरते-मरते मकान किसी मन्दिर या कुत्ते-बिल्ली के नाम कर जाएँ। पढ़ते ही होंगे आप ऐसी ख़बरें। सठिआया आदमी कब क्या कर जाए। आप बूढ़े बाप की ठुकाई भी नहीं कर सकते। समाज स्साला 'एप्रूव' नहीं करता। दकियानूस समाज।

सो बच्चे लालाराम को सहन कर रहे थे कि जिसका था मौके का मकान।

एक दिन बच्चों ने लालाराम को घेरा। पुटियाया। पुचकारा। उसके सम्मान में ऐसे चँवर ढुलाए कि हवा में बाल उड़ने लगे। बच्चे समझदार। बुढ़िया को साथ रखा। माँ प्रैक्टीकल किस्म की है। बूढ़ा ढीठ-सा है, पर पत्नी का कहा टालने की हिम्मत नहीं। क्या बात है? लालाराम ने पूछा। बच्चे चाहते हैं कि कुछ 'एक्स्ट्रा इनकम' का जुगाड़ हो जो वैसे भी आजकल देश में घर-घर की चाह तो है। सब लगे है। हमें तो आसान है। मकांन मौके का है। साथ के मित्र धिक्कारते हैं कि तुम कैसे मूरख

हो रे, जो ऐसा मकान होते हुए भी आज तक यों ही बैठे रहे। सामने के हिस्से में दुकानें निकाल लो। बेचो। किराए पर चढ़ाओ।

पर बूढ़ा जो दिन भर घर के सामने के लॉन में बैठा बागबानी करता रहता है, उसका क्या होगा?

अरे, यही तो हमारी प्रॉपर्टी का प्लस-पॉइंट है (बुढ़ऊ) बढ़िया पार्किंग-स्पेस निकल आएगी। आपने उस ज़माने में सामने इत्ता बड़ा लॉन बनाकर जो दूरंदेशी दिखाई, वह आज दुकानों का भाव बढ़ाने के काम आएगी। और बागवानी का क्या। कमरे मे चार गमले धर दो और खूब करो बागवानी। कुछ प्लास्टिक के फूल लटका देंगे। आजकल तो ऐसे बढ़िया प्लास्टिक के फूल-पत्ते आते हैं कि स्साली तितली तक धोखा खा जाए।

बूढ़ा चुपचाप देखता रहा और बन गई दुकानें सामने।

अब लालाराम पीछे की तरफ से घर में घुसते। सामने से दरवाजा रखा ही नहीं। ढाई-तीन फीट की जगह कौन बिगाड़ता। उत्ते में तो पान की एक गुमटी लग जाती है साहब!

लालाराम मानो अचानक और भी बूढ़े हो गए। अपने आपमें बड़बड़ाते रहते। बूढ़ों का आपको पता ही है। जाने क्या तो भी बड़-बड़ करते रहते हैं। अच्छी बात है कि बूढ़े का कमरा पीछे है। कोई सुनता नहीं। बोलते रहो अंट-संट। बाहर पता ही नहीं चलता। बच्चे घर में सुनकर भी अनसुना कर देते हैं। बाप की ठुकाई नहीं कर सकते, इस मजबूरी की चर्चा हमने की ही। वैसे, पीछे वाले कमरे में यदि वे ठुकाई कर भी देते, तो बाहर पता न चलता। पर नहीं की। बच्चे इज़्ज़त करते हैं न बाप की। अभी उससे और भी काम निकालने हैं भैया।

बच्चों ने कुछ समय बाद बाप को फिर घेरा। बुढ़िया जानती है कि ज़माना बच्चों का है, सो उसने भी समझाया। कुछ और एक्स्ट्रा कमाई का संयोग बना है। एक बिल्डर दोस्त निकल आया है। बिल्डरों का आपको पता ही है। वे मौके के मकान वालों के दोस्त निकल आते हैं। चार मंजिल का स्ट्रक्चर खड़ा करने का प्लान है। खुद का मकान पहिचान नहीं पाओगे पिताजी।

कागज पर दस्तखत चाहिए बाप के।

बड़बड़ाता बाप मौन हो गया। पर वाह रे बाप! चूम लूँ पोपला मुँह तेरा। कर ही दिए पेपर्स पर हिलते हाथों से हस्ताक्षर।

अब बन रहा है चार मंजिला। पहली और दूसरी मंजिल पर दुकानें, ऑफिस, कोचिंग वालों के लिए हॉल-वॉल। टॉप-फ्लोर पर रहेगा अपना फ्लैट। वही रहेंगे पिताजी ठाठ से। सातवें आसमान पर। भगवान के करीब। बूढ़े के घुटने दर्द करते हैं, सो कैसे उतरेगा? यार लिफ्ट लग रही है। वैसे भी कौन सा बार-बार चढ़ना-

उतरना। वहीं टरेस पर घूमें। धरवा देंगे उनके गमले वहीं। डालकर कुर्सी, बैठें। ताकें आसमान। बूढ़े के दोस्तों के भी घुटने बोल चुके हैं। वे कैसे चढ़ेंगे? तो न आएँ यार। अब कुछ तो 'कम्प्रोमाइज' करना होगा न?

मकान तेजी से बनने लगा।

लालाराम उससे भी तेजी से बूढ़ा होने लगा। बुड्ढा, शुड्ढा होने लगा। बूढ़ा अब बड़बड़ाता नहीं। पड़ा रहता खटिया पर चुपचाप। सुनता रहता खट-खट। फिर न जाने क्या-क्या बकवास करने लग गया। बच्चे निकलें आसपास से तो गरियाने लगता। लात मारकर एक दिन गमला ही गिरा दिया। तब बच्चों ने एक दिन बता ही दी उसे उसकी औकात। कहा कि चुपचाप बैठे रहा करो, नहीं तो लगाएँगे एक लात। सुनकर बूढ़ा सन्न रहा गया। बुढ़िया ने समझाया कि मकान के पेपरों पर दस्तखत करने के बाद बापों को अपनी हैसियत पर हमेशा गौर करना चाहिए।

मकान पूरा हुआ ही था कि बूढ़ा मर गया। चुपचाप, सोते-सोते। भगवान ऐसा बाप सबको दे। बच्चों के लिए इत्ता किया। अब बच्चे बेचैन हैं कि पितृऋण कैसे चुकाएँ कि समाज कहे कि वाह!

बिल्डर मित्र ने उपाय सुझाया।

चार मंजिला 'शॉपिंग-कॉम्प्लेक्स' का नाम 'लालाराम टॉवर्स' रख दिया गया है।

पितृ-ऋण पूरा हुआ।

मौत के बहाने जीवन की कहानियाँ

1. गरीब की मौत

एक हुआ करता था गरीब आदमी। किसी को उसके होने की भी ख़बर नहीं थी। रहा आता था।

एक दिन वह मर गया।

बात निकली तो किसी ने यूँ ही पूछ लिया कि यार वह कैसे मर गया?

कोई क्या बताता? किसी को जब ये ही पता नहीं था कि वह जी कैसे रहा था, तो अब मरने पर कोई क्या बताए कि कैसे? कोई नहीं जानता कि वह मरा कैसे?

2. अमीर की मौत

एक हुआ करता था अमीर आदमी। दूर-दूर तक नाम। सभी को उसकी ख़बर।

एक दिन वह मर गया।

खूब बातें चलीं। सभी ने पूछा। सभी ने बताया। किसी ने कहा कि हार्ट अटैक से मरा।

एक बोले कि हार्ट अटैक का तो बहाना, वरना मरा तो जहर खाने से है। घर में ही किसी ने दे दिया। या शायद खुद खा लिया। किसी सौदे में तगड़ा घाटा हुआ था शायद। बड़े तनाव में जीता था साहब। कितनी सिगरेट। कितनी शराब। देखा ही होगा आपने।

सबने कुछ न कुछ बताया। सबको पता था कि वह कैसे जीता था। सब बता रहे थे कि वह मरा कैसे होगा।

3. मरने जैसा जीवन

'जीना है तो मौत को पास फटकने ही मत दो।'

इस साधारण से प्रतीत होते सिद्धान्त के तहत वैज्ञानिक ने एक असाधारण मशीन बना डाली।

इस मशीन में घुसकर बैठ जाओ, अन्दर से खटके-सटके दबाकर उसका दरवाजा बन्द कर लो, फिर कभी बाहर ही न निकलो तो मौत अन्दर नहीं फटक सकती थी। आदमी मशीन में घुसकर बैठा रहे तो मौत उसका कुछ भी बिगाड़ नहीं सकती थी।

वैज्ञानिक इस अमर-यन्त्र में घुसकर बैठ गया। वहीं रहा। रहता ही रहा। कभी बाहर झाँका तक नहीं। दुनिया से दूर। लोगों से अलग। स्वयं के जीने में मग्न। स्वयं की अमरता पर मुग्ध।

वह ऐसे ही जीता चला गया। जीता ही गया। जीता ही चला गया।

पता नहीं कि आज भी जी रहा है कि नहीं। किसी ने पता ही नहीं किया। जी भी रहा हो तो क्या? दुनिया को उसके ऐसे जीने से क्या मतलब?

4. मौत का भय

'मैं मर तो नहीं जाऊँगा डॉक्टर?' डॉक्टर का हाथ ज़ोर से पकड़े हुए पूछ रहा है वह बहुत बूढ़ा मरीज़।

बूढ़े को लकवा है। दिखता पहले से ही नहीं। मोतियाबिन्द का ऑपरेशन बिगड़ गया था, अब तो ख़ैर बिस्तर से ही लगा है। वहीं डिब्बे में टट्टी-पेशाब। पड़े-पड़े, पीठ में घाव हो गए हैं। बुखार चलता रहता है। खाओ तो उलटी हो जाती है। बच्चे आते नहीं। कोई पूछता नहीं। तिरस्कृत-सा पड़ा रहता है वार्ड के कोने वाले पलंग पर। ठीक होने की गुंज़ाइश नहीं।

उस बूढ़े का जीवन बेहद कष्ट वाला। कभी-कभी कहता भी है कि हे प्रभु, उठा ले।

पर जब-जब, जो भी डॉक्टर पास आता है, उसी का हाथ पकड़कर एक ही प्रश्न पूछा करता है कि कहीं मैं मर तो नहीं जाऊँगा?

क्यों पूछता है वह ऐसा? पूछो तो बताइएगा नहीं। पर मान लो कि बताता तो क्या कहता?

कहता कि 'क्योंकि जीवन हर हाल में मौत से सुन्दर है, शायद इसीलिए।' क्या खयाल है आपका?

5. अमरता की गोली

एक वैज्ञानिक ने अमरत्व की एक गोली बना ली। न जाने ऐसे किस अलभ्य तत्त्व से बनाई कि फ़िर वह तत्त्व धरती पर बचा ही नहीं। गोली भी खाने वाली नहीं थी।

ऐसी थी कि जेब में धरे रहो तो अमर रहोगे। हाँ, जेब से गुमा दी, गिर-गिरा गई या किसी ने पॉकिट मार दी तो गोली का असर और आपका अमरत्व समाप्त।

बड़ी परेशानी में पड़ गया वैज्ञानिक, अमरत्व की गोली पाकर।

हर समय धुकधुक सी लगी रहे। कहीं कोई मेरी गोली चुरा न ले? कहीं गोली टपक न जाए। वह बार-बार जेब में हाथ डालकर तसल्ली कर लेता। नींद न आती। करवटें बदलते रातें निकलतीं। हर करवट पर गोली टटोल लेता। पत्नी के साथ अन्तरंग क्षणों में भी अचानक गोली याद आ जाती। रात में लाइट जलाकर गोली देख लेता। घर में पचास ताले मारकर रखता। कोई चोर आकर गोली न ले जाए। दोनों हाथ जेब में डालकर गोली पकड़कर चलता। चौंक चौंक जाता। बैठे-बैठे उछल जाता। टटोले और गोली हाथ न आए तो पसीने से नहा जाता।

अमर तो हो गया, पर जीवन नरक बन गया उसका। ऐसे ही जीना पड़ेगा क्या? सोचकर घबराने लगा वह। फिर एक सुबह वह न जाने क्यों घर की छत पर गया तो उसने उगता हुआ सूर्य देखा। उसने पाया कि सुबह कितनी सुखद और सुहावनी है। पंछी गा रहे थे। हल्का सा हवा का झोंका। स्कूल को जाने के लिए बच्चों की टोली किलकारी मारती हुई निकली। कहीं रेडियो पर संगीत की लहरें। नीला आसमान। पेड़ों के झुंड।...जीवन कितना सुन्दर है और मरने के डर में वह इसी को नहीं देख पा रहा है। हद है! लानत है यार! उसने सोचा।

उसने जेब में हाथ डाला। अमरता की गोली टटोली। तसल्ली की कि गोली है। हाथ बाहर निकाला। गोली मुट्ठी में थी। फिर जोर से वह गोली फेंक दी उसने हवा में। उड़ती हुई गोली पेड़ों के झुरमुट में जाकर गिरी और खो गई।

अब ठीक है—बहुत खुश होते हुए खुद से ही कहा उसने।

मूर्खता से कमाई

बजट पेश करने का वार्षिक कर्मकांड अभी सम्पन्न हुआ। वित्तमन्त्री ने बहुत सी गतिविधियों को टैक्स के दायरे में लाने की कोशिश की। लाए भी। परन्तु अभी भी हम अपने जीवन में, बहुत सी ऐसी चीजें, खुलेआम या फिर घर में दरवाजा उढ़का कर आड़ में कर रहे हैं कि जिन पर टैक्स लगाया जा सकता है। वैसे तो वित्तमन्त्री स्वयं ही ऊल-जुलूल सोचने में सक्षम हैं—बल्कि इस क्षेत्र में, कई मायनों में वे मुझे भी मात दे जाते हैं—फिर भी, मैंने इस दिशा में बजट पूर्व तथा बजट पश्चात् चिन्तन किया है। कुछ जोरदार विचार मेरे दिमाग में उठे हैं। वित्तमन्त्री के साथ आप लोग भी देख लें। जैसे भी हैं, प्रस्तुत हैं।

क्यों न हम मूर्खता पर टैक्स लगा दें? यह विचार उठा है।

मेरा विचार पहली नज़र में मूर्खतापूर्ण नज़र आ सकता है। पर सोचकर तो देखें। आदमी की फितरत है कि वह दिन-भर ही मूर्खता करता फिरता है। अब मूर्खता करने पर आपको टैक्स देना पड़ जाएगा। टैक्स लगेगा तो देश में मूर्खताएँ कम होंगी, या कि कम से कम लोग अपनी मूर्खता को सार्वजनिक करने से बचेंगे जैसा कि हमारे बहुत से कवि-सम्मेलनों में आपने कवि लोगों को करते देखा ही होगा। टैक्स लगेगा, तो घबराएँगे। जितने का लिफाफा मिला उससे ज़्यादा टैक्स वाले ले जाएँगे क्योंकि आपकी मूर्खता आला दर्जे की रहती है और वे, आमदनी के दर्जे की भाँति ही, मूर्खता पर भी अलग-अलग स्लेबों में टैक्स लगाएँगे। बड़ी मूर्खता पर बड़ा टैक्स, छोटी पर कम, और बज्र मूर्खों पर दो प्रतिशत का सरचार्ज अलग से। लगाकर तो देखिए। आदमी घर से निकलेगा, तो पत्नी पीछे से आवाज़ देकर हिदायत देगी कि तुम सौ-पचास रुपए अलग से डालकर जा रहे हो कि नहीं क्योंकि तुम्हारा भरोसा नहीं कि कहाँ मूर्खता कर बैठो! इस बात पर, स्वयं को सदैव ही बुद्धिमान मानने वाला पति उससे मारपीट करना चाहेगा, परन्तु करेगा नहीं क्योंकि सरकार एक टैक्स पत्नी के साथ मारपीट पर भी लगाकर रखेगी ही! तब? तब वह पत्नी को जोर से घूरकर निकल जाएगा क्योंकि घूरकर देखने पर फिलहाल कोई टैक्स नहीं लगा है!

वैसे घूरकर देखने पर भी यदि टैक्स का सिलसिला चला दिया जाए, तो आइडिया बुरा नहीं है।

दो रुपए प्रति मिनट के हिसाब से लगा दीजिए। दुश्मनी से घूरे, तो तीन रुपए और प्यार से घूरने पर अठन्नी का कनसेशन। इससे दुश्मनी महँगी हो जाएगी और दुनिया में प्रेम भाव बढ़ेगा जैसा कि गांधीजी भी चाहते थे। प्रेम में घूरने को एकदम से पूरा टैक्सफ्री करने की माँग उठ सकती है, परन्तु वित्तमन्त्री का तर्क सही है कि प्रेम किया है तो आदमी को खर्चे तो उठाने पड़ेंगे। प्रेम में जब आप जुदाई की आग और बेवफ़ाई की बर्छियाँ बरदाश्त कर जाते हैं, तो यह बरदाश्त तो कर ही लेंगे। जो छुपकर घूरने की कोशिश करें, सरकार उन पर पेनल्टी की व्यवस्था कर सकती है। घूरने के अलावा यदि तिरछी नज़र पर भी लगे हाथों टैक्स लगा दिया जाए तो एक ही सोर्स से दोगुनी आमदनी निकल आएगी क्योंकि जब ये तिरछी नज़र मारेंगी तो वे तो इनको घूरते फिरेंगे ही, जैसी कि प्रेम में रिवायत है। कटारी टाइप के नयनों पर तनिक ज़्यादा तथा कजरारे नयनों की तिरछी नज़र पर काजल-सरचार्ज। माना कि इससे उनके हुस्न में कमी आ सकती है और वे टैक्स से डरकर काजल आदि बन्द कर सकती हैं परन्तु यह देखा गया है कि सौंदर्य प्रसाधनों पर कितना भी टैक्स लगा दें, वे चूँकि अपनी असली शक्ल की असलियत जानती हैं, सो लगाना बन्द नहीं करतीं। वे लगाती रहेंगी। आप मूर्खतापूर्ण बातें न करें।

देखिए कि फिर से मूर्खता की बात निकल आई गो कि हम इसे पीछे छोड़ आए थे। मूर्खता का यही है। यह रह-रहकर आपको पकड़ती है। हम मूर्खता पर टैक्स लगाने की सम्भावनाओं की चर्चा कर रहे थे। लगाएँ, तो साहब ऐन कमाई हो! परन्तु यह बुद्धिमानी वाला प्रश्न भी आपने ऐन उठाया कि कौन मूर्ख यह तय करेगा कि मूर्ख कौन और उसकी मूर्खता कितनी? कठिन बात तो है। मूर्खता में यह टंटा तो रहता है कि मूर्ख आदमी इतना भी मूर्ख नहीं होता कि वह अपनी मूर्खता स्वीकारे। आदमी अपनी मूर्खता को काले धन-सा छुपाता फिरता है। सरकार को कोई उपकरण बनवाना पड़ेगा—'मूर्खता मीटर' टाइप—कि जिसे आदमी के माथे अथवा बगल में थर्मामीटर की तरह लगाकर सीधे ही मूर्खता नाप ली जाए। बल्कि हम तो कहेंगे कि स्केल पर एक तरफ मूर्खता की मात्रा तथा दूसरी तरफ उतनी मूर्खता के लिए आपको कितना टैक्स भरना होगा, यह आता जाए, तो मूर्खता मीटर सफल कहाएगा। बगल में लगाया, मूर्खता नापी, टैक्स लाएयबिलिटी देखी, फॉर्म चौदह-पन्द्रह-सत्रह-पच्चीस आदि भरे, टैक्स जमा की पावती ली और निकल लिए। अब कोई तनाव नहीं। अब आप मूर्खता करने के लिए स्वतन्त्र हैं। अब आपकी मूर्खता सरकार द्वारा मान्यताप्राप्त है। कोई आपकी मूर्खता पर उँगली नहीं उठा सकता क्योंकि लोगों को सरकार द्वारा मान्यता-प्राप्त बहुत-सी बेवकूफ़ियों को जीवन भर बरदाश्त करने की आदत होती है।

मूर्खता के टैक्स के दायरे में आप सभी को ले सकते हैं। आदमी बिना हो-हल्ला किए दे भी देगा। वह नहीं चाहेगा कि इस बात का शोर हो। वह चुपचाप देगा। वह नहीं चाहेगा कि प्रचार हो कि मूर्खता की मद में उसने सर्वाधिक टैक्स बड़ी ईमानदारी से दे दिया। मूर्ख था, तभी तो ईमानदार था—कहेंगे समझदार लोग। तो ईमानदारी पर भी टैक्स लगा दें, तो कैसा रहे प्यारे? यार, मूर्खतापूर्ण बातों पर फिलहाल टैक्स न भी हो, तो भी ऐसी बातें न ही करें। इस देश में ईमानदारी पर टैक्स लगाओगे, तो सरकार को कितनी आमदनी हो पाएगी? एक तो गिने-चुने लोग ही ईमानदार, और जो हैं भी, वे भूखे-नंगे। प्रायः तो टैक्स देने की स्थिति में ही नहीं। अभी तो आप मूर्खता से शुरू करें। हम आपको और भी बताएँगे। टैक्सों का यही तो मजा है। ये कभी खत्म नहीं होते। एकदम मूर्खता की तरह।

पुरातन राजा-रानी की आधुनिक प्रेम-कथा

संयोग-शृंगार रस में डूबती-इतराती रानी ने राजा से पूछा कि क्या तुम भी मेरे लिए ताजमहल बनवाओगे?

'पहले मरो तो...', राजा कह सकता था, पर उसने कहा नहीं।

समझदार है राजा। जानता है कि अभिसार के पलों में नायिका ऐसी ऊटपटाँग बातें करती ही हैं। इतना बड़ा रनिवास उसने ऐसे ही मेंटेन नहीं कर रखा है। रानियों की बातों को वह अगर इतनी ही गम्भीरता से लेने लग जाए, तो आधा ख़ज़ाना तो ताजमहलों और गहनों-लत्तों में ही निबट जाए। सो, समझदार राजा ऐसी बातों का कुछ ऐसा जवाब देता है कि कोई लायबिलिटी न बन सके बाद में।

'तुम पर ऐसे सौ ताजमहल कुर्बान...', राजा ने ऐसा ही जवाब दिया। रानी प्रसन्न हो गई। राजा भी खुश। कौन-से सचमुच ही सौ ताजमहल कुर्बान करने हैं। चूक गया, वरना तो राजा हजार कहने वाला था। कविता और प्रेम की भाषा के यही तो मजे। लोग सुन लेते हैं, पर निभाने को नहीं कहते। राजा का मन तो लगे हाथों कदमों पर सितारे डालने की बात भी कहने को हो आया था—बल्कि चार दिन पहले वह किसी नायिका से ऐसा कह भी चुका है शायद। कहीं इसी से तो नहीं कहा था? कहना कठिन। प्रेम में ये पिटी सी प्रतीत होती बातें हमेशा ही प्रासंगिक मानी जाती हैं और वास्तव में कभी नहीं पिटतीं। ऐसी बातें मजा भी पूरा देती हैं और खर्च धेले भर का नहीं लगता।

'धत!' रानी ने कहा।

राजा ने आलिंगन और कस लिया। 'धत' का और कोई समुचित उत्तर उसे तुरन्त सूझा नहीं। उत्तर होता भी नहीं। राजा स्वयं को प्रेम, काम-केलि आदि का विशेषज्ञ मानता है जैसा कि ज़्यादातर राजाओं को स्वयं के विषय में भ्रम रहा आता है। भ्रम क्यों? भ्रम न होता तो भला क्योंकर रानी का सेनापति से प्रेम-प्रसंग चल रहा होता! रानी का प्रेम-प्रसंग, सेनापति से? सच्ची?...और क्या। सभी को ज्ञात है। तब तो मित्र यह बड़ी जटिल बात हो गई न कि ताजमहल तो माँग रही है राजा से और प्रेम चला रही है सेनापति से! धन्य ही कहाया यह तिरिया चरित्र! औरतों का

कुछ भी पता नहीं चलता मित्र।...और भैया, आदमी भी स्साला कौन सा दूध का धुला। राजा को ही देख लो। अब राजा की तो किससे कहें कि जिसकी पचास रानियाँ, परन्तु फिर भी नित्य नई कन्या पर नज़र। ऐसे में रानी का क्या तो दोष कि सेनापति से प्रेम कर बैठी।...मित्र, धीमे बोलिए। खुद तो मरेंगे ही आप, हमें भी मरवाएँगे। राजा ने सुन लिया तो? हमें क्या करना भैया। बाल-बच्चे वाले आदमी हम। राजा सौ औरतें धरे और रानी जो करे, सो करे–हम टंटे में क्योंकर पड़ें?

पर यह छोड़कर आप तो मूल दृश्य पर लौटें।

दृश्य यों कि रानी है राजा की बाँहों में, और प्रेम-व्यापार चल रहा है।

'सच्ची बताना कि तुम अभी जो शिकार पर दस दिन जंगल में लगाकर आए, तो इतने दिनों में कभी एक बार भी हमारी याद आई थी?' रानी ने खूब इठलाते हुए पूछा है। वैसे, ऐसे प्रश्न इठलाकर ही पूछने का रिवाज़ चला आता है। उत्तर में राजा ने उसे चूम भर लिया।

फिर एक बार और चूमकर बोला राजा कि शिकार की छोड़ो हम तो युद्ध में भी जाते हैं तो तम्बू में तुम्हारी तस्वीर लटकाकर रख छोड़ते हैं।

'सच्ची?' रानी ने और भी इठलाकर कहा। वो करे भी क्या–स्थिति इठलाने वाली ही है।

'और नहीं तो क्या!' रानी भी कितनी आसानी से मूर्ख बन जाया करती है–राजा ने सोचा और यह सोचकर ही उसे प्यार हो आया रानी पर। उसने रानी को और जोरों से भींच लिया। भींचे जा रहा है। भींच विशेषज्ञ कह लें उसे।

रानी ने भिंचे-भिंचे ही पूछ लिया, अचानक, 'सुना है कि तुम फिर से युद्ध पर निकल रहे हो?'

'किसने बताया तुम्हें? राजा ने चौंककर पूछा।

राज्य में कॉन्फीडेंशियल डिस्कशंस का ये हाल है कि स्साला अभी रामगढ़ पर आक्रमण का प्लान ही तैयार हो रहा है और ख़बर रनिवास तक! हद है!

रानी सटपटा गई। कैसे कहती कि कल रात ही सेनापति ने स्वयं ही बताया था उसे।

रानी लीपापोती करने लगी, 'पटरानी को किसी ने बताया था, ऐसा किसी दासी को कोई बता रही थी कि कोई और रानी उसे बता रही थी...।' राजा मान भी गया। उसे अपने सिस्टम की पोल-पट्टी का पता है।

'रामगढ़ पर हमले की सोच रहे हैं बहुत दिनों से, सो तय किया है कि कर ही डालें...' राजा बताने लगा। लड़ता ही रहता है युद्ध, राजा। रामगढ़ की राजकुमारी पर नज़र है राजा की। रानी जानती है युद्ध के निहितार्थ।

'आप बड़े बहादुर हैं...' रानी ने प्यार से देखकर कहा तो राजा निहाल।

हो, या न भी हो, पर राजा को बहादुर कहते रहना ही उचित है। दाम्पत्य-रहस्य जानती है रानी।

राजा परसों ही युद्ध को निकलेगा। साथ में राज-नर्तकी को ले जाने की व्यवस्था वह कर चुका है। मजा रहेगा।

जितना इठलाया जा सकता था, उतना इठलाकर रानी ने कहा, 'अरे, परसों ही! परन्तु हम तो अभी सेनापति से नित्य तलवार चलाना सीख रहे थे। अब वे आपके साथ युद्ध पर चले जाएँगे, तो हम तो फिर से सब भूल जाएँगे।

रानी ने इठलाकर देखा। सब कुछ ठीक से इठलाने पर ही निर्भर।

राजा ने चुम्बन तथा अन्य प्रेमोचित कार्य करते हुए कहा, 'तो हम उसे चार-पाँच दिनों के लिए यही छोड़कर जाएँगे। वो बाद में दूसरी टुकड़ी के साथ पहुँच जाएगा। सिखाकर ही निकलेगा वो यहाँ से...।'

राजा सोचकर ही प्रसन्न है कि रास्ते में चार-पाँच दिनों तक, किसी नदी किनारे पड़ाव डालकर राज-नर्तकी के साथ अभिसार किया जाएगा।

इधर रानी भी उन चार-पाँच दिनों की सोच रही है कि जब सेनापति के साथ वो यहाँ अकेली छूट जाएगी।

राजा और रानी दोनों खुश हैं।

दोनों को एक दूसरे पर बहुत प्यार आ रहा है।

राजा और रानी का प्यार जारी है।

राजा और रंक

राजा बिराजा है बीच में और उसके चहुँओर हैं चिन्तक।

विदूषक को आज का 'ऑफ' दे दिया गया है।

राजा जब भी चिन्तकों के संग बैठक जमाता है, तब विदूषक को छुट्टी दे देता है। इसका अर्थ यह तो नहीं कि ऐसे में चिन्तक ही विदूषक का काम भी देख लेते हैं? कह पाना कठिन। स्वयं चिन्तकों को यह ख़बर नहीं कि सत्ता उन्हें इनाम-इकराम देती तथा उनकी सुनती अवश्य है, परन्तु मूलतः उन्हें विदूषक ही मानती है। या शायद ऐसा न मानती हो। राजा ने कभी साफ-साफ बताया नहीं है चिन्तकों को। और वे भी डर के मारे पूछते नहीं। राजा मुँहफट्ट ठहरा। कौन अपनी भद्द पिटवाए। यों ही। फालतू।

चिन्तक पिए बैठे हैं। राजा साहब कभी बुलाते हैं, तो यह तो है साहब कि बुद्धिजीवी की ख़ातिरदारी पूरी करते हैं। स्टेट की सबसे बढ़िया वाली मदिरा। जितनी पीनी हो, पियो। बाप का माल। राजा रोकता नहीं। सुराही धरवा देता है बीच महफिल। पर आज कुछ ज़्यादा ही हो गई। वो तो पीछे मसनद है कि सँभले हुए हैं। वैसे, चिन्तकों की कैपेसिटी भी खूब है। रोज ही मुफ्त की मिल जाए तो कैपेसिटी बढ़ ही जाती है। शुरू में नाली-वाली में गिर-गिरा जाते थे। अब सँभले रहते हैं। नदी के बगल से निकल जाते हैं। कभी पैर-वैर पड़ जाए, यह अलग बात। पर मुँह बचा ले जाते हैं। क्या कहने!

राजा ने मदिरा पात्र नीचे धरा और सामने लगभग लुढ़के चिन्तक से अचानक ही पूछ लिया कि तुम लोग जो अपनी कविताओं, कहानियों तथा ऐसी ही दीगर हरकतों में रंक लोगों की बड़ी चर्चा किया करते हो, तो सच-सच बताओ, तुम्हें बाप की कसम, कि हमारे राज्य में इत्ते रंक हैं भी कि बस यूँ ही?

चिन्तक घिघियाने और चिन्तियाने के बीच का कुछ अजीब-सा करने लग गया।

बोला, 'अपनी कसम न धराएँ मालिक।...वैसे, राजा एक तो रंक लाखों होते ही हैं।'

'हमारे राज्य में इतने रंक हों, यह बात तो राजा के तौर पर हमारे लिए बदनामी

का कारण हुई। क्यों जनाब?' राजा ने एक और से दरयाफ्त किया।

फिर तो सभी घिघियाने, चिन्तियाने, बड़बड़ाने लगे।

सभी उतर पड़े चर्चा में। नमक भंजाने से लेकर आगे की सेटिंग ज़माने के मौके, ऐसी ही फिज़ूल की अमूर्त चर्चाओं के दौरान निकालने पड़ते हैं। गोलमोल सिद्धान्तों की अललटप्पू भाषा में राजा के मन की बात कहने में उस्ताद हैं सभी।

'रंक तो रहते ही हैं मालिक। दुनिया की यही रीत। हमने अपने एक गीत में भी यही कहा...'

'गीत रहने दो। वैसे ही सिर फटा जा रहा है।'

'सिर दबा दूँ सरकार? या चंपी? या...'

'रहने दो। वैसे तुम चंपी बढ़िया करते हो। परसों जो तुम्हें दो स्वर्णमुदाएँ हमने इनाम में दीं, वो कविता के लिए नहीं, बल्कि चंपी करने की तुम्हारी कला के लिए ही दी थीं।...'

'मेहरबानी कृपानिधान...रंक का ज़िक्र है तो हमारा यही निवेदन है कि राजा की शोभा ही तब होती है कि जब चारों तरफ रंक हों।...'

'पर लाखों तो न हों। लाखों रंक घेर लें, तो डर लगता है। फिर आप लाख शोभादार हों, लाखों की भीड़ में दिखेंगे कैसे?'

तभी एक ने मौका देखकर दूसरे को काटा।

कहा, 'वैसे हमारा विचार है दयालु कि स्टेट में इतने रंक है नहीं कि जितना हल्ला मचाया जाता है।'

'कौन हरामी झूठा हल्ला करता है, तनिक समझाकर तो कहो क्योंकि हमारी तलवार, जो इस समय न जाने कहाँ तो छूट गई है, रक्त की प्यासी है...'

'हमारे चिन्तक मित्र ही भ्रम खड़ा कर डालते हैं राजन...अभी कहा गया कि लाखों रंक हैं...इतने नहीं हैं मालिक...'

चिन्तक ने दूसरे चिन्तक को बारीक़ी से काटा है।

'परन्तु कृपालु, यह तो इस बात पर निर्भर करेगा कि हम रंक की परिभाषा क्या मानते हैं?... ये बहुत बोल रहे हैं, तो ये बताएँगे क्या कि रंकगिरी या रंक की परिभाषा क्या है?'

राजा ने कुकरहाव रोकते हुए कहा कि स्टेट ने रंक की परिभाषा पहले ही तय कर रखी है—जिसे तुम लोग गरीबी रेखा कहते हो—उसे ही मानक मानकर चर्चा की जाए।...रंक बढ़े हैं, तो हमें कारणों की पड़ताल करनी है। कहो तो एक कमेटी बिठा दें? तुम, तुम और यदि तुम पहले ही दस कमेटियों में बैठने के बाद भी इसमें बैठ सको, तो तुम भी बैठ लो। पता करो कि रंक कितने, क्यों तथा किधर हैं?

'बज़ा फरमाया मालिक ने। कमेटी का परपोजल एकदम मौंजू है, काबिले इस्तकबाल भी...और काबिलेग़ौर भी।'

'हमने ग़ौर करके ही फरमाया है नामाकूल...'

'जो रंक जैसे नाचीज तक पर ग़ौर करने का टाइम निकाले, ऐसे राजा की बलिहारी है।' एक ने कहा। उसने अगली महफिल में इसी विषय पर एक लम्बी ग़ज़ल पेश करने की पेशकश की। राजा ने तुरन्त दो स्वर्णमुदाएँ देकर पेशकश स्वीकार की। उचटकर लगी पठ्ठे की!

'मान लो कि हम रंकगिरी अर्थात् गरीबी ही समाप्त कर डालें तो?' राजा अपने नेक तथा अजीबोग़रीब इरादे पर स्वयं ही मुग्ध होकर मुस्कुरा रहा है।

'परन्तु रंक का भी एक महत्त्वपूर्ण स्थान है स्टेट में। गरीबी पूरी हटा डाली तो फिर आगे क्या हटाएँगे मालिक? और एकदम से हटा ही डाली तो ये सब रंक जाएँगे कहाँ?'

'हाँ, यह प्रश्न तो गहन चिन्तन माँगता ही है कि रंक को हटाएँ भी तो स्साले को धरें कहाँ? वरना तो रंक को हटाना दो पल का काम। दो प्रहरी जाकर हटा देंगे।'

'वही तो मालिक...'

'फिर?'

'पड़े रहने दें कृपानिधान। रंक की रंकगिरी हटा भी दी तो वह राजा तो न बन जाएगा? और कहीं जो वो राजा बन बैठा तो फिर आप किधर जाएँगे प्रभु? यह खतरा मोल न लें सरकार। रंक को ज़्यादा सिर न चढ़ाएँ। बस कृपा रखें। रंक को रंक ही रहने दें। पड़ा रहता है एक कोने में। गाता रहता है गुन आपके। देता है वोट। भागता है पीछे आपके रथ के। करता रहता है जयजयकार। इसे ऐसा ही रहने दें सरकार।...रंक को न हटाएँ। गरीबी रहने दें।'

सरकार को बढ़िया चढ़ जाए, तो वे उदार हो जाते हैं।

इतने चिन्तकों ने इसरार किया तो राजा मान गया। चलो, रहने देते हैं रंक को। रहने देते हैं गरीबी। राजा को प्यार है रंक से। रहने देगा उसे। परन्तु चिन्तन भी करता रहेगा उस पर।

अगले दिन मीडिया ने दिन भर यह ख़बर चलाई कि गई रात राजा ने गरीबी हटाने के लिए उच्च-स्तरीय मीटिंग में एक कमेटी की स्थापना की है।

रंकों ने सुना, तो राजा की जय बोलने लगे।

वैसे वे, बोलना तो कुछ और ही चाहते हैं परन्तु राजा को सार्वजनिक तौर पर गाली देने की सख्त मुमानियत है।

यह देश मेरा भी है महोदय

मुझे हमेशा ही यह विश्वास रहा कि यह देश मेरा है। इस स्वतन्त्र देश के प्रत्येक नागरिक को यही लगना भी चाहिए। मुझे भी लगता था।

अब वे बता रहे हैं कि यह तुम्हारा भ्रम था।

वे, जो अपनी जातिवादी, वोटलोलुप हरकतों से इस देश को किसी न किसी तरह काटते, बाँटते, आरक्षित-अनारक्षित करते तथा मेरा-तेरा में दीक्षित करते बुढ़ा गए, वे ही बता रहे हैं कि यह तुम्हारा भ्रम ही था कि देश तुम्हारा है। वास्तव में यह देश तुम्हारा है भी और नहीं भी। चीजें तुम्हारी हैं भी और नहीं भी। जिसे तुम सबकी मानकर चल रहे थे, वो, हो सकता है कि किसी और के लिए आरक्षित हो। हो सकता है कि पुलिस तुम्हारी टाँगें मात्र इस कारण तोड़ दे क्योंकि तुम उस रास्ते पर चलने को कटिबद्ध हो कि जिसे सरकार ने बैसाखियों के लिए रिजर्व कर दिया है। हो सकता है कि तुम कांग्रेसी हो और भाजपा के राज्य में पहुँचे हुए हो—और पिट जाओ। हो सकता है कि तुम ब्राह्मण हो और ठाकुरों के मोहल्ले को भी अपने ही देश का हिस्सा मानकर वहाँ से गुज़र रहे हो और ठुक जाओ। हो सकता है कि कोई पिछड़ा अपनी झोपड़ी को मातृभूमि पर बनी हुई मानकर सुरक्षित महसूस करे और रात में झोपड़ी सहित ज़िन्दा जला दिया जाए। हो सकता है कि तुम...हमारा तात्पर्य कुल यह कि यह विश्वास, कि यह पूरा भारत ही मेरा भी है, आदमी को मुसीबत में डाल सकता है।

भारत, अब केवल टुकड़ों में आपका हो सकता है।

अब यह बताना तथा जानना लगभग अनिवार्य होगा कि जब आप 'मेरा भारत' कह रहे हैं, तब आप वास्तव में इसके किस टुकड़े की बात कर रहे हैं—ब्राह्मण टोले की, राजपूत समाज की, कायस्थ सभा की, दलित टोले की, कांग्रेस की, भाजपा की, सपा की या इसी मांजने के किसी और टुकड़े की? कहीं ऐसा तो नहीं कि जिसे आप अपना समझकर ठाठ से रह रहे हों, वह 'डिस्प्यूटेड प्रापर्टी', घोषित कर डाली हो सरकार ने? आप समझते रहे कि सारा देश ही सबका, और कोई बताए कि अब संशोधित राय यह है कि इतना हिस्सा तुम्हारा है ही नहीं? इस पर उनका कब्ज़ा, जिनसे वोटों की करेंसी हमें कबाड़नी है। यहाँ हमारी चलती है। यह टुकड़ा हमारे

बाप का। यहाँ, इस एरिया में हमारी जाति कां बहुमत। यहाँ के वोट हमारे सम्प्रदाय के हाथों। यहाँ का पत्ता बिना हमारी अनुमति के हिलाकर बताइए—मूँ तोड़ देंगे। मुम्बई आमची। आसाम में बिहारी नाज़ायज घोषित, तो कश्मीर में पंडित। चमरा टोले को बाबू लोग जलवा डाले साहब! टुकड़े हो रहे हैं। अलॉट कर रहे हैं वे देश के टुकड़े। वोट न बँटें, चाहे देश बँट जाए। छाती ठोककर नाज़ायज़ बातें। नाजायज़ कब्ज़े दिलाए जा रहे हैं। दूसरों के मकानों पर नाज़ायज़ जबरिया कब्ज़ा दिलाने वाले गिरोह में तब्दील होती राजनीति। वोट और जाति के प्रतिशत के हिसाब में यदि तुम फिट न हो सको तो तुम इस देश में कहीं के नहीं रह जाओगे। देशनिकाले के बिना देश के अन्दर ही निष्कासित तुम। इतने पर भी भ्रम रहे तुम्हें तो तुम जानो। तुम्हें पता ही नहीं कि भारत तुम्हारा है भी या कि तुम इसमें किराए से रह रहे हो? मकान मालिक, वे। रेंट कन्ट्रोलर, वे। मकान में आप कैसे रहेंगे, यह तय करने वाले वे। और आपका यह विश्वास कि यह देश आपका! हद्द है भाई साहब!

क्या देश मात्र एक भौगोलिक सीमा मात्र होता है?

क्या नक्शे के किसी कोने में खिंची कुछ रेखाओं के बीच का क्षेत्रफल मात्र ही देश है? क्या मात्र ज़मीन के एक टुकड़े का होना ही देश का होना होता है, या कि आपके मन के क्षेत्रफल पर भी उस नक्शे का सहज विस्तार चाहिए? क्या वो जगह जिसे आप देश कहकर उसकी पूजा करते हैं, आपको खड़ा होने की अनुमति देती है या कि इस आधार पर कि आपकी जाति, धर्म, सम्प्रदाय, पोजीशन, जुगाड़, पार्टी, तरफदारी, पहुँच आदि क्या है, तदनुसार आपको दुलारती, दुत्कारती, चपेटती, धकियाती, उखाड़ती, जमाती या विस्थापित करती रहती है? देश आपका है तो यह पुचकारता क्यों नहीं? क्यों आपकी प्रतिभा को आगे बढ़ाने के अवसर छीनना चाहता है? कैसे है यह कि देश आपका है और यहीं साम्प्रदायिक दंगों में कोई आपको ज़िन्दा जला डालता है? पुलिस आपकी है और उसे देखकर आपकी पेशाब निकली जा रही है? देश मेरा है और मैं इसमें चोर सा रह रहा हूँ। देश मेरा है और मैं डरा-डरा बैठा हूँ कि कब कोई मेरा जनेऊ, चोटी, टोपी, दाड़ी, खतना, टीका या जाति का पता चलने पर मुझे ठिकाने लगा देगा? मेरे बच्चे सड़क पर शान्तिपूर्वक खड़े हैं और इस देश की मेरी पुलिस ही उनको दौड़ा-दौड़ाकर मारने पर आमादा है—और फिर भी मुझे भ्रम बना हुआ है कि यह देश मेरा है। हद्द है कि नहीं?

प्रश्न यह कि अगर यह देश मेरा नहीं तो आखिर है किसका?

क्या यह उनका है कि जो कमाते यहाँ हैं, और जमा वहाँ करते हैं? या उनका जो पढ़ते यहाँ हैं और नौकरी अमेरिका की बजाते हैं? या उनका कि जिन्होंने मुझे हमेशा ही मात्र एक वोट माना, बस? या कि उनका कि जिन्होंने अफसरीयत, ताकत, राजनीति और पैसे से अपना एक अलग ही देश बना लिया है, इसी देश में? देश

के अन्दर देश। या कि उनका, जिन्होंने इसे देश न मानकर हमेशा ही स्वार्थ का एक अवसर मात्र माना? मेरा देश नाजायज़ कब्ज़ों में उलझ गया है।

तो क्या मैं मानूँ कि वे सच कह रहे हैं कि देश अब मेरा नहीं रहा?

नहीं। वे डरे हुए लोग हैं। भयभीत आदमी डराता भी है। मैं भयभीत नहीं। मुझे विश्वास है कि एक दिन मुझे मेरा देश इनके कब्ज़े से वापस मिलेगा। राजनीति और ओछे स्वार्थ में उलझे ये लोग इस देश के करोड़ों नागरिकों को अपने ही देश में खानाबदोश बनाकर कब तक रख पाएँगे?

साम्प्रदायिक समय में बच्चे

एक

नन्हा-सा बालक, दुनिया से बेख़बर, भाग रहा था तितलियों के पीछे।

कि उसे रास्ता रोके शैतान मिल गया।

शैतान ने अपना ड्रेस-कोड बेहद समझदारी से चुना है।

धर्म का बाना। हाथों में हथियार की भाँति उठाई हुई धार्मिक किताबें, धर्मग्रन्थ। जुबान पर इन किताबों के मनमाफिक, पर मनभावन अर्थ। आँखों में जुनूनी चमक। चेहरे पर मासूम मुस्कान, जो भंभोड़ने को तत्पर दाँतों को परदे में रखती है। बाना साधू-सन्त-मौलवी वाला। क्या करे शैतान भी—इस बाने के बग़ैर उसका काम भी तो नहीं चलता। धर्म को नष्ट-भ्रष्ट करने के लिए शैतान को धार्मिक प्रतीकों का ही सहारा लेना पड़ता है। शैतान को यूँ भी धर्म-वर्म से कोई परहेज़ नहीं। यदि आदमी इसी तरह उसके चंगुल में आता है, तो यही सही।

'रुको मेरे बेटे...' शैतान की आवाज़ में अजीब-सी मिठास और कशिश है।

'बेटा, तितलियों के पीछे भागने के दिन नहीं रहे तुम्हारे।...बड़ा होकर बड़े काम करने हैं तुम्हें। आओ, मेरे संग आओ। मेरी पाठशाला में बैठो। तुम्हारे माँ-बाप को मैं समझा चुका। इन ग्रन्थों को मेरे नज़रिये से पढ़ो। मैं जो अर्थ बताऊँ, आत्मसात करो। बचपन से गुनोगे, तो बड़ा होते-होते तुम्हें कोई भ्रम नहीं रहेगा। तुम कोई तर्क नहीं मानोगे। सुनोगे ही नहीं। तुम बचपन में ही सत्य जान लोगे।

बस, मेरे पास आओ। मैं ले चलूँगा तुम्हें ईश्वर के पास।...'

बच्चे ने देखा कि उसके माँ, बाप शैतान के पीछे श्रद्धावनत खड़े हैं।

बच्चे की उँगली शैतान ने थाम ली है।

छोटे-छोटे बच्चों की उँगलियाँ पकड़कर शैतान लिए जा रहा है और माँ बाप प्रसन्न हैं।

माँ बाप को पता नहीं कि शैतान कभी ईश्वर तक नहीं पहुँचाता। वे तो बस धर्म के मार्ग पर शैतान के पीछे जाते बच्चे को देखकर खुश हैं। बच्चे जितनी जल्दी समझदार हों, अच्छा है।

दो

बहुत छोटे से दो बच्चे थे। एक ही मोहल्ले के।

खेलते रहते थे। दिन भर। छुपनछुपाई। चोर सिपाही। क्रिकेट। दुनिया से बेख़बर। माँएँ पुकारती रह जातीं। बाप निकलते। खोजकर लाते। खींचते कि चलो, अब खाना भी खाना है कि नहीं? चलो, कि अब सोना भी है कि नहीं? माँ पूछती कि तुम लोग थकते नहीं रे?

कि अचानक शहर में साम्प्रदायिक दंगे हो गए।

कर्फ़्यू। बन्द। आगजनी। दंगे। भय। सन्नाटा। आतंक। पुलिस की गाड़ी के सायरन। रात-रात भर माँ, बाप का जागना। देख रहा है घबराई आँखों से बच्चा। तनिक-सी आहट पर बाप का चौंक-चौंक जाना। बत्ती बन्द करके, खिड़की का परदा हौले से खिसकाकर बाहर की टोह लेना। दिन-रात घर में बन्द रहना। खेलने की कोशिश करो तो माँ बाप की डाँट खाना। सहमे-सहमे से घर में ही घूमना। टेलीफोन पर पापा की लम्बी-लम्बी बातें। फुसफुसाना। माँ को बताना कि फलाने का घर फूँक दिया गया कल रात। और भी ज़्यादा चौकसी। सब्जी का चाकू तकिए के नीचे धर के माँ का सोना। सोते-सोते जागना। घबराहट भरी हवा का दिन भर बन्द कमरों में साँय-साँय चलना।...दोनों बच्चों ने कई दिन तक यह सब देखा।

फिर दंगे ख़त्म हुए। होते ही हैं। आदमी लम्बे समय तक दंगाई नहीं रह पाता।

कर्फ़्यू उठा।

शहर धीरे-धीरे, कूलता-कराहता वापस अपनी राह आया। फिर भी काफी दोनों तक घरों में ऐहतियात बरता गया, चिन्ता रही और बचाव की तैयारियाँ होती रहीं। फिर घरों में सब कुछ सामान्य हो गया। बच्चों को बाहर निकलकर खेलने की इजाज़त दी माँ, बाप ने।

दोनों बच्चे फिर मिले।

पर, इतने दिनों में, इसी बीच दोनों मानों बहुत बड़े हो गए थे।

खेल शुरू करने से पहले ही एक ने दूसरे से पूछ लिया कि तू मेरे ही धर्म का है न? दूसरे ने हँसकर उत्तर दिया कि तेरे धर्म का न होता तो क्या मेरी मम्मी मुझे तेरे साथ खेलने को भेजती?

एक दंगा कितने बच्चों को बच्चा नहीं रहने देता, यह बात शायद दंगाई नहीं जानते। या शायद अच्छी तरह जानते हैं, तभी।

तीन

बच्चे के माथे पर लम्बा-सा तिलक लगा है। एकदम पंडितजी लग रहा है न? बाप

ने खुश होकर कहा। बच्चे ने सिर पर जालीदार टोपी पहिन ली और अम्मी के सामने आया तो उसने प्यार से पेशानी चूम ली। एकदम नमाज़ी लग रहा है। है न?

बच्चे ने गले में क्रास लटका रखा है। एकदम क्रिश्चियन की माफ़िक।

बच्चे ने ऐसा कुछ डाल, पहिन रखना हो, तो सहूलियत हो जाती है साहब। कुछ भी न डाला हो, तो बच्चे का पता नहीं चलता। तब सभी बच्चे, बस बच्चे लगते हैं। तब डर लगता है साहब कि कहीं हम गलती से अपने धर्म के बच्चे को ही न काट डालें, है कि नहीं? दंगों में पता नहीं चलता साहब। आदमी बहुत जल्दी में होता है। आग लगा लगाकर, मार काट कर थकामांदा भी होता है। ऐसे में अचानक ही कोई बच्चा यदि सामने पड़ जाए, तो हमारे सामने कित्ती परेशानी पैदा हो जाती है कि इसे मारना कि छोड़ना? बच्चे के न तो माथे पर तिलक, न सिर पर टोपी। क्या करें? एकदम बच्चे जैसा! भौत परेशानी कि काट डालें कि प्यार करें? टाइम भेस्ट हो रहा है।

दंगाईयों की तरफ से देश के समस्त माँ, बापों से प्रार्थना है कि बच्चों को ठीकठाक से तैयार करके रखा करें, ताकि जब दंगाई आएँ, तो उन्हें कन्फ़्यूजन न हो।

जब तक यह सिस्टम है...

मलेरिया से कुछ ज़्यादा ही मौतें हुईं, तो हल्ला तो मचना ही था। मचा।

अख़बार, टीवी, विधानसभा—तमाम जगह मारतमाम बमचिक मची।

हल्ला हुआ, तो अपने तिवारीजी भी चेते। क्या करें, चेतना पड़ा। विधानसभा 'कुश्चन' उठवा दिए हैं स्साले। बताइए! जरा-जरा सी बात पर विधानसभा में प्रश्न करा देते हैं। गाँव का आदमी; मान लो कि न भी मरता अभी मलेरिया से वह, तो बाद में हैजा से मरता, पेचिश से, नहीं तो भूख से। गरीब-गुरवा प्राणी का भैया, क्या तो जीना और क्या मरना? पर हल्ला मचता है तो डॉ. तिवारी को भागना पड़ता है। सरकारी डॉक्टरी के भी सौ झंझट श्रीमान। भागो। फिर कुएँ में दवाइयाँ। नाले-नालियों में छिड़काव। पोस्टर। गोलियाँ। सर्वाइलेंस रिपोर्ट। विधानसभा के लिए जबाव कि श्रीमान मौतें प्राकृतिक कारणों से हुई हैं; मलेरिया है, पर इतना नहीं है और बड़ी बात यह कि स्थिति नियन्त्रण में है। तिवारीजी स्थिति नियन्त्रण में रखने में माहिर आदमी है। मन्त्री से लगाकर डायरेक्टरेट के क्लर्क तक को साध के रखते हैं—मलेरिया कन्ट्रोल को आपने कोई ऐसा आसान काम समझ रखा है क्या भाई साहब?

हल्ले से यदि इधर तिवारीजी चेते, तो उधर बस्ती के मच्छर भी कम नहीं घबराए।

जिला अस्पताल से ठीक सटकर बह रहे नाले में बर्षो से मच्छरों की बड़ी सी बस्ती है। नाले और अस्पताल के बीच ठाठ से डोलते हैं बस्ती के मच्छर। पर आज बड़ी हलचल है मच्छरों की बस्ती में। भिनभिन मची हुई है। कुछ नौजवान मच्छर, जो शहर में आवारा घूमने के शौकीन हैं, ख़बर लाए हैं कि जल्दी ही जिला अस्पताल के मलेरिया वाले साहब लोग, नालों में मच्छर मारने की दवाई छिड़कने वाले हैं और नगरपालिका वाले नाला साफ करने की तैयारी में हैं।

बूढ़े, अनुभवी मच्छर हँसने लगे। बोले कि हमारी तो जिन्दगी निकल गई ऐसी बातें सुनते। सालों से यही बातें। समझाया नौजवान मच्छरों को कि फालतू अफवाहों पर ध्यान न दें। मलेरिया वाले हल्ला करते रहते हैं। पर आज तो नौजवान मच्छर स्वयं पोस्टर देखकर आ रहे हैं। आसार ठीक नहीं। भरोसा नहीं कि क्या हो जाए?

एक नन्हे मच्छर ने तो नाले में बह रहे पोस्टर को पढ़कर भी सुनाया। नौजवान मच्छर साक्षर हैं। उधर बूढ़े मच्छरों का तो यह हाल कि ऊनामासी धम्म, बाप पढ़े न हम। चिढ़कर बोले कि आदमी तक तो पोस्टरों में छपी बातों का भरोसा नहीं करते और तुम ऐसे घबरा रहे हो? एक बूढ़ा मच्छर भिनभिनाने लगा कि हम तो अपनी लुगाइयों से पहले भी कहते रहे कि इत्ता खून पीबे की आदत न डालो—पर मादा मच्छरों ने कभी नर मच्छरों की सुनी है? ये ही मलेरिया फैलाती हैं, और देखो कि आज मुसीबत सब पर आ गई। नाले में अगर दवाई डाल दी इन हरामियों ने, तो बस्तियों की बस्तियाँ उजड़ जाएँगी मच्छरों की।

कि पास के मोहल्ले के नाले के मच्छर बदहवास भागे आए। बताने लगे कि उनकी बस्ती पर दवाई छिड़क दी है स्सालों ने। हजारों मरके तैर रहे हैं नाले में और हजारों ही तड़प रहे हैं। मुश्किल से जान बचा कर हम आ सके हैं—बताया उन्होंने।

धक्क रह गए इधर के मच्छर। फिर तय पाया कि भागना ही उचित। छोड़ो यह नाला। भागो इस शहर से। कि अब यह देश हुआ बेगाना। मच्छरों ने इकठ्ठा किया बाल-बच्चों, बूढ़ों, लुगाइयों को और भागे।

बड़ी देर तक नाले पर भिनभिन मची रही।

उड़ते, भागते मच्छरो को शहर से बाहर जाती हुई एक जीप दिखी।

सोचा कि इसमें बैठने मिल जाए, तो फटाफट निकल लें शहर से। जितनी जल्दी मौत से दूर निकलें, उतना ही अच्छा कि देखिए किस्मत कि अचानक जीप भी रुक गई। ड्राईवर नीचे उतरा और जीप में सवार डॉ. तिवारी, क्लर्क, बड़े बाबू, मलेरिया इंस्पेक्टर आदि के लिए पान बँधवाने लगा। मच्छरों की टोली आई और फटाफट जीप में यहाँ वहाँ छुप छुपाकर बैठ ली।

अब मलेरिया वालों की जीप भागी जा रही है गाँव की तरफ।

तिवारीजी बात करने लगे बड़े बाबू से। क्या करना। कहाँ कित्ती दवाई छिड़कना। गोली कहाँ बंटवाना।

बातें सुनकर मच्छर सन्न रह गए। धन्य हो। दुश्मन की तलवार के नीचे खुद ही आकर बैठ गए बेवकूफों की तरह। हद्द हो गई। चेताया बुजुर्ग मच्छरों ने कि अब गलती से दुश्मन के तम्बू में घुस ही गए हो, तो कम से कम चुपचाप तो रहो—भिनभिनाए, कि गए!

चुप बैठ गए मच्छर। दम साधे। भागी जा रही है मच्छरमार जीप।

कि बड़े बाबू फुसफुसाकर बतियाने लगे डॉ. तिवारी से। फालतू ही परेशान न हों डॉक्टर साहब। स्साली विधानसभा कित्ते दिन की? चार दिन और चलनी है और इसी में चालीस ठो काम और निबटने हैं। मलेरिया-फलेरिया को कौन तो याद रखता है? पर इसी बहाने से हम ज़रूर सरकार से लाखों की दवाइयों, छिड़काव, दौरे और

पोस्टर छपवाई के लिए फंड खेंच सकते हैं। ये ही तो मौके होते हैं। बजट सेंक्शन करा लें हुजूर। केमिस्ट तैयार बैठे हैं। कहिए कि मरे जा रहे हैं कि कब वे झूठे बिल और झूठी सप्लाई दिखा सकें। सुनहरा मौका मिला है। कौन तो गाँव जाकर चेक कर रहा है कि दौरा हुआ कि नहीं और कौन तो नाले में घुसकर छिड़काव चेक कर रहा है? फिरे ऐमेले साहब आपकी बिरादरी के, डायरेक्टर साहब आपकी जेब में और सेक्रेटरी सा'ब की पत्नी के आप मुँहलगे देवर।

डॉ. तिवारी मुस्काते रहे, सुनकर सारी बातें। फिर हँसकर बोले कि ठीक कहते हो बड़े बाबू, अरे दिखता छोटा सा है, पर मच्छर स्साले को मारना कौन-सा इत्ता आसान।

मच्छर आश्चर्य से सुनते रहे यह वार्तालाप और फिर वे भी हँसने लगे।

बूढ़े मच्छरों ने मुस्काते हुए फटकारा सबको कि हम न कहते थे कि कुछ न होगा। फालतू फंड में पूरी बस्ती को दौड़ा दिया। हम इस देश में इतने समय से ठाठ से रह ही रहे हैं। बातें तो होती रहती हैं। पोस्टर निकलते हैं। एकाध छिड़काव कभी हो जाता है। पर डरने, घबराने वाली बात आमतौर पर होती नहीं। जब तक बड़े बाबू, डॉ. तिवारी और यह सिस्टम है, तब तक हम मच्छरों को परेशान होने की ज़रूरत ही नहीं।

गाँव में पिकनिक-सी मनाकर लौटी जीप शहर की सीमा में घुसी ही थी कि बेचैन डॉ. तिवारी ने जेब से मोबाइल निकालकर बड़े बाबू से पूछा कि तनिक रामबाबू केमिस्ट का नम्बर तो बताना। रात में ही बुलवा लिया है डॉक्टर साहब ने।

फोन करते-करते डॉ. तिवारी बोले, 'यार, बड़े मच्छर भिनभिना रहे हैं स्साले। जीप को तनिक साफ-सूफ कर लिया करो ड्राईवर साहब...'

तिवारीजी को गाते-नाचते-भिनभिनाते मच्छरों की खुशी का अन्दाज़ ही नहीं, जो उनकी जीप में घर वापस लौट रहे हैं।

उनके महापुरुष और हमारे

'आप आर. एस. एस. वाले हैं क्या?'

'नहीं तो।'

'पर आप कल विवेकानन्द जयन्ती वाले प्रोग्राम में तो दिखे थे?'

'हाँ, गया तो था।'

'फिर आप आर. एस. एस. वाले कहलाए न।'

'कैसे?'

'विवेकानन्द उनके वाले महापुरुष हैं यार, इत्ता भी नहीं पता क्या?'

वास्तव में ही हमें स्साला इतना भी पता नहीं चल पाया कि इस देश में महापुरुष तक बँट चुके हैं। कुछ महापुरुष कांग्रेस के, तो कुछ भाजपा के, तो कुछ कम्युनिस्टों और कुछ और किसी के। कुछ महापुरुष ब्राह्मणों के, कुछ बनियों के, कुछ ठाकुरों के, तो कुछ पिछड़ों के। इस जाति का महापुरुष उस जाति वाले को बरदाश्त नहीं। मूर्ति तोड़ आएं, जूतों की माला डाल दें या रात में गोबर मल आएँ मुँह पर। कुछेक महापुरुषों पर अवश्य टंटा चलता रहता है। एक से अधिक गुट उन पर मिल्कीयत का दावा करते हैं। सबसे ज़्यादा छीनाझपटी गांधीजी के लिए है। डिस्प्यूटेड प्रापर्टी से हैं गांधीजी। सभी का दावा। गांधीजी पूरे देश के, पर कांग्रेस का मानना यह कि वे कांग्रेस के कोटे के महापुरुष हैं। वैसे भी एक ज़माने में कुछ ऐसा चला भी था इस देश में कि मानो महापुरुष तैयार करने का लाइसेंस केवल कांग्रेस के हाथों में हो। तब महापुरुष बनने के लिए आपका कांग्रेस होना आवश्यक माना जाता था। हाईकमान देश के नाम सर्कुलर निकालकर बताती थी कि इन दिनों कौन महापुरुष चल रहा है? नए-नए महापुरुष तैयार करना और देश-भक्ति की विराट मंडी में उन्हें रिलीज करना तब कुछ लागों का शगल हो चुका था।

धीरे-धीरे दूसरी पार्टियाँ चेतीं। जातियाँ जागृत हुईं। गिरोह सक्रिय हुए। गुटबाजों ने संभावनाएँ टटोलीं। अपने यहाँ यह होता है कि आदमी एक दफे चेत भर जाए, फिर उसे रोकना असम्भव। चल देता है। दिशा से मतलब नहीं। चल दिए। चरैवेती। बस। सो ये सब लोग महापुरुषों के गोदाम में घुसे और अपनी जाति, गोत्र, एरिया,

जिला तथा तहसील के हिसाब से जहाँ से जैसा महापुरुष हथिया पाए, उसी को लेकर चल दिए। बस्स! अब येई अपने महापुरुष, बाक़ी के ठेंगे थे। और जिन्हें पुराने वाले माफिक नहीं बैठे, उन्होंने अपने खुद के बना लिए। उदाहरणार्थ, मान लीजिए कि किसी को कान्यकुब्ज ब्राह्मण जाति वाला महापुरुष ही चाहिए, तो वह जिझौतिया ब्राह्मण पर समझौता क्यों करे? फिर? फिर क्या, उसके महापुरुष हैं श्री चुन्नीलालजी, जो कान्यकुब्ज बांभन हैं और अच्छी बात उनकी यह भी है कि अपने ही जनपद के हैं। एक ठो महापुरुष अपनी ही गली का हो, तो प्रेरणा लेने में आसानी रहती है, अन्यथा महापुरुषों का तो ऐसा है साहब, कि अपने देश में कसकर हुए हैं। परन्तु अब सबको अपना-अपना महापुरुष मांगता है, हम तुम्हारे वाले महापुरुष से काम क्यों चलाएं भैय्या? हमारे पास हमारा वाला है और बढ़िया काम दे रहा है। इटावा वाले को इटावे का और टिमरनी वाले को टिमरनी का। अब ये नहीं है कि हम रहते तो हैं छतरपुर में और बापर रहे हैं पोरबन्दर वाला महापुरुष। अपने छतरपुर की छोटी कुंजरेटी वाले पिपरसानिया साहब क्या बुरे हैं? वे भी महापुरुष हो सकते हैं। बीऐ पास हैं, भजन बढ़िया गा लेते हैं, छुपकर पीते हैं, पराई के अलावा अपनी स्त्री तक को माँ समझते हैं, गर्मियों में प्याऊ डालते हैं, और सबसे महत्त्वपूर्ण बात यह कि पुलिस आज तक उन्हें पकड़ नहीं सकी है। और क्या चाहिए? अभी जेल जाने से पहले महापुरुष घोषित हो जाते, तो बाद में जमानत में आसानी रहती।

अब आप कहेंगे कि ज्ञान की कमी है, देश पिछड़ा है और जनता समझती नहीं– इसी कारण लोग ऐसा कर रहे हैं। ऐसा नहीं है। हम बुद्धिजीवियों की बात बताते हैं। ज्ञानीजन। बुद्धि की खाने वाले। दिमाग चाटने वाले। प्रज्ञावान। विचारक। लेखक। कवि। आलोचक। अब आप इनसे पूछो कि कौन सा लेखक महान, कालजयी, महापुरुष? तो प्रश्न के उत्तर में पहले तो वे यही पूछेंगे कि आप किस महापुरुष के गुट वाले हैं? फिर पूछेंगे कि दारू-वारू लाए हो कि फालतू में ही टाइम खोटी करने चले आए हो? तब जाकर वे खुलेंगे कि हमारे लेखक-संघ के ढिकाने प्रसादजी आजकल हमारे हलके में महापुरुष की पोस्ट पर चल रहे हैं। प्रेमचन्द? निराला? परसाई?...ये भी हैं, पर उनकी कमजोरियाँ रही हैं। हमने इस सिलसिले में परचे भी साया किए हैं। सो, लेखकों के गुट, विचारकों के गिरोह। आपके लिए प्रेमचन्द कालजयी, तो वे प्रेमचन्द की किताबों को जलाते फिर रहे हैं। उनकी पत्रिका में मुक्तिबोध के अलावा कोई और घुस के तो दिखा दे, और उनकी में मुक्तिबोध को जिलाबदर।

अब महापुरुष, कालजयी लेखक, महायोद्धा आदि कर्मों द्वारा तय होने के ज़माने हवा हुए साहब। महान कार्यों का टाइम निबट चुका। अब आपकी जाति, गुट, एरिया तथा सही मौके पर हवा का रुख पहिचानकर उसके साथ बह सकने की आपकी

कचरानुमा-प्रतिभा ही तय करेगी कि आप महापुरुष बन सकेंगे या नहीं? अब देश और विश्व के लिए सोचने का समय खलास हो चुका सा'ब। अब तो बड़ा बनना है, तो छोटा सोचो। ऊँचा जाना है, तो गड्ढे में उतरना तथा उतारना सीखो। चाँद पर थूकना तथा सूरज पर मूतना सीखो। उनके महापुरुषों को गरियाओगे, तभी आपके वाले स्थापित हो सकेंगे। जब तक महापुरुषों का कद छोटा करने की कोशिश नहीं करेंगे, तब तक आप जैसे बौने महापुरुष नहीं बन पाएँगे।

यार, हमें भी तो महापुरुष बनना है। माहौल ऐसा चल रहा है कि कोई भी बन सकता है। सो हमें कभी किसी महापुरुष पर थूकते देखो, तो क्षमा करना। दरअसल आजकल, यह कार्य भी महापुरुष बनने की ट्रेनिंग का हिस्सा है।

देवीदीन गुस्सा हैं

देवीदीन का हृदय उद्वेलित है, हाथ काँप रहे हैं और श्वांस तेज-तेज चल रही है।

बहुत गुस्से में है देवीदीन।

यह तो हद हो गई। किसी अफसर की इत्ती हिम्मत कि उनसे ऐसी बात कह जाए!

तीस सालों से सरकारी नौकरी कर रहे हैं, वे। पचासों अफसर आए और गए। दसों उनकी टाँगों के नीचे से, तो बीसों लांघ के निकल गए। किसी ने नहीं टोका कि टाँगें फैलाकर क्यों बैठे हो? किसी ने बदतमीजी नहीं की। कभी, किसी ने दो बातें की भी, तो देवीदीनजी ने पलटकर सुना दीं—बात बराबर हो गई। पर यह क्या? ऐसा कभी हुआ नहीं पहले। कोई उनसे इस तरह की बात कह भी कैसे सकता है? सोच-सोचकर गुस्सा आ रहा है देवीदीन को और वे सँभल ही नहीं पा रहे।

ऐसा क्या कह दिया साहब ने देवीदीनजी? छोड़िए भी। अफसर तो कहते रहते हैं। आप काहे अपना रक्तचाप बढ़ाते हैं?

अरे, ऐसे कैसे छोड़ दें ज़नाब! उसकी हिम्मत तो देखिए। कल के लौंडे हैं, पर अफसर बन गए हैं तो हमें बुलाकर कहते हैं कि देवीदीनजी आप काम किया कीजिए! बताइए! हम भी सरकारी कर्मचारी हैं और हम जानते हैं कि कौन कित्ता काम करता है? हमारा मूँ खुल गया तो, ढाँकने के लिए अफसरी कम पड़ जाएगी।

बड़बड़ा रहे हैं देवीदीन। संयत नहीं हो पा रहे।

ठीक भी है भाई। एक कर्मठ सरकारी कर्मचारी को कोई काम करने को कह दे, तो उसका विचलित होना स्वाभाविक ही कहाया।

देवीदीन उत्तेजित हैं। कोई अफसर इतना नासमझ, अव्यावहारिक और दुःसाहसी कैसे हो सकता है कि उनसे काम करने को कहे? या कहे कि आप काम न करके फालतू टाइम वेस्ट करते रहते हो? बस, चाय ही तो मँगवाई थी। वही पी रहे थे। और चाय पीते हुए आदमी थोड़ी गप्पें भी मार ही लेता है। वही कर रहे थे। एकदम स्वाभाविक बात। है कि नहीं? और इत्ते में वे यहाँ से निकले तो ऐसे बिदके कि मानो हम मर्डर कर रहे हों! कहने लगे कि चाप-वाय बन्द करें, काम किया करें। यह तो

हद है भाई।...यार, अभी दफ्तर खुले एक घंटा ही तो हुआ है। पन्द्रह मिनट पेले ही हम आए हैं। बैठे ही थे कि क्लायंट ने चाय मंगा दी। आई है, तो पिएँगे कि फेंक देंगे? फिर चाय पीकर उसी क्लायंट का काम करने वाले थे कि बुलवा भेजा। कहने लगे कि देवीदीनजी, बड़ी शिकायतें हैं आपकी। तनिक काम किया करें!

अब गुस्से में काम नहीं कर पा रहे देवीदीनजी।

लौटकर, सबसे पहले तो क्लायंट को ही भगाया कि यार, अब तुम कल आना। मूड खराब कर दिया है स्साले ने। कहता है कि हम काम नहीं करते। क्लायंट ने आश्चर्य तथा क्षोभ से कहा कि देवीदीनजी, आप इतना काम तो करते हैं। हम खुद जानते हैं। पैसा लेते हैं, तो काम भी तुरन्त करते हैं। फालतू भटकाते नहीं। पर इनको कौन समझाए? मूँ उठाया और बोल दिया। अफसरी झाड़ रहे हैं। हमें बता रहे हैं कि आपको इक्कीसवीं सदी के वर्क कल्चर के हिसाब से चलना होगा।

क्लायंट जाने के बाद कोई फाइल लेकर सक्सेना बाबू आ गए, तो किस्सा निकलना ही था। निकला। बताने लगे देवीदीनजी कि हम परमानेंट नौकरी वाले लोग हैं...घंटा नहीं उखाड़ सकते ये...।

'ठीक कह रहे हैं आप...' सक्सेनाजी सहमत हैं।

'सरकारी काम है सक्सेनाजी। आप भी जानते हैं कि पचासों नियम कायदे देख के काम करना पड़ता है। एक-एक फाइल को दो-तीन बार पढ़ना पड़ता है। एक भी गलती हो गई तो हमारी तो बैठ गई न इंक्वायरी? है कि नहीं? और ये कहते हैं कि जल्दी निबटाओ। समझते हैं कि हम कामचोर हैं और फाइल दबा के बैठे रहते हैं...।'

सक्सेनाजी जाते-जाते समझा गए कि छोड़िए भी, काहे जान जलाते हैं। जिस फाइल में अफसर का इंटेरेस्ट हो, वो निकाल दें, बस्स।

पर देवीदीन को ऐसा ताप कि बस! वो फाइल निकाली कि जिसे अफसर तलब कर रहा था। निकालकर, चार आब्जेक्शन और दो स्पष्टीकरण माँगते हुए नोट लगा दिया फाइल पर। देखें अब वे हमें भी कि हम ऐसे क्लर्क हैं कि जिसकी टीप पर ईश्वर की फाइल भी फँस जाए।

'ऐसी ही नाइंसाफी चली तो अपुन तो वीआरएस ले लेंगे। कर ली सरकार की गुलामी स्साली, तीस साल...' देवीदीन लंच टाइम पर बाहर दफ्तर के लॉन में जमी बाबुओं की महफिल में जीमते हुए बोल रहे हैं। अभी भी, रह-रहकर हौल सा उठ रहा है उनके दिल में।

'नौकरी कर रहे हैं। किसी की गुलामी करने नहीं बैठे हैं। होंगे स्साले अफसर, तो होते रहें। अपुन तो अफसरों को यहाँ पे बाँध के रखते हैं।'

सभी बाबुओं ने एक स्वर में कहा कि देवीदीन ठीक ही कह रहे हैं और अफसर

का रवैया यदि यूँ ही कर्मचारी को परेशान् करने का बना रहा तो किसी को आश्चर्य नहीं करना चाहिए कि हम सब हड़ताल की सोचें या कभी वर्क टू रूल कर डालें।

दफ्तर खत्म हुआ।

बस से लौटते हुए उनकी पास वाली सीठ पर पाठकजी मिल गए। देवीदीन ने उनको भी सारी बातें बताईं। वे अभी तक शान्त नहीं हो पाए हैं। पाठकजी ने आश्चर्य प्रकट किया कि ऐसे कोई किसी को काम की बोल कैसे सकता है? सरकारी और प्राइवेट नौकरी में फिर स्साला फर्क ही क्या रह गया? पाठकजी ने इस बात पर भी क्षोभ प्रकट किया कि आपने स्साले की बात सुन कैसे ली? देवीदीन ने कहा कि अब आगे एक बार भी अफसर ने ऐसा हरामीपन दिखाया, और हमने उसके मूँ पे इस्तीफा न मारा तो हम अपने बाप की औलाद नहीं।

तो ऐसे ही गुस्से में दिन निकला देवीदीनजी का। सरकारी नौकर की दुखती रग को दबा दिया था। यह तो होना ही था।

फिर क्या किया देवीदीनजी ने?

बताते हैं।

रात नौ बजे होंगे।

अफसर के बंगले की घंटी बजी।

गेट पर पत्नी को साथ लेकर देवीदीन खड़े हैं। हाथों में मिठाई, फल, गुलदस्ता, गिफ्ट आदि।

देवीदीन नहीं चाहते कि अफसर उन्हें फालतू ही गुस्सा होने का अवसर दे। वे इसी का इन्तज़ाम करने आए हैं।

तीस साल की नौकरी में झक नहीं मारी है उन्होंने। वे अफसर को साध लेंगे, ऐसा विश्वास है उनको।

अपने अपने मुद्दे

संयोग यह रहा कि जब इधर नेताजी को वह मुद्दा मिला, लगभग तब ही कुत्ते को यह हड्डी मिली।

वैसे, हड्डी खास नहीं थी। सूखी-सी हड्डी। मांस-मज्जा विहीन। रसहीन। पर कुत्तों का तो आपको पता ही है। उनके लिए तो हड्डी का मतलब हड्डी। कुत्ते के हत्थे तो जैसी भी हड्डी लगे, वो उसे ही न केवल सम्भावनापूर्ण मानता है, बल्कि उसे वैसा बना भी डालता है।

इधर, मुद्दा भी कोई खास नहीं था। कोई गरीब मर-मरा गया था, जैसेकि वे मरा करते हैं। लावारिस-सी मौत। लम्बी बीमारी। बेरोज़गारी। भूख। इलाज हुआ नहीं—मर गया। दुबली पतली सी देह। वैसे भी, आदमी ग़रीब भी हो और मोटी-ताजी देह का मालिक भी, ऐसा या तो साधू सन्यासियों में होता है या फिर राजनीतिज्ञों में—अन्यथा तो ग़रीब ऐसा ही मरियल होता है, जैसा यह था, जो मर गया और नेताजी के हत्थे मुद्दा बनकर लगा। कहने लगे कि मौत भूख से हुई है। मरियल लाश में वे बज़नी मुद्दे की सम्भावनाएँ देख रहे थे। मुद्दा पकड़ लिया नेता ने।

अब इससे आगे थोड़ी कल्पना आप भी करें। कल्पना का ठेका केवल लेखक ने ही नहीं ले रखा। कल्पना करें कि उपरोक्त घटनाएँ एक ही सड़क पर घटीं, जहाँ थोड़ी-थोड़ी दूरी पर नेताजी भी खड़े थे और कुत्ता भी। दोनों को एक ही सड़क पर वो मिला जिसकी उन्हें सतत तलाश रहती है। सड़क के इस छोर पर नेता कि जिसके हाथों और दाँतों में वह मुद्दा। सड़क के उस छोर पर कुत्ता, जो दाँतों और पंजों के बीच सतर्कतापूर्वक हड्डी दबोचे है।

नेता ने चौकन्ना होकर सारी स्थिति पर सतर्क दृष्टि डाली।

किसी और नेता के हाथ यह लाश लगे और मुद्दा हाथ से फिसल जाए, इससे पूर्व उसे तुरन्त पहल करनी होगी। मुद्दे को बयान की पुड़िया में बाँधकर जेब में घर लिया उसने। सही जगह पर पुड़िया खोलेगा। अभी तो लाश की हवा भी दूसरे गुट के नेता को नहीं लगनी चाहिए। मुद्दा गरमाने तक मुर्दा हाथ में रखना ही होगा।

इधर कुत्ता तो सतर्क है ही।

कुत्ते का जीवन ही कुत्ता फज़ीहत में बीता है। ठीक है कि अभी सड़क पर दूर तक कोई कुत्ता नहीं दिख रहा। परन्तु साहब, कुत्तों का कोई भरोसा नहीं। कुत्ता जानता है। अचानक ही कहीं से निकल आएँगे और उसकी हड्डी झपटकर नौ-दो ग्यारह। कुत्ते गणित की औपचारिक शिक्षा न भी लेते हों, पर नौ दो ग्यारह जानते हैं। सो कुत्ता, सड़क किनारे, हड्डी दबोचे चौकन्ना खड़ा है। पूँछ एकदम सतर। कान खड़े। आँखे सतर्क। चेहरे पर वे भाव जो एक चौकन्ने कुत्ते के चेहरे पर आया करते हैं। यार, आपने कभी चौकन्ना कुत्ता नहीं देखा क्या? न देखा हो, तो देखकर आइए। हर बात के लिए लेखक का मुँह न ताकें। यह न सोचें कि लेखक चौकन्ने कुत्ते का विशद चित्रण करने बैठे जाएगा। कुत्ते, लेखक और उसके कॉलम के पास इतना समय नहीं है मित्र। कुत्ता तो खासकर जल्दी में है। हड्डी बुला रही है। अब क्या?

नेता अलग जल्दी में है। मुद्दा हाथ में। मुर्दा हाथ में। अब क्या, कैसे?

कुत्ते का तय है। वह, अन्य कुत्तों से नज़र बचाकर कहीं निरापद जगह में हड्डी चूसेगा। वह सड़क पर सुरक्षित जगह खोज रहा है।

नेता का पक्का है कि वह इस मुद्दे को भुनाएगा। वह सरकार को सँभलने का मौका नहीं देगा।

न लाश का पोस्टमार्टम होने देगा, न दाहसंस्कार। कोई उसके कब्ज़े से मुर्दा छीनकर तो बताए! वह किसी तरह एक बार लाश को चौराहे तक ला भर दे। फिर चौराहा लाश के कब्ज़े में। फिर धरना। हल्ला। चक्काजाम। कौन-सा चौराहा? सोच रहा है नेता, विहंगम दृष्टि में है पूरी सड़क। नेता खड़ा है सड़क पर। लाश उसके पास। मुद्दा जेब में। बस, धरना है। देख रहा है वो। कि कहाँ? किस चौराहे पर?

इधर कुत्ता भी निरापद स्थान तलाशता चौराहे तक आया।

चौराहे पर बड़ा सा एक डस्टबिन है। ढेर सा कचरा उफनकर डस्टबिन के आसपास पड़ा रहता है। इस ढेर के पीछे तो दस कुत्ते छुप जाएँ। इसी के पीछे बैठ लिया जाए। मस्त। चूसो हड्डी। कुत्ता चला उस ओर। मन में यह धकधक भी कि ढेर के पीछे पहले ही दस कुत्ते न बैठे हों। पर यह रिस्क तो लेना होगा। वैसे, कुत्ते होते, तो इत्ती देर तक चुप न बैठते। कुकरहाव के बिना कुत्ते रह नहीं पाते।

नेता भी उसी चौराहे तक आया। यही ठीक रहेगा। खूब चहलपहल वाला चौराहा है। मेन रोड। इधर चक्का जाम यदि दो घंटे भी खिंच गया, तो लाइनें लग जाएँगी ट्रकों-बसों-कारों की। मुद्दे को हवा पकड़ते देर नहीं लगेगी। क्यों मित्रो? क्या कहते हो? साथी छुटभैयों ने कहा कि जल्दी कर लो नेताजी, क्योंकि कचरे के उस ढेर के पास अभी 'उनका आदमी' देखा है हमने। वे आ गए तो? वे सत्ता पक्ष वाले। साले पुलिस को लाकर मुर्दे को कब्ज़े में कर सकते हैं।

नेता ने कचरे के ढेर की तरफ देखा। एक कुत्ता हड्डी लिए कचरे के पीछे छुप रहा था।

कचरे के ढेर के इस तरफ नेता। उस तरफ कुत्ता। दोनों तरफ, दोनों के अपने-अपने मुद्दे।

गुज़ारिश है कि कृपया एक बार कल्पना और कर लें। कि इधर और कुत्ते भी आ गए और उधर दूसरे गुट के नेताजी भी।

अब चौराहे पर लाश। नेताजी। दूसरे गुट के नेता। कार्यकर्ता। भीड़। चक्काजाम। हल्ला। गुत्थमगुत्था। शोर। भगदड़।

और चौराहे के डस्टबिन के पास कुछ कुत्ते रगेद रहे हैं, हड्डी लिए कुत्ते को। जबरदस्त कुकरहाव। शोर। कुत्ते भौंक रहे हैं एक दूसरे पर।

आदमियों का शोर इतना कि बस। आदमियों में पथराव। कार्यकर्ता डंडे लेकर। पत्थर हवा में।

कुछ पत्थर डस्टबिन के आसपास भी पड़े। भागे सारे कुत्ते। कुत्तों का यूँ भी कुत्तागिरी में आदमियों से क्या मुकाबला। हड्डी लावारिस पड़ी है कचरे में।

और एक लाश भी वहीं डस्टबिन से थोड़ी दूर पर कचरे में ही पड़ी मानिए। अच्छी बात यह है कि लाश कुछ सोच नहीं पाती। न कह पाती है। कहती तो नेताओं यही कहती न कि तुम्हारा कुकरहाव खत्म हो, तो मुझे न भूल जाना क्योंकि हर बहस के बाद मुद्दा भूल जाते हो तुम लोग।

आदमियों और कुत्तों का कुकरहाव जारी है। लाश और हड्डी, दोनों लावारिस। लड़ाई महत्त्वपूर्ण। मुद्दे का क्या!

बस, लगे रहिए

लड़की को किस भाँति प्रभावित करें—मानव जीवन की यह शाश्वत समस्या रही है। वह प्रभावित हो, तो प्रेम का सिलसिला बने। अभी प्रेम की तो छोड़िए, यहाँ तो वे तनिक-सा देखने तक को तत्पर नहीं। घास डालने को तैयार नहीं। खिलखिलाए जा रही हैं, गुमसुम खड़ी हैं, सहेली से गुफ्तगू में मुब्तिला हैं या बुआ-मामी अथवा अम्मी के साये में महफ़ूज़ खड़ी कुछ सोच रही हैं—और यह सब करते हुए उन्हें ख़बर ही नहीं कि हम भी पड़े (या खड़े) हैं राहों में। चलिए, शिकायत आपकी भी वाज़िब है परन्तु यह तो बताएँ कि उसे आपका पता चले कैसे? लड़की को प्रभावित करने के लिए आपने कभी कुछ किया? या सीधे ही उससे प्रेम की उम्मीद बाँध (या लगाकर, जैसा भी आप उम्मीद के साथ किया करते हों) बैठे हैं? मानो कि कोई बिना मेट्रिक किए बी.ए. पास करने की ठाने हो। आप 'दसवीं फेल, बी.ए. पास करें' वाले विज्ञापनों की चपेट में आ गए लगते हैं। देखिए, पहले उसे प्रभावित तो करना ही पड़ेगा। यह पहला कदम है। एक बार लड़की आप से प्रभावित हो जाए तो समझो कि प्रेमपथ पर आपका भी छकड़ा चल निकलेगा।

परन्तु प्रश्न यही तो है भैया कि उसे प्रभावित करें कैसे? कठिन तो है। परन्तु कर सकते हैं। तरीके हैं। कई हैं। कई तो हमने भी आजमाए हैं और काफी हद तक चले भी हैं। बताते हैं। नोट करिए।

एक तरीका यह कि लड़की के सामने चुप रहिए। जब सभी बातें कर रहे हों तब आप चुपचाप बैठे हैं। बोल ही नहीं रहे। लड़की को भ्रम होने लगता है कि अभी चुप होकर यह बाद में कोई ऊँची बात बोलेगा। इससे, यूँ ही, एक खामोखां का सम्भावनापूर्ण व्यक्तित्व बन जाता है उनका। लड़की का ध्यान जाता है। यह व्यक्तित्व तब तक तो बना ही रहता है कि जब तक कोई बेहद घटिया बात कहकर आप अपनी वाली पर न उतर आएँ। चुप रहें तो मुट्ठी बन्द रहती है, जो लाख की कहाती है। हम खुद भी जवानी के दिनों में यही किया करते थे। ऐसे चुप रहते थे कि मानों मुँह में दही जमाकर बैठे हों। तभी 'मैं चुप रहूँगी' नाम की एक फिल्म भी निकली थी। हम उसी का पुल्लिंग संस्करण बनकर बैठ जाते थे। पर याद रहे कि

यूँ चुप बैठना ही पर्याप्त नहीं। चुप रहते हुए आदमी को अपने चेहरे पर कुछ ऐसे भाव भी लगातार लाते रहने चाहिए कि मानो चुप बैठकर बड़ी ऊँची बात तथा गहन चिन्तन उसके अन्दर चल रहा है और आसपास जो बातें की जा रही हैं, वे निहायत बचकानी हैं। प्रेक्टिस की जाए तो ऐसे भाव पैदा करना कठिन नहीं है। बस, होठों को किंचित नीचे की तरफ लटका लें तथा शेष मुँह को भी कुछ इस तरह नीचे की तरफ लाए कि मानो बाप मर गया हो—ऐसा कर सकें तो एक ऊँचे चिन्तक टाइप शक्ल अपने आप निकल आती है। चिन्तकों की फोटू देखें, स्वयं जान जाएँगे।

यहाँ एक बात और ऐसे चुप भी न बैठे जाएँ कि आपके गूंगे होने का भ्रम उत्पन्न हो जाए। और चुप बैठे-बैठे कहीं सो न जाएँ, जैसेकि एक बार हम सो गए थे। चुपचाप बैठे रहो, तो झपकी आने का खतरा तो रहता है। हम तो सोते हुए हमारे पास ही बैठी लड़की की बुआ की गोद में लुढ़क गए थे। इतनी देर तक चुप बैठे रहने की सारी मेहनत अकारथ गई। और लड़की भी, बाद में हमें देख-देखकर हँसती रही।

एक तरीक़ा और बताते हैं। न हो तो उसे अपना कर देखें।

ऐसा करें कि आप बबुबा टाइप व्यक्तित्व बना लें। बच्चों जैसा। भोले दिखें। मूर्खता की हद तक सीधे-सादे। न भी हों, पर दिखें। डरपोक भी हों, तब तो क्या कहने। कभी कुछ तय न कर सकें। बार-बार, बात-बात में चौंक उठें। घबराए-से दिखें। इधर हें-हें, उधर जी हाँ, जी हाँ करें। कुल मिलाकर ऐसे लगें कि जो स्वयं कुछ भी कर सकने में अक्षम है और जिसे हरदम ही सहायता की आवश्यकता पड़ती हो। जैसे बच्चे होते हैं न कि जिन्हें पेशाब भी करानी पड़ती है। बस, लड़कियाँ आप पर जान छिड़केंगी। लड़की में मातृत्व का जो सहज भाव रहता है, उसका लाभ मिलेगा आपको। माना कि दुनिया आपको मूर्ख मानेगी, परन्तु साथ ही आश्चर्यचकित भी होती रहेगी कि लड़की ने इस बजरबट्टू में ऐसा क्या देख लिया? दरअसल, लड़कियों का मन बच्चों को गोद में खिलाने का होता रहता है। होता तो आदमी का भी है, परन्तु वह बच्चे और मूर्ख में फर्क़ कर लेता है। लड़कियाँ नहीं कर पातीं। सो, जब आप किसी बच्चे की भाँति असुरक्षित दीखते हैं तथा अन्य तेज-तर्रार लड़कों के बीच किसी पिल्ले की तरह घबराए घूमते हैं, तब इस बात की प्रबल सम्भावना बनती है कि कोई लड़की, अचानक ही पिल्ले को ज़मीन से उठाकर अपने आगोश में ले ले। सब कुछ पिल्ले कि किस्मत तथा पिल्लेपन को सम्पूर्ण पिल्लेपन के साथ ज़ाहिर करने की उसकी क्षमता पर निर्भर करता है, अन्यथा पिल्लों को लात खाते भी देखा ही होगा आपने।

देखिए, सच कहें तो लड़कियों का कुछ भी तय नहीं होता कि वे कब, किस बात से प्रभावित हो जाएँगी। वे शराफत पर भी जान छिड़क सकती हैं और उनका दिल

आपके हरामीपन पर भी उतना ही आ सकता है। वे बहादुरी से प्रभावित हैं, परन्तु उस दिन जो आप एक कुत्ते के अचानक भौंक पड़ने के कारण घबराकर नाली में छुप गए थे, वे उससे भी उतना ही प्रभावित हुईं हैं। उनका पता नहीं चलता। फिर, हर लड़की अलग। और वही लड़की अलग-अलग समय पर एकदम अलग। दाढ़ी पर फिदा और क्लीन शेव्ड की हिमायती।

बीमार दिखकर या अपनी बीमारी की झूठी ख़बर फैलाकर, मेडिकल ग्राउंड पर लड़की को प्रभावित करने का चलन पुराना है—ऐसे में वो शायद प्रेम न भी करे, परन्तु आप दया का वातावरण तो बना ही डालते हैं, जो आगे कभी भी काम आ सकता है। सहानुभूति की उँगली पकड़कर मोहब्बत का पोंचा पकड़ने की कला। कई बार आपस में धौल धप्पा करके, फालतू ही ठहाका मारकर या लड़की के सामने दोस्तों से ज़ोर-ज़ोर से आत्मीय बातें करके भी उसे बताया जाता है कि जालिम, हम भी खड़े हैं। यह विधि उन बच्चों से मिलती-जुलती है जो माँ बाप को अपने होने की ख़बर देने के लिए हल्ला मचाते हैं (और इस चक्कर में थप्पड़ खा जाते हैं।) एक ज़माने में इस मामले में शेरो-शायरी का भी रोल होता था, पर आजकल की लड़कियों की शायरी की समझ जरा यूँ ही सी है। वे शेर का गलत अर्थ निकाल सकती हैं या उसका अर्थ पूछने आपके रक़ीब के पास जा सकती हैं, जो शायरी छोड़कर एस.एम.एस. द्वारा उसे पहले ही प्रभावित कर चुका है। हिन्दी कविता तो ट्राई भी मत करिएगा गोकि उसमें यह फायदा है कि ऐसी चीज यदि लड़की के बाप के हाथ भी पड़ जाए तो भय नहीं रहता कि वो इसे समझ पाएगा क्योंकि आजकल की हिन्दी कविता को वो क्या, उसका बाप तक नहीं समझ सकता।

फिर करें क्या, आप तो यह बताओ?

ठीक पूछा आपने। हम तो यही कहेंगे कि अन्ततः एक ही चीज काम आती है कि लगे रहो। वो आप लगे ही हैं।

लगे रहिए। होगी। कब तक प्रभावित न होगी।

दफ्तर ही तो है

यमराज का दफ्तर।

जिन्हें भ्रम हो कि चित्रगुप्त के पास आदमी के जीवन के एक-एक पल का हिसाब किताब रहता है, वे यहाँ आकर झाँकें। दफ्तर खुले एक घंटा हो चुका, परन्तु काम का माहौल नहीं दिख रहा। यमराज अभी पहुँचे नहीं। बॉस न हों, तो दफ्तर में जैसा रहा करता है, वही हाल। लोग यहाँ वहाँ। या फिर गप्प सड़ाका। स्वर्ग तरफ अप्सराओं का कोई फैशन शो था, सो यमराज वहाँ होकर आएँगे। पीए ने यही बताया है। दो क्लर्कनुमा यमदूत टाँगें फैलाए बतिया रहे हैं। आसपास, फाइलों के ढेर।

'साहब किसी को फोन पर कह रहे थे कि आजकल यमदूत ढँग से काम नहीं कर रहे। बताते रहे कि नित, नई शिकायतें आ रही हैं।...' दफ्तर में चाय-साय लाने ले जाने वाला चपरासी वहीं खड़ा बता रहा है। 'यार, अपने साहब हैं कान के कच्चे। कोई कुछ भी शिकायत जड़ दे, सच मान बैठते हैं।' एक क्लर्क जवान तथा चलतापुर्जा है। वही कह रहा है।

दूसरा यमदूत इसी दफ्तर में काम कर करके बुढ़ा गया है। चिड़चिड़ा जाता है और दुनिया को गरियाने लगता है। सुनकर विफर गया।...'ढंग से काम और क्या होता है यार! इत्ते जीवों के जीवन भर के खटकरमों का हिसाब धरना, फिर उनकी निकाली गई आत्माओं की पुटलियाँ बाँधकर उनमें सील-चपड़ा ठोककर स्टोर में धरवाना, उनके सद्‌करमों और कुकर्मों की फाइलें चित्रगुप्तजी की अदालत में पेश करवाना, अकाल मृत्यु का अलग से रजिस्टर, भूतन का अलग, पिशाचों का अलग, पुनर्जन्म की फाइलें और मोक्ष के केस—स्साला एक काम हो यार, तब तो यमदूत करे, नहीं तो कहने को क्या है, कहते रहो...'। बड़बड़ाता रहा बूढ़ा यमदूत। मुस्काते रहे चपरासी और दूसरा यमदूत। अब तक और भी आ गए हैं।

एक यमदूत बता रहा है परसों तो गज़ब हो गया यार।...'परसों हम मृत्युलोक से चार आत्माएँ बटोर कर लाए। साथ में भूत-पिशाचन का रजिस्टर ले गए थे। वेरीफिकेशन टूर भी साथ में जोड़ दिए थे। अब रजिस्टर हमसे छूट गया वहीं एक घर में, लाश के पास...। यहाँ यमलोक में आके याद आया...'

'अरे! फिर?' चपरासी ने चाय देते हुए पूछा।

'फिर क्या। भागे। वापिस। मगरं भैंस को आप कित्ता भगा पाओगे? चाबुक मारो, तो गोबर गिरा दे, बस। स्पीड कित्ती, सो सबको पता। पुराने, बीमार, बूढ़े भैंसे पकड़ा रखे हैं। यमलोक से मृत्युलोक की रोड भी ठीक नहीं कराते। तीन बार टपककर वायुमंडल में गोता खाते-खाते बचे।...'

'फिर रजिस्टर मिला कि नहीं?'

'अरे कहाँ साहब, मृत्युलोक का तो ऐसा है कि आदमी स्साला एक बार बस, मर भर जाए कि घर वाले उसका सारा सामान फटाफट इधर उधर फेंक फाँक देते हैं। जब तक हम उस घर वापस पहुँचे, तब तक बच्चों ने बूढ़ऊ के बेडरूम से उसकी किताबें स्टोर के कोने में फेंक फाँक दी थीं और कापी रजिस्टर रद्दी वाले को बेच दिए थे। हम भैंस की पीठ पर चढ़े-चढ़े रद्दी वाले का पता लगाते गली-गली घूमते रहे। सब स्साले देख के हँसे। मृत्युलोक में आजकल कौन भैंसे पर सवार घूमता है? बच्चे हल्ला मचाते पीछे दौड़ते रहे।...रद्दी वाला मिला तो पता चला कि रजिस्टर फाड़ के लिफाफे बना के बेच चुका था।...मन तो किया कि स्साले की आत्मा खेंच लें, पर एक भी एक्स्ट्रा पुटलिया नहीं ले गए थे, सो जब्त करके रह गए...'

'फिर?'

'फिर क्या, अपनी स्मरणशक्ति के बूते डुप्लीकेट रजिस्टर तैयार करे हैं। भूत पिशाचन का मामला स्साला वैसे ही घपले वाला। एक जगह टिकते नहीं। आज पीपल पे तो कल चपट गए किसी महरारू से। फिक्स एड्रेस नहीं हरामियों का।'

'हमने तो अपने इलाके में एक भूत को ही रजिस्टर पकड़ा दिया है। खुद ही भरो। हिसाब रखो।

ऑडिट के टाइम पर उठा लाते हैं।...बस।'

कि अचानक यमराज आ गए।

सब काम में लग लिए। साहब का मामला।

काम चल पड़ा। आत्माओं के बंडल। कर्मों का टेबुलेशन चार्ट। साँसों का ऑडिट। जनम-जनम के फेरों की फाइलें। पुनर्जन्म के प्रार्थनापत्र। पिशाच-योनि से मुक्ति के लिए सिफारिशी पत्र। इतने सारे काम कि कोई यमदूत यदि ईमानदारी से करने बैठ जाए तो खुद स्साला मर जाए।

साहब ने बुलवा भेजा है बुढ़ऊ यमदूत को।

'भाई प्राणभंग जी, आपका काम बड़ा गड़बड़ चल रहा है।' यमराज कोई फाइल खोले बैठे हैं।

बुढ़ऊ चुप रहे। रोज का टंटा। कोई न कोई।

'शिकायत आई है कि कोई सेठ गौरीचंद हैं। और उनका समय कभी का पूरा भी हो चुका है। और आप आज तक उनकी आत्मा मुक्त कराने नहीं पहुँचे हो।...'

झूठ शिकायत लगाई है सर...। कोई भी केस पेंडिंग नहीं छोड़े हैं हम। हम तो महोदय, किसी को एक श्वास भी एक्स्ट्रा नहीं खींचने देते।'

'श्रीमान, यह शिकायत सीधे ईश्वर के हस्ताक्षर से आई है। भगवान ग़लत बोलेंगे क्या? सेठ के लौंडे नित्य ही भगवान के मन्दिर के चक्कर काट रहे हैं। हाथ जोड़ रहे हैं कि सेठजी को उठा लो भगवान क्योंकि सेठ के कष्ट उनसे देखे नहीं जाते।...'

'चूतिया बना रहे हैं सरकार, टाइम से पहले मारना चाहते हैं बाप को। वही माल-मत्ता हथियाने का चक्कर, सर।'

सेठजी की फाइल लाई गई है। यमदूत की गलती। क्लेरिकल मिस्टेक। कागज बता रहे हैं कि सेठजी तो दो माह पूर्व ही गोलोकवासी हो चुके। उनकी जगह किसकी आत्मा निकाल लाए तुम? और जो गलत आत्मा सेठ के हिसाब में चढ़कर नरक भेज दी गई, उसका क्या होगा? बताइए न। चित्रगुप्त तक बात पहुँची तो तुम्हारे साथ हमें भी सस्पेंड कर डालेंगे। आप वी.आर.एस. क्यों नहीं ले लेते?...'

खूब फटकार पड़ी साहब।

बड़बड़ाता हुआ बूढ़ा यमदूत साहब के कमरे से बाहर निकला।

'अर्जेंट दौरा पकड़ा दिए हैं साहब...' ट्रांसपोर्ट ऑफिस से भैंसा अलॉट करवाते हुए बता रहा है वह।

जब सेठ के लौंडे अस्पताल के पास बने मन्दिर में माथा टिका रहे थे, तभी मन्दिर के सामने की हॉस्पिटल रोड पर एक चिड़चिड़ा-सा बूढ़ा भैंसे को हाँकता निकला है।

हमारी सलाह है कि भूलकर भी इस बूढ़े के साथ छेड़छाड़ न करें। यमदूत के गुस्से का भरोसा नहीं। मान लो कि एकाध एक्स्ट्रा पुटलिया साथ लेकर चला हो, तो फिर मत कहिएगा कि चेताया नहीं।

किसी अप्रिय घटना का समाचार नहीं

भेस बदलकर निकला है राजा।

राजा प्रजावत्सल है। राजा की पोस्ट ही ऐसी है कि प्रजावत्सल हुए बिना रहा नहीं जाता। अब, कहते तो यही हैं; और अपुन तो कभी राजा हुए नहीं, सो सुनी हुई बता रहे हैं। हमारे देश में राजाओं के बीच प्रजावत्सल होने की आदत-सी रही है। फिर भी प्रजा की स्थिति ऐसी क्यों बनी रही, यह बात अलग से चिन्तन माँगती है। वैसे साहब, प्रजा भी कम हरामी नहीं। राजा लाख प्रजावत्सल हो ले, पर यदि प्रजा अपनी बात उसे बताए ही नहीं, तो राजा क्या करे? चुप रही आती है प्रजा। राजा आमने-सामने भी पूछे कि असली किस्सा क्या है और तुम्हारे दिल की सच्ची कैफियत का बयान तो करो, तो गिड़गिड़ा कर कहती है कि मन्त्री या उनके कारिंदों से ही पूछ लिया जाए सरकार! खुद कुछ बताती नहीं और राजा की पीठ के पीछे सौ तरह की बातें।

इसी कारण भेस बदलकर निकला करता है राजा। प्रजा के दुखों का पता चले तो उचित एक्शन ले। राजा प्रजावत्सल है, यह हमने बताया ही।

कौन-सा भेस धरे राजा कि कोई पहिचान न सके? वैसे न पहिचानने के भी अपने खतरे। राजा का राज्य ऐसा निरापद भी नहीं। मान लो कि कोई न पहिचाने और यूँ ही लगाए चार लातें या कि खोल दे खुपड़िया कि जो खीसे में हो, सो निकाल, तब? इसीलिए भेस धरे राजा की कमर में बँधी पुटलिया में राजमुद्रिका बँधी रहती है। उस दिन सिपाही ने ठोक ही दिया होता कि मौके पर राजा ने मुद्रिका दिखाकर उसे वहीं सस्पेंड करते हुए बताया कि ऐ नादान, कि जिसे तू गरीब बहेलिया जानकर उससे दो कबूतर और एक तीतर की रिश्वत माँग रहा है, बहेलिया का भेस धरे वह हम हैं रे मूरख। बहेलिया का भेस धरना अतिप्रिय है राजा को। या फिर लकड़हारे का कि धरी पगड़ी सिर पर, कुल्हाड़ी कन्धे पर और चार लकड़ियाँ सिर पर—और ये चले। वैसे किसान भी फटाफट बन लेता है। एकाध बार भिखारी का भेस भी धरा है, पर उसमें सौ झंझटें। दीनहीन का मेकअप लम्बा खिंचता है। फिर भिखारी दिखने के लिए जो फटेहाली और दीनता चाहिए, वो राजा के व्यक्तित्व में है नहीं। भिखारी

बने हैं और छाती तानकर भीख माँग रहे हैं। झुकना सीखा नहीं। प्रणाम करने की आदत नहीं। सो भिखारी नहीं बना करता है आजकल। कभी साधु, पागल और बंजारा वगैरह बन जाता है। जब जैसा मन कर जाए।

तब तो भेस बदलने में बड़ा एक्सपर्ट होगा राजा?

यह भी खूब कही आपने। जनाब, वैसे वाले पुराने, दकियानूसी, चूतियाटिक राजाओं का ज़माना कब का चला गया। खुद भेस क्यों बदलेगा? पूरा डिपार्टमेंट खोल रखा है। मेकअप विशेषज्ञ, सहायक विशेषक, विशेष कर्तव्यस्थ अधिकारी आदि। पूरा टीमटाम। दूसरे बदलते हैं राजा का वेश। तब तो राजा के निकलने से पहले ही यह ख़बर भी निकल जाती होगी कि गाल पर बड़ा सा मस्सा वाला व्यापारी दिखे, तो रिश्वत-फिश्वत न मांग बैठना...वो स्साला खुद राजा घूम रहा है भेस डालकर? नहीं-नहीं। बड़ा गोपनीय डिपार्टमेंट है भैया। राजा का बदला भेस बस मन्त्री, कानून मन्त्री, चन्द अफसरान और प्रमुख दरोगा को ही पता रहता है। गोपनीय कक्ष में बदला जाता है भेस। राजा फटकारता जाता है कि परसों की रात कैसी सरेस चिपकाई थी रे दाढ़ी में कि आज तक दो-चार बाल निकलते ही रहते हैं—ऐसी जोर की न चिपकाना इस दफे।...हम तो एहतियात बरतते रहे सरकार कि कहीं ऐन मौके पर दाढ़ी-मोंछ टपक-डपक न जाए।...ठीक है, ठीक है।...ये ठुड्डी वाला मस्सा थोड़ा छोटा रखो। इत्ता बड़ा लगाते हो कि स्साला दूर से ही नकली पता चल जाए।

तो राजा निकला है भेस बदलकर। तहकीकात करेगा कि प्रजा दुखी तो नहीं? पता करेगा कि कानून का सख्ती से पालन चल रहा है कि नहीं? पूरे राज्य में राजा की जय-जयकार होती है। लोग तारीफ करते हैं कि राजा कैसा कर्तव्यनिष्ठ है। तब तो सभी डरा करते होंगे कानून तोड़ने से? राजा भेस बदलकर स्वयं ही कानून पर नज़र रखे है, तब तो कानून से खिलवाड़ करने वालों की खैर नहीं—क्यों साहब? एक लिहाज से आप ठीक ही कर रहे हैं। परन्तु फिर भी राजा के राज्य में कानून को कोई टके गज भी नहीं पूछता, ऐसा क्यों साहब?...हम क्या बताएँ यार। अभी राजा निकला ही है। गोपनीय कक्ष से भेस धर के अभी-अभी निकला है। खुद देख लो कि उसके निकलते ही कक्ष में क्या चल रहा है।

गोपनीय कक्ष से तेज भागने वाले हरकारे निकलने को तैयार हैं। उन्हें ब्रीफ़ किया जा रहा है :

'विद्युत की गति से जाकर वहाँ पहुँचो और सूचना दो कि राजा निकल गया है और पहुँचता ही होगा।...'

'जी सरकार...'

'कहना कि इलाके में सब दुरुस्त मिलना चाहिए...'

'मिलेगा सरकार...पर पूछेंगे कि कौन-सा भेस धर के निकले हैं तो क्या बताया

जाएगा हजूर?'

'कहना कि स्त्री वेश में निकले हैं।...और डपट के बता देना कि इलाके के सिपाही खास खयाल धरें। लौंडिया जानकर पीछे न लग लें। बता देना कि इसमें फँसे तो हम क्या, भगवान भी नहीं बचा पाएँगे।'

हरकारे निकल गए हैं। सूचना निकल गई है। इलाके में ख़बर हो गई है कि राजा भेस बदलकर निकला है।

राजा भेस बदलकर जायजा ले रहा है। उसके लिहाज से सब कुछ बड़ा गोपनीय चल रहा है। राजा ने पाया है कि राज्य में ऐसा अमन-चैन है कि एक स्त्री आधी रात को भी गलियों में सुरक्षित घूम सकती है। राजा अति प्रसन्न है। राजा को अपने राजपन पर गर्व हो रहा है। राजा अपनी पीठ स्वयं थपथपाना चाहता है। पर पीठ थपथपाने के लिए हाथ पीछे की तरफ ले जाना कठिन हो रहा है। ब्लाउज बड़ा तंग पहिना दिया है हरामियों ने।

हृदय परिवर्तन के विरुद्ध

'देशभक्ति और जनसेवा' के बोर्ड के ठीक नीचे अलग-अलग साइज और मोटाई के पाँच डंडे भदरंग दीवार से टिके धरे हैं। दीवार पर 'सत्यमेव जयते' भी लिखा है। कभी, किसी थानेदार को दीवार खाली-खाली लगी होगी। लिखवा दिया। अब धुंधला गया है। 'सत्य' का आभास सा, और 'जयते' तक पहुँचते-पहुँचते तो भ्रम मात्र। 'सत्यमेव जयते' एक अफवाह सा है वहाँ। फिर मेज, कुर्सियाँ, रजिस्टर, हथकड़ियाँ, बदमाशों के फोटू और थानाक्षेत्र का बड़ा सा नक्शा। दीवार पर। दीवार के चप्पे-चप्पे पर कुछ ऐसा है कि जो बता रहा है कि भारतीय पुलिस अपने सिद्धान्त, इरादे, स्थितियाँ तथा प्रतिबद्धताएँ छुपाने में विश्वास नहीं रखती। जो है, सामने है। 'जनसेवा' है, तो डंडे भी धरे हैं जो बता रहे हैं कि 'जनसेवा' कैसे की जाएगी।

वो ज़मीन पर उकड़ू बैठा है।

थानेदार सा'ब सिंहासन पर बिराजे हैं। तीन सिपाही हैं। कोई चँवर तो खैर नहीं डुला रहा, पर दरबार लगा है थाने में। एक सिपाही खड़ा हुआ मुस्कुरा रहा है। एक मोटा रूलर लेकर रजिस्टर पर लाइनें खींच रहा है। एक यूँ ही। दाँत खुरचता।

'क्यों बे, ये क्या सुन रहे हैं तेरे बारे में?' थानेदार ने पूछा।

चुपचाप बैठा रहा वो।

'अबे बोल न...बोल। बता न सा'ब को, जो तू कल मेरे को बोल रहा था।...बता।' मुस्काते सिपाही ने उसके पिछवाड़े को अपने जूते की नुक्की से ठेलते हुए कहा।

और वह बोला। वो जूते की ठोकर की ही प्रतीक्षा कर रहा था।

'सही सुना हजूर ने...' सिर झुकाए हुए बोला वो।

'तो तूने चोरी-चकारी छोड़ने की ठानी है?' थानेदार ने पूछा है।

'जी अन्नदाता, अब मैं अच्छा नागरिक बनूँगा...'

'अबे, अच्छे नागरिक का चोरी से क्या ताल्लुक! खूब अच्छा नागरिक बन। कौन रोक रहा है तुझे? ऐसा अच्छा नागरिक बन कि अच्छे-अच्छों की माँ...। पर इसके लिए चोरी क्यों छोड़ना?'

'चोरी करूँगा, तो अच्छा नागरिक कहाँ से बनूँगा?'

'बहुत से हैं और चोरी भी कर रहे हैं।'

'पर अच्छा नागरिक बना, तो फिर चोरी-चकारी तो मैं न करूँगा सरकार...'

'तो न बन। बहुत सारे हैं अच्छे नागरिक इस देश में। भरे पड़े हैं भेन...। एक तू न बना तो सरग न टूट पड़ेगा।' कहा थानेदार से।

पर सिर झुकाकर, हाथ जोड़कर बोला वो, कि मालिक, अब तो कौल उठा लिया है कि चोरी न करूँगा।

सिर नंवाये आदमी का पिछवाड़ा हवा में उठ जाता है, जो शरीफों तक का मन ख़राब कर देता है, फिर यहाँ तो पुलिस बैठी थी; सिपाही ने पिछवाड़े पर जरा सी लात क्या मारी कि आदमी थानेदार सा'ब के चरणों में धाराशायी होकर दंडवत् सा हो गया।

'क्यों रे, यदि सभी चोर लोग तेरी तरह ही चोरी छोड़ने लग जाएँगे, तो हम यहाँ थाने में बैठकर क्या माँ...?'

'भोत चोर हैं सरकार...चोरी तो चलती रहेगी।'

'इतने चोर नहीं हैं रे। इतने नहीं हैं। तुझे कन्फ्यूजन है।...कभी हमारा हफ्ते का कलेक्शन देख, आकर। आँखें खुली रह जाएँगी। बातें करता है। चोर हैं ही कहाँ? सब स्साले शरीफ हैं या डरपोक। और जो चोर हैं, वे स्साले तुम जैसे आलसी हैं। करते ही नहीं। सौ बहाने। आज अँगूठा दर्द कर रहा है, तो आज पाँव मुचका हुआ है,...क्या हो गया है तुम चोरों को? क्यों बे? और एक तुम हो कि तुम्हें शराफत का दौरा पड़ रहा है।'

'सरकार, अब तो बच्चे की कसम उठा ली है मैंने...अब चोरी तो न करूँगा।'

'अबे सरकार से मूँ लड़ाता है रे मादर...' रजिस्टर वाले सिपाही ने उठकर, लगभग निस्प्रह भाव से उसकी पीठ पर मोटा रूलर ठोक दिया, तो बिलबिला कर रह गया वो।

'मुझे तो क्षमा कर दें मालिक, अब मैं न करूँगा...। कृपा कर दें सरकार।...' वो घिघियाने लगा।

'इतने सालों से कृपा ही करते आ रहे हैं। तूने इतनी चोरियाँ करीं, पर कभी हमने तुझे पकड़ा? पकड़ सकते थे कि नहीं? माल के साथ बरामद करते और हड्डी पसली एक करते, तब? पर नहीं की। क्षमा किया हरदम। जो तूने दिया, ले लिया। कृपा तो की। खूब की।...'

'महाराज, कृपा करो। पर अब चोरी तो मैं न करूँगा...' वो बोला।

'तेरे तो फरिश्ते भी करेंगे बेट्टा।...चोरी नहीं करेंगे! वाह साहब! मज़ाक बना रखा है। चोरी नहीं करोगे तो क्या थानेदारी करोगे भेन...?'

थानेदार सा'ब गुस्साय गए।

सिपाहियों ने प्रार्थना की कि कृपया आप गुस्सा न करें। यह आदमी मूरख है। इसे पता ही नहीं कि यह कैसी अनहोनी बात चाह रहा है। इसे थानेदार की गुस्से की तासीर का पता नहीं। चोरों के साथ हमारे व्यवहार की तो इसे ख़बर है, परन्तु शरीफों के साथ हम क्या-क्या कर सकते हैं, इसे पता नहीं, वरना यह शरीफ बनने की बात भी न सोचता।...आप चिन्ता न करें सा'ब। हम इसे अन्दर ले जाकर ढंग से समझाते हैं कि चोरी करना उतनी खतरनाक चीज नहीं, जितना कि अचानक ही शरीफ होने की कोशिश करना।...मूरख प्राणी है मालिक। समझाएँगे अभी।...

तीन दिनों से लॉक अप में बन्द है वो।

बीबी, बच्चे थाने के चक्कर लगा रहे हैं।

'पर माईबाप, वो तो अब एकदम शरीफ आदमी बन गया है। सच्ची। देवा की सौगन्ध। चोरी चकारी एकदम छोड़ दिया मालिक। बच्चे के सिर पे हाथ धर के कौल उठाया है वो। सच्ची।...' बीबी रो रही है, थाने के गेट पर खड़े सन्तरी के पास।

'तू नहीं जानती अपने आदमी को। एकदम्म हरामी रकम। भोत बदमास। तुझे चरका दिया कि शरीफ बनूँगा करके, पन तीन दिन पीछू गश्त पे पकड़ा, खुद सा'ब ने, चोरी के माल के साथ। अब बोल?' सिपाही समझा रहा है औरत को कि यह स्साली चोरी की आदत किसी को लग जाए न, तो फिर वो छोड़ थोड़ेई पाता है। शराफत के कौल उठा-उठाकर बीबी को चूतिया बनाते हैं हरामी। बस्स।

कौवों को पता चल जाता है

बारिश में सड़क धुल-सी गई है।

मैं अलसुबह इसी सड़क पर घूमने जाता हूँ।

सड़क के किनारे-किनारे एक संस्थान की मुंडेर-सी बनी है। और दूसरी तरफ पेड़ हैं और दूर तक खेत भी। आजकल ढेर सारे कौवे बैठे मिलते हैं इस मुंडेरनुमा बाउंड्री वॉल पर। और भी पंछी उड़ते रहते हैं और कभी-कभी बैठे भी दिख जाते हैं। पर यहाँ हम कौवों की बात कर रहे हैं। यह कहानी भी उन्हीं की है। यूँ पूरी कथा में पंछी बैकग्राउंड में उड़ते, चहचहाते, गाते रहते हैं, परन्तु फिर भी कथा में जो बीभत्स रस सा बना रहने वाला, उसके लिए पाठक कृपया क्षमा करें। कथा के सूत्र जब कौवे तय करने लगते हैं तो यही हो जाता है। सुबह-सुबह यह सड़क खाली रहती है। अन्यथा दिनरात गाड़ियाँ ही गाड़ियाँ। देर रात तक दौड़ा करती हैं गाड़ियाँ। पर सुबह पाँच-साढ़े पाँच बजे यह सड़क शान्त और सुनसान रहती है। सुबह की सैर के लिए इसी कारण यह बहुत लोकप्रिय है।

बताया ही, कि बाउंड्री वॉल की मुंडेर पर बैठे रहते हैं कौवे। वहाँ से उड़कर थोड़ी देर तक आसमान में, कि जहाँ से वे अचानक गोता-सा लगाकर ग्लाइडर सा उतरते हैं सड़क के दूसरे किनारे—खेत में, पेड़ों पर या सड़क पर ही। या आसमान से फिर वापस मुंड़ेर पर ही। वैसे भी, वे कहीं भी उड़ें, लौट-लौट कर इस लम्बी दीवार पर ही वापस बैठ जाते हैं। फिर वे बैठे रहते हैं। काँव-काँव कर न जाने क्या तो बतियाते हैं। खेतों में यूँ ही ऐड़ लगाकर भागते कुत्ते चौंक-चौंक जाते हैं। सड़क पर घूमने निकलो, तो कुत्तों के भौंकने, चिड़ियों के चहचहाने और सुबह की हवा की सरसराहट के साथ कौवों की काँव-काँव भी सुनाई देती है। मैंने नोट किया है कि कौवे अन्य पंछियों से अलग बैठते हैं। अपने कौवेपन में मग्न। या शायद शेष पक्षी समाज से बहिष्कृत। या फिर उस समाज को ठेंगे पर रखने वाले। जो हो।

बारिश के दिन हैं। दो दिन की झमाझम के बाद आसमान आज खुला है। बारिश बन्द है, तो घूमने निकला हूँ।

साथ में मेरे एक ठेकेदार मित्र।

सड़क का नज़ारा देखकर हम दोनों ही चौंक गए हैं।

उस लम्बी-सी वाउंड्री वॉल पर कई सौ कौवों की भीड़ बैठी है। कौवे ही कौवे। दूर तलक।

और सड़क के ऊपर, आसमान में भी, कौवे ही कौवे।

वातावरण काँव-काँव से लबरेज़।

कौवे दीवार से आसमान तक उड़ान भरते हैं और फिर सड़क पर नीचे-नीचे उड़ रहे हैं। निगाहें एकदम सड़क पर। वे अचानक ही गोता मारकर सड़क पर उतरते हैं। बेपरवाह है सड़क पर घूमते लोगों से। बल्कि उन्हीं के बीच तक उतर आते हैं। साथ चलते हुए फुदकते हैं। मानो कुछ तलाशते हैं सड़क पर। मिली, कि चोंच मारकर उठा ले जाए हैं कुछ और फिर उड़ते चले जाते हैं, दूर।

कौवों का राष्ट्रीय अधिवेशन सा हो रहा है सड़क पर। ठीक वैसी ही भीड़। वैसी ही काँव-काँव। वैसी ही काँय-काँय। वैसी ही अफरातफरी।

ध्यान से देखा तो समझ में आया।

सड़क पर मेंढक ही मेंढक मरे पड़े हैं। रात में सड़क पर निकले होंगे। सड़क के किनारे पानी के चहबच्चों और खेतों में भरे पानी में, मेंढकों की बस्तियाँ हैं। रात में, यूँ ही मस्ती में उछलते, कूदते, जम्प लगाते, टर्र-टर्र के गीत गाते मेंढकों के झुंड आए होंगे सड़क पर और कुचलकर मर गए भागती हुई कारों, स्कूटरों और ट्रकों के नीचे। अब, सुबह-सुबह सड़क पर दूर तक पड़े हुए हैं मरे, कुचले हुए मेंढक।

और न जाने कहाँ से यह ख़बर कौवों तक पहुँच गई और वे मेंढक खाने को आ पहुँचे हैं।

पंगत सी लगी है कौवों की। मेंढकों के क्षतविक्षत शव। और उनके टुकडों को बीनते-झपटते कौवे। सड़क पर उतरे कौवे चोंच में मांस दबाकर उड़ जाते हैं, किसी निरापद जगह की तलाश में, जहाँ सुकून से इसे खा सकें।

'इन कौवों को, स्सालों को कहाँ से पता चल जाता है कि रात में मेंढक कुचलकर मरने वाले हैं? देखो, एकदम सुबह-सुबह आ गए हैं सारे।' मेरा मित्र सारा नज़ारा देखकर आश्चर्य कर रहा है।

मैं क्या जबाव देता? मुझे खुद भी नहीं पता। मैं स्वयं उनके सूचनातन्त्र पर आश्चर्यचकित हूँ। सचमुच। सोचो तो। कैसे? सोचो तो हैरानी। कि कौवों को कैसे पता चल जाता है कि मेंढक मरेंगे?

'होगा यार कोई तरीका...' मैं और कहता भी क्या?

घूमकर लौटे तो कॉलोनी के गेट पर थोड़ी देर को रुक गए हम। दरअसल, यहाँ से मित्र अलग रास्ते से अपने घर जाएगा।

'फिर कल सुबह मिलते हैं'...मैंने चलते हुए कहा।

मित्र ने कहा कि कल तो वह न आ पाएगा।

'यार, कल नहीं। कल तो अपने जिले के प्रभारी मन्त्री जा रहे हैं न दौरे पर। सो हम भी जिला मुख्यालय में रहेंगे।'

'सेटिंग हो चुकी है। मन्त्रीजी जिला कलेक्टर से मिलवा कर इशारा भर कर दें। बस्स। जिस ढंग से बारिशें हो रही हैं, जिले में बाढ़ राहत के काम ही काम निकलने वाले हैं। दो-चार काम भी हाथ लग गए, तो सबको खिलाने के बाद भी लाखों के वारे-न्यारे हो जाएँगे प्यारे...' वे बता रहे हैं।

'पर अभी बाढ़ कहाँ आ रही है यार?...' मैंने कहा।

'जब आएगी, तब ऐन मौके पर चेतेंगे क्या? भैया, पहले से जमावट करनी होती है। बाढ़ राहत में ज़्यादा पेपर वर्क और सरकारी दफ्तर की फालतू फार्मेलिटीज का चक्कर तो होता नहीं। जो लगा दो। जो कर दो। आर्डर मिला। सप्लाई किया।... माल काटने का इससे बढ़िया मौका...' वे बोलते रहे और जाते-जाते आँख दबाकर बताते रहे कि मामला कितना तर तथा जायकेदार है।

घर वापस आते हुए मैं सोचता रहा कि मेरा यही मित्र अभी कैसा आश्चर्य कर रहा था कि कौवों को आख़िर कैसे पता चल जाता है कि मेंढक कब और कहाँ मरने वाले हैं?

कौवों को पता चल जाता है यार!

पता चल जाता है कौवों को।

एक वैराग्य यह भी!

मन में वैराग्य जाग रहा है इन दिनों।

हमें तो वैराग्य ही लग रहा है। हो सकता है कि यह वैराग्य न होकर कुछ और हो। हमें पहले कभी वैराग्य हुआ नहीं न, सो कन्फ्यूजन है। कहानियों-किस्सों में अवश्य पढ़ते रहे हैं कि फलाने राजा को वैराग्य हुआ या ढिकाने वैराग्य जागने पर सन्त हो गए। सन्त तो ख़ैर हम नहीं हुए हैं और कमीनेपन की जितनी मात्रा हममें अभी भी है, उसे देखते हुए फिलहाल सन्त होने की न तो उम्मीद है, न ही डर। वैसे, यदि वैराग्य जागने पर आदमी अनिवार्य रूप से सन्त हो जाता हो, तब तो जो कुछ हमारे मन में इन दिनों जाग रहा है, वह कुछ और ही है। हम समझ न पाने के कारण इसे वैराग्य कह गए। वैराग्य के मामले में समझना बेहद ज़रूरी है। हमारे एक मित्र इसी कन्फ्यूज़न में सन्त हो गए थे और बाद में बड़ी फज़ीहत में पड़े। घर-गृहस्थी त्याग बैठे और पूजापाठ में मन नहीं लगा। दो-तीन साल बाद कहीं जाकर उनकी समझ में आया कि जो जागा था, वह वैराग्य नहीं था और वे फालतूफंड में ही वैरागी हो गए थे। समझ आने पर वे वापस गृहस्थाश्रम में लौटे और साहब, क्या तो लौटे! वैराग्य में जो समय बेकार किया, उसका हिसाब बराबर करने के लिए श्रीमान ने बाद में जुआ खेला, रिश्वत में गिरफ्तार हुए, एक मर्डर किया और दो औरतों को लेकर भागे। उनके अनुभव को देखकर ही हम सतर्क हैं और शुरू में ही तय कर लेना चाहते हैं कि जो जाग रहा है, वह वास्तव में है क्या?

मन में हो क्या रहा है हमारे, तनिक यह भी बता दें आपको। फिर आप समझकर बताना।

मित्र, हो यह रहा है कि काम करने का हमारा मन ही नहीं करता। मन करता है कि पड़े रहो। दफ्तर पहुँचो तो मन करता है कि फाइलों को फाड़ डालें और मेज कुर्सी में आग लगा दें। हमने तो एक दिन लगा भी दी थी, पर मेज ने आग नहीं पकड़ी। कहीं लोहे की मेज तो नहीं? हमें ठीक से पता नहीं। हम बैठते ही नहीं दफ्तर में। वैराग्य जागा हुआ है न! दफ्तर देखकर और डबॅल जागता है। मन ही नहीं लगता। दस बजे दफ्तर पहुँचो और शाम तक वहीं बैठे रहो—जीवन के ये बन्धन हमें

निरर्थक प्रतीत होते हैं। अब तो हर बन्धन से मुक्ति की छटपटाहट सी होती है और बॉस को (या जो भी हमसे काम की उम्मीद करे, उसी को) जूता मारने का मन करता है। ये पापी हमें माया, मोह के कीचड़ में घसीटना चाहते हैं, जो हमारे वैरागी मन को इन दिनों बरदाश्त नहीं होता।...सो ऐसा कुछ हो रहा है इन दिनों। बताइए कि यह वैराग्य ही कहाएगा न?

वैसे आप भी सही कह रहे हैं। यह वैराग्य न होकर आलस्य या हमारी अकर्मण्यता भी हो सकती है। हमसे चिढ़ने वाले कुछ इसे हमारा हरामीपन भी कहते हैं। एक सज्जन तो ऐसे बदमाश हैं कि कहने लगे कि यह वैराग्य-फैराग्य न होकर सरासर कामचोरी है। अब हम किस किसको समझाएँ कि वैराग्य भी ऐसा ही होता है। बॉस भी नहीं समझता। वह हमारी तरफ इशारा करके कहता फिरता है कि कुछ लोग यहाँ मुक्त की रोटी तोड़ने आते हैं। मन तो हुआ कि जबाव दें कि सबके दाता जब राम हैं तो तू क्या तो किसी को रोटी देगा, पर चुप रहे। वैरागी चुप रहते हैं। पर हम आपसे पूछते हैं कि क्या आपने कभी किसी वैरागी को काम करते देखा है? कभी किसी वैरागी को बोझा ढोते, पानी भरते, लकड़ियाँ चीरते, नौकरी करते या काम के लिए भागते किसी ने देखा है? नहीं देखा न? वैरागी ने इन पचड़ों से भागकर ही तो वैराग्य लिया। वैसे यह भी सत्य कहा आपने कि आलस्य भी वैराग्य जैसा ही कहाया। दरअसल, आलस्य की भी एक समाधि होती है। हम अपना ही बताते हैं। अभी कल ही, सुबह से शाम तक, बिना कुछ भी किए, आँखें मींचकर हम खटिया पर लेटे रहे। खाने या पेशाब के लिए उठे, बस। पड़े रहे। अब आप कहेंगे कि इसमें क्या धरा है? ठीक है। तो कभी आप करके देखिए। कठिन काम है भाई सा'ब। समाधि ही मानिये। आपको काम की कुटेव हो, तो घबरा के उठ जाएँगे। हाँ, एक बार कामकाज, नौकरी, ज़िम्मेदारी, कर्तव्य आदि के थोथे सांसारिक विचारों से वैराग्य जगा लें, तो कर सकते हैं।

तो मित्र, थोड़ा कन्फ्यूजन तो है। वैराग्य लग रहा है, पर यह आलस्य भी हो सकता है।

हम तो इसे वैराग्य ही कहेंगे, क्योंकि वैराग्य की अपनी तरफ बड़ी इज़्ज़त है। लोग आलसी को लतियाएँगे, पर वैरागी की लात पकड़ेंगे। हमें वैराग्य ही है। अभी कोई बता रहा था कि वैरागी अपने-पराए में अन्तर नहीं करते। इस लिहाज से तो हमें बचपन से ही वैरागी कहा जा सकता था। अपने पराए के भेद के हम बचपन से ही विरुद्ध रहे हैं। वैरागी मन के चलते ही शायद हम दूसरों की साइकिल, किताबें, पेन आदि अपने प्रयोग के लिए उठाते रहे। जवानी में तो हमने धन को लेकर भी मेरे-तेरे का ओछा भेद नहीं माना और जहाँ भी, जिसका भी पैसा धरा मिला, उठा लिया। हम जीवन भर दफ्तर से सरकारी स्टेशनरी उठाकर घर लाते रहे और सरकारी

गाड़ी का पेट्रोल बेचते वक्त भी हमें इसी वैराग्य भाव का सहारा रहा। न कुछ तेरा है, न मेरा, और जो है वह सभी का है—वैराग्य तथा समाजवाद का यह सिद्धान्त हम जैसे अकर्मण्यों और कामचोरों के लिए हमेशा ही बड़े काम का साबित हुआ है। ऐसे सिद्धान्तों के जरिए आप हमेशा ही अपनी चोरी, लूट या झपट को एक विश्वसनीयता प्रदान कर सकते हो। लोग करते ही हैं। बड़े बड़ों ने की है। हम इसे वैराग्य ही कह रहे हैं। आजकल हमें हर पराया माल अपना लग रहा है। मन करता है कि बैंक के कैशियर के सामने पड़ी गड्डियाँ उठाकर जेब में धर लूँ। यह सब वैराग्य ही तो कहाया न?

मित्रो, इन दिनों, हमारे मन में जो जाग रहा है, उसे वैराग्य कहने में ही समझदारी है। क्योंकि आजकल, जीवन की हर तिकड़म और कुटेव को एक आदरणीय तथा खूबसूरत-सा नाम देने की समझदारी वाले दिन चल रहे हैं। आप भी इसे वैराग्य ही कहें कृपया।

एक गधा चिन्तन में

एक गधा आज मेरे चिन्तन में खड़ा है। कौन सा ऐसा गधा है, जो इस गधेपन में पड़ा?

सड़क पर जो खड़ा है न गधा, गधे की तरह मुँह लटकाए। वही।

कस्बे के बाज़ार की व्यस्त सड़क है यह। स्कूटर, साइकिलें, ठेले, रिक्शे, कारें, आदमी, और यह गधा भी। सभी इसी सड़क पर। धकापेल-सी। परन्तु गधा इन सबसे असम्पृक्त। उसे मानो आसपास से कोई मतलब ही नहीं। खड़ा है सिर झुकाए। जाने क्या सोचता। न हॉर्न सुन रहे हैं श्रीमन, न ही हलकी ठेलठाल का कोई असर उन पर। आप कहेंगे कि गधा कहीं का! कह लें। गधा बुरा नहीं मानेगा। एक कार एकदम पास आकर हॉर्न मार रही है। हटे नहीं महोदय। ड्राईवर ने कार से ही धीरे से ठेल दिया, तो तनिक हटकर खड़े हो गए, बस।

'क्या हो गया दादा? बड़े चुपचुप हो?' कुत्ते ने पूछा है।

जहाँ गधा ऐसा शान्त तथा उदास, वहीं कुत्ता तो अति उत्साही। यूँ ही भागता फिर रहा है सड़क पर। यहाँ से वहाँ। दस चक्कर तो मार ही चुका। सड़क पर किसी बेचैन शायर सा घूम रहा है। इधर से उधर। सड़क पर भागती गाड़ियों से बचता-बचाता, रुकता, सूँघता, भागता, चौंकता। किसी ने कार की खिड़की से कुछ फेंका कि दौड़ चले। मिला, न मिला, किस्मत। पर दौड़े और कुत्ता होने का हक़ अदा करके ही आए। दो-तीन चीजों को सूंघा, परन्तु ऐन मौके पर दुत्कार दिए जाने के कारण तृप्त होने से रह गए। एक कुतिया के पीछे दूर तक चले। दुत्कारे वहाँ भी गए। एक आदमी ने यूँ ही लात मार दी। इतनी दुत्कार के बाद भी कुत्ता उतना ही उत्साहित। जीभ लटकाए, सम्भावनाओं की तलाश में वहा से गुजरते हुए उसने गधे को उदास खड़ा देखा। गधे की शक्ल वैसे भी उदास टाइप की ही है। फिर भी।

'क्या बात है दादा?' कुत्ते ने फिर पूछा है।

'मन उचट गया है रे...' गधे ने बताया।

सुनने में अजीब लग सकता है कि गधे का मन उचटे। क्या तो गधा और उसका मन! कुत्ते तक को अजीब लगा, तो आप तो पाठक ठहरे! पूछा कुत्ते ने। काहे से

मन उचट गया दादा? किस चीज से? गधा-पचीसी से, गदहापन से, लदान लाद-लाद के? गधे ने बताया कि अभी इसका उत्तर कठिन है क्योंकि वह स्वयं इस प्रश्न की गहराई में नहीं गया है। गधों का आपको पता ही है। वे लम्बाई में चाहे जितना दूर हो आएँ—लदान लादकर वे लम्बी दूरियाँ तय करते देखे ही जाते हैं—परन्तु गहराई में नहीं उतरते। उतरें, तो धोबी रोक देता है। धोबी के आधीन है उसका गधत्व। धोबी गधे को किनारे पर ही रोक देता है। घाट पर ही। गहरा उतरे और डूब-डाब जाए। गधे का क्या तो भरोसा। गधे को चीजों की गहराई का क्या पता! हमारे पिताजी स्वयं हमसे कहते थे कि तुम गधे हो और बात की गहराई को नहीं समझ सकते। बाद में कुछ बापनुमा आलोचकों ने भी हमारे लेखन पर यही तोहमत लगाई कि लेखक गहराई में नहीं उतरता। वो तो हम इन आलोचकों को जानते थे कि वे किस घाट से ताल्लुक रखते हैं तथा खुद कितने गहरे रहे हैं, सो हमने उनकी परवाह नहीं की। इतने गधे भी नहीं हैं। और हमारा मन भी नहीं उचटा है, जैसा इस गधे का उचट गया है। गधा ही ठहरा।

क्यों मन उचट गया है इस गधे का?

पता नहीं। वैसे, बड़ा एकरस सा, मोनोटोनस जीवन होता है गधे का। घर से घाट के बीच जीवन की लाद ढोते-ढोते यदि कभी ऐसे ग़रीब का मन उचट ही जाए तो क्या आश्चर्य? गाहे-बगाहे किसी गधी के प्रति सार्वजनिक प्रेम-दर्शन के अवसरों के सिवाय कुछ ऐसा रोचक घटता ही नहीं उसके जीवन में कि मन लगा रहे।

उचटेगा ही। बल्कि न उचटे तो गधापन कहाएगा। बल्कि गधा है, तभी तो ज़्यादातर उचटता नहीं।

तो अब जो इसका मन उचट रहा है, तो क्या अब यह गधा, उतना गधा नहीं रहा? एक गधा, कब तक गधा है और कब वह गधा नहीं रह जाता, यह कहना भी कठिन। और जिस दौरान वह गधा नहीं रहता, उस दौरान भी उसे गधा मानना उचित कहाएगा क्या? इस दौरान यदि वह गधा नहीं रहता है तो क्या रहता है क्योंकि गणित के नियमानुसार गधे में से यदि गधे को निकाल दें तो क्या बचेगा? पाठको, यदि गहराई में उतरो, तो मूर्खतापूर्ण जिज्ञासाओं से भी बड़ी फिलॉसफी पैदा होती है और अस्तित्व के गधापचीसी वाले प्रश्न उठा करते हैं। तभी तो हमने शुरू में ही बताया कि हम तो किसी भी प्रश्न की गहराई में उतरने के कायल कभी नहीं रहे। कभी उतरे भी तो सिवाय गोता खाने के और कुछ भी हासिल न हुआ। सो हम इस मुद्दे पर गधे से सहमत हैं, जो उसने मन उचटने के प्रश्न पर गहराई से विचार नहीं किया।

पर कुत्ता तो कुत्ता ही है। जाते-जाते सलाह दे गया।

'दादा, तनिक रास्त छोड़कर किनारे खड़े हो जाओ। आदमी के रास्ते में आओ तो वो बुरा मान जाता है।' सलाह देकर कुत्ता एक दिशा में सरपट दौड़ गया है।

अचानक क्यों दौड़ा वह? मित्र, अब कुत्ते के प्रश्नों में हमें मत उलझाओ। यहाँ गधे को तो हम समझ नहीं पा रहे और आप कुत्ते के प्रश्न उठाने लगे। दौड़ गया वह—क्या यह जानना ही पर्याप्त नहीं? वैसे, वस्तुस्थिति यह है कि अभी तो शायद कुत्ते को ही नहीं पता कि वह क्यों दौड़ रहा है? वो तो एक और कुत्ते को भागते देखा, तो यह सोचकर कि अवश्य कुछ रोचक घट रहा होगा, वह भी दौड़ गया। कुत्ता इस मामले में बड़ा अन्वेषी प्रकृति का होता है। कदाचित वह आदमी होता तो इस प्रकृति के चलते बड़ा वैज्ञानिक भी बन सकता था।

कुत्ता तो चला गया। इधर गधा उसकी कही बात पर विचार करता खड़ा रहा।

आदमी इतनी जल्दी बुरा क्यों मान जाता है? एक गधा, एक गधे की भाँति चुपचाप खड़ा है, इस बात पर कोई आदमी कैसे बुरा मान सकता है? सड़क क्या आदमी के बाप की है? गधा खड़ा हो जाएगा तो क्या सड़क घिस जाएगी? फिर, कितनी जगह घेरता है एक गधा? इतनी जगह तो तुम्हारी एक साइकिल घेर लेती है भाई। और गधे का तो तुरन्त बुरा मान जाओगे, पर अभी एक हाथी आकर खड़ा हो जाए, तब? तब तो उसकी पूजा अर्चना में लग जाओगे। बच्चों को लाकर दिखलाओगे। खुश होगे। कहोगे कि वो देखो हाथी! बड़े से भय खाता है आदमी। आदर करता है बड़ों का। घबराता है। और हमसे बुरा मानता है। हद है। यार, इस ज़माने पर हम गधों का भी कोई हक़ बनता है कि नहीं? उस दिन मस्ती में आकर ढेंचू-ढेंचू को तनिक लम्बा क्या खींच दिया कि दो डंडे टिका दिये एक हरामी ने। आदमी तो न जाने क्या-क्या और कैसा-कैसा गाता रहता है, पर हमने तो कभी भी उसे दुलत्ती नहीं मारी।...गधों के प्रति आदमी का यह रवैया बहुत पूर्वाग्रहग्रस्त तथा असंवेदनशील है। आदमी आखिर गधों से चाहता क्या है?

गधा बेहद निराश है आदमी से।

कहीं आदमी से निराश होने के कारण ही तो गधे का मन उचटा हुआ नहीं है? प्रश्न भी खड़ा है और गधा भी। सड़क पर भी और मेरे चिन्तन में भी, जैसा कि शुरू में ही बताया।

कृपया आदमकद न पधारें

उन्होंने आश्वस्त किया है कि सारा मुद्दा गूँगों से डिस्कस कर लिया गया है, जो फिलहाल बैठकर बहरों को सारा मामला बता रहे हैं। समस्या सुलझी ही समझो। गूँगों से ही सुना-समझा करते हैं बहरे यहाँ पर। कोई और बताने की कोशिश करे, तो बहरे बहुत गुस्सा भी हो जाते हैं। कहते हैं कि आप गूँगे को बोलने दें कृपया। गूँगा कैसे बोलेगा मित्र? आप पूछेंगे, परन्तु वो सुनेगा ही नहीं क्योंकि वो बहरा है।...बहरा अब मामले में क्या तो करेगा, क्योंकि सुनने की क्षमता ही नहीं। मामला समझ ही न सका वो। अब? अब वो अन्धों को आदेश देगा कि वे मामले को देखें और मौकूये वारदात का निरीक्षण करके बताएँ कि वास्तव में मामला क्या था? वो अन्धों के एक प्रतिनिधिमंडल, कमीशन, टीम या हाईपावर्ड कमेटी को सारे मामले पर ग़ौर करने का आदेश दे सकता है।...या कभी जल्दी का मामला हो, या तुरन्त भागकर पहुँचना हो ताकि मामला अर्जेंट में निबटे, तो वह लगड़ों को भगाता है कि दौड़कर पहुँचों और वहाँ स्थिति को काबू में लाओ। वो नकटों को देश के सम्मान की रक्षा का कार्य सौंपता है और लूले हाथों में तलवार देकर देश की सुरक्षा को लेकर निश्चिन्त हो लेता है।

एक बड़े विकलांग सोच की पैदाइश है यह व्यवस्था।

यहाँ सही बात सुनने से डरने वाले गूँगों को पकड़ा करते हैं कि वे स्थिति पर कुछ बोलें। यहाँ वस्तुस्थिति को ढँककर रखने के लिए अन्धों से स्थिति पर नज़र रखने को कहा जाता है। एक भयभीत, झूठ-मूठ की व्यवस्था की चपेट में है यह देश। यह व्यवस्था स्वयं जानती है कि व्यवस्था जैसी चीज कुछ शेष नहीं, परन्तु व्यवस्था का भ्रम तो रखना ही है। व्यवस्था का भ्रम खड़ा है। खेत के बीचोबीच, फटी-पुरानी-उजबक सी पोशाक डालकर खड़ा हुआ है बिजूका। व्यवस्था का पुतला। बिजूके को मुगालता है कि वह ही है इस खेत का मालिक। बिजूके को भ्रम है कि वह ही बचा रहा है खेत को। सियारों से, जंगली जानवरों से। उसे पता नहीं कि यदि खेत अभी तक पूरा नहीं चरा गया, तो इसके पीछे शायद जानवरों का आलस्य भी हो सकता है, या कदाचित वे अन्यत्र चरने-उजाड़ने में व्यस्त थे, या उनका बस मन ही नहीं

किया। परन्तु बिजूके ने सदैव ही माना है कि ऐसा उसके सक्षम प्रयासों के चलते हुआ है। होते-होते यह देश ऐसा खेत हो गया है कि जहाँ किसान को खेती-किसानी करने की इजाज़त तभी तक है कि जब तक वह इन बिजूकों को खेत का मालिक माने। देशवासी अब मज़दूर हैं, इस बिजूका की रोजनदारी पर। अब तो सियारों ने खड़े कर दिए हैं बिजूके, देश के हर क्षेत्र में। ये बिजूके बड़े ठसके और विशेषाधिकार की अकड़ से खड़े तो हैं, परन्तु सियारों को पता है इनकी औक़ात।

मन में आता है कि पूछें कि ऐसा क्योंकर?

बोलने का काम आप बोलने वालों को क्यों नहीं देते? पर्यवेक्षण का दायित्व नेत्रहीनों को ही देने की ज़िद क्योंकर?...उत्तर यह कि बोलने वाले से डर लगा रहता है कि वो कभी सच भी तो बोल सकता है। और सच वे सुनना ही नहीं चाहते। अब तो यहाँ उनको ही बोलने की इजाज़त है कि जो उनके मनमाफिक बोलें। मन भावन। ठकुरसुहाती वाले वचन। अन्ध-समर्थन के बयान। 'जैसा श्रीमान कहें।'—बोलने वाले। गूँगे चाहिए व्यवस्था को। देश को बोलने-वाले-ऐसे-गूँगे चाहिए कि जो घिघियाते-गों-गों करते कुछ ऐसी आवाज़ें करें, जो अर्थहीन हों; अर्थ वे निकालेंगे। आप केवल होंठ हिलाएं। आवाज़ उनकी होगी। डबिंग वे करेंगे। ऐसे बोलने वाले चाहिए, जिनका कहा सच-सा लगे, पर निरापद हो। वे जो सच को देख लें, पर अनदेखा कर जाएँ क्योंकि जो भी हुआ, उससे उनका तो कुछ बिगड़ा नहीं, और जिनका बिगड़ा, वे उनके कुछ थे नहीं। ऐसे देखने वाले अन्धे कि जो वही देखें कि जो दिखाया जाए और वही बोलें कि जो रटाया जाए। ऐसे लोग चाहिए इस व्यवस्था को।

परन्तु कहाँ से मिलेंगे ऐसे पंगु, लिजलिजे लोग?

यह भी खूब कही आपने। ऐसे लोगों की भीड़ मची है इस व्यवस्था में। एक गूंगा कलेक्टर माँगो, दस अफसर रिरियाते-गों गों करते आ जाते हैं इशारे करते कि मालिक, कभी हमें आजमा कर देखिए। एक अन्धा पुलिस अधिकारी माँगों, तो पूरी पुलिस-फोर्स ही टटोलते-टोहते हुए आ जाती है और खड़ी हो जाती है ज़ोरदार सलाम मारकर कि जो आज्ञा हो सरकार की। आँखें फोड़कर, लूले हाथों से ढीली मुट्ठियाँ बाँधे और गूँगी जुबान से नारे लगाते युवा कार्यकर्ताओं के झुंड के झुंड खड़े हो जाते हैं, अपराधी जननायकों के कट आउटनुमा व्यक्तित्वों के सामने कि हमें जैसा चाहें, वैसा इस्तेमाल करें। आदमी झुनझुना बनकर अभिभूत है और जैसा चाहें, बजने को तत्पर है। टाँगों के रहते बैसाखियों पर खड़े होने का सुख आपको नहीं पता।

व्यवस्था को ऐसे विकलांग हमेशा ही भाते रहे हैं। सदियों से।

पर नई बात यह हुई है कि व्यवस्था में ऐसे लोगों का होना अब हमें भी भाने

लगा है। अब व्यवस्था के ये अन्धे-बहरे हमें न तो चौकाते हैं, न परेशानी होती है हमें इनसे। डराने वाली बात यह कि अब हम भी, व्यवस्था में इन बौनों के ऐसे आदी हो गए हैं कि आदमक़द व्यक्ति हमें स्वयं भी बरदाश्त नहीं होते—व्यवस्था की कौन कहे! आदमकदों का यह देशनिकाला मुझे बेहद भयभीत करता है। हर तरफ बौने आपको डराते हैं, या नहीं? डराने तो चाहिए।

प्यास का टेंडर

गरमी का मौसम आने को है। प्यास लगेगी। दफ्तर में पानी लगेगा। दो घड़े पहले से धरे थे। साफ करा लिये गए हैं। ग्लास अलबत्ता फूट-फाट गए हैं। या ऐसे चीकट हो गए कि उससे पीते न बने। सोचा गया कि दस नए ग्लास मँगा लें। साहब उस दिन बढ़िया मूड में थे। कहने लगे कि दस क्यों, पूरे बारह ही मँगा लो। पर बड़ी अड़चन तो श्रीवास्तव बाबू हैं। दफ्तर के बड़े बाबू। कामकाज, नियम-कायदों और कानूनी प्रक्रियाओं के जानकार। साहब तक घबराते हैं और उनसे पूछकर ही काम करते हैं कि यह ठीक रहेगा न श्रीवास्तो बाबू?

साहब ने श्रीवास्तवजी से पूछा कि बारह ग्लासों का प्रपोजल पुट-अप कर दें, तो हम दस्तखत कर दें। श्रीवास्तो बाबू ने कहा कि परपोजल बड़ा मौजूँ है, और इसमें सबसे बढ़िया बात हमें यह लग रही है कि कल को इस ख़रीद पर यदि कोई जाँच बैठा दी जाए तो हममें से कोई नहीं फँस सकता कि यह परचेज़ क्यों करी गई क्योंकि गरमी के सीजन में पानी के ग्लास ख़रीदने को हम कभी भी जस्टीफाई कर सकते हैं। श्रीवास्तोजी ने हमेशा की भाँति सेंट्रल विजिलेन्स कमीशन का हवाला देते हुए कहा कि फिर भी प्रपोजल बनाने में हमें सतर्क रहते हुए जस्टीफिकेशन तो देना ही होगा तथा गरमी, प्यास, घड़ा, ग्लास आदि को प्रॉपरली डालते हुए तथा यह सिद्ध करते हुए कि घड़े को उठाकर सीधे मुँह से पीने में पानी का नुकसान हो सकता है, अतः ग्लास ख़रीदने का पूरा औचित्य बनता है—ऐसा लिखना होगा। प्रपोजल के स्तर पर ही सतर्क रहे तो आगे सभी सुरक्षित रहेंगे—ऐसा भी बताया उन्होंने।

श्रीवास्तो बाबू सरकारी ख़रीद का कर्मकांड समझाने लग गए।

उन्होंने कहा कि सर, नोट में हमें यह भी डिटेल्स देने होंगे कि पहले के ग्लासों का क्या हुआ? गुम गए, टूट गए, या काम लायक नहीं बचे—तो उसका रिकॉर्ड तथा इसकी ज़िम्मेदारी किस पर फिक्स करी गई, इसका विवरण भी देना ही होगा, हो सकता है कि तत्सम्बन्धी कागजात भी नत्थी करने पड़ें। फूटे ग्लासों को 'राइट-ऑफ' करने वाले दस्तावेजों को, जिन पर तीन कर्मचारियों की कमेटी के हस्ताक्षर लगेंगे और साहब के काउंटर-साइन लगेंगे, इनको भी लगाना होगा ताकि बाद में किसी भी जाँच

में हम सुरक्षित रहें। श्रीवास्तोजी ने यह भी बताया कि हमें ये आँकड़े भी देने होंगे कि कितने कर्मचारियों पर टोटल कितने ग्लास हम माँग रहे हैं और वह राष्ट्रीय औसत से कहीं अधिक तो नहीं बैठ रहा है? यदि मान लें कि चार के बीच एक ग्लास का आँकड़ा आता है, तो यह जवाब भी साथ-साथ लिख देना ठीक रहेगा कि ग्लास को जल्दी-जल्दी धोकर, आठ आदमियों के बीच एक ग्लास से ही काम क्यों नहीं चलाया जा सकता है? यहाँ हमें बार-बार ग्लास धोने में पानी तथा साबुन आदि का हिसाब तो डालना ही होगा, साथ ही यह तर्क भी देना होगा कि भृत्यगण यदि इसी कार्य में उलझे रह गए, तो अन्य आवश्यक कार्य छूट जाएँगे और हो सकता है कि हमें अलग से भृत्य रखने पड़ें, जो स्थापना खर्च को नाहक ही बढ़ाएँगे।...श्रीवास्तोजी ने यह भी आगाह किया कि कभी वित्त विभाग यह टीप भी जड़ सकता है कि छोटे-छोटे बारह ग्लासों के स्थान पर पंजाबी लस्सी वाले तीन बड़े ग्लास क्यों नहीं लिये जाएँ, जिससे बार-बार पानी भरने का समय तो बचेगा ही वे कम पानी में एक बार में धुल भी जाएँगे, साथ ही कर्मचारी एक बार में इतना भर पेट पानी पी सकेगा कि उसे देर तक पानी की तलब न लगने से कार्यकुशलता में इजाफा होगा। इन सारी बातों का ध्यान रखकर नोट बनवाया जाएगा, तो हम सफलतापूर्वक बारह ग्लासों की सरकारी ख़रीद कर सकेंगे।

'फिर तो मिल जाएँगे न?' साहब ने पूछा।

मिलेंगे क्यों नहीं सर। आपके हस्ताक्षर रहेंगे, तो कौन टाल सकता है? यह कहकर श्रीवास्तोजी आगे बरती जाने वाली सावधानियाँ बताने लगे, जिनका ध्यान रखा गया, तो कोई माई का लाल ग्लास ख़रीदने से नहीं रोक सकता था।...उन्होंने बताया कि हमें बजट एलोकेशन की स्थिति भी नोट करनी होगी कि किस मद से यह ख़रीदी की जाएगी? दफ्तर के मेंटेनेंस फंड से, विकास के मद से, कंटिजेंसी फंड से या स्वास्थ्य के फंड से? पानी का स्वास्थ्य से भी सीधा सम्बन्ध है।...फिर हमें कम से कम तीन पार्टियों से प्रपोजल लेने पड़ेंगे। अपुन एक टेंडर कमेटी बना देंगे, तो मामला एकदम पारदर्शी हो जाएगा जैसा कि विजिलेन्स वाले चाहते भी हैं। टेंडर डाक्यूमेंट को कमेटी तय कर दे, ग्लास की साइज-कांच की मोटाई-रंग-गोलाई आदि स्पेसिफिकेशन स्पष्ट कर दिए जाएँ, साहब दस्तखत कर दें, तो अपुन टेंडर निकाल डालेंगे। पार्टीज से यह प्रमाणपत्र भी माँग लेंगे कि वे ग्लास कंपनी के अधिकृत एजेंट हैं और इससे कम कीमत पर उन्होंने अन्य किसी सरकारी दफ्तर को कभी ग्लास सप्लाई नहीं किए हैं। हाँ, टेंडर खोलने के लिए तीन सप्ताह का समय देना पड़ेगा और टेंडर कमेटी सेंपलों की जाँच करके प्रमाणित करेगी कि आइटम हमारे स्पेसिफिकेशन वाला ही है। बस, फिर जो एल-वन होगा, उसे अपुन ख़रीदी आदेश दे देंगे कि तीन सप्ताह में ग्लास न दिए तो...।

'यार, इतने में तो गरमी का मौसम बीत जाएगा?' साहब ने शंका प्रकट की।

'बीत जाए, परन्तु हमें नियम-प्रक्रिया से तो चलना ही होगा सर।...वैसे, फिर जैसा आप आदेश दें?' श्रीवास्तवजी ने कहा।

'मान लो कि हम न ही ख़रीदें?' साहब ने सारी प्रक्रिया से घबराकर पूछा।

'तब कभी कोई मानव अधिकार आयोग में शिकायत कर सकता है सर कि इतनी गरमी में भी कर्मचारियों को ग्लास उपलब्ध न कराने से वे प्यासे मरे जा रहे हैं।...उसकी फाइल भी लम्बी चलेगी और पेशियों के दौरान कमीशन पुरानी ख़रीदी के कागजात माँगेगा, जिन्हें...' बड़े बाबू दूसरी प्रक्रिया समझाने लग गए।

साहब हँसने लग गए कि यार क्या तो मुसीबत है। श्रीवास्तव बाबू भी हँसकर बोले कि सर, सरकारी ख़रीद की प्रक्रिया है तो मुसीबत, पर बाद में जाँच-वाँच बैठे, तो...।

दोनों ही हँसने लगे।...वैसे, मामला रोने का बनता है।

रिश्वत देने की कवायद

उस दिन एक मित्र मुझसे पूछने लगे कि फलाने दफ्तर में फलाने साहब से कोई ठीक-ठाक पहिचान हो या पहिचान निकलवा सको तो बताओ क्योंकि वहाँ एक काम फँसा है और हमें इन साहब को रिश्वत खिलानी है। मित्र चाहते हैं कि कोई साहब को सिफारिश कर दे कि वे इनसे रिश्वत लेकर काम कर दें। मेरा ऐसा वहाँ कोई था नहीं, सो मैं तो ख़ैर कोई सहायता प्रस्तुत न कर सका परन्तु बाद में बड़ी देर तक चकित और चिन्तित रहा कि यार, कैसे दिन आ गए कि रिश्वत देना भी आसान काम नहीं रहा? यही बात मैंने बाद में अपने एक मित्र से कही। उन्होंने भी माना कि तुम सही कह रहे हो। फिर उन्होंने मुझे विस्तार से बताया कि रिश्वत देने से पहले कितने पचड़ों से गुजरना पड़ता है। जो बताया वही आपको बताता हूँ।

मान लो कि कहीं आपका ऐसा काम फँसा है, जो बिना रिश्वत के नहीं सलटने वाला। वैसे तो कैसा भी काम आजकल रिश्वत के बिना नहीं सलटता। अब आप परेशान हैं। नहीं, रिश्वत देने में कोई उज्र नहीं आपको। काम कराना है तो देनी ही पड़ेगी। परेशानी यह है कि किसे दें? जो ले रहा है वह भरोसे वाला आदमी होना चाहिए। ऐसा न हो कि ले ले, और काम न करे। बाद में पैसे भी दबा के बैठ जाए। बहाने मारता फिरे। कल आना, परसों आना—ऐसा करे। तो भरोसे का तो चाहिए। किसी भरोसे वाले के जरिए ही देना होता है। वरना रिश्वत की कोई रसीद तो देता नहीं कि बाद में कचहरी में अमानत में खयानत का केस दायर कर सकें। मुँहजबानी काम।

तो पहले तो यही तय करना पड़ता है कि दें किसे? कौन है जो फाइल पर निर्णय लेगा? कौन करेगा, एक बार यह पता चल जाए तो अब उसके बारे में और भी बातें पता करो। रिश्वत लेता है कि नहीं? कई तो बेचारे बड़े सीधे-सच्चे होते हैं जिनके बारे में सारे ज़माने को ख़बर होती है कि ये बिना रिश्वत लिये काम में हाथ ही नहीं लगाते। परेशानी इनसे नहीं। परेशानी उनसे है जिनके बारे में ईमानदार अफसर होने का खटका बना होता है। ज़्यादातर तो खैर नहीं होते। कई कड़क अफसर अपनी ईमानदारी के इतने झूठे किस्से फैला चुके होते हैं कि स्वयं उनको खुद के ईमानदार होने का शक होने लगता है और वे भी कभी-कभी रिश्वत पेश किए जाने पर बिफर

जाते हैं, गोकि बाद में आपसे नाक रगड़वाने के पश्चात् वे खुशी-खुशी ले भी लेते हैं। अलबत्ता कई स्साले वास्तव में ईमानदार निकल सकते हैं और आपको रिश्वत देते पकड़वाने का हरामीपन तक कर सकते हैं। ईमानदारों का कोई भरोसा कहाँ होता है साहब कि भाई साहब क्या कर डालें। पागल आदमी। पागल न होता तो ईमानदार होता क्या?

खैर, अब मान लें कि पता चल गया है कि फलाने साहब के हाथ में अपना काम है और ईश्वर की कृपा से यह भी बढ़िया रहा कि वे रिश्वत भी लेते हैं। तो अगला कदम क्या हो? अब पता करो कि इस काम के क्या रेट चल रहे हैं? कितनी रिश्वत का इन्तज़ाम करना होगा? सारे कामों के एक रेट तो होते नहीं। काम के हिसाब से चलता है। ट्रान्सफर है कि नियुक्ति? पुलिस में काम है कि इन्कम टैक्स में? सस्पेंड से बहाल होना है कि सी.आर. से विपरीत टिप्पणी निकलवानी है? प्रमोशन होना है कि प्रमोशन-विद-ट्रान्सफर? हर काम के रेट अलग हैं और हर दफ्तर के भी। मान लो कि मास्टर के ट्रान्सफर के रेट पता हैं तो उस ज्ञान से आप थानेदार के ट्रान्सफर का काम नहीं चला सकते। और रेट का बाज़ार भी सेंसेक्स जैसा चलता है। फिर यह बात तो हमेशा डराती ही है कि माना कि आप रेट के हिसाब से एक लाख लेकर पहुँचे हैं, पर दूसरी पार्टी सीधे दो लाख दे रही है—बताइए कि कैसे मना किया जाए?

चलिए, यह भी पता चल गया। अब आपको आदमी भी पता है, उसकी और काम की रेट का भी अन्दाज हो गया है, पर यह नहीं समझ पा रहे हैं कि उसे दें कैसे? कैसे कह दें कि साहब, ये तनिक रिश्वत लाए थे सो...। ऐसा कह नहीं सकते गो कि वो दिन दूर नहीं लगता जब आप ऐसे भी दे सकेंगे। सो पता करो। कैसे लेता है? खुद सीधे लेता है कि भाभीजी तक पहुँचाना होगा? दफ्तर में लेगा कि घर पर, या चलती कार में? नकद लेगा कि गोल्ड? पाँच-पाँच वाले कि हजार के? यहीं वह बीच वाला चाहिए होता है जिसे मेरे मित्र तलाश रहे थे। यह आदमी निश्चिन्त करेगा कि रिश्वत की आपकी रकम डूब तो नहीं जाएगी? इसी के लिए बड़ा होम वर्क लगेगा। कौन उसके सगे? कौन उनका मुँहलगा? किसके साथ उनका घरोबा? किसकी सुनते हैं? शौक क्या हैं? दारू वाली दोस्ती है कि ऐसेई? किस एरिया से हैं? कौन जात के हैं? किस क्लब में जाता है? किसे भौजाई कहता है? वगैरह। सब पता करना होता है, तब जाकर भरोसे का कोई ऐसा मिलता है जो आपसे सफलतापूर्वक रिश्वत दिलवा सके।

तो इतनी तैयारी के बाद कोई दे पाते हैं रिश्वत। वरना पैसा तो आजकल किसके पास नहीं है साहब। तभी तो मेरे वे मित्र परेशान घूम रहे थे। मैं तो खैर उनकी कोई

सहायता नहीं कर सका परन्तु अन्ततः उनको कोई ठीक-ठाक आदमी मिल ही गया। अभी मिले तो बता रहे थे कि उनके साढ़ू भाई का ही कोई दोस्त निकल आया। उसने यही कहा कि डीलिंग तो ख़ैर आपको खुद ही डायरेक्ट करनी होगी अलबत्ता मैं मिलवा अवश्य दूँगा और यह भी कह दूँगा कि ये हमारे खास आदमी हैं और कृपा कर इनसे ले-देकर काम करने का एहसान कर दिया जाए। उसने यह आश्वस्त किया कि मैं कहूँगा तो वे अवश्य लें लेंगे वरना उन्हें रिश्वत देना ऐसा आसान काम नहीं है। बताया कि वो तो अफसर का बेटा इनकी कोचिंग में ही पढ़ता है सो इत्ता लिहाज रखते हैं बेचारे। आदमी कितना भी कमीना हो, जो कि वह है ही, परन्तु हमारे रहते न तो रकम डूबेगी, न काम रुकेगा। रिश्वत की रेट कम नहीं करी, पर यह पक्का है कि काम करा देगा—इस दृष्टि से बड़ा ईमानदार है।... ऐसी ही बातें।

मित्र बाद में फिर मिले तो मैंने पूछ लिया कि काम हुआ कि नहीं? बोले कि उनने खुद हमसे सीधे रिश्वत ली, यही फख्र की बात है। बड़े सन्तुष्ट थे मित्र। बड़े प्रसन्न। बोले कि लकी हूँ कि रिश्वत दिलवाने वाला बन्दा ठीक-ठाक मिल गया और उनने भी बिना नानुकुर के ले ली। बताने लगे कि घर ही बुला लिया था। अच्छे से मिले भी। गिने तक नहीं। यहाँ तक कहने लगे कि आप तो घर के ही आदमी जैसे हैं। जितना कहा था उससे एक धेला एक्स्ट्रा नहीं मागा वरना हम तो पच्चीस और डाल के ले गए थे।...

वे बताते ही रहे। वे बड़े खुश थे कि रिश्वत देने का काम सही-साट निबट गया। अब कोई तनाव की बात नहीं थी। ठीक तरह से, ठीक जगह रिश्वत पहुँच जाए तो जो निश्चिन्तता चेहरे पर आ जाती है, वह देखने वाली चीज होती है। वही देख रहा हूँ मैं।

ढोते-ढोते थक गया है देश, मगर...

एक बूढ़ा और कितना बूढ़ा हो कि उसे राजनीति से अलविदा कहने को कह दिया जाए? वह न भी कहे तो पकड़कर कोई उसे घर बिठा सके कि भैया, कुर्सी पर बहुत हो गया, अब तुम खटिया पर बैठ लो।...यह प्रश्न आपकी भाँति मेरे भी दिमाग में पहले भी कई बार आया है, परन्तु पिछले दिनों टीवी और अखबारों में कुछ बूढ़े राजनीतिज्ञों को लगभग डंडाडोली करके लाते ले जाते हुए इतनी बार देखा है कि मुझे लगने लगा है कि यह प्रश्न जल्दी से जल्दी अपना हल माँग रहा है।

ये बूढ़े, अति बूढ़े राजनीतिज्ञ सत्ता की काँवर पर लदे-लदे नहीं थक रहे, यद्यपि राष्ट्र के कन्धे थक चुके हैं इन्हें लादे-लादे।...वे हर जगह हैं और एकदम सामने हैं। वे डगमगा रहे हैं। चार कदम चलने में चालीस मिनट लेते हैं। काला चश्मा लगाए, टटोलकर चलते, गोलियाँ भसकते, भस्स-वटी आदि का सेवन करते हुए राष्ट्रसेवा की ज़िद में हैं। ऊँचा सुनते हैं, नीचा बोलते हैं। दस कदम तक का साफ देख नहीं पाते, परन्तु देश का भविष्य देखने का दावा करते हैं। ईश्वर की बनाई काया हाथों से निकली जा रही है, परन्तु खुद की हथियाई कुर्सी को हाथों से यूँ जकड़े हैं मानो प्राण इधर ही हों। सूझता कुछ नहीं। बूझता बिलकुल भी नहीं। फाइल पर हस्ताक्षर करने में हाथ काँपते हैं। उठ पाते नहीं। उठ जाएँ तो बैठ नहीं पाते। बैठ जाएँ, तो लेटे हुए से प्रतीत होते हैं। लेटे हों, तो बार-बार मन करता है कि इनकी नब्ज देख ली जाए। उम्र का स्टेशन कब का निकल चुका, परन्तु सत्ता की गाड़ी से उतरते ही नहीं। कहते हैं कि आजीवन वाला पास मिला हुआ है।...आँखें काम नहीं करतीं, पर दावा दूरदृष्टि का है। पचास साल की जूनी-पुरानी सोच वाली जंगशुदा मशीन से निकले सड़े-गले फॉर्मूलों द्वारा नई चुनौतियों के समीकरणों को हल कर रहे हैं। किताबें बदल गईं, पर ये पुराने गणित से ही चल रहे हैं और किसी की मजाल भी नहीं कि इन्हें सत्ता की मेरिट लिस्ट से खारिज कर दे। कूलते, कराहते, साँस फुलाते, खाँसते, कैसे तो भी घिसटकर चलते ये बूढ़े चाहते हैं कि देश की राजनीति इनके पीछे ऐसे ही भटकती चलती चले मानो कि इस देश को न तो कहीं पहुँचने की जल्दी हो, न तमन्ना।

अभी उस दिन ऐसे ही एक अति बूढ़े राजनीतिज्ञ से मिलने का अवसर मिला। वे हमारे शहर में एक युवा रैली को सम्बोधित करने तथा युवा पीढ़ी को मार्गदर्शन देने के लिए बुलाए गए थे। सात आठ मुस्टंडे युवाओं, बहुत से पुलिस वालों तथा व्यक्तिगत सहायकों ने उन्हें कैसे तो भी गाड़ी से निकालकर स्टेज पर चढ़ाया था। उनका सारा व्यक्तित्व ही स्ट्रेचर टाइप निकल आया है और एम्बुलेंस की भाँति उनका आभामंडल। मैंने कहा कि बहुत हो चुका, कृपया सब छोड़ छाड़ दें अब। उनने सुना ही नहीं। तब मैंने थोड़ी ऊँची आवाज़ में यही कहा। उनने कुछ-कुछ सुना। कहने लगे कि तनिक ऊँचा बोलो भैया और साथ-साथ इशारों से भी समझाओ। उनके सहायक ने बताया कि बड़े-बड़े डिस्कशंस भी ये इसी तरह करते हैं। मैंने इसी तरह समझाया। वे कुछ-कुछ समझे भी। कुछ नहीं भी समझे क्योंकि मैं उतने साफ इशारे नहीं कर सका जिनकी ज़रूरत थी। और करता तो वे अश्लील इशारे भी कहे जा सकते थे, सो नहीं किए।

वे बोले कि हम क्यों छोड़ दें राजनीति? अभी तो हमें देश के लिए बहुत-कुछ करना है। मैंने कहा कि आप हटिए तो; यहाँ पचासों लोग देश के साथ वह करने को तत्पर बैठे हैं जो सालों से करने के बावजूद न तो आपका पेट भरा, न आप गिरफ्तार हुए और न ही आपको जूते पड़े। आप हटें तो। उनके साथ लगे एक सहायकनुमा बूढ़े और बूढ़ेनुमा जवान ने मुझे घूरकर देखा। कहने लगे कि आप इन्हें देश की सेवा से नहीं रोक सकते जनाब। देश खुद चाहता है। इनके दाँत चाहे नकली लगे हों, पर देशसेवा से मिले मेवा को जब तक ये बढ़िया खा लेते हैं, तब तक तो ये करेंगे। नहीं चलेगा, तो सेंगा गुटकेंगे। पर न सेवा छोड़ेंगे, न मेवा। मेवे के रहते सेवा छोड़ना असम्भव है। मैंने असहमति प्रकट करते हुए कहा कि ये तो आपके विचार हैं, जो इनके बहाने स्वयं अपना मेवा बना-खा रहे हैं। और ये मेरी बात सुन नहीं रहे। कृपया आप इनके कान में बोलकर मेरा प्रश्न पूछें कि नौकरी में, व्यापार में, कम्पनियों में, यहाँ तक की घर-परिवार चलाने में भी—सभी में, जब आदमी एक सीमा तक बूढ़ा हो जाता है, तो उसे ससम्मान ज़िम्मेदारियों से मुक्त कर दिया जाता है, फिर राजनीति में यह क्यों नहीं किया जाता? क्या राजनीति में आदमी कैसा तो भी चल जाएगा? क्या उसके हाथ, पाँव, दिमाग चलते हुए नहीं होने चाहिए? क्या राजनीति में कुर्सी, खटिया और बिस्तरे के बीच का फ़र्क़ लोगों को नहीं समझना चाहिए? क्या उन्हें नहीं पता होना चाहिए कि मेला हमारे जाने के बाद भी चलने वाला है और (शायद) अभी से बढ़िया ही चलने वाला है?

जब मैं यह सब कह रहा था तो उनने सुन लिया। शायद किसी ने कान में लगी मशीन को ठीक से कान में घुसेड़ दिया।...सुन लिया, तो गुस्सा हो चले। बोले कि तू बूढ़ा किसे बोल रहा है? अभी तो हम युवा हैं। साठ वर्ष की उम्र तक तो राजनीतिज्ञ

युवा नेता ही कहाता है और सत्ता में हो, तो मरते दम तक। हम अस्सी के युवा हैं और नब्बे के भी युवा ही होंगे। कुर्सी में युवा होने के रसायन का लेप होता है भैया। हम कुर्सी पर है, तो युवा ही रहने वाले हैं। हमें मालूम है कि तुझे किसने भेजा है। ये दूसरी पंक्ति के नेता और तीसरी पंक्ति के लौंडे-लपाड़ी चाहते है कि वे देश को हमसे झटक लें और सेवा करें उसकी जबकि अभी हमारा मन ही नहीं भरा है भैय्या। अभी तो हमी करेंगे। उनके, तुम्हारे या किसी के भी चाहने से क्या होना है? यह जो इतनी भीड़ यहाँ इकट्ठी है, ये युवा जो हमारी अललटप्पू प्रतिगामी नीतियों का अभिनन्दन करते नहीं थकते, ये जो जाति तथा सम्प्रदाय के जाल इतने सालों में हमने देश भर में बिछाए हैं—इनके रहते किस स्साले की हिम्मत है कि हमें बूढ़ा कहे?

उन्हें मंच से नीचे लाया जा रहा है। युवाओं के कन्धों के सहारे लगभग घिसटते हुए वे उतर रहे हैं मंच से। पर वे फिर किसी मंच पर पहुँचेंगे। वहाँ से किसी और मंच पर। वहाँ से कहीं और। हर मंच इन्हीं के कब्ज़े में है। कभी युवा अपने कन्धे झटक दें, तो बात अलग है। युवा मित्रो, सुन रहे हो क्या?...वे नहीं सुन पा रहे। वे उन्हीं को ढो रहे हैं और उन्हीं की सुन रहे हैं। उन्हीं की सुनते हुए वे स्वयं बूढ़े हो रहे हैं।

हेलीकाप्टर उन्हें लेकर उड़ चला। पीछे जय-जयकार चल रही है। देश का नेता कैसा हो...। फलानेजी संघर्ष करो, हम तुम्हारे साथ हैं।...देश बूढ़ों के पीछे डगर-मगर चला जा रहा है और वे दावा कर रहे हैं कि देश तेजी से आगे बढ़ रहा है। हद है कि नहीं?

कठिन डगर का रोना और आनन्द

'बड़ी कठिन है डगर पनघट की', कब से गाए जा रहा है वह।

शास्त्रीय किस्म की तान छेड़ रखी है गायक ने। लौट-लौटकर एक ही बात, गा-गाकर बता रहा है कि बड़ी कठिन है डगर पनघट की। गायक कदाचित् हमारे मध्य प्रदेश का नागरिक लग रहा है, जो बता रहा हो कि पनघट तरफ की रोड टूटी-फूटी है।...यहाँ तो भैया मेन रोड तक टूटी पड़ी है और तू जरा सी, पनघट वाले रोड का रोना रोए जा रहा है।...तब से एक ही बात बता रहा है गायक। शायद कोई सरकारी कर्मचारी है, जो नागरिकों को बता रहा है कि सरकारी काम पूरा क्यों नहीं हो पा रहा और घट क्यों रीते पड़े हैं? डगर कठिन है, वरना अभी तक तो फटाफट घड़ा भर लाते। डगर की परेशानी को देखते हुए फिलहाल तो नागरिक को प्यासा ही रहना होगा। नागरिक से संयम तथा त्याग की उम्मीद है सरकार को। पिछली सरकार से हमने इतना कहा था कि उधर पनघट न बनाया जाए क्योंकि चढ़ाई है, घाटी है और डगर ऑटोमेटिकली कठिन हो जाएगी। नहीं सुनी। वहीं बना दिया। कठिन डगर। ऊपर से आपको पता ही है कि पनघट का रास्ता रपटीला अलग होता है। और घड़े भी तो चूने वाले पकड़ा दिए हैं। उसी का रोना रो रहा है गायक। डगर बड़ी कठिन है। उधर लोग उम्मीद कर रहे हैं कि कोई पनघट से पानी लाकर उन्हें पिलाएगा। इधर वह उन्हें बताने की कोशिश कर रहा है कि ऐसी डगर के रहते उससे उम्मीद न ही की जाए तो बेहतर।

गायक ने लम्बी तान पकड़ ली है। कठिन-सी चीज उठाई थी पट्ठे ने, पर निभा ले गया। 'बड़ी कठिन है डगर पनघट की' को इतना खींचा कि पनघट वास्तव में बड़ा दूर लगने लगा। सारंगी वाला अपना घड़ा लिये एकदम उसके साथ ही लगा रहा। तबले वाला तो तान के साथ ऐसा चल रहा है कि गायक के घट से पानी छलके तो स्साले की एकदम खुपड़िया पर गिरे। वो तो अच्छा है कि खाली घट पर ही वह गायकी के ऐसे कठिन टुकड़े उठा रहा है। पता तो खैर चल ही रहा है कि राह कठिन होगी। ठीक बात। वाजिब बयान। मान लिया हमने। पर तू इसी बहाने यहाँ बैठकर शिकायत करता रहेगा कि पानी भरने भी निकलेगा? यहाँ घड़े खाली पड़े हैं। बाल्टियाँ

रीती। योजनाएँ ठप्प। काम निलम्बित। कठिन डगर का बहाना कब तक चलेगा? तू चल तो। डगर कठिन हो, तब भी चलने से ही काम बनेगा न। बैठ के रोने-गाने से क्या होना है? देख कि तू डगर का रोना ही रोता रह गया और कितनी पनिहारिनें इसी बीच पनघट से घड़ा भी भर लाईं।...और तुझे अकेली डगर से ही शिकायत हो, ऐसा भी नहीं है। तू तो घड़े के लिए भी ऐसे ही रो रहा था कि यह इतना बड़ा है और सिर पर ठीक से धरा ही नहीं जा रहा। फिर भी तूने यह कहा कि घड़ा कुछ ज़्यादा ही गोल है, इसका मुँह सँकरा है और यह कच्चा भी लग रहा है। बड़ी मुश्किल से तो तेरी च्वाइस के घड़े का इन्तज़ाम किया, तो तू अब गा रहा है कि बड़ी कठिन है डगर पनघट की। है न यार। कठिन है ही। भरा हुआ घड़ा सिर पर लादकर चलना हो, तो हर डगर कठिन लगती है। मेहनत के रास्ते कठिन ही होते हैं प्यारे।

गायक अब 'डगर' पर ही अटक गया है। 'डगर', 'डगर', 'डगर' की तान मचा रहा है। जितनी कठिन है नहीं, उतनी का हल्ला कर रहा है। आवाज़ में दर्द और कशिश है। पता नहीं कि डगर कठिन होने के कारण दर्द है कि क्या। पर हमारा कहना यह है कि डगर के कठिन होने के चक्कर में क्या तुम प्यासे बैठे रहोगे? जैसा तथा जितना बड़ा मुँह खोलकर गा रहे हो, तो अभी कुछ देर में ही तुम्हारा गला सूख जाएगा और तुम्हें पानी की तलब लगेगी; तब? वैसे तुम्हारी पुरानी आदत है कि तुम दूसरों का मुँह ताकोगे कि कोई तुम्हें बैठे-बिठाए पानी पिला दे। धर्मार्थ प्याऊ टाइप। मुफ्त का माल। सार्वजनिक घड़ा। कोई और भरता रहे। तुम, बस पियो। पनघट तक नहीं जाओगे तुम। वहाँ के लिए पाँव कौन चलाए? दूसरा पी रहा हो, तो चाहेगा तू कि तेरे साथ बाँटे। तू कठिन डगर बहाना किए बैठा रह और बैठे हुए पानी भी चाह। वाह!

गायक अब ढीला हो रहा है। डगर-डगर का स्वर काफी देर लगाने के बाद अब 'पनघट' पर अटक गया है। पहले 'डगर' को इतनी देर ते रगड़ता रहा कि रोड समतल हो गया होगा। अब पनघट पर खड़ा 'पनघट'-'पनघट' किए जा रहा है। यार, पनघट पर आ ही गया है, तो फटाफट घड़ा भर डाल। पर खड़ा है। खाली हाथ। घड़ा कहाँ है भैया तेरा? अरे, पनघट पर बिना घड़े के पहुँच गया? कठिन डगर का रोना रोते हुए शायद अपना घड़ा इसने किसी पीछे आने को पकड़ा दिया होगा कि हम तब तक चलकर पनघट पर जगह छेंकते हैं, तू तब तक पीछे से हमारा भी घड़ा लेता आ।...या किसी अर्दली या जूनियर को ही थमा दिया हो कि पीछे-पीछे लेकर आओ। अफसर तो हर पनघट से ऐसे ही पानी भरता रहा है भाई। अब घड़ा लेकर वो पीछे वाला आया ही नहीं। खड़े हैं। हो सकता है कि आए ही नहीं। सी.एल. डाल दे। या आ तो जाए पर रिपोर्ट करे कि रास्ते में घड़ा टूट गया सर क्योंकि आप स्वयं ही कह रहे थे कि डगर कठिन है। इनका कहना है कि हम तो, देखो, पनघट पहुँच

गए हैं न? रजिस्टर में आमद डाल दी है। ड्यूटी ज्वॉइन कर ली है। घड़ा जब आएगा, तब देखेंगे। भर लेंगे पानी। अभी तो कहीं रस्सी भी नहीं दिख रही।...सो, तब तक वह 'पनघट', 'पनघट' गाता नाच रहा है पनघट पर।

पर मैं उसे बताना चाहता हूँ कि मात्र पनघट पर पहुँच जाने से ही प्यास नहीं बुझा करती प्यारे! पूरी तैयारी करके पनघट पर पहुँचना होता है। प्यास ही पर्याप्त नहीं। घड़ा चाहिए। घड़े को पानी में उतारने की तैयारी चाहिए। फिर भरे घड़े को वापस घर तक लाने की क्षमता चाहिए। कठिन डगर की बात से क्या होगा? और खाली हाथ पनघट पर पहुँचने भी क्या बनेगा? फिर पानी ले भी आए तो उसके उचित इस्तेमाल की तमीज भी विकसित करनी होती है। अन्यथा मेहनत से लाए पानी को नाली में बहा देने वाले लोगों से यह देश भरा पड़ा है। तो पनघट से पानी लाना एक बड़ा काम है और सतत परिश्रम तथा कोशिश माँगता है। वरना कठिन डगर' का हल्ला मचाने वाले बहुत हैं। क्या हमारा गायक उन्हीं में से है?

नहीं। हमारा गायक तो बस यूँ ही मजे के लिए गा रहा है। 'बड़ी कठिन है डगर पनघट की' गाते हुए उसने अचानक ही कठिन सी मुरकी ली है, जिस पर खुश और उत्साहित होकर तबले वाले ने वो थाप दी है कि सब वाह-वाह कर उठे हैं। कठिन डगर का हम यदि ऐसे ही आनन्द ले सकें तो पनघट तरफ की हर यात्रा सफल हो जाए।

हिन्दी अधिकारी की प्रतीक्षा में हिन्दी

वह हिन्दी अधिकारी है।

अधिकारी बनते ही आदमी बॉसनुमा चीज बन जाता है। वह स्वयं को हिन्दी का बॉस मानता है। उसके दफ्तर में हिन्दी उसकी ताबेदार है। हिन्दी की कहाँ, कैसी, क्या ड्यूटी लगाई जाए, यह तय करते जीवन बीत गया है उसका। हिन्दी के साथ कैसा, क्या सुलूक किया जाएगा, इसके पूरे अधिकार उसी के पास हैं। वही हिन्दी की गति और दुर्गति तय करता है। हिन्दी को बढ़ाने के उसके अपने आदिम और ठेठ देसी तरीके हैं। उसे विश्वास है कि आँकड़ों की सूखी, जली रोटियों के टिक्कड़ यदि हिन्दी के गले में नियमित उतारते रहो, तो हिन्दी पुष्ट होगी। हिन्दी का गला छिल गया, पर यह शख्स आँकड़ों के टिक्कड़ सेंके जा रहा है। उसके कने हिन्दी मतलब आँकड़ों की बाजीगरी मात्र है—इतने पत्र, इतनी स्लोगन प्रतियोगिताएँ, इतनी निबन्ध प्रतियोगिताएँ...आँकड़े ही आँकड़े। हिन्दी को आँकड़ों में बदलकर उनसे फाइल, प्रजेंटेशन, या पोस्टर बनाता है वह। हिन्दी की किस्मत को फाइल करके अलमारी में धर दिया है उसने। हिन्दी पखवाड़े, हिन्दी सप्ताह या हिन्दी माह जैसे मौकों पर हिन्दी अधिकारी की सक्रियता दर्शनीय होती है। इन दिनों में ही ये फाइलें और ये आँकड़े काम आते हैं।...ये देखें सर।...पर्टीकुलरली लुक एट इट।...यस सर।..मुख्य अतिथि, अपने अफसरों, निरीक्षण करने आई टीम—सबको वाह-वाह ही सूझती है। तभी मौका देखकर वह उनसे बढ़िया-सी सम्मति लिखकर सम्मति की उस फाइल में लगा लेता है जिसमें केवल प्रशंसाएँ दर्ज हैं और जो उसके प्रमोशन में काम आएँगी। हिन्दी की इससे ज़्यादा अहमियत या उपयोग हिन्दी अधिकारी को नहीं पता। न ही पता करने की परवाह भी।

ऐसे ही एक हिन्दी अधिकारी की कहानी है यह। वह दफ्तर के अपने कमरे में बैठा आँकड़ों से खेल रहा था। वह अकेले बैठा हुआ भी हिन्दी के आँकड़ों के गोले मुँह से निकालने, दोनों हाथों में एक साथ कई गोले घुमाने और मुँह से आँकड़ों की झालर निकालने की हाथ की सफाई की प्रैक्टिस कर रहा है। आज हिन्दी दिवस है और उसे दफ्तर के समारोह में यह खेल दिखाना है।...तभी चपरासी एक चिट लाया

है कि एक बाई साहब बाहर खड़ी हैं, अपना नाम हिन्दी बताती हैं और आपसे मिलना चाहती हैं। बुला दूँ क्या?

हिन्दी अधिकारी असमंजस में पड़ गया। सोचता रहा। स्वगत बड़बड़ाता रहा : 'हिन्दी?...नाम तो स्साला सुना-सुना-सा लगता है?...क्यों भाई? कौन हैं ये?...पहले कभी देखा है इन्हें तुमने?...पूछो तो। क्या काम है। देख रहे हो। आज अपुन इतने बिजी हैं।'

चपरासी बताने लगा : 'कहती हैं कि मिलवा ही दो।...बताती हैं कि उनने पहले भी कई बार यहाँ-वहाँ आपसे मिलने की कोशिश की है पर आप मीटिंगों, प्रतियोगिताओं आदि में इतने व्यस्त रहते हो कि मिलते ही नहीं।'

हिन्दी अधिकारी नाराज़ हो चला : 'यार हम क्यों मिलते फिरेंगे हर ऐरे-ग़ेरे से?'

'पर वे तो कहती हैं कि पुरानी जानने वाली हैं आपकी।...यहाँ तक कहती थीं कि नौकरी भी उनने ही दिलवाई आपको। कह रही थीं कि हमीं से नौकरी है और हमीं को नहीं मिलता?' चपरासी ने कहा। हिन्दी अधिकारी गुस्सा भी हुआ और परेशान भी दिखा। नौकरी तो कौशिकजी की सिफारिश पर मिली थी? ये कौन है? जो हो। हिन्दी-फिंदी। हम आज तो खैर मिल ही नहीं सकते इससे। आज तो हिन्दी अधिकारी को मरने की फुर्सत नहीं है भाई। मुख्य अतिथि पधारने वाले हैं। उन्हें ले जाएँगे जीएम सा'ब के कमरे में। फिर हिन्दी डे के सेलीब्रेशन में। स्लोगन और पोस्टर प्रतियोगिताओं की प्राइजें बँटनी हैं।...फालतू थोड़ेई बैठे हैं कि किसी ने चिट भेज दी और अपुन मिल लिये।

'कह देना कि कल-वल आकर देख लें।...अभी पॉसीबुल नहीं है,' कहकर वह अपने कमरे से तेजी से लपड़-थपड़ निकला, तो हिन्दी सामने ही रास्ता-सा रोके मिल गई। कहने लगी कि मैं कब से आपके दफ्तर में प्रवेश की कोशिश कर रही हूँ। मुझे अब तो लगने लगा है कि ऐसे ऑफिसियल तरीके से तो आप मुझे घुसने ही नहीं दोगे। मैं चिट, अर्जी और फॉर्म भेज-भेजकर थक चुकी।

हिन्दी अधिकारी को बुरा तो लगा। कोई यूँ किसी ऑफिसर से बात करे और वह चुप रह जाए? पर हिन्दी के तेवर देखकर वह उतना तथा उस तरह से गुस्सा नहीं हो पाया जैसा कि एक अधिकारी को शोभा देता है। वैसे भी हिन्दी अधिकारी को इस बात का हमेशा ही मलाल रहता है कि अभी भी उसमें वो वाला अधिकारीपना नहीं आ पाया है जैसा दूसरे अधिकारियों में होता है।

'मैं तनिक जल्दी में था।...यू नो, आज हिन्दी डे है।...आप बाद में आ जाएँ।...' कहकर वह बगल से निकलने लगा तो हिन्दी ने उसका हाथ पकड़ लिया।

हिन्दी बोली : 'मैं पिछले पचास सालों से तेरे से मिलने की कोशिश कर रही हूँ। तू बस कल आना, कल आना—यही करता रहेगा कि कभी मुझसे मिलेगा भी?'

हिन्दी अधिकारी ने घबराकर अपना हाथ हिन्दी के हाथ से छुड़ाया। घबराकर आसपास देखा भी कि कहीं किसी ने उसे हिन्दी का हाथ पकड़े तो नहीं देख लिया वरना फालतू ही बदनामी हो!

फिर हिन्दी अधिकारी जाते-जाते हिन्दी से कहता गया कि अभी तो हिन्दी पखवाड़े के आयोजन में ऐसा लगा हूँ कि हिन्दी क्या, अपने बाप के लिए मेरे पास फुर्सत नहीं है।...फिर आज तो जीएम साहब स्वयं रहने वाले हैं प्रोग्राम में।... आप बाद में ही कभी आइए।

हिन्दी अधिकारी भागता हुआ निकल गया। उसके पास हिन्दी के लिए फुर्सत कहाँ?

हिन्दी अधिकारी के कमरे के सामने दफ्तर में हिन्दी खड़ी रह गई है। वैसे भी वर्षों से उसके दफ्तर में वह यूँ ही खड़ी है।

आदर्श भारतीय नागरिक के बाप

'आपकी माँ का नाम?'

'पूँजी।'

'और बाप का?;

'...बाज़ार, (वैसे हम प्यार से उन्हें मार्केट कहते हैं जैसे कुछ लोग पिताजी को पापाजी या डैड कहते हैं।)'

'कोई चाचा, ताऊ?'

'सेंसेक्स हमारे चाचाजी हैं, शेयर बाज़ार में ननिहाल है, लेवाली बड़ी वाली बहिनजी हैं जिनकी शादी फुगावाजी से हुई है, बिकवाली हमारी चचेरी बहिन हैं, ब्रोकर हमारे मौसाजी होते हैं...'

'खाते क्या हो?'

'कमीशन।'

'ओढ़ते-बिछाते क्या हो?'

'आँकड़ों पर सोते हैं और कम्पनी रिपोर्टों को ओढ़ते हैं हम। हमारी ज़मीन स्पेकुलेशन के शेषनाग पर टिकी है और हमारे आसमान की ऊँचाई सेंसेक्स तय करता है। हमारे मानसून को विदेशी निवेश के बादल तय करते हैं...'

उपरोक्त साक्षात्कार लिया जा रहा है एक समझदार, दुनियादारी समझने वाले आदर्श भारतीय नागरिक का। जैसा कि आपने भी अभी देखा कि क्या तो बढ़िया फटाफट उत्तर दिए पट्ठे ने। आज का भारतीय नागरिक चुस्त हो गया है। उत्तर शानदार रहे। रहने ही थे। व्यवस्था ने उसे तुरन्त ही आदर्श नागरिक मान लिया है, जो बाज़ार के लिए जीने और मरने के लिए तैयार है। देश को ऐसे नागरिकों पर गर्व है। हो सकता है कि इसके बच्चे भी इस पर गर्व करते हों, गो कि बाज़ारवाद के दिनों के बच्चे इन फालतू की भावुकताओं में समय ख़राब नहीं करते क्योंकि भावुकता की कोई मार्केट-वैल्यू ही नहीं।

'भारत भाग्य विधाता कौन है?' साक्षात्कार चल रहा है।

'बाज़ार।'

'शाबाश।'

'थैंक्यू सर...'

'जय हे, जय हे, जय हे—राष्ट्रगान में यह जय-जयकार किसकी?'

'ऑफकोर्स, मार्केट इकॉनॉमी की।'

'पंजाब, सिन्धु, गुजरात, मराठा'—क्या मतलब इसका? क्या हैं ये?'

'ये सब बाज़ार हैं। काफी बड़ा बाज़ार है यह देश। हमें इस पर जो गर्व है, वह इसी कारण है।'

'जनगणमन अधिनायक क्या इसी बाज़ार की जय बोल रहे हैं?'

'जय हे, जय हे, जय हे, जय जय जय जय हे' का मतलब हम तो आजकल यही निकालते हैं।'

आदर्श भारतीय नागरिक बता रहा है कि उसकी राष्ट्रीयता बाज़ार पर टिकी है। उसके लिए यह देश एक बड़ा बाज़ार है और राष्ट्रीयता बड़ी बिजिनेस अपोर्च्यूनिटी। उसे देश पर गर्व है कि शेयरों के भाव मज़बूत चल रहे हैं। आदर्श नागरिक वह जो जाने कि पैसा कहाँ लगाना? आदर्श नागरिक वह कि जो कर्ज़े उठाकर भी ख़रीदारी के प्रति समर्पित हो। कर्ज़ की किस्तें कि मानो साँसों का हिसाब। वैसे, देखें तो दोनों हिसाब अलहदा क्योंकि साँसें तो सीमित, पर किस्तें अनन्त—मकान की निबटी नहीं कि कार की शुरू; और छोटी-मोटी साँसें-उच्छ्वासें टीवी, फ्रिज, एसी आदि की किस्तों की तो हैं ही। हर साँस में बाज़ार घुला हुआ और साँस से चलकर नागरिक के रक्त में प्रवाहित। आदमी का रेशा-रेशा बाज़ारमय। जर्रा-जर्रा खनकता। जीवन, मानो एक बड़ी-सी गुल्लक। कण-कण सिक्का। आदमी मानो एक डीमेट एकाउंट। जीवन मानो ईश्वर नामक नोटरी द्वारा सत्यापित एग्रीमेंट। जीवनकथा, मानो बिक्री का प्रोनोट। आदमी, मानो एक क्रेडिट कार्ड कि जिसे ईश्वर की एकाधिकार वाली कंपनी ने इस धरती के बाज़ार में एक सीमित समय के लिए इश्यू कर दिया हो कि जा और सँभाल बाज़ार को। टेक दे उसे। आदमी का होना तभी तक सार्थक कि जब तक वह टेक दे सके बाज़ार को। संस्था तभी तक आदरणीय कि जब तक लाभ कमा कर दे सके। स्कूल, अस्पताल, अनाथालय, धर्मशाला, प्याऊ आदि मानो बोझ अर्थव्यथस्था पर। नो फ्री-लंच प्लीज़। पढ़ना-लिखना है तो नोट निकालकर धरो। जीना है, तो अस्पतालों को मौत से प्रोटेक्शन की मनी दो। गए दिन ख़ैराती अस्पतालों के। लद गए दिन सरकारी स्कूलों के। समाज सेवा, निःस्वार्थ सेवा, गरीबनवाज़ी, दान, दया, सहायता, सब्सिडी, सहकारी संस्थाए—ये समस्त विचार मानो अश्लील। बन्द करो ऐसी संस्थाएँ, मार भगाओ ऐसे भिखारी और निष्काषित करो ऐसे विचार।

भारत का यही आदर्श नागरिक मिला एक दिन।

सिर घुटाए। तेरहवीं के संस्कार करता। गरुण पुराण बँचवाता। पंडितों के चरण चांपता। यज्ञ करता। हवि डालते हुए मोबाइल पर शेयर के इंस्ट्रक्शंस देता। आपको पता ही है कि आदर्श भारतीय नागरिक को भारतीय परम्पराओ पर बड़ा भरोसा है—ट्रेडीशनल ड्रेसें, पूजा-पाठ, कर्म-कांड, इसकी भी एक बड़ी मार्केट है।

'कौन मर गया?' पूछा गया।

'शेयर मार्केट क्रैश कर गया परसों...' नागरिक ने सुबकते हुए बताया।

जैसा कि आप जानते हैं कि बाज़ार उसका बाप था।

परसों उसका बाप मर गया।

परन्तु इस आदर्श नागरिक की यही बढ़िया बात है कि इसके कई बाप हैं। शेयर वाले मरे, तो ज़मीन-जायज़ाद वाले बाप तो हैं। एक शेयर डूबे, तो दूसरा बचा लेता है। कई ब्लू चिप उसके पास। आज एक डूबा, कल दूसरा उठेगा।

आदर्श नागरिक का यह भुतहा, वर्चुअल परिवार कि जहाँ बाप मर-मरकर जी उठते हैं, कि जहाँ आँकड़ों की भुतही छायाएँ डोलती हैं, कि जहाँ मनुष्य की खोपड़ी लिए बाज़ार के प्रेत नाचते हैं—इस परिवार में रहते हुए वह वास्तविक दुनिया से इतनी दूर हो चला है कि जहाँ ख़बर पहुँचाना भी असम्भव कि इस चक्कर में असली दुनिया छूट रही है तुझसे रे पागल। बाज़ारवाद की इस हवाई दुनिया में असली दुनिया की बातें करने की सख़्त मुमानियत है।

एक दिन वह भी करेगा ही...

अभी उस दिन मुझे एक ऐसा अजीब आदमी मिला कि जिसने एमबीए नहीं किया था।

पहले तो मुझे विश्वास ही नहीं हुआ। ऐसा कोई कैसे कर सकता है कि अच्छा-भला हो और एमबीए न करे? न लकवा हुआ है, न पागल है—फिर भी कोई न करे तो आश्चर्य तो होगा ही। वैसे मुझे तो ख़ैर शुरू से ही वह सन्देहास्पद लग रहा था। वह छुपा-छुपा फिर रहा था। सामने पड़ा, तो बच के निकलने लगा। किसी से आँखें नहीं मिला रहा था। उसके चेहरे का रंग उड़ा-उड़ा सा था। घबरा रहा था। बात बेबात शरमा रहा था। मुँह सूख रहा था उसका। वह तनकर चलने की कोशिश तो अवश्य कर रहा था, परन्तु चार छह कदम पर ही ढीला हो जाता था। उसके व्यक्तित्व में वो बात ही नहीं थी। मैंने तो एक नज़र में ही ताड़ लिया। पकड़ के पूछ ही लिया स्साले से कि क्यों रे, तूने एमबीए नहीं किया न?

वह एकदम घिघियाने लग गया। घिघियाता ही। आज के ज़माने में एमबीए न करना एक अक्षम्य अपराध है, जिसकी शायद ज़मानत भी न होती हो, जो आश्चर्य की बात न होगी। कभी उस तरह का पुलिस का छापा भी पड़ने लगे, जैसा आजकल चाहे जब बार गर्ल्स पर पड़ता है, तो बड़ी बात न होगी। तब वे मुह को शर्ट या रूमाल से ढककर पुलिस गाड़ी में ले जाते दिख सकते हैं। मैंने पूछा तो घिघियाकर कहने लगा कि सर, अभी तक किया तो नहीं है, परन्तु जल्दी ही कर डालूँगा क्योंकि करने का इरादा तो मेरा बहुत दिनों से चल रहा है। मैंने फटकारा उसे। कहा कि झूठ न बोलो, क्योंकि इरादा रहा होता तो अब तक तो कर भी चुके होते। एमबीए में यही तो बढ़िया है कि आदमी एक बार करने का इरादा भर कर ले तो हो जाती है। कई बार तो बिना इरादे तक के हो जाती है, तो फिर इरादा तो बड़ी बात कहाई। बस इच्छा हो मन में। मैंने उसे यही फटकारा कि एमबीए तो प्यार की भाँति होती है रे कि जो करना नहीं पड़ता, बस हो जाता है। तूने की होती, तो हो जाती। पर आलस्य कर गया तू। चाहता तो तू भी हो जाता। जहाँ लाखों हो गए वहाँ तुझे भी एमबीए हो जाना था। धिक्कार है कि तू नहीं हुआ।

उसने माना कि मात्र बेवकूफी में न जाने कैसे उसने सोच लिया कि इस दुनिया में एमबीए किए बिना भी रहा जा सकता है, बस इसी चक्कर में नहीं की। गलतफहमी में रह गया। मैंने समझाया कि कभी गलतफहमी हो तो तुरन्त ठीक कर लेना बेहतर रहता है। एक बार एक दफ्तर में हमें भी गलतफहमी हो गई थी कि हमारा काम बिना रिश्वत के हो जाएगा। स्वयं हमारे फूफाजी वहाँ काम करते थे। बाद में पता चला कि वे स्वयं ही रिश्वत चाहते थे। तो गलतफहती तो हो जाती है। पर तूने ऐसा सोच भी कैसे लिया कि तू एमबीए नहीं करेगा और ज़माना तुझे माफ कर देगा? कैसी भयंकर गलतफहमी! अरे, एमबीए न किया तो पत्ता-पत्ता, और बूटा-बूटा तुझसे गिरेबान पकड़कर पूछेगा कि क्यों नहीं करी? और तू मुँह छुपाता फिरेगा। ऐसेई। तू नौकरी के इंटरव्यू में जाएगा, शादी की कोशिश करेगा, पान की दुकान पर सिगरेट भी माँगेगा, तो सब तेरे से यही दरयाफ्त करेंगे कि तूने की, कि नहीं की? शक्ल देखी है कभी आईने में? बिना एमबीए किए कैसी निकल आई है? एमबीए न करो तो आदमी ऐसा लगता है कि मानों उसने साँस रोक रखी हो। गले की नसें तन जाती हैं और मुँह लाल हो जाता है। एमबीए श्वास लेने जैसी आवश्यक क्रिया है। लेनी ही पड़ेगी। जीना है तो तुझे एमबीए करना ही होगा।

अब वो इसरार करने लगा कि मैं कर तो लूँगा, परन्तु तब तक प्लीज किसी को बताइएगा मत कि मैंने नहीं की है—फालतू में बदनामी होगी। कहने लगा कि कई लोग तो यही समझते हैं कि मैं एमबीए हूँ। कइयों को मैंने ही झूठमूठ कह रखा है। मैं तो मुँह दिखाने लायक नहीं बचूँगा, सर। मत बताइएगा। कुछ लोगों को मोहल्ले में पहले ही सन्देह है मुझ पर। मुझ पर नज़र रखते हैं। उन्हें पता चला तो मेरा तो सामाजिक बहिष्कार तक कर सकते हैं। एमबीए न किया हो—ऐसे आदमी से कोई क्यों सम्बन्ध रखेगा?...उसने दुखी होकर बताया कि गलती तो उससे हो ही गई। बस, नहीं की। मिल तो रही थी। हवा तो खैर थी ही कि एमबीए करो। बस, यूँ ही रह गया। मोहल्ले में ही एक डीम्ड-यूनिवर्सिटी खुल गई है। वे देने को तैयार थे। एक इंस्टीट्यूट हमारे पिछवाड़े ही एमबीए बाँट रहा था। एक तो घर ही ले आए थे। कह रहे थे कि डिग्री के साथ दो बड़े आदमियों द्वारा प्रमाणित चरित्र प्रमाणपत्र मुफ्त में देंगे। बस, ली ही नहीं। मिल तो जाती। सही बात तो यह है सर कि सबका नाम डुबा बैठा। पिताजी ने तो एक दिन यहाँ तक धिक्कारा कि अगर तू एमबीए नहीं करता है, तो मुझे अपना काला मुँह कभी मत दिखाना। इसी चिन्ता में घुल-घुलकर मर गए कि लड़के ने एमबीए नहीं करके बिरादरी में नाक कटा दी है। जाति की पंचायत ने पर्चा भी निकाला था कि कुछ गुमराह नवयुवक एमबीए न करके जाति को कलंकित कर रहे हैं।...इतना कहकर उसने पुनः कहा कि आप किसी से कहिएगा मत, मैं अब अवश्य कर लूँगा।

'खा भगवान की सौगन्ध?' मैंने कहा।

उसने खा ली। उसने बाप की कसम भी खा ली। उसने कान पकड़कर वायदा किया। उसने गंगाजल उठाकर कौल खाया। उसने मेरी हथेली से अफीम चखकर वायदा किया।

मैंने भगाया उसे। कहा कि अब अगर मुझे अगली बार तू बिना एमबीए किए दिखा तो मार-मारकर तेरी एमबीए कर दूँगा।

वह चला गया।

देश को, जो अब बड़े बाज़ार में बदल चुका है, हर काम के लिए एमबीए लोगों की बड़ी आवश्यकता है भाई। हमें लोगों को एमबीए के लिए प्रेरित करना होगा। मैंने अभी-अभी इसी दिशा में जो छोटा-सा प्रयास किया, वह सराहनीय रहा कि नहीं, कभी मिलें तो बताइएगा।

निगाहें धरे हैं वे

झुग्गी बस्ती के पास एक टपरा-मार्केट है। इसी में एक खोखानुमा रचना है, जिसे 'शुक्ला होटल' कहते हैं। एक टुटहा-सा काउंटर, हिलती मेजें, टूटी कुर्सियाँ, और भट्ठी तथा काउंटर के बीच आता-जाता वह व्यक्ति, जो मालिक भी है, बेयरा भी और हलवाई भी। भजिए, समोसे, जलेबी।

और इनके बीच सुराग रसी के लिए पहुँची हुई है भारतीय खुफिया एजेंसी। खुफिया एजेंट हैं हवलदार रामाधार। मोटा-सा थुलथुल शरीर। कुर्ता-पाजामा। यहाँ-वहाँ से गंजे। चेहरे पर हरामखोरी के वे भाव, जो यदि न हों तो आप पुलिस वाले को पहिचान ही न सकें।

'अबे, हमें पिचानता भी है कि नहीं?' पूछा उन्होंने। आवाज़ में सहज रोब, जो पड़ता नहीं, पर होता है।

'आपको कौन नहीं जानता मालिक। सबको पता है कि आप सीआईडी हैं।' कहते हुए होटल वाले ने भजिए और समोसे की प्लेट भी पेश कर दी, जो इस बात का प्रमाण था कि वह भारतीय पुलिस को पूरी तरह पहिचानता है।

'अबे धीरे बोल...बदमासन ने सुन ली तो सुसरे फालतूफंड में सतर्क हो जाएँगे', उन्होंने फुसफुसा कर फटकारा।

'सबको ख़बर है मालिक...सब पिचानते हैं।'

'इसीलिए तो हम ज़्यादातर नकली मोंछा-दाढ़ी लगा के निकलते हैं। वो तो आज छोटा वाला छोरा मोंछा लगा के बच्चन के संग चोर-सिपाही खेलने लगा, तो मिसेज कहन लगीं कि एक दिन बिना मोंछा-ओंछा लगाए बदमासन के पीछे चले जाआगे तो वे लोग रिसा न जाएँगे।'

'पर सच्ची बताएँ सरकार, तो सारे बदमास आपको नकली मोंछा से ही ज़्यादा पिचानते हैं।'

'भोत बदमास हैं स्साले। हम बताते हैं एक-एक को। पर पेले तुम जे बताओ कि शहर में इधर जो रेल-बसन में बम फूटे हैं, तो तुमें किन लोगन पे शक जाता है?' वे सुराग बटोरने की मुहिम शुरू कर चुके हैं।

'सभी लोग पाकिस्तान का हाथ बताते रहे मालिक...'

'यार, तो क्या हम पाकिस्तान को हथकड़ी डाल के पेश कर दें?...तुम जे नेताओं-फेताओं वाली बात तो बोलो मत। पाकिस्तान पे शक करबे का अधिकार बस नेता लोगन और अफसरान का है। अपुन सिपाहियन को तो शहर से ही सुराग निकाल के अफसरान को देना है। क्या समझे?'

'हमें तो किसी पे शक नहीं सरकार...। और भजिया डालें?'

'मिर्चा बड़ी गेर दी हैं यार...। पर डाल दो।...तुम निगाह रखो यार। इधर झुग्गियन के जित्ते भी बदमास तुमारे टपरे पे चाय-समोसा को आएँ, सब पे पैनी नज़र धरो और हमें बताओ। ठीक?

'जैसा मालिक कहें...'

'बम फोड़बे वालों को पकड़बे में हेल्प करना सभी का कर्तव्य है शुक्लाजी।'

'मिला तो पकड़वाएँगे ही...'

'नज़र धरो तुम तो। जिस किसी के भी पेंट या कुर्ता में तुमें कुछ भी गोल-गोल चीज लगे तो हमें तुरत-फुरत ख़बर करियो। फिर देखियो कि हम सरऊ का कैसा कचूमर बनाते हैं।'

'मान लो कि अमरूद या सन्तरा धरा हो, तो?'

'तुम तो नज़र धरो शुक्लाजी। जे पाकिस्तानी हैं स्साले बड़े हरामी। सन्तरन के बीच बम धर देंगे। बस्स! तुम तो बन गए चूतिया और बे फोड़ गए बम्ब!...तुम अपने चपरासियन को भी चेता दो कि बम फोड़बे वाले पकड़ में न आए, तो हम इनमें से ही किसी को पकड़ के पेश कर देंगे क्योंकि पेश तो हमें किसी न किसी को करना ही करना है।'

तभी कोई होटल में आया।

दाढ़ी वाला एक व्यक्ति। हाथ में झोला। चाय का ऑर्डर देकर वह पाँव फैलाकर बैठ गया और मोबाइल पर धीमे-धीमे बतियाने लगा।

कान खड़े हो गए खुफिया पुलिस के। छठी इंद्रिय सक्रिय। बल्कि, परम सक्रिय। रोंगटे ड्यूटी पर खड़े हो गए।

आँखों की पुतलियाँ सिकुड़ गईं। फुसफुसाकर उन्होंने कहा :

'इसके झोले पर नज़र डालो। गोल-गोल चीजों से भरा है। है कि नहीं?'

'आलू और भर्ते वाले बैंगन भरे हैं सरकार। इधर से ही दिख रहा है।'

'और जो इनके नीचे बम धरे हों तो?'

'झोला पलटवा के देख लें मालिक?'

'आतंकवादी को सतर्क थोड़े ही करना है। अभी तो निगाह धरेंगे। बाद में सबको एक साथ धरेंगे। है कि नहीं?...यह आदमी पहले भी देखा है तुमने?'

'आता रहता है। यहीं पीछे रहता है।'

'...और फोन पर धीरे-धीरे बतियाता भी है?'

'यह धीरे ही बोला करता है मालिक।...'

'...पाकिस्तान बात करता होगा। सच्ची। तभी न ऐसे धीरे-धीरे बात करता है।'

'अरे नहीं सरकार।'

'तुम निगाह तो रखो। हम भी रखते हैं। पकड़ते हैं स्साले को, रंगे हाथों। सच्ची।'

'कुछ न मिलेगा सरकार। एकदम सीधा-साधा आदमी है। कपड़े की दुकान में मुलाज़िम है।'

'शुक्लाजी, हवलदार रामाधार ने एक बार हाथ डाल दिया तो जानिए कि खाली हाथ नहीं लौटना है। बरामदगी तो होएगी ही होएगी। सुराग तो हम हाथ डाल के निकाल लेंगे। समझे कि नहीं?'

वे यह कहते हुए निकल गए हैं कि तुम तो इस पर निगाह धरो। बस्स।

अफसर को हवलदार रामाधार ने बताया है कि उसके इन्फॉर्मर ने एक आदमी देखा है, जिस पर हम भी निगाह रखे हैं।

अफसर ने प्रेस को बताया है कि हमें कुछ बेहद अहम सुराग मिले हैं, जिनका खुलासा करना अभी उचित न होगा। शीघ्र ही कुछ गिरफ्तारियाँ हो सकती हैं। खुफिया पुलिस निगाह रखे है। उन्होंने देश को आश्वस्त किया है, परन्तु जो लोग हवलदार रामाधार को उनकी मोंछा के साथ जानते हैं, वे न जाने क्यों आश्वस्त नहीं है।

कड़ी निगाहों का मोतिया बिन्द

जैसा कि देश में सभी को पता है इन दिनों सरकार 'बर्ड-फ्लू' पर कड़ी निगाह धरे है।

इससे पूर्व सरकार गड़रिया गिरोह, लश्करे तैयबा, आईएसआई, दलितों की स्थिति तथा आवश्यक वस्तुओं की कालाबाज़ारी पर भी कड़ी निगाह रखती रही है। कुछ पर तो अभी तक रखे है। पुनः साम्प्रदायिक तत्त्वों पर तो साल भर धरनी ही पड़ती है। सरकार धरती भी है। मैं सदैव ही चकित रहता हूँ और सोचा करता हूँ कि आखिर सरकार इतनी कड़ी निगाहें रखती कैसे होगी? कोई अपनी निगाह कैसे कड़ी करता है? हम तो थोड़ी भी कड़ी करें तो हमारा तो मुँह लाल हो जाता है। फिर कड़ी निगाह कहें किसे? क्या घूरकर देखने को ही कड़ी निगाह कहा जाता है? हम स्वयं एक ज़माने में लड़कियों—बल्कि समस्त स्त्री जाति को ही घूरकर देखा करते थे, परन्तु यह नहीं जानते थे कि इसे कड़ी निगाह के अन्तर्गत माना जाता है। हम तो कोमल परिणामों की आशा में घूरते थे। क्या सरकार की कड़ी निगाह में भी वैसी ही कोमलता है? तब तो सरकार जिन पर कड़ी निगाह धरे है, उनसे प्रेमभाव न पनपने लगे, जैसा कि कुछ दिनों की घूरा-घूरी के पश्चात् हम प्रत्येक लड़की के केस में मान लेते थे कि ऑटोमेटिकली पनप ही गया होगा—और यही सोचकर पीछे लग लेते थे। कड़ी निगाह धरो, तो पीछे भी लगना पड़ता है। सरकार कहती भी है कि हम इन तत्वों पर कड़ी निगाह धरे हैं और इनके पीछे हैं। पीछे से कड़ी निगाहें रखे हैं। किसी को पता भी नहीं चला और कड़ी निगाह भी हो गई। लड़की के केस में हमारा भी यही होता था कि उसे अन्त तक पता ही नहीं चल पाता था कि कोई उस पर कड़ी या कैसी तो भी निगाह रखे है। तो कड़ी निगाह का क्या अर्थ? पर सरकार रखे है, पीछे है और शीघ्र ही दबोच भी डाले, तो आश्चर्य न कीजिएगा। लड़कियों का पीछा करके दबोचने वाली बात हम कभी कर पाए या नहीं, यह बताना कई कारणों से उचित न कहाएगा, परन्तु सरकार इन्हें दबोच नहीं पाती, यह सभी को ज्ञात है। दरअसल, दबोचने वाली ही होती है कि कोई नई घटना या तत्त्व या स्थिति बन जाती है कि निगाहें पुरानी जगह से हटाकर वहाँ धरनी पड़ती हैं। इससे पुरानी कड़ी निगाहें

फालतू रह जाती हैं और नई कड़ी निगाहों पर निगाहें लग जाती हैं। 'बर्ड फ्लू' पर कड़ी निगाह रखनी पड़ रही है, तो कच्ची शराब के धन्धे से हटानी पड़ी। क्या करें? कहाँ-कहाँ धरें!

हमें तो आजकल यह चिन्ता सताती है कि पलक भी झपका पाती है बेचारी सरकार कि नहीं?

निगाहें कड़ी करो, तो आप पलकें बहुत नहीं झपका सकते। जिन पर कड़ी निगाह थी, वे पलक झपकते गायब हो सकते हैं, या कि वह काम कर सकते हैं कि जिसे न करने देने के लिए सरकार उन पर कड़ी निगाह धरे थी। परन्तु, यदि पलकें न झपकाएँ तो आँखों में कचरा-फचरा गिर सकता है। क्या करे सरकार? फिर देर तक खुली रखो, तो आँख लाल हो जाती है और आँख से पानी आने लगता है। वैसे यह भी तो है कि सरकार की लाल आँखें देखकर वे डर भी तो जाते होंगे—क्यों साहब? हाँ, शुरू में यह फायदा तो होता है। कुछ दिन भभका रहता है। जलवा खिंच जाता है सरकार का। फिर धीरे-धीरे वे पाते हैं कि इनकी तो बस निगाहें भर कड़ी हैं—ये स्वयं तो ढीले-पोले बैठे हैं। कुर्सी से गिरे जा रहे हैं, बैठे-बैठे झूल-से रहे हैं, चलते हैं तो चकराते हैं, खड़े होते हैं तो गन्नाटे खाते हैं—परन्तु निगाहें हैं कि कड़ी चल रही हैं। मुँह पर हवाइयाँ उड़ रही हैं, बात-बात पर जम्हाते हैं—पर निगाह भाई साहब की ऐसी कड़ी कि मानो पत्थर की आँख लगी हो। सो धीरे वे तत्त्व, जिन पर सरकार कड़ी निगाह धरे थी, वे कड़ी निगाह को मज़ाक की दृष्टि से देखने लगते हैं। वे कड़ी निगाह को आँख मार के पूछते हैं कि गुरू, कुछ चाहिए, तो बतलाइए; यों खाली-पीली आँखें लाल न करें। सरकार गम्भीर रहती है, पर वे हँसने लगते हैं। सरकार उनके हँसने को बेहद गम्भीरता से लेती है तथा अपनी निगाहें और कड़ी कर लेती है। इतना तो करती है। और क्या जान लोगे बेचारी की?

क्या तरीका है कड़ी निगाहें रखने का? कैसे रखती है सरकार?

प्रश्न तो आपके मन में भी उठता होगा। दिल्ली या भोपाल में बैठकर आप कैसे बड़वानी या सबलगढ़ पर कड़ी निगाहें धर लेते हैं? धरते तो हैं। इतने विश्वास से बयान देती है सरकार कि मानना पड़ता है कि कैसे तो भी धरती तो होगी। पर कैसे? कौन हैं सरकार की आँखें? मान लो कि आँखे ही ठीक न हों—आँखों में मोतिया हो, फूली पड़ी हों या अन्धी हों—तो ऐसी आँखों से कड़ी निगाह कैसे रख पाती होगी सरकार? मान लो कि दिल्ली वाला तय करे कि सनावद-पेटलावद पर निगाह रखनी आवश्यक है। अब? पहले तो मीटिंग करके बयान जारी करो कि हम (क्या तो ये स्साला अजीब-सा नाम है, हाँ) सनावद-पेटलावद की घटनाओं पर कड़ी नज़र धरे हुए हैं। दूसरा यह कि यार, यह पता तो लगाओ कि ये सुसरा पेटलावद है कहाँ कि जहाँ दंगा हुआ, या बर्ड-फ्लू की चिड़िया मरी या जो भी स्साला हुआ? फिर? फिर फोन

खड़खड़ाए जाते हैं। प्रमुख सचिव सचिव को, वो कलेक्टर को और कलेक्टर नीचे फोन लगाता है कि स्थिति पर कड़ी निगाह रखी जाए। सभी कह देते हैं कि हम रखे ही हुए हैं और आज से और भी ज़्यादा कड़ी नज़र रखेंगे। परन्तु तिवारीजी तो सीएल लेकर सरहज की शादी में बैतूल गए हैं और चौधरीजी का आपको पता ही है साहब; रहना, न रहना—सब बराबर। पर कड़ी निगाह तो रखी जानी है यार। दिल्ली का ऑर्डर। भोपाल का फरमान। तुम तहसीलदार से बात कराओ। पर वे दौरे पर हैं सरकार। और नायब तहसीलदार? वे कैंप लगाए बैठे हैं गाँव में। यार तुम कौन बोल रहे हो? जी हम तो पन्नालाल। दफ्तर के चौकीदार हैं सरकार। ठीक है, तुम्हीं धरो। तुम कड़ी निगाह रखो। साहब आएँ, तो उनसे बताइए कि फोन कर लें। जो हुकुम मालिक।

कड़ी नज़र रखी जा रही है।

तहसीलदार ने नायब-तहसीलदार को, उसने गिरदावर, कोटदार और पटवारियों को बता दिया है।

आईजी ने डीआईजी, उसने एसपी और एसपी ने थानेदार को बता दिया है। थानेदार ने सिपाही बद्रीप्रसाद को हिदायत दे दी है कि अर्दली ड्यूटी के लिए साहब के बँगले पर आते-जाते हुए वह कड़ी निगाह वाला काम भी निबटा दिया करे।

सिपाही बद्रीप्रसाद, पन्नालाल चौकीदार, रामलखन कोटदार आदि मिलकर मामले पर कड़ी निगाह रखे हुए हैं कि जिसके बूते सरकार को पूरा भरोसा है कि स्थिति पर काबू पा लिया जाएगा।

और यदि कड़ी निगाह न रखने के कारण कोई हादसा हुआ तो?

तब सरकार को कड़ी कार्यवाही करनी होगी।

कड़ी कार्यवाही के अन्तर्गत सिपाही बद्रीप्रसाद तथा पन्नालाल चौकीदार सस्पेंड कर दिए जाएँगे, जैसा कि हर बार होता है। रामलखन कोटदार मन्त्रीजी के गाँव का है—उसे नहीं कर पाएँगे।

मन्त्रीजी की कड़ी निगाह रहती है कि उनके चमचों का कोई बाल भी टेढ़ा न कर सके।

वे होते भी तो क्या...

प्रश्न यह कि यदि आज बापू जीवित होते तो?

पूरा प्रश्न कुछ ऐसा कि यदि आज बापू जीवित होते तो यह जो देश में चल रहा है, उसे देखकर क्या करते? मैं तो इस प्रश्न के उत्तर के लिए सदैव तैयार रहता हूँ। पता नहीं कि बुधौलियाजी कब पूछ लें। वे हमारे बड़े भावुक टाइप के मित्र हैं, जो बापू को लेकर प्रायः यह प्रश्न मेरे, या जो सामने फँस जाए उसी से पूछा करते हैं। सांसद रिश्वत लेते पकड़े जाएँ, रामसेतु वाला मसला हो, मज़दूरों पर गोली चल जाए, प्याज पच्चीस रुपए किलो बिकने लगे, स्कूली बच्चा सिगरेट पीता देख लें—कुछ भी हो, वे यही पूछते फिरने लगते हैं कि ऐसे में गांधीजी होते तो क्या करते? वे इतने विह्वल होकर पूछते हैं कि मन करता है कि उनसे गांधीजी का मेकअप लगाकर ही मिल लियो करूँ। अभी उस दिन पान वाले से ही किसी बात पर यही पूछने लग गए कि यदि गांधीजी होते तो...। उसने यही कहा कि आप बड़े आदमी हैं, सो आप ही बताएँ, अलबत्ता पान-बीड़ी का कुछ पूछना हो, तो हम बताएँ। उनके एक मित्र ने तो उनके ऐसे प्रश्नों से आजिज आकर एक बार यही कह दिया कि भैया, आज बापू जीवित भी होते तो सवा सौ साल के ऊपर होते—या खटिया पे होते, या अस्पताल में। पर वे पूछते रहते हैं। उनका शगल सा है कि देश और समाज की हर छोटी-बड़ी समस्या की लिस्ट तैयार करना और फिर इस लिस्ट को लेकर पूरे शहर में घूम-घूमकर यह पूछना कि गांधी होते तो इस लिस्ट का क्या करते?

पर यह प्रश्न सिर्फ बुधौलियाजी ही उठाते हों, ऐसा नहीं है। इस देश में यह प्रश्न उठता ही रहता है। एक कारण तो शायद यह है कि हमारा बापू से अमिट और अटूट जुड़ाव है, सो वे हर सन्दर्भ में याद आ ही जाते हैं। भावुक होने से लगाकर एक दूसरे पर हमला करने तक के लिए बापू का प्रयोग होता है। वे पूजा की वस्तु भी हैं, अस्त्र भी, शस्त्र भी, शास्त्र भी, शास्त्रार्थ भी। पर दूसरा कारण हमारे समाज की यह अच्छी-बुरी आदत भी है कि हम हर चीज में बुजुर्गों को याद कर लेते हैं। हमारे भाई साहब तो घर में हर बात पर यही कहते थे कि बेट्टा, यदि आज पिताजी जीवित होते तो यह सब न हो पाता। घर में भाइयों में लट्ठ चलें, बहुओं में तू-तू,

मैं-मैं हो या जब छोटा वाला बेटा मास्साब का सिर फोड़ आया—बड़े भाई साहब ने यही कहा कि पिताजी आज होते तो यह न होता। वे हर समस्या पिताजी के सिर डालकर बरी हो जाते। हद तो यह हुई कि एक बार दो दिनों तक नल नहीं आए, तब भी उन्होंने यही कहा कि पिताजी होते तो नगरपालिका में आग लगा आते और वे स्साले भी नल न आने के कारण यह आग बुझा भी न पाते! हमने धीरे से कहा कि या तो आप हमारे साथ कुएँ से पानी भरवाओ या फिर आप ही जाकर नगरपालिका में आग लगा आओ। उनने पानी भरने से साफ इनकार कर दिया और यह भी कहा कि यार पिताजी की बात और थी और तब का ज़माना भी दूसरा था। हम आग लगाएँगे, तो जेल जाएँगे।

यही बात हमने उस दिन गांधीप्रेमी बुधौलियाजी से कह दी। वे शिकायत कर रहे थे कि देखिए तो कि यह कुत्ता कल से सड़क पर मरा पड़ा है, हर कोई आसपास से निकल जाता है, नाक दबाकर या गाड़ी भगाकर लोग चले जा रहे हैं—पर कोई भी अपनी तरफ से कुछ भी कहने को तैयार नहीं। इतना कहकर उन्होंने यह तो कहा ही कि आज गांधीजी ने अगर यह देखा होता तो क्या ऐसा होता? मैंने यही कहा कि पता नहीं कि तब क्या होता, पर क्यों नहीं आप ही इस कुत्ते को उठवा देते हो? वे सख्त नाराज़ होकर कहने लगे कि तुमने हमें फालतूफंड का आदमी मान रखा है क्या? हमारे पास कहाँ है इतना बेकार का समय कि नगरनिगम वालों को फोन करते फिरें? वे आगे अपनी पोजीशन साफ करते हुए कहने लगे कि यह जो हम बात-बात में गांधीजी का नाम लेकर यहाँ-वहाँ ग़लत हो रही बातों के विरुद्ध बोलते रहते हैं, उससे तुम यह मतलब न निकाल बैठना कि हम इस बाबत स्वयं कुछ करने लगेंगे। हम खुद कुछ नहीं करने वाले। बस गांधीजी का नाम बीच में डाल देने से हम अपराधबोध से अवश्य मुक्त हो जाते हैं। चिन्तन का चिन्तन हो जाता है, आप जैसे बुद्धिजीवियों से चर्चा हो जाती है, टाइम कट जाता है और इस बहाने से हम भी स्वयं को थोड़ा जागरूक महसूस कर डालते हैं। आज के ज़माने में गांधीजी की यही सार्थकता और यूज़ है भैया। तुम हमें देखते हो अरे! हम क्या पूरे देश में गांधीजी का यही इस्तेमाल हो रहा है। कमोबेश सारे सेमिनार, लेख, बातें, नारे—सबमें गांधीजी का यही उपयोग! और गांधीजी से इस देश को चाहिए भी क्या?...वे बोलते-बोलते हाँफने लगे!

साँस ठीक होने पर बुधौलियाजी ने मुझे समझाया कि कभी किसी को हमारी तरह बार-बार गांधी-गांधी जपते सुनो, या गांधीजी की समाधि पर फूल चढ़ाता कोई देसी या विदेशी नेता गांधीजी के विषय में विभोर होकर कुछ कहता दिखे, तो तुम सीरियस मत हो जाया करो। यह मत सोचा करो कि वे गांधीजी को याद कर रहे हैं। नहीं प्यारे। वे अपनी बात में वज़न पैदा कर रहे हैं। गांधीजी का नाम आज भी

आपकी बात में जान डाल देता है। जब गांधी का नाम ऐसे मुँह से सुनो तो तुरंत जान लो कि वह अपनी अकर्मण्यता, कमीनापन, नाकारापन, असफलताएँ और हरामखोरी को ढकने के लिए गांधी को प्रयोग में ला रहा है। अन्यथा गांधी होते, न होते, इससे उसे खास फर्क नहीं पड़ता है। बल्कि वे न ही हों, यही उसके लिए बेहतर।

मैं सोचता रहा कि आज गांधीजी होते तो बुधौलियाजी की बातें सुनकर क्या कहते या करते? फिर सोचता हूँ कि अपने अन्तिम दिनों में गांधीजी ने अपने नाम का ऐसा इस्तेमाल तो देख ही लिया था। तब भी वे क्या कर सके? हर महापुरुष इस त्रासदी से गुज़रता ही है, जहाँ उसके अनुयायी उसे मात्र एक नाम, नारा, स्मारक या मूर्ति में बदल डालते हैं। बस। गांधी के साथ भी यदि यही हुआ तो आश्चर्य कैसा?

एक देवी घर में भी है मित्र

मोहल्ले में दुर्गा माँ की झाँकी लगी है इन दिनों। हम देवी की पूजा करते हैं। वैसे घर की देवी की एक अलग तरह से पूजा भी हम किया करते हैं। यह लेख उसी को लेकर है।

जब झाँकी में गाए-बजाए जा रहे फिल्मी भजनों की आवाज़ दसों दिशाओं में माता को आने का आह्वान कर रही है, तब मैं पृष्ठभूमि में मची इस धार्मिक गचागच के बीच अखबार पढ़ने की कोशिश कर रहा हूँ।

एक समाचार ध्यान खींच रहा है। एक सर्वे के अनुसार हमारे देवीभक्त देश में पैंतालीस प्रतिशत स्त्रियों को उनके पति नियमित पीटते हैं और आश्चर्यजनक बात यह कि इनमें से पचास प्रतिशत स्त्रियों को यह पिटना बुरा भी नहीं लगता। वे इसे नहाने, भोजन या शौचादि जैसी दैनिक क्रिया-सा मानती हैं। जैसे वे नहाने का बुरा नहीं मानतीं, वैसे ही पिटने का भी नहीं मानतीं। पिटाई तो होनी ही होनी है। अगर पति ही नहीं मारेगा तो पिटने के लिए क्या स्त्री पड़ोस में जाएगी? कितना अच्छा है कि यह महत्त्वपूर्ण सुविधा, दाम्पत्य ने, घर में ही, यूँ सहज ही उपलब्ध करा दी। एकदम सहज। कोशिश भी नहीं करनी पड़ती। बैठे-बिठाए पिट जाती हैं स्त्रियाँ। मान लो कि स्त्री का मन पिटने का कर रहा है तो उसे बस पति के सामने भर पड़ जाना है। या दो-चार बार उसके आसपास से गुजर जाए। या कि पति से कुछ भी बात ही कर ले वह। बस काम बन गया। पति बेचारा तो इसी में से मारने-कूटने का मुद्दा निकाल लेगा। 'थोबड़ा क्यों सुजाकर बैठी है?' से चलकर, 'मैं घर में घुसा नहीं कि तू अपनी पंचायत लेकर बैठ जाती है' तक कुछ भी।

क्यों पचास प्रतिशत स्त्रियों ने पिटने का बुरा नहीं माना? मेरा विश्वास है कि सर्वे वाले फॉर्म भरवा रहे थे, तब पास के ही कमरे में पति अवश्य रहा होगा। अब वह कैसे बुरा माने? कहीं पति को कुछ उलटा-सीधा पता चला या ये कागज उसके हाथ पड़े तो फिर उसके हाथ तो कानून से लम्बे और पुलिस से तगड़े हैं। इसीलिए कह दिया कि हमारे वो तो बड़े प्यार से पिटाई करते हैं, उसका क्या बुरा मानना? वो तो कभी-कभी यूँ ही पीट देते हैं। और क्या कहें बेचारी? परन्तु सर्वे और मीडिया

की बलिहारी कि वे इनके इस मजबूर बयान की पंक्तियों के बीच अनकहे को नहीं सुनते, बल्कि ढोल पीटते हैं कि स्त्री तो पिटने का बुरा ही नहीं मानती! उन्हें समझ नहीं आता कि जब कुत्ते का पिल्ला तक ठोकर मारने पर बुरा मानकर गुर्राता है, तो स्त्री क्योंकर बुरा नहीं मानेगी? पागल है क्या? इस सर्वे में ऐसा कहकर वह अपने पिटने को क्यों जायज-सा ठहरा रही है? क्या हम ऐसे सर्वे से उन पतियों को लानत नहीं भेज रहे कि जो अपनी स्त्री को इस सुख से वंचित रखे हैं या उन स्त्रियों को कुलटा नहीं है रहे कि जो पिटने पर विरोध करती हैं?

सर्वे वाले इस गहराई में भी उतरे हैं कि पतियों के बीच पीटने तथा स्त्री को पिटने में सबसे लोकप्रिय तरीका क्या है? मारने पर आए तो पति डंडा, लात, घूँसा, चक्कू, तलवार आदि किसी भी चीज से मार सकता है, परन्तु सर्वे वालों ने सन्तोषपूर्वक यह बताया है कि प्रायः बेचारे पति मात्र झापड़, लप्पड या थप्पड़ मारकर रह जाते हैं। कितने सीधे-साधे हैं बेचारे कि मात्र थपड़ियाने से काम चला लेते हैं। वैसे थप्पड़ वास्तव में यूँ चुना करते हैं कि कौन तो उठकर डंडा उठाए जबकि थप्पड़ में तो यह कि बैठे-बैठे या खड़े-खड़े ही, बस, दिया घुमा के। घुमाना भर है। गृह उद्योग-सा सरल तथा घरेलू। आत्मनिर्भरता वाला मामला। सर्वे वालों ने यह नहीं पता किया कि वे स्त्रियाँ थप्पड़ कहाँ पसंद करती हैं और उनकी च्वाइस वायाँ गाल होता है, कि दायाँ? जिस तरह का अनर्गल सर्वे हुआ है, उसमें ऐसा महत्त्वपूर्ण प्रश्न छूट जाना हमें तो चकित ही करता है। वैसे पति गालों पर ही मारते होंगे—बल्कि उसी गाल पर, जिसे वे यदाकदा चूम भी लेते हैं।

सर्वे में जातियों के हिसाब से भी स्त्री की पिटाई का वर्गीकरण किया गया है। हमने कहा न कि बेहद मेहनत से सर्वे किया है बेचारों ने। जातिप्रथा को पिटाई तक ले गए हैं। बताया गया है कि अलग-अलग जातियों में पत्नी को पीटने का शौक अलग-अलग स्तर का है। कहा है कि बौद्धधर्म वाले सबसे ज्यादा पीटते हैं। शायद बुद्धत्व प्राप्त करके यही ज्ञान मिला हो। जैनी सबसे कम मारते हैं। अहिंसा पर विश्वास का विरल नमूना वरना तो स्त्री की ठुकाई को हमारे यहाँ हिंसा ही नहीं माना जाता है। वैदिक हिंसा हिंसा न भवति। तो स्त्रियाँ, कहीं कम, कहीं ज़्यादा पिट रही हैं। पर मुझे तो हर स्त्री की जाति एक ही प्रतीत होती है—स्त्री जाति। यह जाति पिटने के लिए ही बनी है। अब तो सर्वे वालों ने यह भी बता दिया कि वह पिटने का बुरा भी नहीं मानती। कल कोई सर्वे यह भी घोषित कर दे कि स्त्री को तो इसमें बहुत मजा आता है, तो आश्चर्य न कीजिएगा। जब पीटने वाले ही सर्वे भी करेंगे, तो नतीज़े तो ऐसे ही आएँगे। स्त्री तो पिटेगी ही। पीटने के ऐसे रास्ते भी हैं, जहाँ पीटना नहीं पड़ता। थप्पड़ मारे बिना भी उसकी आत्मा पर नील डाले जा सकते हैं। आप बिना लात मारे भी लात मार सकते हो स्त्री को। डरी, भयभीत, आक्रान्त और

असुरक्षित स्त्री को देखा है आपने कभी? अपने पति के ठीक पीछे या बगल में खड़े होकर हर जगह स्वयं को आदर्श पत्नी सिद्ध करते हुए? स्त्री उस हिंसा का भी कहाँ बुरा मानती है। और बुरा मानकर जाएगी भी कहाँ दारी?

औरत बुरा भी मान जाए तो क्या कर लेगी? कौन देख रहा है उसे। कौन सुनेगा उसकी? क्या उसका पति? अरे पति तो घंटे घड़ियाल बजाकर नवदुर्गा मंडल में स्थापित दुर्गा की मूर्ति के सामने अत्यन्त श्रद्धा से नाच रहा है। इस देवी-भक्त पति को अपनी पिटी हुई पत्नी में देवी देख पाने की फुर्सत ही कहाँ है?

राहत की भँवर

बाढ़ के पानी में डूबते-उतराते आदमी के पास सरकार अन्ततः पहुँच ही गई।

सरकार का इरादा मुआवजा बाँटने का है।

अफसरों का अमला, क्लर्कों का हुजूम, कलम के चप्पू और फाइलों की नाव। साथ में कुछ सिपाही भी।

सरकार हमेशा 'लॉ एंड ऑर्डर' का इन्तजाम करके चलती है। पानी में डुबकियाँ खाता आम आदमी भी बहुत भरोसे का नहीं।

'कितना नुकसान हुआ है तेरा?' अफसर ने अधनंगे आदमी से पूछा।

'लुट गए सरकार...' आदमी बिलखने लगा।

'अबे, बोल तो ऐसे रहा है कि मानो लखपति रहा हो! फटी धोती में क्या तो लूटना और क्या सँवरना।...सही-सही बता हजूर को', क्लर्क ने फटकारा।

'बहुत झूठ-झाठ बोला तो लाठी डालूँ कहीं से भी पर निकालूँगा कहाँ से, यह बता न सकेगा कोई...' सिपाही लाठी द्वारा सत्य के प्रयोग करता रहता है।

'झुपड़िया बह गई अन्नदाता...' आदमी की आँखों में पानी तैर रहा है, जिसे सरकार ने बाढ़ का पानी माना।

'दो बाँस दिला दो भाई इसे...' अफसर ने कहा।

'दो बाँस से क्या बनेगा सरकार...?' रिरियाया वह।

'अबे, चार बाँस में अरथी बन जाती है, तो दो में तेरी झोंपड़ी नहीं बनेगी क्या?'

'अंगूठा लगा रे कागज पे...'

'क्या दर्ज है कागजन पे मालिक?'

'खुद पढ़ ले...'

'पढ़े-लिखे होते तो...'

'...तो क्या आसमान में झुपड़िया डालते?...'

'और क्या-क्या बह गया?'

'दो बकरियाँ बह गईं हजूर...अलमुनिया के भाँडे-बर्तन...और कथरी भी...'

'अबे पूरी प्रॉपर्टी गिनाएगा क्या?...क्यों भई, इसका मुआवजा कैसे बनेगा?' अफसर ने क्लर्क से पूछा है।

'फॉर्म भरवाना पड़ेगा सर...क्योंकि बकरियों का तो ऑडिट केस बन जाएगा सर...नकद भुगतान का पेपर वर्क बहुत होता है सर...'तहसील बुला लें इसे?'

'कैसे आएगा यह?'

'सर, जैसे भी आए, वो ये जाने।...साथ में दो गवाह भी चाहिए।'

'भई, तुम तैरते हुए तहसील आ जाओ।...और दो ऐसे गवाह भी पकड़ो, जो तैरना जानते हों।'

'गवाही देने को कोई राजी न होगा सरकार...कोर्ट-कचहरी का मामला।'

'कोर्ट-कचहरी का क्या डर, कौन-सा तुमने कोई खून किया है।' अफसर समझा रहा है।

कि सिपाही ने अपनी रुचि की बात सुनकर गीले बेत से आदमी की गीला पीठ पर कोंचते हुए पूछा—'क्यों रे, ठंड से काँप रहा है कि एकाध का गला मसक के पानी में तो नहीं बहा दिया? बड़ी लाशें मिली हैं पानी में...।

आदमी वास्तव में काँपने लगा।

'हजूर...' उसने अफसर की आरती उतारी।

'उसकी हेल्प करो भाई..., इसे यहीं केश नहीं दे सकते क्या?' अफसर ने अर्थपूर्ण ढंग से पूछा है।

'नियम विरुद्ध कहाएगा सर।...पर आप स्पेशल केस कर देंगे, तो दे देते हैं।' क्लर्क ने फाइल से कोरे फॉर्म निकालकर कुछ लिखना शुरू किया।

'रसीदी टिकिट है तेरे पास?' उसने आदमी से दरयाफ्त किया।

'हमारे पास कौनों टिकिट नहीं सरकार...'

'हमेशा अपने पास रसीदी टिकिट रखा करो। बाढ़, सूखा, भूकम्प, झोंपड़ी में आग—तुम स्साले, चाहे जब तो मुआवजे की आस लगाए सरकार के सामने खड़े हो जाते हो।...दो-तीन टिकिट लँगोटी में छुपा के चला करो।...' फॉर्म भरता हुआ क्लर्क समझा रहा है।

आदमी चुप है। आसमान काला है। उजाला है, पर अँधेरा-सा है। चारों तरफ पानी। हरहराहट। और बेआवाज़ छटपटाहट। हवा बन्द है। साँस फिलहाल चल रही है।

'यहाँ अंगूठा लगा दे...अबे, ये वाला नहीं, वो वाला...शाबाश...ये पकड़ पाँच सौ रुपए।' क्लर्क ने पैसे अफसर को दिए। अफसर ने उसे। बादशाह ने रियाया को बख्शीश सी दी। या भीख सी। जो कह लें। अदा वही थी।

आदमी ने काँपते हाथों से पैसे लिये और वे ही हाथ प्रणाम की मुद्रा में बने रहे। देर तक।

क्लर्क ने रसीदी टिकिट पर अँगूठा लगवाकर फॉर्म को फाइल में धर लिया।

पाँच हजार रुपए की रसीद वाला फॉर्म सँभालकर रखना होगा। आजकल ऑडिट वाले हरामी हो गए हैं और राहत कार्यों में भी फालतू प्रश्न उठाते हैं स्साले।

रोते-रोते बढ़ना

काम निकालने के सौ तरीके होते हैं।

परन्तु रोकर, दया पैदा करके और दयनीयता के सटीक इस्तेमाल द्वारा कहीं भी, किसी भी स्थिति में काम निकाला जा सकता है। इससे अचूक, पुरअसर, कारगर तथा सटीक तरीका हमने तो कहीं नहीं देखा। यह कभी फेल नहीं होता। हमारी तो जिन्दगी यही देखते, करते और भुगतते निकली है।

हमारे गाँव के संकटा प्रसाद पांडे, जो हमारे रिश्तेदार भी होते थे, इस कला में पारंगत थे। कभी इसी कला का स्कूल डाल लेते तो आचार्य कहाते। वे रोने के प्रभाव के इस क़दर कायल थे कि जहाँ भी किसी काम के लिए पहुँचते थे, सीधे रोना शुरू करके फिर बाद में काम बताते थे। ईश्वर ने उन्हें ऐसा दुबला-पतला, मरियल तथा पिचका-पिचका-सा बनाया भी था कि देखते ही या तो दया आती या झापड़ मारने का मन करता, जो आप इस डर से नहीं मार पाते कि जोर का पड़ गया तो फालतू में पुलिस केस बन सकता है। रोने में उनका यह व्यक्तित्व, वह आवश्यक दयनीयता डालता था, जो करुणां और डर एक साथ पैदा करती है। वे किसी भी दफ्तर में जाकर कोई सा भी वह काम तुरन्त सलटा लाते थे, जिसे हम-आप महीनों चक्कर मारकर भी न करा पाएं। वे अपने काम की अप्लीकेशन लेकर बड़े बाबू की कुर्सी तक ऐसी चाल से पहुँचते कि लगता कि अभी चकराकर गिर जाएँगे। पास पहुँचकर लड़खड़ा जाते और आँखे चढ़ाने लगते। बाबू द्वारा घबराकर यह पूछने पर कि क्या काम है, वे काम बताने के बज़ाय अपना मेडिकल बुलेटिन प्रसारित करने लगते। बताते कि हम अभी अभी तो टीबी के इलाज से उठे हैं, पुरानी पेचिश के लिए एक उससे भी पुराने होम्योपैथ को पकड़ रखा है, परन्तु भगन्दर के बारे में असमंजस में चल रहे हैं कि आयुर्वेद पर भरोसा करें कि यूनानी सफाखाना वाले शर्तिया इलाज़ में माहिर हकीमजी पर, या कि चाँदसी दवाखाने वालों पर? वे बताते कि भगन्दर वाले का कष्ट केवल भगन्दर वाला ही जान सकता है। कहते कि दरअसल तुलसीदासजी ने भी पाँव में बिवाई फटने के बहाने इसी तरफ इशारा किया था। वे बताते कि चूँकि भगन्दर का रोगी न तो चैन से बैठ सकता है, न लेट पाता है, और देर तक खड़ा रहने की

तो सोच भी नहीं सकता, सो उनकी इस अप्लीकेशन पर फौरन से पेश्तर कार्यवाही कर दी जाए तो शायद आयुर्वेद और होम्पोपैथी से भी ज़्यादा आराम मिल जाएगा।

बाबू द्वारा यह बताने पर कि यह अस्पताल नहीं बल्कि कलेक्टरेट है, वे कहते कि यही तो रोना है बाबूजी कि अस्पतालों में आप जैसे ग़रीबनवाज़ नहीं होते कि जो भगन्दर के रोगी और ग़रीब के कष्ट को एक साथ समझ सकें। अस्पताल वाले तो घंटों चक्कर लगवाते हैं और सही बात तो यह है कि चक्कर लगा-लगाकर ही हमारी टीबी और भगन्दर बिगड़ गए तथा साँस की प्रॉब्लम ने अलग पकड़ लिया। इसके पश्चात् वे कराहते हुए अप्लीकेशन आगे बढ़ाते और कूलते हुए गुजारिश करते कि हमारा काम जल्दी कर देते तो हुजूर के इस्तकबाल से हम भी मरने से पहले मकान का अलॉटमेंट देख लेते वरना तो अब हम कब मर मरा जाएँ, इसका भी कोई ठीक-ठाक न तो एलोपैथी वाले बता पा रहे हैं, न यूनानी वाले, बल्कि आयुर्वेद वाले तो शिकायती मुद्रा में आश्चर्य करते रहते हैं कि जी कैसे रहे हो? वे लगते भी कुछ मरणासन्न टाइप ही थे, गो कि अन्ततः वे अस्सी वर्ष की उम्र में जाकर मरे थे—और तब भी लोगों ने सन्देह व्यक्त किया था कि बहू ने जहर दे दिया था वरना शायद और जीते।

फिर भी यदि बाबू न सुनता या प्रतीक्षा करने को कहता तो वे अचानक ही ज़मीन पर लोट जाते, किसी खाली कुर्सी पर गिर पड़ते और आँखें फेरकर मुँह से थूकभरा फेन निकालने लगते। फिर वे तब तक होश में न आते कि जब तक वह बाबू स्वयं ही आकर पानी के छींटे न मारे या तलुवों की मालिश न करे। फिर उनका काम तुरन्त होता। दफ्तर में ही क्यों, बस में भी सीट न मिलने पर वे थोड़ी देर तक खड़े-खड़े यात्रा करने के पश्चात् अचानक ही चक्कर खाकर किसी यात्री की गोद में गिर जाते या उलटी का उपक्रम करते हुए नीचे बैठ जाते। लोग घबराकर फटाफट खिड़की के पास की सीट पर आदरपूर्वक बिठा देते। एक बार अवश्य एक बेरहम टिकिटचेकर ने उन्हें गाड़ी रुकवाकर, दो यात्रियों की सहायता से सड़क किनारे पर लिटा दिया था और पास के पान वाले को उनकी रक्षा का दायित्व सौंपकर घंटी मारकर बस आगे बढ़वा दी थी।

ऐसे ही हमारे ताऊजी भी थे।

वे कंजूस थे और पैसे का रोना रोकर काम चलाते थे। कोई आ जाए तो वे महँगाई का रोना लेकर बैठ जाते कि आजकल एक चाय भी स्साली कितनी महँगी पड़ती है। रोना रोककर अचानक ही वे मेहमान को चाय पीने को पूछते, तो वह घबराकर ऐसा कमीनापन करने से साफ इनकार कर देता। डरता कि कहीं एक चाय का भार डालने से वे गरीबी रेखा के नीचे न चले जाएं। वे जिस दफ्तर में काम करते

थे, वहाँ भी महँगाई का रोना रोते हुए क्लाइंट को इशारा कर देते कि जितनी रिश्वत वह पेश कर रहा है, महँगाई को देखते हुए उसे वह अपराध की श्रेणी में रखना चाहेंगे। घर में यदि बच्चे टॉफी की भी माँग करें, तो वे महँगाई का रोना रोते कि बेटा ऐसी महँगाई के ज़माने में यदि हमने टॉफी खरीदी तो इन्कमटैक्स या एंटीकरप्शन वालों की निगाह में चढ़ जाएँगे कि कौन है कि जो ऐसी महँगाई में भी बच्चों में टॉफी का शौक डाले हुए है? वे चड्ढी तक खरीदने में रोते। कहते कि जब ऊपर से पेंट ही पहिननी है तो फिर उसके नीचे चढ्ढी पहिनने की रईसाना फिजूलखर्ची क्यों की जाए? वे जिन्दगी भर खूब कमाते रहे और ज़माने की महँगाई का रोना भी खूब रोते रहे। पतली दाल पीते और जो सामने पड़ जाए उसी से रोने लगते कि जीना कितना कठिन तथा महँगा होता जा रहा है।

वे महँगाई, कीमतों और पैसे का इतना रोना रोते कि किसी की कभी भी उनसे उधार माँगने की हिम्मत तो ख़ैर होती ही नहीं थी, बल्कि जिन्होंने कभी उन्हें उधार दिया था वे शर्म के मारे वापस नहीं माँग पाते थे। वैसे भी ताऊजी दूर से ही ताड़ जाते थे कि यह आदमी कदाचित् अपना कभी दिया हुआ उधार वापस माँगने का कमीनापन करना चाहता है। वे खिड़की से देखकर ही ऐसे पापी मंतव्य को पकड़ लेते। फिर वे अपना वह पेंट पहिनकर बाहर बरामदे में आते, जो पीछे से अश्लीलता ही हद तक फटा था और मोहरी पर ऐसा तंग था कि लगता था कि टाँगे इन्होंने मोहरी से न डालकर इसी फटे से ही डाली होंगी। वे बताते कि भैया, इस महँगाई में नया पैंट सिलवाना तो हम मध्यमवर्गीय लोगों के बजट से बाहर की बात हो गई है और वह दिन भी बहुत दूर नहीं लगता कि कभी हम, आपको यहीं, इसी बरामदे में नंगे खड़े मिलेंगे। उधार वापस लेने आया व्यक्ति प्रायः उन्हें इस बात के लिए पैसे दे जाता कि कम से कम पेंट रिपेयर करा लें।

ऐसे ही हमारे एक कवि मित्र ने रोने के महत्त्व को साहित्य में स्थान बनाने के लिए खूब समझा था। वे रोते हुए ही, सामान्य कवि से लगभग महाकवि की पोस्ट तक पहुँचे। वे अपनी बीमारी का हवाला देते हुए हर पुरस्कार को हथियाते रहे और इस बिना पर आलोचकों से अपने रचनाकर्म की तारीफ़ करवाते रहे कि सही बात कह देने पर जो धक्का उन्हें लगेगा, उसे उनका जर्जर शरीर सह नहीं सकेगा। उनकी किडनी खराब थी, दिल पर सूजन रहती थी, पेट में छाले थे, फेफड़े फैल गए थे और पेशाब में इतनी शक्कर निकलती थी कि यदि सही टेक्नोलॉजी हाथ लग जाती तो वे पोर्टेबुल किस्म का छोटा तोटा शक्कर का कारखाना चला सकते थे। यह सब होते हुए भी वे स्वस्थ थे। वे स्वस्थ किस्म के बीमार थे। वे चाहे जब अपने बारे में उड़वा देते थे कि बस, अब उनकी चला चली की बेला है क्योंकि डाक्टरों ने बड़ी मुश्किल से अधिकतम दो माह का टाइम दिया है। ऐसा वे पुरस्कारों की घोषणा या अपनी

नई किताब के छपने के आसपास कहते थे या कहलवाते थे। फिर उनकी कविताओं को घटिया कह पाने की किसी की हिम्मत न होती कि यूँ भी मरे तो दोष फालतू ही हिन्दी आलोचना पर आएगा। इसी के चलते उनकी घटिया कविताओं की भी ऐसी तारीफ चली कि बड़े कवि बनते चले गए। पुस्कारों की ज्यूरी बाद में बैठती, उनका मेडिकल बुलेटिन पहले पहुँच जाता कि देना है, तो अभी दे लो क्योंकि ये डेथ बेड पर हैं, जबकि अन्य लोगों को तो बाद में भी दिया जा सकता है क्योंकि वे तो रहने वाले हैं। जिस फंक्शन, सेमिनार, गोष्ठी या कवि सम्मेलन में भी पहुँचते, वहीं बीमार हो जाते। फिर पाँच-सात दिन मेहमाननवाजी का मजा लूटकर, स्थानीय अखवारों में इन्टरव्यू आदि दे कर, मौसम्मी पीकर तथा फलों के टोकरे आदि वसूलकर ही वे वापस लौटते। उन्होंने सिद्ध कर दिया कि यदि आप कमज़ोर हों, बैठे-बैठे हाँफते हों, चलने पर चकराते हों और बैठने पर लेटे-टाइप दीखते हों—और साहित्य में इसका महत्त्व भी जानते हों तो बिना चक्कर खाए और बिना हाँफे आप हिन्दी साहित्य में तेजी से ऊपर चढ़ सकते हैं और आगे वहाँ तक बढ़ सकते हैं, जहाँ स्वयं साहित्य भी न पहुँच पाया हो। वे बढ़े भी। वे पहुँचे भी। वे अभी भी बीमार चलते हैं और मरे नहीं हैं। अभी कहाँ तक जाएँगे, यह उनके डॉक्टर के सिवाय कोई नहीं बता सकता। अभी-अभी तो उन्हें पता चला है कि डायलेसिस पर जाने का अपना गौरव होता है और बाईपास सर्जरी का स्थान भी हिन्दी साहित्य में कम आदरणीय नहीं। वे कोशिश करेंगे कि बॉयोडाटा में इनका उल्लेख कर वह सब भी हथिया सकें, जो हिन्दी साहित्य में अन्यत्र मची लूट और हथियाने में व्यस्त रहने के कारण आज तक नहीं हथिया पाए हैं।

ऐसे जीवन-प्रेरणा तो देते ही हैं। सो कल को आप कहीं हमें भी रोते, कूलते, कराहते पाएँ या सुनें कि ज्ञान चतुर्वेदी बीमार चल रहे हैं—तो सीरियसली न लें, न ही चिन्तित हों—हो सकता है कि हम आलोचकों, पुरस्कार देने वालों या संपादकों के बीच अपना नाम बढ़ाने की कोशिश कर रहे हों। हिन्दी साहित्य में लिखने मात्र से तो यह ग्रुप आपको पूछने से रहा!

चुस्त, चिन्तित, चकरघिन्नी बचपन...

हमारा अपना बचपन तो एकदम बचकाना तथा बचपने भरा ही रहा। आज के बच्चों के चुस्त बचपन के मुकाबले वह बेहद ढीलाढाला और बेमानी-सा था। तुलना करना भी मूर्खता कहाएगी। तब हम ट्यूशनों और कोचिंग में न जाकर तितलियों के पीछे भागा करते थे और ऐसे ढपोरशंख थे कि हमें विश्वास था कि परियाँ वास्तव में होती हैं, चन्दा मामा वास्तव में हमारे मामा हैं और एक सुन्दर राजकुमारी कहीं अभी भी किसी राक्षस की कैद में है जहाँ से हमें उसे छुड़ाना है। अब के बच्चों को ये सब बताते शर्म आती है कि वे कहेंगे कि आप भी अंकल कैसी बच्चों जैसी बातें करते थे। हम अपने कैरियर से अनजान और परीक्षाओं के रिजल्ट से बेख़बर छुपन-छुपाई खेलने, वीर-बहूटियाँ एकत्रित करने तथा चोर-सिपाही आदि खेलने में ही टाइम वेस्ट करते रहते थे। हमारा बचपन धुँधलके भरे सपना सा था।...मुझे अभी हाल ही में कुछ टीवी शोज़ में बड़ी-बड़ी बातें करते छोटे छोटे बच्चों को देखकर तथा अखबार में (उन) बच्चों के बयान पढ़कर (जो तीसरी चौथी कक्षा में फर्स्ट आ गए थे) अपने बचपन के दिन याद आ गए कि यार हम तब कितने पिछड़े हुए बच्चे होते थे!

उन दिनों कोई हमसे पूछता भी कि तुमने जो तीसरी कक्षा में अपने स्कूल में टॉप किया है तो अब आगे क्या बनने का इरादा है और अपनी इस सफलता का श्रेय तुम किसे दोगे, तो हम तो घबराकर रोते हुए माँ के पास अन्दर भाग जाते। वैसे तब कोई नहीं पूछता था क्योंकि तब तीसरी कक्षा में टॉप करने पर कोई किसी को नहीं पूछता था। बाप मीठी लेमनचूस की गोली दिला देता था और माँ चूमचाम लेती थी, बस। तीसरी क्लास की औकात तब तीसरी क्लास के बराबर ही मानी जाती थी और इस चीज के लिए बच्चे की तस्वीर को अखबार में छपवाने का रिवाज़ नहीं था। तब कोई पूछता भी नहीं था कि अब आगे क्या करने का इरादा है? कोई पूछ लेता तो हम तो खैर क्या बता पाते, हमारे पिताजी भी न बताते बल्कि पूछने वाले को लतिया देते कि बच्चे को क्यों फालतू परेशान कर रहे हो? पर अभी अखबार में मैं तीसरी कक्षा के उस चुस्त बच्चे का बयान पढ़कर दंग रह गया। इतनी कम उम्र में भी उसके प्लान कितने स्पष्ट हैं और वह जानता है कि सत्तर साल की उम्र

तक उसे क्या कैसे करना है। वह आईआईटी से कम्प्यूटर करके अमेरिका जाएगा और इसके लिए कोचिंग भी लेने वाला है। उसने सफलता का श्रेय अपने माँ-बाप को देते हुए उन्हें थैंक्स भी कहा और बताया कि वे उसको पूरा गाइड किया करते हैं। हमसे तब किसी ने नहीं पूछा जबकि हम भी तीसरी, पाँचवीं आदि में टॉप करते रहे।

वैसे, कोई हमसे उन दिनों ऐसा, कुछ पूछ ही लेता तो हम क्या जवाब देते? क्या तो दे पाते। हम बड़े होकर क्या बनेंगे, इस बात का कोई साफ या धुँधला-सा नक्शा भी बचपन में हमारे मन में था ही नहीं। और सच्ची बात तो यह है कि बहुत बड़े होकर भी हमें पता नहीं था कि हमें कभी कुछ बनना भी पड़ेगा। बचपन में हमारी चिन्ताएँ और योजनाएँ कुछ इस तरह की होती रहीं कि कैसे पिताजी की साइकिल उठाकर ग्राउंड के चार-पाँच चक्कर मारने को मिल जाएं, तो जीवन बन जाए। तब जीवन के ये ही बड़े प्रश्न होते थे। और ऐसा भी नहीं है कि हमने कभी कुछ बनने की सोची ही न हो। सोचते तो थे। परन्तु आज के बच्चों को यह बताने में तो शर्म से हम गड़ ही जाएँगे कि शुरुआती दिनों में मैं जादूगर बनना चाहता था ताकि जादू की छड़ी घुमाकर चुर्रेट बोलकर हेडमास्साब को बकरा बना सकूँ या हवा से मीठी गोलियाँ पैदा कर सकूँ। बाद के दिनों में मैं खुद ही हेडमास्टर बनने का सपना देखता था ताकि दुनिया पर राज कर सकूँ क्योंकि उन दिनों हम बच्चों की दुनिया पर हेडमास्टर का ही राज चलता था। बाद का बचपन बदलती चाहतों का रहा—मैं बॉक्सर, बस-ड्राइवर, पनचक्की चलाने वाला, बहुरुपिया, टिकिटचेकर, बाग का चौकीदार, सिपाही, डाकिया और दिलीप कुमार बनना चाहता था। उन दिनों, कैरियर भी कोई चीज होती है, यह सूचना तथा चिन्ता बच्चों को नहीं थी और हमें पता ही नहीं था कि हम लम्बी रेस के घोड़े हैं। हम तो गधे की तरह मैदान में भागते-खेलते रहते थे, पास हो जाने पर अगली कक्षा में पहुँच जाते थे और मानते थे कि ये सुनहरे दिन कभी खत्म नहीं होने वाले। हमारी माँ कहती थी कि मेरा बेटा राजा बनेगा और पिताजी का बस यह कहना रहता था कि मिस्टर तुम फेल-वेल न हो जाना। इससे ज्यादा हमारे माँ-बाप ने हमसे कभी माँगा नहीं और हमने कभी सोचा ही नहीं। तब शायद कोई भी बच्चा नहीं सोचता था।

पर अब के बच्चों की बात ही और है। चुस्त। चकरघिन्नी। चिन्तित।

मेरी परम इच्छा है कि तीसरी कक्षा में स्कूल टॉप करने वाले इस बच्चे से मिलूँ जो बड़ा होकर आईआईटी में जाने का प्लान बनाए बैठा है। देखें तो इसे। देखें कि बचपन में ही इतना बड़ा हो चुका बच्चा बूढ़ा तो नहीं दिखने लगा? पर मैं उससे मिल नहीं सका। उसके दूरदर्शी माँ-बाप ने उसे कोटा भेज दिया है जहाँ कोई दूरदर्शी कोचिंग संस्था चौथी कक्षा से ही बच्चे को आईआईटी की कोचिंग देने का क्रांतिकारी

कोर्स चला रही है। माँ-बाप ने गर्व से बताया है कि परसों ही तो हॉस्टल में छोड़कर आए हैं उसे। बच्चे की फोटू रखी है मेज पर। प्यारा-सा वच्चा। जरा सा। पर फोटों में वह बड़ा भी लग रहा है और सीरियस भी। दमकते माँ-बाप से पूछा कि याद नहीं आएगी बच्चे की? आएगी तो। पर क्या करें? कैरियर भी तो देखना है उसका! बच्चे का बचपन छीनकर कैसे खुश खड़े हैं वे। अपने सपनों के लिए वे उसके बचपन के सपनों को रौंदते निकल गए हैं। उन्हें पता ही नहीं कि फोटू में यह सीरियस सा खड़ा बच्चा कभी तितलियों के पीछे भाग पाता तो कितना सुन्दर दिखता!

ओलंपिक में हेडमास्साब की आत्मा

अभी ओलंपिक से हमारी टीम लौटी है। तीन पदकों का उत्सव भी खूब मना है। पर जो खिलाड़ी वहाँ कुछ नहीं कर पाए, उन पर कोई बात नहीं कर रहा क्योंकि हम सभी के भीतर हमारे स्कूल के उन हेडमास्साब की आत्मा का वास है जो हमें बचपन से यही सिखाते रहे कि खेल में जीत-हार से भी अधिक महत्त्वपूर्ण है उसमें भाग लेना। स्कूल में (और बाद में कॉलेज में भी) जब जब खेलकूद प्रतियोगिताएँ आयोजित होती थीं तो हेडमास्साब अपने उद्‌बोधन में यही बात कहते थे। जो मुख्य अतिथि हुआ करते थे वे तो एक कदम और आगे जाकर यहाँ तक कह डालते थे कि असली खेल-भावना यही है कि हम हारजीत के लिए न खेलकर बस खेलने के लिए खेलें। उन दिनों मैं किसी भी खेल में नहीं जीतता था, परन्तु मुझे उसकी परवाह भी नहीं थी क्योंकि मैं मात्र खेलने को ही खेल भावना मानता था। मैं हर खेल में अपना नाम घुसेड़वा लेता था क्योंकि खेलना ही महत्त्वपूर्ण था। जीतने का दबाव न हो तो आप किसी भी खेल में, किसी भी प्रतियोगिता में खेल सकते हो। मैं खेलता ही था। इस पर मुझे गर्व भी खूब था। अलबत्ता इसी खेल-भावना (खेलों में भाग लेना ही महत्त्वपूर्ण है) की बात मैंने एक बार पिताजी से किसी सन्दर्भ में कहने की कोशिश की तो उन्होंने दो थप्पड़ जड़ते हुए मुझे फटकारा कि कभी जीतने के लिए भी खेला कर नालायक! पिताजी और उन जैसे अन्य लोगों में खेल-भावना की कमी पर मुझे तब भी खेद हुआ था और आज तक भी है। ओलंपिक में जब हमारे खिलाड़ी इसी खेल भावना के तहत हार जाते हैं, तो मेरे पिताजी की तरह खेल-भावना से हीन लोग फालतू में हल्ला मचाते हैं।

इसी तरह की अजीबोग़रीब खेल-भावना में बचपन से ही रंगे पते फले, फूले तथा पुष्पित-पल्लवित हुए हमारे खिलाड़ियों के लिए ओलंपिक खेलों के लिए मात्र जाना ही महत्त्वपूर्ण है। जीतने की बात न वे करते हैं, न ही आपसे सुनना चाहते हैं। हमारा ओलंपिक दल ज्यों ही हवाई जहाज पर चढ़ता है उसका काम मानो पूरा हो जाता है। जाना महत्त्वपूर्ण है। सो जा ही रहे हैं। खेलना महत्त्वपूर्ण है, सो खेलेंगे ही। जीतने की तो सोचने तक के लिए हेडमास्साब ने मना किया था। हेडमास्साब तो कब के

मर-मरा गए परन्तु उनकी अमर-अजर आत्मा हमेशा हमारे खिलाड़ियों के कानों में मन्त्र सा फूँकती, फुसफुसाती रहती है कि खेल में हारने-जीतने का कोई मतलब नहीं होता। इस लिहाज से तो टीम में चयन होते ही खिलाड़ी और उसकी खेल-भावना का काम पूरा हो जाता है।

कृपया रचना की इस लम्बी प्रस्तावना को खेल-भावना से लें। दरअसल रचना तो अब शुरू हो रही है।

रचना यूँ है कि ऐसी ही खेल-भावना से ग्रस्त हमारा एक ओलंपिक खिलाड़ी, खेलगाँव में अपने कमरे के सामने के बरामदे में खड़ा हुआ सूरज को डूबता देख रहा है। उसके पीछे उसका कोच खड़ा है। संकोच में दबे स्वर में कोच ने कहा है कि न हो तो चलकर तनिक प्रैक्टिस कर लेते? खिलाड़ी बिफर-सा गया। बोला कि अरे सर, अब क्या तो प्रैक्टिस। अब तो कल के मैच में सीधे ही हाईजम्प लगाएँगे। इतने साल से जितनी लगा रहे हैं तो एक दिन की प्रैक्टिस में कौन सी बढ़ जाने वाली है।...आप भी सर...।

कोच को पता है कि खिलाड़ी किस तरह की खेल-भावना से लबरेज़ है। उसे यह भी पता है कि वह उन खेल अधिकारियों का चहेता है, जो इस खेल-भावना की आड़ में रहा करते हैं और कोच का टेंटुआ इन्हीं के अँगूठे तले रहता है।

'फिर भी...देखो तो, सारी टीमों के खिलाड़ी उधर मैदान में प्रैक्टिस कर रहे हैं। अपुन न जाएँगे तो...' कोच ने विनम्रता से समझाने की कोशिश की।

'कित्ता दूर है प्रैक्टिस ग्राउंड?'

'पास ही है...'

'आप हमेशा यही कह देते हो कि पास ही है, फिर वो इत्ती दूर निकलता है कि हम थक जाते हैं और टाइम भी खोटी होता है।...याद हैं, बंगलोर में आप हमें कित्ती दूर रगड़वा दिए थे?...अभी आप ले गए और मान लो कि चल-चलाकर हम थक-थका गए तो कल उत्ती जम्प भी न लगा पाएँगे।...आज आराम कर लेंगे तो कल शायद कूद भी जाएँ...'

कोच बरदाश्त नहीं कर पाया। बिफर गया।

'ऐसे तो जीत लिये हम...' बड़बड़ाने लगा कोच।

खिलाड़ी हँसने लगा। पुचकारते हुए बोला, 'यह आपको किसने बहका दिया कि हम यहाँ जीतने आए हैं? हद है। गलतफहमी की हद है। बताइए कि कभी, एक बार भी हमने कहा हो कि हम जीतकर लौटेंगे? हमारा सारा कच्चा चिट्ठा आपको पता है। हमारे राष्ट्रीय रिकॉर्ड का आपको पता है। इन हरामियों में से जो भी जीतेगा—उससे सीधे दो-ढाई फीट कम है हमारा रिकॉर्ड। आपकी आज की प्रैक्टिस

करके क्या हम दो फीट ज्यादा जम्प मारने लग जाएँगे?...मज़ाक न करें। आप बस हमारी खेल-भावना की दाद दें कि जीतने वाले नहीं हैं फिर भी हाथ हिलाते आ गए हैं। अपना कमज़ोर रिकॉर्ड पता है परन्तु शरमा नहीं रहे। जो है, जैसा है, सामने है। शरमाना क्या? खिलाड़ी-भावना वाला आदमी न तो शरमाता है, न डरता है। वह जानता है कि आखिरी नंबर पर आने वाला है परन्तु कोई तो आखिरी पर भी आएगा ही न? हम न आएँगे तो आयोजक बेचारे किसका इंतज़ाम करते फिरेंगे? आखिरी आना कोई मज़ाक नहीं है। ईसा ने कहा है कि धन्य हैं वे जो अन्तिम रहने को राजी हैं।...तो हम तो सर उनके खेलों की शोभा बढ़ाने आए हैं। न आते तो वे किसे हराते? न आते तो खिलाड़ियों की भीड़ कहाँ से बढ़ती? भीड़ भी तो चाहिए न? क्या चार खिलाड़ी ही दौड़ेंगे, जम्प मारेंगे?...समझा करो न सर—समझते नहीं आप...'

खिलाड़ी समझाने की कोशिश कर रहा है।

कोच समझ ही नहीं पा रहा। पता नहीं कि यह कोच का बच्चा, स्साला जिस स्कूल में पढ़ता था वहाँ हेडमास्टर होता भी था अथवा नहीं।

महँगाई पर दरबारी चिन्तन

राजा ने उस दिन दरबारियों से पूछ लिया कि क्या यह सत्य है कि प्रजाजन महँगाई के कारण त्रस्त हैं?

राजा को खुद पता नहीं। जगज़ाहिर बातों को भी दरबारियों से पता करता फिरता है। फिर दरबारी जो बता दें। राजा के पिताश्री जब राजा होते थे, तो दरबार की कृपा पर पलने वाले इतिहासकारों ने विस्तार से प्रशंसा में लिखा है कि वे रात में भेस बदलकर राज्य का स्वयं निरीक्षण करते थे और स्वयं पता कर लेते थे। आजकल दरबारियों ने राजा को ऐसा करने से मना कर रखा है। उग्रवादी, विद्रोही अकेला पाकर कटार भोंक सकते हैं और प्रजा पहिचान ले तो जूते मार सकती है। सो राजा अपने सिंहासन, रनिवास तथा शिकार के बीच रहते हुए सत्ता चलाता है।

इसी के चलते वह पूछ रहा है। रनिवास में रानी ने महरियों तथा भृत्यों से सुना, तो राजा को पता चला कि महँगाई का कुछ चक्कर चल रहा है। यह सुनकर राजा वास्तव में तब तो बड़ा क्रोधित-सा हो उठा था। उसने वहीं रनिवास में समस्त रानियों तथा रखैलों के बीच प्रतिज्ञा ली थी कि वह महँगाई बढ़ाने वालों को सार्वजनिक रूप से कोड़े, और हुआ तो सूली तक पर चढ़वा देगा। रनिवास में किए गए वायदों और दावों का हश्र जानती हैं रानियाँ सो पीठ पीछे मुस्काती रहीं। राजा ने दरबार में भी यही सब कहा कि महँगाई बढ़ाने वालों पर सख्त कार्यवाही की जाए, यह हमारा आदेश है। दरबारियों ने करतल ध्वनि करी। ताली बजाने में किसी के बाप का क्या जाता है!

खजाना मन्त्री ने जुहार बजाते हुए निवेदन किया कि हुजूर को आधी-अधूरी तथा विकृत करके सूचना दी गई है। महँगाई की अफवाह मात्र है। है नहीं। माना कि दाल दस रुपए किलो बढ़ी है और खाने के तेल पर भी दस मुद्राएँ बढ़ गई हैं, परन्तु यह भी महत्त्वपूर्ण है कृपानिधान कि साथ साथ, सामान्य से लगाकर डीलक्स मॉडल तक के रथों की कीमत तीस से चालीस हजार मुद्राओं तक गिरी भी है। तो इधर मात्र दस रुपए बढ़े तो उधर तीस हजार की सस्ताई भी तो हुई।...

परन्तु गरीब को तो दाल का ही सहारा।...रथ पर बैठ सकता नहीं, अलबत्ता रथ

के पहियों के नीचे अवश्य आ जाता है कभी कभी...' राजविदूषक ने कहा।...विदूषक की बात पर हँसने का रिवाज है। सभी हँस दिए। इस तरह एक कटु सत्य हँसी में उड़ गया।

एक दरबारी सचिव ने हँसते हुए, विदूषक की पीठ पर धौल मारते हुए कहा कि चुटकुला तो बढ़िया है, पर सरकार, गरीब प्रजा को अन्तर नहीं पड़ता। वह उधारी में जीती है। उधार की दाल खाती है। सो थोड़ा और उधार उठा लेगी। उधार देने वाले भी खुश होंगे।...फिर दाल के साथ यह बढ़िया बात है कि इसमें पानी मिलाते जाओ, तो यह तब भी दाल ही कहाती है। पानी अभी भी मुफ्त के भाव है, सो गरीब दाल का इंतज़ाम तो देख ही लेगा।...फिर गाढ़ी दाल वायुबादी करती है। पतली दाल पचेगी भी बढ़िया...।

सुनता रहा राजा, पर चिन्तित-सा दिखा।

नाच-गाना, दरबारी राजनीति, रनिवास, शिकार, चौपर, कवित्त और नर्तकियों में बँटे अपने व्यस्त कार्यक्रमों से समय निकालकर राजा इतना लोक-लुभावना बजट बनवाता है, गरीबों के लिए करोड़ों मुद्राएँ राजकोष से देना निर्धारित करता है, परन्तु महँगाई फिर भी बढ़ जाए, तो यह ठीक बात न कहाएगी। पूर्वजों के ज़माने से राजा के परिवार में गरीबी हटाने की परम्परा रही है। पहले भी हटाई है उसके दादा, बाप आदि ने। पर अभी...। तो कैसे लुभाए वह गरीबों को?...गरमी का मौसम है, अन्यथा तो वह कम्बल ही बँटवा देता। कम्बल बँटवाने का प्रजा पर बढ़िया असर होता देखा गया है।...या ठेले पर सस्ती दाल ही न बिकवा दी जाए गरीबों की बस्ती में?...क्या किया जाए? राजा चिन्तन कर रहा है।

चिन्तन किया तो देखिए कि कैसा अद्‌भुत विचार पकड़ में आया है।

राजा ने विचार प्रकट किया और पूछा कि यदि दाल महँगी है, तो ये चिकन क्यों नहीं खाते? चिकन तन्दूरी वगैरह। वह तो महँगा नहीं हुआ न?

सही पूछा है राजा ने। यार, दाल के पीछे ही क्यों पागल हो?

स्वास्थ्य मन्त्री ने बताया कि बर्ड फ्लू नामक व्याधि के चलते आजकल चिकन तो मिट्‌टी मोल मिल रहा है।...

बज़ीरे पुलिस ने रहस्य प्रकट किया कि प्रजा में कुछ शरारती तत्त्व फिर भी दाल ही पीने का षड्‌यन्त्र कर रहे हैं, ताकि दाल और महँगी हो जाए तथा आदरणीय फालतू ही बदनाम हों।...यह भी बताया ही कि इन तत्त्वों पर प्रहरियों की कड़ी नज़र है और हम शीघ्र ही उन्हें दाल पीते हुए रँगे हाथों पकड़ने वाले हैं।

दाल प्रकरण का यूँ सन्तोषजनक पटाक्षेप हुआ। अब बचा खाने का तेल। उस पर भी चिन्तन हुआ। होना ही था क्योंकि राजा जब चिन्तन पर उतारू होता है, तो ब्रेक फेल टाइप मामला रहता है उसका। राजा ने कहा कि उस दिन राजवैद्य हमें

आगाह कर रहे थे कि तेल कम खाया करें क्योंकि इससे रक्त में कॉलेस्ट्राल नामक पदार्थ बढ़कर हानि पैदा करता है...।

एक दरबारी ने कहा कि उचित कहा कृपानिधान ने। हमने स्वयं भी इसी कारण तेल बन्द कर रखा है। 'बताइए! जब ये बन्द कर सकते हैं तो प्रजा तेल खाने का हठ क्यों कर रही है? न खाएगी, तो स्वस्थ ही रहेगी।...क्या विचार है आप लोगों का?...' राजा इस समय चिन्तन के शिखर पर है और जो न हो जाए, थोड़ा है।

सभी ने महाराज की जय-जयकार की। कहा कि ऐसे सटीक तथा अद्‌भुत विचार आप ही प्रकट कर सकते हैं। जय फिर से हुई तथा दरबार विसर्जित कर दिया गया।

दरबार से बाद में जारी विज्ञप्ति में कहा गया है कि महँगाई को लेकर निरर्थक चिन्ताएँ तथा शोर हो रहा है। कृपया अफवाहों पर ध्यान न दें। राज्य महँगाई के विरूद्ध कड़े कदम उठाएगा। राजा साहब की मुनादी है कि महँगाई का फालतू हल्ला करने वालों तथा महँगाई बढ़ाने वालों, दोनों को कोड़े मारे जाएँगे।

महँगाई के विरुद्ध कड़े कदमों के तहत नल दोनों समय देने तथा कॉलेस्ट्राल पर राजवैद्यजी का सार्वजनिक व्याख्यान रखने का निश्चय किया गया है, जो सराहनीय है।

हीरोइनों का वह ढँका युग

हिन्दी फिल्मी दर्शक का भी एक किस्म का कैरियर होता है। मेरा भी रहा है। आज मैं आपको अपने इस रंगीन कैरियर की संगीन हीरोइनों के विषय में बताऊँगा।

अभी की मेरी तस्वीर देखकर आमतौर पर, और खुद मुझे देखकर विशेषतौर पर शायद अचानक विश्वास नहीं हो, पर मैं भी कभी जवान था। यह जवानी लगभग यूँ ही फालतू चली गई क्योंकि हीरोइनें तब इतनी घरेलू और गृहकार्य में दक्ष टाइप की होती थीं कि दर्शक के विचार प्रायः पवित्र बने रहते थे। और आज जब मैं उस उम्र में लगभग एक टाँग धर चुका हूँ कि जहाँ पवित्र के अलावा अन्य कोई विचार उठते ही नहीं, तब अचानक हीरोइन ऐसी निकल आई हैं कि विचारों की यह पवित्रता आज की प्रायः हिन्दी फिल्मों का आनन्द लेने में बाधा पहुँचाती है। मेरे साथ हमेशा यही हुआ है कि मैं सही जगहों पर गलत टाइम पर पहुँचा हूँ। मदर इंडिया टाइप के वातावरण में जवानी काट दी और अब बुढ़ापे में मिस इंडिया को टाप रहा हूँ।

हिन्दी फिल्मों का वह भी एक युग तो था जनाब। चाहें तो पाषाण युग कह लें। उन दिनों हीरोइनें ऐसी होती थीं कि प्यार करने से ज़्यादा उनका आदर करने का मन करता था। भाभीजी टाइप व्यक्तित्व की। पाँव तो छूने को दिल न भी करे, पर देखकर आज की भाँति 'हाय-हाय' करने का मन में विचार भी नहीं आ सकता था। कभी उन पर प्यार आया भी तो बड़े क्षमाभाव से ही प्रकट किया हमने। वे होती ही इस तरह की थीं। आदरणीया तथा श्रद्धेय सी। हिलती-डुलती भी कम ही थीं। मटकने, लटके-झटके की तो बात ही नहीं। पेड़ से टिकी रहतीं। झूला भी झूलतीं, तो हौले हौले। आँखें मटका दीं, तो जानिए कि प्रेम प्रदर्शन की पराकाष्ठा हो गई। हाथ हिलाकर गर्दन इधर से उधर कर दी या बल ही खा लिया, तो हम जैसे दर्शक छाती कूटने लगते थे। उन दिनों अपनी ही छाती कूटने का रिवाज था। हीरोइन के नितम्ब तो तब भी हुआ करते थे, पर बेरोजगार से फालतू बैठे रहते थे। तब नितम्ब मात्र बैठने के काम आते थे और हिन्दी फिल्म जगत को ख़बर ही नहीं थी कि हीरोइन के नितम्बों की गतिशीलता तथा उद्यमशीलता का सहारा लेकर फिल्म कहाँ से कहाँ

जा सकती है। हीरोइन प्रायः साड़ी पहिनती थीं और प्यार के दृश्यों में पल्लू को उँगली पर लपेटती हुई तिरछी नज़र से देखा करती थीं। पल्लू का गिरना या गिराना तब अश्लीलता की पराकाष्ठा माना जाता था और सेंसर प्रायः पल्लू को उतना गिरने ही नहीं देता था। पल्लू के खिसकने को ही हमें गिरने के बराबर मानकर खुश और उत्तेजित होना होता था। हम होते भी थे।

तो क्या तब की हीरोइनें फैशन वगैरह नहीं करती थीं और खादी भंडार वाली होती थीं? नहीं साहब। उनका अपना फैशन और अपनी अदाएँ होती थीं। जूड़ा। नहीं तो बाल पूरे बिखरा लिये। दो चोटियाँ। एक चोटी। बहुत गजब हुआ तो लट आ गई माथे पर। बॉब-कट बाल तब बदतमीजी, बदचलनी और बाजारूपन माने जाते थे। खलनायिका अलबत्ता ऐसे बाल रख सकती थी।

तब चुम्बन के दृश्य होते नहीं थे। ऐसे दृश्य उन दिनों आलिंगन कहाते थे। तब सारा व्यापार नयनों से करना पड़ता था। हीरो भूखी नज़रों से हीरोइन को ताककर ही सन्तुष्ट हो जाता था। और इस दौरान हीरोइन पलकें उठाती, गिराती, झपकाती रहती थी, नेत्रों को मूँदती, घुमाती और मटकाते हुए ऐसा कहती हुई दीखती थी कि चलो हटो, जाओ जी। तब नयन वास्तव में कजरारे होते थे। नयन मटकाने वाले दृश्य स्वतः ही शरारतपूर्ण दृश्य मान लिए जाते थे। शरमाने पर आँखें ढाप लेने का रिवाज़ था। बताया ही कि ज़माना दकियानूसी-सा था। हीरोइन बात-बात में नयनों में पानी भर लाती थी। हर दो-तीन रील के बाद नयनों में पानी वाला दृश्य आ जाता था—इतने रेगुलरली तो नल भी नहीं आते हैं आजकल।

तब का ज़माना ही अलग था भाई सा'ब।

तब लड़की देखकर आहें भरना, प्यार, छेड़छाड़ और चरित्रहीनता की एक साथ ही पराकाष्ठा माना जाता था। शरीफ लोग प्यार नहीं करते थे। करें, तो छुपकर करते थे। पकड़ जाएँ तो दीदी बना लेते थे। किसी के साथ दिख जाएँ तो कहते थे कि कजिन सिस्टर हैं। उन दिनों नारी को त्याग तथा आदर्श की मूर्ति बताकर दिखाने पर ज़ोर था। शुरुआती तीन-चार रील के बाद ही हीरोइन पर मुसीबतों के इतने पहाड़ टूट पड़ते थे कि लेंड स्लाइड का दृश्य उत्पन्न हो जाता था। फिर बाकी की फिल्म में यही चलता था। उन दिनों हम हीरोइन के प्रति प्यार से ज्यादा दया से भरे फिरते थे।

प्यार में गले लगाने तक की तो इजाज़त थी, पर चिपटाने पर सभ्रान्त दर्शक बुरा मान जाते थे कि ये भी वही कर रहे हैं, जो हम करते हैं। इन फिल्मों को वे अपनी बहू-बेटियों के देखने लायक नहीं मानते थे, जिसके कारण उन बहू-बेटियों को ऐसी फिल्में दूसरों के साथ देखनी पड़ती थीं। दरअसल बात प्रायः हाथ पकड़ने तक ही पर्याप्त मानी जाती थी—इससे आगे बढ़े भी तो उजागर नहीं की जाती थी बल्कि

स्क्रीन पर अचानक ही दो फूल या फूलों की डालियाँ मिलती दिखाई जाती थीं, जिससे समझदार समझ जाते थे और अपने हिसाब से जितना अच्छा-बुरा सोचकर आनन्द ले सकते थे, ले लेते थे। उन दिनों हमने कल्पनाशक्ति से जो काम लेना सीखा, तो वह चीज आज तलक लेखन इत्यादि में काम दे रही है।

तब सारा ज़ोर हीरोइन को चरित्रवान बनाए रखने पर था। पकड़-धकड़, छेड़छाड़ इत्यादि वाले काम कॉमेडियन और खलनायक छोटी-मोटी अभिनेत्रियों के साथ करते रहते थे। ये अभिनेत्रियाँ ऐसे-वैसे कपड़े भी पहन लें, तो कोई बुरा नहीं मानता था। विलेन के साथ घूमने वाली लड़की को तो भैया बिगड़ना ही है। दर्शकों की नज़र तो हीरोइन के चरित्र पर रहती थी कि उसका न बिगड़ पाए। कटिबद्ध टाइप के दर्शक थे। तब समाज में चरित्र निर्माण पर बड़ा जोर था। चरित्र को तब काँच के बरतन जैसा माना जाता था। इसे इतना सँभालकर रखते थे कि डर के मारे इस बर्तन में कुछ भरते और धरते ही नहीं थे कि कहीं टूट न जाए। उन दिनों हीरोइन का एक बाप भी होता था, जो फिल्म में बना ही रहता था। दर्शक उत्सुक रहता था कि हीरोइन है, तो बाप कहाँ है? बाप कहानी में पेच डालने में काम आता था। और वही हीरोइन पर सतत नज़र भी रखता था। माँ, सेंसर, समाज आदि तो रखते ही थे। इतने लोग हीरोइन को चरित्रवान बनाए रखने के काम में लगे थे कि फिल्म एक हद के बाद रोचक हो ही नहीं पाती थी।

तब की सारी हीरोइनें बीए में पढ़ रही होती थीं। बीए करने का रिवाज सा था। हीरोइन को सख्त ताईद थी कि घर से निकालो तो बीए करने ही निकाले। हीरो की उम्र प्रिसिंपल के बराबर होने के बाद भी वह भी बीए ही करता था ताकि हीरोइन के साथ क्लास तथा पिकनिक में रह सके। कॉलेज वाली हीरोइन काला चश्मा लगाकर फैशनेबुल हो जाती और साइकिल चलाकर आधुनिक। साइकिल पर ही वह छेड़ी जाती, गोकि बाद में वह साइकिल से उतरकर भी छेड़े जाने में मदद करती थी। गा-गाकर छेड़छाड़ होती थी और रह-रहकर होती रहती थी। पर छेड़छाड़ भी दूर-दूर से ही होती थी। एक अन्तरा गाती हुई हीरोइन इस तरफ से चलती, दूसरा अन्तरा हीरो उस तरफ से आते हुए गाता—बीच में आने पर दोनों एक-दूसरे को हाथों से इशारे करते हुए तीसरा अन्तरा समाप्त करते और सीन अचानक कट होकर हीरोइन को घर में पूजा करते, किचन में काम करते या पढ़ते दिखा दिया जाता। इस तरह छेड़छाड़ की बदमाशी को तुरन्त ही एक घरेलू किस्म के शरीफाना दृश्य द्वारा उचित बैलेंस कर दिया जाता था।

बातें तो उनके कराहकर बातें करने, चलने, आहें भरने आदि की भी हैं, पर वे आप नहीं समझ सकेंगे। आज की हिन्दी फिल्मों की हीरोइन झपट्टा-सा मारकर इतनी आगे निकल आई है, ऐसी बोल्ड तथा खुली-खुली हो गई है कि तब की

गठरीनुमा हीरोइनों का जिक्र करें भी तो कोई विश्वास ही नहीं करेगा। परन्तु एक ज़माना तो वो भी था प्यारे, जो गुजर तो गया, पर हमारी यादों में ठहरा ही हुआ है।...और हमें तो आज भी आनन्द से भर देता है। बूढ़े होने की यही निशानी है, आप कह सकते हैं। पर बुढ़ापे के यही कुछ आन्नद भी होते हैं। सो लेने की इजाजत दें। धन्यवाद।

भूखों का धैर्य टूट भी सकता है

बाजार बेहद चमकदार था। चीज़ों से अटा पड़ा था।

बाजार में ढेर सारी चीजें इतनी तादाद में थीं कि आँखें फटी रह जाएँ। बड़ी दुकानें। सड़क तक फैली दुकानें। खरीदारों से भरी सड़कें। आदमी इतनी सारी अल्लम-गल्लम चीजें खरीद रहा है कि हैरानी होती है कि आखिर इन्हें रखेगा कहाँ? इतने छोटे-से जीवन को उसने इतने सामान से पहले ही इतना भर डाला है कि जीने को जगह नहीं बची है। सो नहीं पाता आदमी आजकल। लेटने, आराम और फुर्सत से पैर फैलाने की जमीन बाजार से भर गई है। आदमी इधर करवट ले तो हाल ही में, किस्तों पर खरीदी कोई चीज तन-मन में गड़ती है और उधर को पलटे तो बैंक कर्जे के कागजात गड़ने लगते हैं।

ऐसे बाजार में उस दिन महँगाई और रुपया आमने-सामने पड़ गए।

कमजोर रुपया कैसे तो भी बाजार की रेलमपेल में खड़ा था, बमुश्किल। उधर महँगाई बाजार की चीजों पर आराम से पाँव पसारे बैठी थी। महँगाई का शरीर बड़ा मजबूत-सा निकल आया है। डोले-सोले। निकली हुई छाती। लहीम-सहीम कद। रोज बढ़ता। लाल-लाल गाल।...कहते हैं कि सरकारी जिम्नाजियम ज्वॉइन कर रखा है।

रुपए को देखा तो महँगाई ने कहा कि भाई, बड़े कमज़ोर होते जा रहे हो आजकल? चक्कर क्या है? रुपए ने माना कि वैश्वीकरण की पछुवाँ हवाओं में तबीयत तनिक ढीली तो चल ही रही है, ऊपर से इधर बढ़ती मुद्रास्फीति के दस्त अलग लग गए।...बाजार में चलूँ तो गन्नाटे-से आते हैं।

महँगाई ने सहानुभूति प्रकट की और कहा कि तुम्हारा मुँ भी तो कितना उतरा-उतरा लग रहा है भाई। तनिक खयाल धरा करो अपना। वरना बाद में मुझे गरियाते घूमोगे कि महँगाई के कारण दुबले हुए जाते हो।

रुपया शरमाने लगा।

रुपया जिस दिन बैंक नोट प्रेस के जच्चाखाने से पैदा होकर निकला था, उसी दिन उसने रो-रोकर कहा था कि तुम मुझे कैसा भी कड़क बना दो या कितना भी चमकदार ढाल दो, वहाँ बाजार की दुनिया में कोई मुझे नहीं पूछने का। किसी ने सुना

ही नहीं। पुचकारते हुए बाजार में लावारिस भेज दिया।...पैदाइश के दिन से ही घबराता, शरमाता घूमता है बाजार में। जेब से बाहर आने में आनाकानी करता रहता है कि बाहर मेरी इज्जत नहीं रह गई है।

रुपया शरमाया खड़ा रहा। फिर उसने महँगाई को बताया कि मैं जल्दी ही अपना पूरा चेकअप कराऊँगा गोकि अस्पताल, डॉक्टर, दवाइयाँ आजकल बड़े महँगे हो गए हैं, फिर भी।

महँगाई ने सुझाया कि तुम वित्तमन्त्री की क्लीनिक में जाओ न। वे रुपए के सबसे बड़े डॉक्टर हैं भाई।

'वे तो बिना जाँच किए, ऐसे ही यहाँ-वहाँ आला छुला के हमें टरका देते हैं। कहते हैं कि तुम्हारी सेहत बढ़िया है और हम महँगाई को कम करने वाले हैं। फिर इसी साइज और हेल्थ में ही तुम बाजार में आदर पाने लगोगे।'...पैसे ने बताया।

महँगाई हँसने लगी। बोली कि वित्तमन्त्री बहुत बड़ा मसखरा है, बस यही परम सत्य है। कहता है कि महँगाई कम करेगा और उसी के कम्पाउंडर मुझे उसी के भेजे टॉनिक यहाँ बाजार में देकर जाया करते हैं। तू उसके दवाखाने के सामने के दरवाजे के बाहर दवा के इन्तजार में बैठा दुबला हो रहा है। अरे, कभी पीछे तो झाँक। उसकी क्लीनिक पीछे के दरवाजे से चलती है। काले धन का पीछे का दरवाजा। कभी झाँकेगा तो तुझे अपनी और मेरी सेहत में अन्तर क्यों है, यह तुरन्त समझ आ जाएगा।

'अरे! फिर?' रुपया चिन्तित हुआ क्योंकि वो तो फालतू ही आशान्वित था कि सरकारी दवाखाने की चमत्कारी दवाई से महँगाई का ताप कम होगा और उसकी तबीयत सँभलेगी। इधर महँगाई चेतावनी दे रही है कि तू उनके भरोसे चला तो तेरे गन्नाटे, तेरी लड़खड़ाहट और बढ़ने वाली है और मुद्रास्फीति के दस्त और छुट्टा लगने वाले हैं।

महँगाई कुछ कह पाती कि तभी सामने से भूख आती दिखाई दी। भूख की शक्ल ठीक वैसी ही बदहवास जैसी भूख की हुआ करती है। भूख ने रुपए से प्रार्थना की कि कुछ खिलवा देते बाजार से। रुपए ने सिर झुका लिया और महँगाई हँसने लगी। रुपया अपने बौने कद पर शर्मिन्दा होकर बताने लग गया कि भूख भेनजी, मैं अपने कद से लाचार हूँ क्योंकि बाजार में गेहूँ, चावल, दाल, तेल सब आजकल इतने ऊँचे आलों में धर दिए गए हैं कि मैं वहाँ तक पहुँच ही नहीं पाता। क्या करूँ? क्या खिलवाऊँ तुम्हें?...इधर यह बात हो रही थी कि उधर महँगाई ने हँसते हुए सारा सामान और ऊपर धर दिया कि अब उठाकर दिखाओ तो जानूँ। भूख तिलमिला गई भूख से। पर करे क्या? क्या भूखों मर जाए भूख?

तब तक गरीबी भी बाजार में आई। कभी उसे भी आना ही होता है।

गरीबी के साथ बहुत-सी और भी भूख बाजार में आई।

फिर बेरोजगारी भी। वैसे भी ये सब आपस में रिश्तेदार। बेरोजगारी, गरीबी, भूख का एक ही खानदान। सभी ने भीड़ मचा दी बाजार में। बाजार पर कब्जा जमाए दुकानदार आदि हटाने-भगाने लगे कि स्साले भूखे-नंगे लोगों को निकालो यहाँ से।...निकलो रे, वरना...

'वरना क्या?' अचानक भूख ने तेवर बदलकर पूछा।

'वरना क्या?' गरीबी और बेरोजगारी भी तिलमिलाकर पूछ रहे हैं।

महँगाई और ऊपर जा बैठी। रुपया मजबूर खड़ा है। बाजार हिकारत से देख रहा है भूखों, वंचितों को। बाजार के मालिक समझ ही नहीं पा रहे कि भूखों और गरीबों से घिरा कोई भी, कितना भी चमकीला बाजार कभी भी सुरक्षित नहीं रह सकता। जो अभी के बाजारवाद और वैश्वीकरण के कब्जे वाले बाजार को सुरक्षित समझ रहे हैं उन्हें क्यों नहीं समझ आ रहा कि भूख से ही अन्ततः हर क्रान्ति भी जन्म लेती है और अराजकता भी।

यह भीड़ कभी बाजार पर टूट ही पड़ी तो?

पदक तो मिलेगा ही

बाबू गोकुल प्रसाद यह पता करते फिर रहे हैं कि चीन वालों ने ओलम्पिक पदक किस कम्पनी से बनवाए हैं? स्वर्ण पदक में कित्ता सोना लगता है और उसमें कित्ती खोट डालना जायज माना जाता है? ऐसी ही जानकारियाँ वे चाँदी और कास्य के पदकों के बारे में भी बटोर रहे हैं। यह भी पता कर रहे हैं कि रैफरी चीन वाले ही होंगे कि अपने इंडिया से भी जा रहे हैं? इंडिया वाले जा रहे हैं तो उनमें अपने वर्माजी और सिंह साहब की जुगाड़ बैठी है कि नहीं?...ऐसे अनेक अजीब और ऊपरी तौर पर फालतू से प्रतीत होते प्रश्न।...पर जब आपको यह पता चले कि गोकुल बाबू का मँझला लौंडा भारत की ओलम्पिक टीम में चीन जा रहा है, तो ये प्रश्न महत्त्वपूर्ण हो उठते हैं। किस खेल में जा रहा है? यह तो किसी को नहीं पता। गोकुल बाबू को भी नहीं। खास मतलब भी नहीं। जिसमें जाए। पर जा रहा है, यही महत्त्वपूर्ण है। गोकुल बाबू ने अधिकारियों से टिप्पस भिड़ाते हुए यही निवेदन किया था कि साहब किसी भी गेम में बच्चे को फिट करा दें तो इस नालायक की जिन्दगी बन जाएगी—जिन्दगी भर कम से कम एक्स-ओलम्पियन तो कहाएगा। बड़े साहब के सामने पेश करते हुए भी यही कहा था कि बच्चा कसरती बदन का है। दौड़ लेता है। बजन-उजन भी उठा-धर सकता है। न हो तो गोला ही फेंक लेगा। जहाँ हजूर डाल देंगे, वहीं खेल जाएगा। मनिस्टर साहब कहे थे कि बस, बड़े साहब के गोड़ पकड़ लेना।...पहले तो बड़े साहब खूब बिगड़े गोकुल बाबू पे। कहने लगे कि ऐसा होता है कहीं?...हमने खुद अपने भतीजे को बड़ी मुश्किल से लम्बी कूद में डाला पर उसे लम्बी कूद का पता तो था। तुम्हारे लौंडे को तो यही साफ नहीं है। अभी कह रहा था कि न हो तो पिस्टल शूटिंग में ही डाल दो क्योंकि मन्त्रीजी की तरफ से देसी कट्टा चलाता रहता है। बताइए। ऐसा होता है क्या?...ओलम्पिक गेम्स है भाई साहब। हमें भी जवाब देना पड़ता है।...देर तक बड़बड़ाते, फटकारते रहे साहब। पर गोकुल बाबू बाद में उनकी तारीफ में यही कहते रहे कि आदमी भला था, सो डाँट-डूँट के आखिर में डाल ही दिया नाम। अब मँझला ओलम्पिक जा रहा है।

अब जा ही रहा है तो बाबू गोकुल प्रसाद की हार्दिक इच्छा है कि रेफरी को

पटाने-फटाने से या वहीं चीन में किसी सिफारिश का जुगाड़ करके या कैसे तो भी, यदि बालक को पदक-फदक भी मिल जाए तो मजा आ जाता। सो उसी के चक्कर में यह सब पता करते घूम रहे हैं। देखिए भाई साहब, पहले तो यही ट्राई मारेंगे कि अपने देश का ही कोई रेफरी निकल आए। उसी की ड्यूटी लगवाने का जुगाड़ फिट हो गया तो जान लो कि पदक मिल गया। किस जाति और इलाके के हैं, यह पता चल गया तो सब सही साट हो जाएगा। यार, सीटी ही तो बजानी है कि इन-इनको फाल्ट के कारण बाहर और बचवा एकदम फर्स्ट। रेफरी एक बार घोषित भर कर दे तो फिर किसकी मजाल। फिर पदक न दिया तो हम तो केस ठोक देंगे।...वैसे भी लड़का अपना चुस्त है। दो-चार को तो टँगड़ी-लँगड़ी मार के ही गिरा देगा—बस, रेफरी तनिक साथ देता रहे।...पर मान लो कि पहचान वाले रेफरी का न बैठ पाया, तब? चिन्तित हैं गोकुल बाबू। चीनी रेफरी स्साले दिखते भी सीरियस टाइप के हैं। शक्ल देखकर ही लगता है कि यह आदमी सिफारिश न मानेगा। इसी बच्चे के स्कूल में खुद एक बार ऐसा ही चपटी नाक का स्ट्रिक्ट रेफरी फँस गया था। सुने ही नहीं। तब हमने सुसरे का वहाँ से ट्रांसफर करा के वर्मा सर को बनवाया कि लड़के का दिल न टूटे।...पर चीन में तो ट्रांसफर न करा पाएँगे भाई। न जाने वहाँ कौन तो मनिस्टर होगा?

तो क्या बचवा बिना पदक के रह जाएगा? गोकुल बाबू का दिल तड़प रहा है। ऐसे कैसे। पदक और सर्टीफिकेट तो निकलवाना ही है। ओलम्पिक में क्या सेटिंग न चलेगी? कैसी बात करते हैं भाई। चलेगी काहे नहीं। जैसे अपुन ने तब जाली मार्कशीट बनवा के बिटवा को मैट्रिक में फर्स्ट दिलवाया ही था कि नहीं? वैसा ही इधर न चलेगा क्या? ज़रूर चलेगा। गोकुल बाबू को भरोसा है कि एक बार पदक बनाने वाली कम्पनी का नाम-पता मिल जाए तो अपुन तो सीधे वहीं से एक की जगह दो ठो स्वर्ण पदक निकलवा लेंगे। खर्चे-उर्चे की चिन्ता अपुन ने कभी की नहीं। कमा काहे के लिए रहे हैं। अरे, अपने चाऊ एन लाई जी का ज़माना नहीं हुआ वरना तो नेहरूजी की दोस्ती के चक्कर में वे कांग्रेसियन के भी ऐसे दोस्त रहे कि हम एकाध कांग्रेसी मन्त्री से कहलवा देते कि सर, घर का बच्चा समझकर एक-दो पदक दिलवा दीजिएगा। पर बताते हैं कि वे मर-मरा चुके हैं और नयों में से किसी को कांग्रेसी इत्ता जानते नहीं। वैसे अपने मन्त्रीजी ने फिर भी सिफारिशी चिट्ठी पकड़ा दी है कि भई, काम आ जाए और वे मान लें तो वहाँ के किसी मन्त्री को पकड़ा देना।

'परन्तु ऐसा न हुआ तो?' हमने गोकुल बाबू से शंका प्रकट की।

'यार देखो, पदक तो मिलेगा ही मिलेगा। हमने तो बचवा को साफ बता दिया है कि मान लो जुगाड़ न ही जम पाया तो तू तो रात-बिरात किसी भी तम्बू में घुस के दो-तीन पदक उठा लेना। जो जीतेंगे तो स्साले वहीं तम्बू में ही तो धरेंगे।...या

आते-जाते किसी भी स्साले के गले में लटका दिखे तो खेंच के भाग निकलना।... और क्या।...पदक तो हमें भी चाहिए ही न।...' गोकुल बाबू मुझे बता रहे हैं।

तो भारत का एक और पदक तो पक्का रहा।

जब तक बाबू गोकुल प्रसाद जैसे तिकड़मी जुगाड़ फिट करके अपने बेटों, भतीजों, चेलों-चपाटियों की टीम को ओलम्पिक भेजते रहेंगे, तब तक या तो पदक आएँगे नहीं या फिर इसी तरह से आएँगे।

एक गैस-कांड यह भी

तीस वर्षों से ज्यादा समय तक डॉक्टरी की तपस्या के पश्चात् मुझे यह ज्ञान मिला है कि इस नश्वर जीवन की अमर समस्या 'गैस की समस्या' है।

हँसिए मत। सच कह रहा हूँ। और हमें भोपाल का जानकर यह भी न मान लिया जाए इन भोपालियों को तो गैस-कांड के बाद हर बात में गैस का रोना रोने की आदत पड़ गई है। मित्र, हम उस गैस की बात ही नहीं कर रहे। भोपाली आदमी भी देश के साथ जुड़ा है और देश की अन्य समस्याएँ उसे भी परेशान करती हैं और आप जानते ही हैं कि राष्ट्र की अनेक समस्याओं में गैस की समस्या प्रमुख है।

इसे वायु भी कहते हैं। इसकी विशेषता यह है कि यह या तो बहुत बनती है या कि लोग यह शिकायत करते आते हैं कि डॉक्टर सा'ब, गैस बिलकुल नहीं बन रही। या यह कि गैस बन तो रही है, पर निकल नहीं रही। उत्पादन जारी है और गाहकी है नहीं–माल उठाया नहीं जा रहा और आवक जोरों पर है–ऐसा मामला। फैक्टरी होती तो कभी की बन्द हो गई होती। कुछ बताते हैं कि एक गोला-सा उठता है, जो पेट में नीचे से उठता है और ऊपर सिर पर जाकर लगता या ठनकता है। या वहीं गोल-गोल घूमता है। या ऊपर जाकर अटकता है। गैस का व्यवहार छापामारों जैसा, पता नहीं चलता है कि कब, कहाँ, क्या कर बैठेगी। सो समस्या तो है। गैस हलकी है, पर समस्या भारी। इस समस्या के आगे अन्य समस्याएँ मायने ही नहीं रखतीं। जैसे कि हमने एक सज्जन को उनकी दिल की बीमारी के प्रति आगाह करते हुए चेताया कि इस समस्या से आपकी जान तक को खतरा हो सकता है, तो वे बोले कि डॉक्टर सा'ब, यह सब तो खैर ठीक है, पर आप तो यह बताएँ कि बेसन के पकौड़े खाने के बाद हमें जो जानलेवा गैस बनती है, उसकी कोई शर्तिया गोली है कि नहीं कि जिसे हम पकौड़ों के पहले या साथ खा लें तो गैस न बन सके? दिल के रोग से मरने की तो डॉक्टर कहते ही रहते हैं, परन्तु गैस के कारण बेसन के पकौड़े ठीक से न खा पाने का मलाल भी तो जानलेवा है।

बेसन माफिक नहीं बैठता, पर पकौड़ों पर जीवन टिका है और उन्हें छोड़ने की बजाय वे मर जाना पसन्द करेंगे। कुछ हैं, जिन्हें बैंगन से गैस बनती है और ऐसी

बनती है साहब कि प्राकृतिक गैस के महत्त्वपूर्ण भंडारों में नाम शमिल हो जाए, तो आश्चर्य न कीजिएगा। तो बैंगन न खाया करें आप। बहुत सरल उपाय है। कहना आसान है। हम भी खाते तो नहीं। पर कभी कभी खाने में आ जाता है, अनजाने में। जैसे चलते-चलते कभी-कभार गोबर में पैर नहीं पड़ जाता है आपका, वैसे ही। अब? तो कभी बैंगन हमसे खब ही जाएँ, तो फिर क्या करें? आप तो यह बताएँ। बेंगन के बाद ऐसी गैस बना करती है डाक्सा'ब कि वो तो अपना बजन इत्ता है और पेट इत्ता बड़ा तथा भारी है, नहीं तो गैस के गुब्बारे टाइप उड़ा करते कमरे में। हँसिए मत। सच्ची बताते हैं। कमरे में कोई खोजता, तो हम ऊपर से आवाज देते कि तनिक ऊपर की तरफ देखो—हम छत से लगे हैं। पत्नी हँसती कि हम न कहते थे कि बैंगन मत खाओ, अब टँगे रहो कुछ देर।

इनको तो फिर भी कारण पता है, परन्तु ऐसे भी हैं कि जिन्हें पता ही नहीं चलता कि गैस के पीछे का असली किस्सा क्या है?

वे ज़माने की हर शै पर शक करते हैं। कभी खड़ी मिर्च पर सन्देह करते हैं, तो कभी अमचूर के पीछे दबे पाँव जाते हैं। कुछ दिनों तक वे दावे के साथ कहते हैं कि असली मुजरिम पकड़ाई में आ गया है और गैस-कांड के पीछे कटहल की सब्जी का हाथ था। कुछ ही दिनों बाद वे कटहल को बाइज्जत बरी करते हुए बताते हैं कि हमें कुछ गलत परिस्थितिजन्य सबूतों ने दिशाभ्रम में डाल दिया था, जिसके कारण हमने तीन माह तक कटहल नहीं खाया, जबकि सारी बदमाशी भरवाँ भिंडी के ऊपर मूर्ख पत्नी द्वारा बूँदी का रायता देने की थी। कुछ दिनों बाद वे पत्नी को बाइज्जत बरी करके और उसे मूर्ख बताने की मूर्खता पर शर्मिन्दगी प्रकट करते हुए बताते हैं कि असली किस्सा कुछ यूँ हुआ कि कल, हम, यूँ ही पेट के बल पलंग पर पड़े थे कि उसी पोजीशन में नींद आ गई—और पेट घंटो दबा रह गया—इसी से गैस बन गई। फिर एक दिन बच्चों के विरुद्ध एफआईआर दर्ज कराएँगे कि ये आजकल के बच्चे बड़े हरामी हो गए हैं यार, कल स्सालों ने हमें फुसलाकर आधी चाकलेट खिला दी कि पापा, आप भी देखो कि चाकलेटी इतनी मीठी कैसे बनी? बस, तभी से पेट में हाहाकार मचा है। वे दोस्तों के विरुद्ध आरोपपत्र तैयार करते हैं कि नायर ने बेवकूफ बना दिया, कहा, कि एक बीयर में कुछ नहीं होता। स्साले ने बातों-बातों में बहलाकर पिलवा दी और अब हम ऐसे मरे जा रहे हैं कि वो तो अच्छा है कि गैस के कारण हम चल पाने की स्थिति में नहीं हैं, वरना तो नायर के घर जाकर उसे ठोककर आते!

तो क्या इस गैस का कोई इलाज नहीं है डॉक्टर सा'ब?

है क्यों नहीं? शर्तिया इलाज हैं। ऐसे-ऐसे इलाज हैं कि क्या कहें! देसी भी हैं और विदेशी भी। होम्योपैथी में तो खैर हैं हीं या कहें कि होंगे ही क्योंकि जब उसमें

हर चीज का है, तो इसका भी होगा ही—और शर्तिया होगा क्योंकि वहाँ हर चीज का शर्तिया ही है। और आयुर्वेद में? उसमें तो होना ही चाहिए क्योंकि आयुर्वेद तो गैस से भी पुरानी चीज है और हमारी तरफ यह मान्यता है कि जो चीज जितनी जूनी-पुरानी हो जाए, उसकी उतनी ही इज्जत होनी चाहिए। इधर एक नेचुरोपैथी वाले बता रहे थे कि उनके पास इसका ऐसा इलाज है, जो इसे जड़ से मिटा देता है, बस, आप गीली मिट्टी का मोटा-सा लेप पेट पर लगाकर तीन घंटे सुबह तथा चार घंटे शाम को एकदम चित्त लेटे रहें और बीच के समय में नीबू-पानी का एक घड़ा पी जाएँ। हमने पूछा कि फिर काम पर आदमी कब जाए तथा घर का सौदा-सुलफ कब करने का टाइम निकाले? वे नाराज हो गए। बोले कि भैया, नेचुरोपैथी में समय तो आपको देना ही पड़ेगा, भले ही कल को कोई कान पकड़कर काम से निकाल दे। और एलोपैथी में? उनकी न पूछो। कॉन्फ्रेन्सों और सेमिनारों में मुफ्त की खा-पीकर वे आजकल खुद ही गैस से इतना परेशान हैं कि उनसे न पूछना ही अच्छा।

राहत से पहले...

'सा'ब, बाढ़ आ गई...'

साहब को बताया गया।

'अभी बजे कितने हैं?' आँखें मलते साहब ने दरयाफ्त किया।

'सुबह के पाँच बज रहे हैं, सर...' किसी ने बताया।

'यार, बड़ी मुश्किल से तो सुबह-सुबह तनिक नींद आई थी और तुमने जरा-सी बाढ़ के चक्कर में उठा दिया हमें...' बड़बड़ाने लगा अफसर।

'सर, बाढ़ की खबर तो रात दस बजे से है। तब हमने सोचा कि आप सो गए होंगे। इसी कारण...' कोई स्पष्टीकरण दे रहा है।

'तो डिप्टी साहब को जगा लेते न...' नींद टूटने से अभी तक खपा है अफसर।

'उनका फोन लगा नहीं और गेट पे ताला रहा सरकार...'

'हद्द है भाई गैर-ज़िम्मेदारी की भी...' साहब गुर्राने और बुदबुदाने के बीच कुछ कर रहे हैं कि उसी समय डिप्टी साहब भी पहुँच गए बँगले पर।

'भई, कहाँ थे आप? ये परेशान हो रहे हैं। उधर कहीं बाढ़-साढ़ आ गई बताते हैं और आप फोन ही नहीं उठा...' साहब थोड़ा शान्त हुए। अब बला डिप्टी के गले मढ़ सकेंगे।

'अरे सर, फोन तो बरसात के कारण डेड पड़ा है। फाल्स रिंग जाती रहती हैं।...और इन लोगों को पता है कि रात में बाहर के गेट पर ताला रहता है, पर वहीं बगल में घंटी लगी है...' डिप्टी ने नाराज नजरों से मातहतों को घूरते हुए कहा।

'करंट आ रहा था उसमें...दबा नहीं पाए सर...'

'बरसात में करंट तो मार देती है कभी-कभी...' डिप्टी ने माना।

'कितने मर-मरा गए...' साहब अब चैतन्य हैं।

'अभी कहाँ पता चलना है सर...' रात के अँधेरे में कित्ते बह गए, किसको पता।...हिसाब तो बाद में लगता रहेगा...'

'अभी पूछा जाए, तो एक या दो ही कहें...' साहब ने चेताया।

'यह बयान तो दिलवा ही देते हैं कि स्थिति नियन्त्रण में है...' डिप्टी ने कहा।

'ठीक...। पर कौन-सी रिवर है उस तरफ?' साहब को भूगोल यूँ ही सा है, जबकि इलाके का भूगोल यूँ ही-सा नहीं है।

'सुभद्रा बहती है...क्यों ठीक कहा न?' डिप्टी ने अपने किसी डिप्टी से पूछा।

'जी सर। सूखी सी नदी है सरकार...पर बरसात में अचानक पानी बढ़ने से...' समझाने लगा वो।

'एकदम से पानी थोड़ेई बढ़ता है। बढ़ तो पहले से ही रहा होगा। पर ये गाँव वाले भी बड़े हरामी होते हैं सर। हटते नहीं। आखिरी मोमेंट के लिए बैठे रहते हैं। और बाद में बह जाने पर राहत के लिए रोते-गाते हैं। कायदे से तो पानी जरा-सा बढ़े कि तुरन्त निकल लेना चाहिए। पर नहीं...' डिप्टी बता रहा है ऊँघते हुए साहब को।

'पर वे भी कहाँ जाएँ सर...' किसी मातहत ने कहा। किसी ने उसकी मूर्खतापूर्ण बात पर ध्यान ही नहीं दिया।

'फिर?' साहब ने डिप्टी की तरफ देखते हुए पूछा।

'आप कहें तो मैं जाकर सिचुएशन को असेस करके आऊँ? फिर जैसा हो तो खबर करूँ आपको?' डिप्टी ने कहा।

साहब आँखें बन्द करके सोचते रहे। बाल बिखरे हैं। अभी शेव किया नहीं। गाउन में। दाढ़ी में सफेद खुट्टे, यहाँ-वहाँ। साहब में अभी वो चमक नहीं दिख रही, जो सूटबूट में सजे हुए दफ्तर की कुर्सी पर बैठे नजर आती है। अभी वो साहब कम, आदमी ज्यादा लग रहा है।...सारा अमला ताक रहा है वह मुँह, जो कहीं से ताकने लायक नहीं।

अचानक मानो झपकी टूटी।

साहब ने अचानक आँखें खोलकर कहा है...'ठीक है। तुम निकलो।...वहाँ के तहसीलदार को कहकर रखो।'

'वो फोन ही नहीं उठा रहा...' डिप्टी ने कहा।

'उसका भी आपकी तरह डेड न हो गया हो...' कहकर साहब हँसने लगे। सभी हँसे। यही प्रोटोकोल भी है कि साहब हँसे, तो मातहत को हँसना ही हँसना।

'वहाँ नायब तहसीलदार सक्सेना है सर...तेज लड़का है। उसी से बात कर लेते हैं...'

'पास में कौन-सा रेस्ट हाउस है अपना?' साहब ने मानो यूँ ही पूछ लिया। भूगोल ठीक करने का इरादा नहीं। बस, यूँ ही।

'अच्छा सेट अप है श्रीमान। पहले भी सर आपसे निवेदन किया था कि कभी दौरे पर चलें और नाइट हाल्ट करें। पहाड़ी पर। बढ़िया जगह है।...'

'इस बार बाढ़ के बहाने ही देख लेते हैं। तुम आज निकलो। इन्फॉर्म करो हमें। हम कल कोशिश करेंगे आने की। दो फाइलें अर्जेंट कर दें आज। भोपाल से रोज

फोन कर रहे हैं। फिर आज वाइफ के कजिन भी पहुँचने को हैं...' साहब बता रहे हैं कि बाढ़ से ज्यादा आवश्यक काम यहाँ पड़े हैं करने को।

'किस गाड़ी से आ रहे हैं मैडम के कजिन सर? कहें तो मैं रुक जाता हूँ। बाढ़ तो आती रहती है। पर कजिन थोड़े ही रोज-रोज...' डिप्टी ने मौका मुनासिब जानकर कहा। वह मुनासिब जगह पर मुनासिब बोलने की कला के कारण ही इस मुनासिब ओहदे तक पहुँचा है।

'नहीं, मैंने उसके अरेंजमेंट के लिए पाटिल को आलरेडी साउंट कर दिया है। आप लोग निकल जाएँ। कुछ हो तो डोंट हेजीटेट टू कांटेक्ट मी...' साहब ने कहा।

साहब उठ गए। सभा बर्खास्त। राजा पुनः श्यनागार तरफ।

बँगले के बाहर आकर मातहतों ने डिप्टी साहब की जीप के चारों तरफ गुट बनाकर चर्चा करनी शुरू की। डिप्टी साहब सीट पर। बगल में ड्राइवर। मातहत सड़क पर।

तय किया गया कि दो जीपें, फलाने रजिस्टर, ढिकानी सील-ठप्पे ले चलना है। कुछ कंटिनजेंसी मनी भी। नकद। कहीं ज़रूरत ही आन पड़े।

'परन्तु पैसा निकलवाने में तो ग्यारह-बारह बज जाएँगे सर?'

'तो बज जाएँ। जित्ते बज जाएँ। जहाँ इत्ती देर हुई है, तनिक और हो गई तो आफत न आ जाएगी। हम टाइम पे पहुँच गए तो कौन-सी बाढ़ उतर जानी है यार। पानी कौन-सा कलेक्टर साहब का मातहत है।...जो आदमी बह गए, वे थोड़ी दूर और बह लेंगे—इससे ज्यादा क्या होना है। क्यों लिटोरियाजी?'

लिटोरियाज़ी हँसने लगे।

सभी हँसने लगे।

तय हुआ कि एकाध बजे के आसपास निकला जाएगा।

फिलहाल सभी अपने-अपने घर निकल गए हैं।

और बड़े साहब?

वे तो इनके बाहर जाते ही सो गए। सुबह-सुबह की नींद का जिक्र कर ही रहे थे न, वही।

गलत मतलब न निकालें

मैंने तय किया कि जब इतना हल्ला हो रहा है, तो मैं भी क्यों न सूचना के अधिकार का प्रयोग कर डालूँ। मैं सरकारी दफ्तर पहुँचा और अप्लीकेशन लगाने की कोशिश करने लगा।

'मुझे यह सूचना चाहिए थी श्रीमान...' मैंने निवेदन किया।

'कल आना...' वे बोले।

'आज क्यों नहीं?'

'सूचना का इतना शौक पालते हो और बाहर चिपकी यह सूचना नहीं पढ़ी कि तीन बजे के बाद केवल आवश्यक और अर्जेंट कागज ही स्वीकारे जाएँगे?'

'आवश्यक ही है...'

'तुम्हारे कहने से आवश्यक हो गई?'

'आवश्यक तो है...'

'नहीं है। हमें अपनी सूचनाओं का पता है। कोई आवश्यक नहीं हैं।'

'तो फालतू ही दे दें...'

'फालतू सूचना देकर मैं आपका टाइम बरबाद नहीं करूँगा।'

'देखिए, है तो आवश्यक...'

'आवश्यक हम देते नहीं।'

'क्यों भला?'

'वे गोपनीय हैं। वैसे तो खैर फालतू भी न देंगे।'

'कैसे?'

'जो आवश्यक हैं, वे गोपनीय हैं और जो फालतू हैं, वे तो अतिगोपनीय हैं क्योंकि यदि वे खुल गईं तो सबको खबर हो जाएगी कि वे फालतू हैं।'

'मैं आपके बड़े साहब से मिलना चाहूँगा...'

'खूब मिलिए। पर सात दिन तक अप्वॉइंटमेंट नहीं मिल पाएगा, इतनी सूचना तो हम बिना माँगे भी दे सकते हैं।'

'देखिए, फिर आप ही दे दें न...'

'कल आइए—कह तो चुके हम।'

'कल मिल जाएगी न?'

'हो सकता है कि मिल जाए, बशर्ते कल हम सीएल न ले डालें या हमें कोई और काम न पकड़ा दिया जाए...'

'आप न हुए तो कोई और आदमी तो देगा न?'

'यह तो वो ही आदमी बता पाएगा।'

'आपकी जगह कौन बैठता है?'

'यह सूचना देना वास्तव में कठिन है क्योंकि यह उसे भी नहीं पता, जो बैठता है।'

'पर मुझे तो यह सूचना ज़रूर चाहिए। मैं फीस भी लेकर आया हूँ।'

'दस रुपए में गवर्मेंट खरीदने निकले हो क्या?'

'गवर्मेंट ने ही कहा है कि...'

'गवर्मेंट तो दसों काम कहती है। करते हो क्या?'

'फिर आपके वर्किंग ऑवर भी पाँच बजे तक हैं...अभी आधा घंटा बकाया है। कम-से-कम हमारी अप्लीकेशन तो धर लें...'

'बोल तो ऐसे रहे हो कि जैसे कहीं के दादा हो?'

'लेना तो चाहिए आपको...'

'गुंडागर्दी न दिखाएँ...'

'सूचना देना आपका कर्तव्य है...'

'हमें कर्तव्य न सिखाएँ।...कल का कह दिया न!'

'मान लो कि कल भी न दी तो?'

'यार, वायदा तो ऐसे ले रहे हो कि जैसे हमारे महबूब हो? इतने दबके से तो महबूबा से भी कुछ माँगोगे तो वह भी झिड़क देगी।...तनिक प्यार से माँगना पड़ता है भैया...। कभी प्यार-व्यार नहीं किया क्या?'

'चलिए प्यार से ही दिला दें।'

'प्यार में आजकल कलदार खर्चने पड़ते हैं श्रीमान। फोकट के प्यार की आशा तो तुम न तो महबूब से करना, न ही हमसे...'

'कितने में देंगे?'

'सौ का पत्ता निकाल दें—फिर जो सूचना कहेंगे, दे देंगे।'

'यह तो उचित नहीं।'

'यही रेट है। इस दफ्तर का यही रेट है। हमारा दुर्भाग्य है कि इस सड़े डिपार्टमेंट में बैठे हैं। कहीं और होते तो हजार माँगते और आप देते भी।'

'सूचना प्राप्त करना हमारा अधिकार है।'

'अधिकार का रेट इधर सौ रुपया है भैया, बताया न।'

'कुछ कम कर देते?'

'सरकार बुरा मान जाएगी कि दफ्तर का सिस्टम खराब कर रहे हैं।'

'चलिए, लीजिए ये सौ।....अब कब आकर ले लूँ?'

'अभी ले जाइए न। पन्द्रह मिनट लगेंगे। अभी तो दफ्तर के वर्किंग ऑवर भी चल रहे हैं—आप ही कह रहे थे।'

अब वे खुशी-खुशी सूचना का पेपर बना रहे हैं।

आपके लिए सूचना यह है कि सरकारी दफ्तरों में काम पूर्ववत् जारी है। कृपया सूचना के अधिकार का गलत मतलब न निकालें।

चुनावी मानसून

इधर मानसून आया और उधर चुनाव की सम्भावनाएँ भी बनने लगीं।

बारिश होगी। कड़ाई चढ़ गई। पकौड़े खाएँगे। बारिश में पकौड़े खाने में मजा आता है। सो कड़ाई चढ़ चुकी है। अभी खा लो। बाद में बारिश हुई, न हुई। घर में बजट का ढेर-सा बेसन पड़ा है, सो योजनाओं की कड़ाई चढ़ गई है। फाइलों की आँच तेज कर दी है। जल्दी उतारने हैं कमाई के पकौड़े। चुनाव के बाद का पता नहीं। मानसून का भरोसा नहीं। न बरसे, तब? चुनाव परिणामों का पता नहीं। न बरसे तो कड़ाई दूसरे के कब्जे में और बेसन भी। फिर तो पाँच साल तक टापते रहो। सो, समय, मानसून और बूँदाबाँदी रहते ही अभी उतार लो पकौड़े। निबटा दो बेसन, तेल और ईंधन। ठूँसकर खा डालो। फिर बाद में चाहे पेट अफराता रहे और जाँच बैठती रहें कि इत्ती सारी गैस इत्ते से पेट में कहाँ से अनुपातहीन सम्पत्ति की तरह भर गई? तब की तब देखेंगे। मानसून तो आ गया। और चुनाव भी।

मन-मयूर नाचने लग गया है। हाईकमान का पाला हुआ मयूर है। उसी तरफ मूँ करके नाचता है। समझदार मयूर है। हमेशा अनुकूल घटाएँ देखकर नाचा है। पार्टी की सभी महफिलों में यह मयूर हाईकमान के बताए ठुमकों पर इतना नाचा है कि उसे विश्वास है कि उसका टिकिट पक्का है। बारिश तो होगी। सो ठाठ से पकौड़ों की कड़ाही चढ़ा दी है। वैसे चुनाव की घटाएँ छाते ही यह धड़का भी लगता ही है कि हाईकमान के बादल फेवरेवल लगते हुए भी यदि टिकिट न मिल पाया तो? इसीलिए अभी खा लो। डरता है मन। डर लगता है कि कहीं इत्ता तो न बरस जाएगा कि मकान ही डूब जाए? नदी किनारे की बस्ती में मकान बना लो तो यह डर तो रहता ही है। राजनीति की नदी। पर यह भी तो है कि पानी भी तो नदी में ही मिलता है। सालों-साल प्यास बुझानी हो, सिंचाई करनी हो, सुविधाओं में तैरना हो और मछलियों का शिकार करना हो तो मकान तो इसी नदी के पास बनाना पड़ेगा। पाँच साल तक खूब सिंचाई की। इतना पानी खींचा कि नदी रीत चली। अब चुनावी घटाओं का धूसर रंग बता रहा है कि बारिश ऐसी टूटकर भी हो सकती है कि ठिया ही हमेशा को बह जाए।

बारिश शुरू हो गई है। चुनावी घटाएँ गरज रही हैं।

इधर पानी बहना भी शुरू नहीं हुआ है कि कागज की नावें तैराने की तैयारी हो रही है। चुनाव की तारीखें नहीं आईं, पर काम चालू हो गया है। घोषणाओं की रद्दी में तिकड़म के मोड़ डालकर वायदों की कागजी नावें तैयार की जा रही हैं। उनके लिए तो यह बच्चों का खेल। बना ली है। बूँदाबाँदी होते ही चुनाव सभाओं की नाली में तैरा देंगे। वोटर मानो बच्चे ही तो हैं कि ऐसे खेलों से बहल भी जाते हैं। बल्कि एकाध नाव उन्हीं को पकड़ा दो। गाँव के स्कूल की नींव काका के हाथ से रखवा दी। कन्नी बूढ़े काका ने मारी और तभी मन्त्रीजी ने खुद उनके गले में अपनी वाली माला डाल दी। वाह-वाह हो गई। गाँव खुश। सावन के गीत गाए जाने लगे।...फिर कागज की तो कमी भी नहीं। सो कागज की नावें भी हजार। हर चुनावी क्षेत्र में ढेरों तैरा दो। यह स्कीम। वह शिलान्यास। वह वायदा। यह घोषणा। इतनी कागजी नावें कि बाद में जब भी डूबेंगी तो कागज के गलते गोले पानी का सामान्य प्रवाह भी रोक देंगे। पर तब की किसे परवाह। अभी तो ढोल-ढमाका। अभी तो अखबारों में सुर्खियाँ। बाद में कौन तो पूछने वाला? हार गए तो कहेंगे कि मौका ही नहीं मिला वरना इसी नाव को साहिल तक पहुँचाकर बताते। और जो जीत गए तो? तो इनके बाप भी हमें न खोज पाएँगे कि कागज की नौकाएँ तैराकर मल्लाह गए किधर?

मानसून भी है और चुनाव भी।

पिछली बारिश के बाद जो उगी, वो फसल खूब काटी, पाँच साल तक। अब बुवाई करने की फिर बेला आई है, तो खेत याद आया है। पर बीज भी पास नहीं कि बोएँ क्या? चुनाव क्षेत्र के खेत की मेंड़ तक भी पाँच साल नहीं देखी। बैल खड़े-खड़े मुटा गए हैं। हल जंग खा चुका। खेत पहिचान में ही नहीं आता। खर पतवार भर गई है हर तरफ। अब कैसे तो खेत जोतें, गोड़ें। मशक्कत की आदत ही नहीं रही। वैसे हल लेकर घूमना शुरू कर दिया है। बैलों को भी धका रहे हैं, पर वे अघा गए कार्यकर्ताओं जैसे बट्टूर हो चुके हैं। सींग दिखाते हैं। चार कदम चलते हैं खेत में तो चारा माँगने लगते हैं। सो, न तो खेत से भरोसा है, न बीज से आशा। पर डाल रहे हैं। खड़े हो रहे हैं चुनाव में। घटाएँ उठी हैं। देखो। बारिश हो गई तो बीज उग भी सकते हैं। फसल उग ही गई तो अगले मानसून तक आराम रहेगा। देखो। कोशिश तो करना ही है। टिकिट तो लेना है। खड़े तो होना है।

मानसून है और घटाएँ भी। पानी बरसेगा ही।...चुनाव आने तो दो। जीतेंगे हम ही। तब तक पकौड़े उतारने, खाने में बुराई नहीं।

गुरुजी पर निबन्ध

गुरुजी एक पालतू, फालतू और लाभदायक प्राणी एक साथ ही होता है।

गुरुजी के बड़े फायदे हैं। गुरुजी न होते तो आप जैसे नालायक के फेल होने पर सरकार किसके इन्क्रीमेंट्स रोकती? गुरुजी के होने से सभी को सुभीता हो गया। सुविधाविहीन गुरुजी की आँखों पर सरकारी नियमों की पट्टी बाँधकर, बस्तों के पहाड़ों के बीच भटकती, बच्चों की दिशाहीन रेवड़ को ज्ञान की चराई का ज़िम्मा दे दिया गया है कि आप रटन्त लोगों की ऐसी भीड़ तैयार करो जिसे बाद में हर चालाक मूँड़ सके।

तो गुरु बड़े काम की चीज होता है। गुरु शिक्षा देता है। जैसे गाय दूध देती हैं। नहीं-नहीं, जैसे बकरी मेंगनी या भैंस गोबर देती है, वैसे नहीं। परन्तु गुरु आजकल उतनी ही शिक्षा देता है जितनी कोर्स में लिखी होती है। गुरु को कोर्स से बाहर जाने की मनाही है। कोर्स बदलता रहता है। सरकार बदलती है, तो कोर्स बदल जाता है। शिक्षा बदलती रहती है। गुरु वही रहता है। गुरु नहीं बदलता। अलबत्ता, उसकी बदली होती रहती है। बदली होने पर भी गुरु वही रहता है। जहाँ भेज दो, शिक्षा देने लगता है। जहाँ बदली कर दो, वहीं पर वह ट्यूशन करने लगता है। ट्यूशन में भी वही वाली शिक्षा ही देता है। कम से कम वह तो यही कहता है। बल्कि वह तो यह शिक्षा हर छात्र को देता है कि शिक्षा लेनी है तो ट्यूशन करो। कुछ गुरुजी ट्यूशन नहीं लेते। वे शिक्षा देते-देते अपने थन सुखा डालते हैं और शिक्षक जीवन के अन्त में जब उन्हें सूखे चारे से भी गई-बीती पेंशन भी ठीक से नहीं मिलती तो उन्हें यह शिक्षा मिलती है कि उन्हें भी ट्यूशन पकड़ लेनी चाहिए थी। रिटायर्ड गुरुजी न पालतू रह जाते हैं, न ही लाभदायक; वे मात्र फालतू प्राणी बनकर रह जाते हैं। ट्यूशन वाले गुरु कभी रिटायर नहीं होते।

गुरु नित्य ही विद्यालय आता है बशर्ते उसकी ड्यूटी जनसंख्या गणना, टीका अभियान, मतदाता पहिचान पत्र बनवाने, मतदान केन्द्र पर या ऐसे ही किसी अन्य राष्ट्रीय कार्य में न लगी हो, जो बच्चों को शिक्षा देने से ज्यादा महत्त्वपूर्ण होते हैं। शिक्षा देना राष्ट्रीय काम नहीं है। यह तो बस ऐसे ही है। इसी तरह गुरु का काम

भी शिक्षा देना नहीं है। वह दे देता है क्योंकि गाय टाइप उसकी भी आदत है। सरकार इसका बुरा भी नहीं मानती। कहती है कि भई दे ले। जो बिलकुल भी न देते हों, कई बार सरकार उनसे प्रसन्न होकर उन्हें राज्य या राष्ट्रीय शिक्षक सम्मान तक दे डालती है। गुरु विद्यालय आता है तो हेडमास्टर या प्रिन्सिपल को प्रणाम करना नहीं भूलता। गुरु जब-तब जिला शिक्षाधिकारी के मन्दिर में जाकर चापलूसी का घंटा भी बजाकर आता है। गुरु को अधिकारियों तथा नेताओं की स्तुति के श्लोक कंठस्थ रहते हैं। गुरु इतनी पूजा-पाठ के बाद भी तनाव में रहता है। कहते हैं कि वह पूजा-पाठ के कारण ही तनाव में रहता है। गुरु इधर का गुस्सा उधर निकालता है। गुरु बढ़िया वाली ठुकाई करता है। कुछ गुरु तो तनाव में आकर दारू भी पीते हैं। कुछ गुरु मन्दिर में सिद्धि के बाद और शिक्षा के देवताओं का आशीर्वाद मिलने की मस्ती में पीते हैं। परन्तु गुरु नशे में भी गुरु ही रहता है। गुरु तम्बाकू खाने, बीड़ी-सिगरेट पीने, नशा करने, गाली-गलौज करने तथा लड़कीबाजी करने पर भी गुरु ही कहाता है और जिस हालत में भी हो, शिक्षा देता रहता है।

गुरु राष्ट्रनिर्माता कहा जाता है।

यह भी कहा जाता है कि गुरु तो गोविन्द से भी बड़ा होता है।

कहते हैं कि गुरु के चरणों में स्वर्ग होता है और गुरु को नमन ईश्वर को नमन करने से भी बड़ा काम है।

ये सारी बातें तथा इसी तरह की अन्य अफवाहें गुरु के विषय में फैली रहती हैं। विशेषतौर पर ऐसी बातें लोग गुरु के ही मूँ पर तब कहते हैं जब या तो शिक्षक दिवस का टंटा हो या फिर गुरु से किसी छात्र के नम्बर बढ़वाने आए हों। वरना गुरु को भी खूब पता है और राष्ट्र को भी कि राष्ट्रनिर्माण की कुल कच्ची-पक्की सामग्री के तौर पर गुरु को चन्द हाजिरी रजिस्टर, चाक का डिब्बा, घिसा हुआ डस्टर, बदरंग पड़ गया श्यामपट, स्कूल की गिरती-सी इमारत, कभी भी समय पर न छपने वाली पाठ्य-पुस्तकें तथा एक ऐसा प्रशासनिक तन्त्र हमने सौंपा है जो स्वयं राष्ट्र विध्वंसक है। इसी से वह राष्ट्र का निर्माण कर रहा है और जैसा तैयार कर रहा है, वह सामने है। गुरु पर गहन दायित्व है। उसके चरणों में स्वर्ग बताते हैं और आजकल हर ऐरा-गैरा उससे स्पष्टीकरण माँग लेता है कि तुम्हें गुरु की नौकरी के साथ चरणों में जो स्वर्ग दिया गया था वह किधर चला गया? गुरु घिघियाता है कि मैंने नहीं गुमाया। गुरु गोविन्द से बड़ा होगा परन्तु वह शिक्षाधिकारी से छोटा है। आजकल वह पंच, सरपंच और छुटभैयों से भी छोटा है। गुरु जब तक गुरुघंटाल न हो, उसे कोई पूछता ही नहीं। यह समय समझदार गुरु के गुरुघंटाल में बदल जाने का समय है। वही हो रहा है।

एक देसी महाप्रयोग

मैं भी इन दिनों एक महाप्रयोग में लगा हुआ हूँ।

वैज्ञानिकों का प्रयोग तो फिलहाल मशीनें खराब हो जाने के कारण बन्द पड़ा है परन्तु मेरा चालू है क्योंकि हिन्दी वालों की मशीन हथकरघा टाइप साधारण सी होती है और तब भी बन्द नहीं होती जब मार्केट में कोई माल न उठा रहा हो। मेरे और वैज्ञानिकों के महाप्रयोग के बीच यह अन्तर भी है कि उनको अपने प्रयोग का उद्‌देश्य पता है जबकि मुझे पता नहीं है कि मैं यह प्रयोग क्यों कर रहा हूँ? हिन्दी साहित्य का आदमी होने का यही मजा, फायदा और बेशर्मी है कि यहाँ आदमी में प्रयोग के लिए प्रयोग करने का दुःसाहस पैदा हो जाता है। अगर आप हमारी कविताओं, कहानियों और उपन्यासों को अभी भी पढ़ने की हिम्मत कभी-कभी करते हों तो आपने हमें ये निष्प्रयोजन तथा अललटप्पू प्रयोग करते देखा ही होगा। सो मुझे तो प्रयोग की वैसे भी आदत है। वैज्ञानिक इस मामले में हमारी तरह वैज्ञानिक सोच के न होकर दकियानूसी सोच वाले हैं कि वे किसी उद्‌देश्य को लेकर प्रयोग पकड़ते हैं। हम हिन्दी साहित्य में ऐसा नहीं करते आजकल। व्यंग्य में तो नहीं ही करते। यही प्रवृत्ति मेरे इस महाप्रयोग में भी है कि मैं नहीं जानता कि मैं क्या तथा क्यों कर रहा हूँ? प्रयोग जमीन के अन्दर नहीं कर रहा क्योंकि हम जमीन तो कभी की छोड़ चुके और प्रयोगों की हवा में पहले ही तैर रहे हैं।

इतनी हवा बाँधने के बाद अब यह भी बता दूँ कि मेरा यह महाप्रयोग है क्या?

दरअसल मैं इन दिनों एक बहुउद्‌देशीय किस्म की सुपर मशीन की डिजाइन तैयार कर रहा हूँ। इस मशीन से आप दुनिया की हर समस्या का समाधान निकाल सकेंगे। इसे 'समस्या निवारक यन्त्र' कह दें तो अनुचित न होगा। इस मशीन में कई खटके लगे होंगे। हर समस्या का एक खटका। इस तरफ से खटका दबाओ तो दूसरी तरफ से चाहा हुआ माल निकल आएगा। बाद में यदि नई समस्याएँ भी उभरीं तो उनके लिए नए खटके फिट करने की जगह भी मशीन में रहेगी। इस मशीन का मूल सिद्धान्त यही रहेगा कि खटका दबाओ। आदमी की, विशेषतौर पर हिन्दुस्तानी आदमी की, यह फितरत रहती है कि उसे खटका दिख भर जाए तो उसका मन उसे

दबाने के लिए मचलने लगता है। इसीलिए इस मशीन को चलाने के लिए मानव संसाधन की कभी कमी नहीं होने वाली। एक बुलाओगे, दस आदमी ऑपरेट करने आ जाएँगे। हजार खटके भी लगा डालो तो दो-तीन आदमी ही न केवल सारे दबा डालेंगे बल्कि लड़ते फिरेंगे कि तूने वो वाला खटका क्यों दबाया, उसे तो हम दबाने की सोच रहे थे।

डिजाइन के अलावा खटके भी तैयार कर लिये हैं मैंने। मशीन का एक बड़ा और लम्बा-सा खोल भी तैयार करवाया जा रहा है। इसमें मारतमाम नलियाँ और रंगबिरंगे तार फिट करने की योजना है जिनके बारे में मुझे स्वयं नहीं पता कि इनका करेंगे क्या? परन्तु यह पता है कि बाद में जब अखबार वाले फोटू खींचेंगे तो यह सुरंगनुमा खोल इन नलियों और तारों के कारण बिना और किसी वजह के ही किसी तगड़ी मशीन का भ्रम देगा। यही हमें चाहिए भी। सोच रहा हूँ कि इन नलियों के जरिए गैस प्रवाहित करवाई जाए। क्यों? कौन सी गैस? स्वयं मुझे नहीं पता। मुझे तो रसोई गैस, गुब्बारों वाली गैस और पेट की गैस का थोड़ा-थोड़ा पता है—नलियों में प्रवाहित करने के लिए कौन-सी मुफीद तथा सस्ती रहेगी यह तो महाप्रयोग से ही पता चलेगा। कुछ मोटे से पाइप भी इस खोलनुमा सुरंग में लगाऊँगा अन्यथा यह बड़ी खाली-खाली दिखेगी। न होगा तो इन पाइपों से पानी ही जाया करेगा। मान लो कि महाप्रयोग में पानी काम में न भी आया तो भी हम पाइपों को दूसरी तरफ घड़े या टंकी से जोड़ देंगे ताकि मशीन चलाने वाले कर्मचारी इससे नहा-धो सकें। सुरंग में कुछ बड़े पंखे तथा लपझप करते रंगीन बल्ब तो लगाए ही जाएँगे क्योंकि इनके बिना मशीन में वह रहस्यात्मक लुक नहीं आएगा जिसकी मीडिया को तलाश रहती है।

तैयार होने पर मशीन राष्ट्र को सादर तथा उत्सवपूर्वक समर्पित की जाएगी। हम चाहेंगे कि सजग राष्ट्रवासी अपनी समस्याएँ लेकर मशीन तक पहुँचें। महाप्रयोग में उनका स्वागत है। वे अपनी समस्या वाला खटका दबा दें और मशीन की दूसरी तरफ जाकर बैठ जाएँ। प्रतीक्षा करें। समस्या का समाधान मशीन में उसी तरफ से निकलेगा। ज़रूर निकलेगा। अलबत्ता तनिक दूर हटकर बैठें। कहीं ऐसा न हो कि समाधान निकलकर सीधे नागरिक के सिर पर ही गिर-गिरा पड़े। समाधान भारी भी हो सकता है और सिर फूट भी सकता है...मान लो कि समाधान न निकले, तब? ...ठीक प्रश्न पूछा आपने। ऐसा हो तो ठीक से पड़ताल कर लें। देसी मशीन है। सब तरफ देख लें। यह न हो कि खटका तो यह वाला दबाया था परन्तु, समाधान कहीं और पड़ा है। देखभाल लें। हिन्दी लेखक की प्रयोगात्मक रचना है। मशीन में कुछ भी हो सकता है। खटके ही आपस में मिल गए हों जैसे कविता में गद्य और गद्य में कविता घुस जाती है। तो यह सम्भव है कि समस्या यहाँ हो, समाधान वहाँ पड़ा हो। एकदम सरकारी दफ्तर वाला मामला, जहाँ बताते हैं कि आपका काम यहाँ नहीं

वहाँ होगा। वैसे मैं सलाह दूँगा कि खटके को दो-तीन बार दबाकर ट्राई कर लें। न हो तो आसपास वाले भी दबा लें क्योंकि हो सकता है कि खटकों के कनेक्शन आपस में मिल गए हों।...हमारा मतलब है कि कोशिश करेंगे और जुगत लगाएँगे तो मशीन चल निकलेगी। मशीन बन रही है। महाप्रयोग सफल होगा ही।

क्या कह रहे हैं आप? कि ऐसी मशीनें तो सरकारी दफ्तर के नाम से देश में पहले ही बहुतेरी हैं। हर समस्या की अलग मशीन है जिसमें बाबुओं और अफसरों के खटके भी ढेर सारे लगे हैं। खटका दबाने पर समस्या के समाधान का भी दावा है।...ठीक कह रहे हैं आप।...पर—महाप्रयोग का बजट सेंक्शन था सो फूँकने के लिए हमने भी एक मशीन बना ही दी है। एक से भली दो। है कि नहीं!

मूर्खता में ही होशियारी

आज मैं मूर्खता पर चिन्तन करूँगा।

मूर्खता बहुत चिन्तन नहीं माँगती। थोड़ा-सा कर लो, यही बहुत है। न भी करो, तो चलता है। तो फिर मैं क्यों कर रहा हूँ? यूँ ही मूर्खतावश तो करने नहीं बैठ गया? नहीं साहब। हमसे बाकायदा कहा गया है कि करके दीजिए। इसीलिए कर रहे हैं। सम्पादक ने तो यहाँ तक कहा कि यह काम आपसे बेहतर कोई नहीं कर सकता और मूर्खता की बात चलते ही सबसे पहले आपका ही खयाल आया था। शायद ऐसा उन्होंने मेरी फोटो देखकर कहा हो। कुछ ऐसी मूर्खतापूर्ण कशिश है मेरे चेहरे में कि आप किसी भी कोण से फोटो खींच लें, चीज छुपती नहीं। मूर्ख लगने, न लगने के बीच का एक सन्देहास्पद क्षण हमेशा के लिए ठहर-सा गया है चेहरे पर। सो लगता तो हूँ। पर आप जान लें कि ऐसा हूँ नहीं। फोटो तो हमेशा धोखा देते हैं। कुछ, जो हैं, बल्कि खासे हैं, बज्र टाइप हैं, वे फोटो में ऐसे नजर नहीं आते। कई बार तो खासे होशियार नजर आते हैं। कुछ मूर्ख तो समझदारीवश कुछ इस धज में फोटो खिंचवाते हैं कि होशियारी का भ्रम खड़ा हो जाए। ठुड्डी पर हाथ रखकर, मुँदी-सी आँखें रखे, चिन्तन में मग्न, बगल में चार किताबें धर के या किताबों की रैक के बगल में खड़े होकर या चेहरे पर आधी रोशनी-आधी छाया डालकर यदि फोटो खिंचवा लो, तो आदमी बिना किसी और कारण के ही बुद्धिमान नजर आने लगता है।...हमारा किस्सा तनिक मूर्खतापूर्ण यूँ है कि हम तो सीधे-सीधे फोटो खिंचवाकर छपने भेज देते हैं। ...बहरहाल। सम्पादक ने जिस कारण भी इस काम के लिए मुझे चुना हो, कहना कठिन है। हो सकता है कि इसमें स्वयं उसकी अपनी मूर्खता का भी बड़ा हाथ रहा हो। जो हो। हमें क्या! हमसे कहा है तो हम आपके समक्ष मूर्खता पर चिन्तन करके भी बताएँगे। यदि इसमें बहुत-सी बातें आपको मूर्खतापूर्ण प्रतीत हों, तो क्षमा करें क्योंकि मूर्खता पर बहुत विद्वत्ता झाड़ना भी मूर्खता ही होगी। सो जैसा है, ग्रहण करें।

चिन्तन में पहला पेंच यही आता है कि मूर्ख किसे कहें? परिभाषा क्या है? मूर्खता नापने का कोई यन्त्र तो होता नहीं। इसकी नपती का फीता भी उपलब्ध नहीं। बस, अन्दाज से पता करना होता है। मूर्खता हो सामने तो अन्दाज-सा होने लगता

है। फिर थोड़ी देर बात करो तो वह प्रकट भी हो जाती है। परन्तु कई बार बातों से भी कुछ पता नहीं चल पाता। कठिन होता है क्योंकि कई मूर्ख भी रटी-रटाई बुद्धिमत्तापूर्ण बातें करते हैं। बढ़िया भाषण दे डालते हैं। बातचीत में चार विद्वानों का उद्धरण दे देते हैं। विमर्श कर लेते हैं। बयान जारी कर देते हैं। पता नहीं चल पाता। साहित्य तथा चिन्तन में तो हम नित्य ही इस दुविधा से गुजरा करते हैं कि भाषा की आड़ से मूर्खता बोल रही है या विद्वत्ता? इसे समझना आवश्यक है कि मूर्ख इतना भी मूर्ख नहीं होता कि सीधे-सीधे पकड़ में आ जाए। मूर्ख हमेशा मूर्ख ही नहीं होता। वह विद्वान तक हो सकता है। मूर्ख टाइप के भी विद्वान होते ही हैं। या कहें कि विद्वान टाइप के मूर्ख। पर ऐसे मूर्ख तब ज्यादा खतरनाक मूर्ख साबित होते हैं और उनसे बचकर निकलने में ही होशियारी कहाती है। ऐसे मूर्ख विद्वान या विद्वान मूर्ख किसी ऊँची कुर्सी पर बिराजे भी मिल सकते हैं। अब यह मत पूछिएगा कि मूर्ख होते हुए भी वह ऊँची कुर्सी पर कैसे पहुँचा? आपके मूर्खतापूर्ण प्रश्न का उत्तर यही है कि प्रायः तो मूर्खता की वजह से ही उसे वहाँ बिठाया जाता है। फिर कई की मूर्खता कुर्सी पर बैठने पर ही प्रकट होती है। बैठने से पहले ठीक-ठाक लगते थे। बल्कि थे ही। कुर्सी की अपनी मूर्खताएँ होती हैं। उस पर मूर्ख भी बैठ जाते हैं। फिर कुर्सी के लिए चालाकी की आवश्यकता होती है, होशियारी की नहीं। और मूर्ख होने का मतलब यह कतई नहीं कि मूर्ख आदमी चालाक नहीं हो सकता। वह चालाक किस्म का मूर्ख हो सकता है, जो चालाकी से कुर्सी हथिया ले और मूर्खता के कारण कुर्सी पर सफल भी हो जाए। यह बात अवश्य है कि मूर्खता बहुत समय तक छिपकर नहीं रह पाती। वह प्रकट होने के लिए कसमसाती रहती है। वह मौका ताड़ती रहती है। आदमी लाख विद्वत्ता, लेखन, बड़प्पन, पद, कवित्त, बयानों, भाषणों आदि से ढाकने की कोशिश कर ले, मूर्खता कहीं न कहीं से झाँकने ही लगती है। यदि आप भी मूर्ख न हों या अन्धे ही न हों तो झाँकती मूर्खता को पकड़ सकते हैं।

अब चिन्तन में दूसरा पेंच यह है कि अन्ततः कितनी मूर्खता हो कि एक आदमी ठीकठाक-सा मूर्ख कहाया जा सके? या यह भी कि कितनी होशियारी के रहते आप मूर्खता पर ध्यान न देंगे? याद रहे कि दुनिया के बाजार में मूर्खता भी एक मूल्य की तरह है—राजनीति से चलकर कवि सम्मेलन तक इसी मूल्य पर आधारित सिस्टम हैं। कई मामलों में मूर्खता होशियारी से भी बड़ा मूल्य माना जाता है क्योंकि होशियारी की एक सीमा होती है, जबकि मूर्खता सीमाहीन हो सकती है। आप जितना समझ रहे थे, सामनेवाला उससे भी बड़ा निकल सकता है। उसे खुद पता नहीं होता कि उसमें मूर्खता की कितनी क्षमता भरी पड़ी है। मूर्खता कुछ तो जन्मजात होती है, पर बहुत सी अर्जित की जाती है। छोटे मूर्ख बाद में बड़े वाले होते देखे गए हैं। जैसे हमारे कुछ लेखक मित्र शुरू से थे, पर बाद में किसी 'संघ' या 'वाद' से जुड़कर मानो

मूर्खता को ही समर्पित हो गए और लेखन में भले ही रह गए हों, पर मूर्खता में ऐसी ऊँचाइयों को छुआ कि लोग हमेशा भयभीत रहे कि वहाँ से हम पर ही न कूद पड़े।

तीसरा पेंच यह कि क्या मूर्खता ऐसी ही बेकार की चीज है और होशियारी बहुत बड़ी बात? मूर्खता को छुपाना चाहिए या होशियारी को? हमारे पिताजी हमें डाँटते थे तो यही कहते थे कि हमारे सामने ज्यादा होशियारी दिखाई, तो ठीक कर देंगे। उनसे ही हमने जाना था कि होशियारी भी एक लानत हो सकती है और होशियारी प्रदर्शित करना भी कई जगह मूर्खता की बात हो सकती है। आगे के जीवन में भी मैंने यही सीखा कि इस देश में मूर्खता के प्रदर्शन पर तो कोई बुरा नहीं मानता, बल्कि अपने जैसा पाकर प्रायः लोग खुश ही होते हैं। होशियार भी मूर्खता देखकर खुश होते हैं कि वे कितने होशियार हैं, जबकि सब स्साले कैसे मूरख हैं। मूर्खता को प्रश्रय, बढ़ावा और सम्मान तक मिलता है क्योंकि मूर्ख आदमी किसी के लिए न तो खतरा बनता है, न ही उनसे प्रतियोगिता में रह पाता है। सो दुनिया मूर्खों से प्रसन्न है। वह तो होश्यारों, समझदारों और बुद्धिमानों से भय खाती है। चिढ़ती भी है। परेशान भी रहती है। वह बुद्धिमान को बरदाश्त नहीं कर पाती। खिलाफ हो जाती है। विरोध करती है। किताबे प्रतिबन्धित करती है। किताबें, अखबार जला डालती है। पेंटिंग नष्ट कर डालती है। देश निकाला कर देती है। फतवे जारी करती है। गालियाँ देती है। प्रदर्शन करती है। दुनिया बुद्धिमानों के खिलाफ ही रहती रही है। जीसस से लगाकर ओशो तक दुनिया की इसी सामूहिक मूर्खता के शिकार हुए हैं।

तो सारे पेंचों से घूमकर चिन्तन का निचोड़ यही निकल रहा है कि इस दुनिया में आमतौर पर, और इस देश में विशेषतौर पर मूर्ख बने रहने में ही भलाई है। यह तथ्य सभी बुद्धिमान जानते हैं। इसी कारण जब यहाँ किसी मूर्ख को देखो तो उसे मूर्ख ही मत मान बैठना। हो सकता है कि वह इतना होशियार हो कि दुनिया में मूर्ख बनकर पेश आ रहा हो। जब मूर्खता एक अप्रतिम मूल्य बन जाए, तो मूर्ख बनने में ही होशियारी है।

तेज गेंदबाजी के विरुद्ध

शिकायत है कि भारतीय क्रिकेट में तेज गेंदबाज नहीं होतें।

भारतीय क्रिकेट से शिकायतें तो इतनी सारी हैं कि जितनी हमारी पत्नी को हमसे नहीं हैं, परन्तु हम उनकी बात नहीं करेंगे, क्योंकि दाम्पत्य की भाँति भारतीय क्रिकेट भी अन्ततः ठीक-ठाक चल ही रहा है। मैं भारतीय क्रिकेट में तेज गेंदबाजों की कमी के बारे में बताना चाहूँगा कि वह तो रहने वाली है। क्यों भला? आप पूछेंगे। मैं आपको अपना उदाहरण दूँगा।

मैं अपना उदाहरण दूँगा कि कैसे मैं तेज गेंदबाज नहीं बन सका? कोशिश मैंने की, परन्तु बनने नहीं दिया गया। हमारा सारा परिवेश तेज गेंदबाजों के खिलाफ था।

हमारे पिताजी की सख्त हिदायत थी कि खेलने में चोट-वोट लगाकर घर लौटे, तो वहीं, घर के दरवाजे पर ही पकड़कर, पटक-पटककर वो मार मारेंगे कि सर फूट जाएगा। खेल में खरोंच आने पर भी वे नाराज हो जाते थे। वैसे खुद मारकर यदि हड्डी भी तोड़ दें, तो उसे वे पुत्र के व्यक्तित्व-निर्माण की ठोकपीट का सामान्य कारोबार मानते थे। हम क्रिकेट खेलते, परन्तु सहमे रहते। न तो स्वयं ही तेज गेंद फेंकते, न किसी को फेंकने देते। सभी बच्चे ऐसा करते क्योंकि सभी के बाप हिदायतें देकर भेजते थे। फिर भी यदि कोई तेज गेंद करे तो हम उससे लड़ते कि क्या यही तुम्हारी शराफत है? फिर पिताजी स्वयं भी नजर रखते। वे गाहे-बगाहे उस मैदान के पास से छुपकर निकल जाते। हमें पता न चलता, पर वे हमें तेज गेंद फेंकते देख जाते। वे नकली मूँछें लगाकर ऐसा करते थे या कि भिखारी का भेस धर के निकलते थे, अभी भी बताना कठिन है, पर वे पोशीदा तौर पर पता कर जाते और बाद में फटकारते। वे घर पहुँचते ही मेरा कान पकड़कर पूछते कि स्साले, तू आज इतनी तेज-तेज बॉलिंग क्यों कर रहा था? वे दरयाफ्त करते कि तुमको इतनी तेज बॉलिंग करने को कौन हरामी कहता है? बताओ, तो हम अभी जाकर उस कमीने की टाँगें चीरकर आते हैं। पिताजी एक जायज सा तर्क देते कि इत्ती जरा-सी दूरी पर खड़े खिलाड़ी को इत्ती तेज गेंद मारना कहाँ की इनसानियत कहलाएगी? दरअसल, इनसानियत शब्द का गलत इस्तेमाल हमने पिताजी से ही सीखा था और हम खेल

में इसे खूब बोला करते थे कि अच्छा यार, हमें इत्ती देर तक पदाने के बाद अपने नम्बर पर बहाना मारकर भागे जा रहे हो—क्या यही तुम्हारी इनसानियत है?

एकाध बार मैंने पिताजी को क्रिकेट के खेल में तेज बॉलिंग के महत्त्व को समझाने का प्रयास भी किया। मैंने उन्हें बताया कि यह भी बॉलिंग करने का एक तरीका है। वे कहने लगे कि बीस गज पे गेंद मारने के लिए ऐसी तेज फेंकना कहाँ का तरीका है भाई? क्या जब तक बल्लेबाज या उसका कोई सगा-सम्बन्धी आकर तुमको चार जूते नहीं जड़ेगा, तब तक तुम यह बदतमीजी करना नहीं छोड़ोगे? फिर, इस तेज-तेज पटकने से जो बॉल खराब होगी, तो तुम तो हमारे सिर पर खड़े हो जाओगे कि नई गेंद दिलवा दो कि मानो इधर कोई हराम की कमाई चल रही हो। और जो तुम तेज फेंकोगे, तो वो तेज बल्ला भी मारेंगे—और इसी चक्कर में बॉल निकल गई न जाने कहाँ, तो क्या ढुँढ़वाने के लिए पुलिस लगवाओगे?...पिताजी हमारी माँ को भी बताते कि वो दिन अब दूर नहीं कि जब आपका लाड़ला किसी का सिर फोड़कर जेल में मिलेगा। पिताजी अपनी पोजीशन स्पष्ट करते हुए और आगे बताते कि तुम, मुझसे, कोर्ट-कचहरी में इस नालायक की जमानत के लिए भागने-दौड़ने की उम्मीद न करना, बल्कि हम तो स्वयं वहाँ जाकर इनका सिर फोड़कर आएँगे।...मेरी माँ तब पास खड़े होकर मुझको समझातीं कि बेटा, खेल ऐसा खेलो कि जिसमें हाथ-पाँव सलामत रहें। वे कहतीं कि तुम तो आराम से बैठकर कैरम खेला करो, जिसमें चोट-वोट का कोई डर ही नहीं। पिताजी यह सुनकर माँ को आगाह करते कि कैरम को भी तुम ऐसा सरल खेल न मान लेना—इसमें भी एक बार गिप्पी उछलकर यदि आँख में घल जाए तो लौंडा फिर सारी उम्र काना घूमेगा।

पिताजी मुझे सलाह देते कि तुम तो स्पिन गेंदबाजी किया करो। उनका मानना था कि स्पिन गेंदबाजी में धेले की मेहनत नहीं लगती। वे स्पिन को लगभग हरामखोरी की श्रेणी में रखते थे। वे कहते थे कि तेज-तेज गेंदें फेंककर तुम तो दुबले हुए जा रहे हो और बदनामी स्साली हमारी होती है कि हम शायद तुम्हें खाने को नहीं दे रहे। स्पिन के सन्दर्भ में वे अपना उदाहरण देते, जैसा कि पिताजी हर सन्दर्भ में देते ही थे। वे बताते कि अपने ज़माने में वे एक मशहूर स्पिन गेंदबाज थे और ऐसी धीमी, गोल-गोल घूमती गेंद फेंका करते थे कि बल्लेबाज स्साला गेंद आने की प्रतीक्षा करते-करते थक जाता था और चिढ़, बोरियत तथा थकावट में गलत शॉट मारकर आउट हो जाता था।

तेज गेंदबाजी के विरुद्ध पूरा वातारण तैयार था।

पिताजी कहते कि तेज बॉलिंग के लिए तुम्हें अपनी बाँह को इतनी जोर से घुमाना पड़ता है कि इसी चक्कर में तुम्हारी कमीज़ की सिलाई कमजोर होकर अन्ततः उधड़ सकती है। फिर तेज गेंद को पकड़ने में एक तो हथेली झनझना जाती है और

दूसरे, यदि गेंद हाथ से निकल जाए, तो बार-बार तेज दौड़-दौड़कर आदमी का फेफड़ा खराब हो जाता है। पिताजी के अपने तर्क थे। वे कहते कि तेज गेंद फेंकने के लिए आदमी को इतना लम्बा रन-अप लेना पड़ता है कि उतनी दूर से दौड़कर आने में भी फेफड़ों पर बुरा असर पड़ता है। वे लगभग एक फेफड़ा-विशेषज्ञ की हैसियत से ये बातें करते। फिर वे यह भी कहते कि जब तुम लम्बा रन-अप लेने टहलते हुए बाउंड्री तक चले जाते हो, तब तक बाकी खिलाड़ी स्साले क्या करें? कित्ता सीटी बजाएँ, च्यूंगम चबाएँ, गुनगुनाएँ या टेढ़े-मेढ़े होवें?

पिताजी के अलावा बल्लेबाज भी तेज गेंदबाजी के विरुद्ध रहते। वे कहते कि यार, यह तो रुवंटई है कि हमने तो तुम्हें अच्छी-अच्छी बॉलिंग करी थी और तुम्हारा नम्बर आया तो तुम इत्ती तेज गेंद फेंक रहे हो? या वे प्रतिवाद करते कि तुम तो थ्रो बॉल कर रहे हो। एकदम भारतीय बल्लेबाजों वाली बात। वैसे यह भी सही बात थी कि हम दुनिया की सबसे खतरनाक पिच पर खेला करते थे। सरकारी हाईस्कूल के मैदान का यह पिच गड्ढ़ों, पत्थरों, गिट्टियों, घास, धूल आदि से मिलकर बना था। वस्तुतः पूरा मैदान ही ऐसा था। गेंद इस पिच पर अपने आप ही इतनी अन्दर, बाहर, ऊपर या नीची हो जाती थी कि बल्लेबाज के साथ-साथ स्वयं गेंदबाज तक चकरा जाता। ऐसी पिच पर तेज गेंद उछलकर बल्लेबाज के अलावा स्लिप और गली से लगाकर बाउंड्री पर खड़े आदमी तक का मुँह तोड़ सकती थी।

परिस्थितियों, पिताजी तथा पिच ने नहीं बनने दिया मित्रो, वरना हम भी आज तेज गेंदबाजी कर रहे होते और व्यंग्य का विज्ञापन करने के लिए करोड़ रुपए वसूलते।

इंडिया चक तो दे, पर...

हमने उनसे कहा कि चक दे इंडिया।...क्यों कहा?

क्योंकि आजकल सब यही कह रहे हैं। खुद चकें, या न चकें, पर कह सभी रहे हैं। उसी की देखादेखी में हमने भी उनसे कह दिया, तो वे बिगड़ गए। कहने लगे कि आप हर काम के लिए हमसे ही क्यों कहते हैं? और लोग भी तो दफ्तर में हैं। वे एकदम फ्री बैठे रहते हैं। उनसे क्यों नहीं कहते? हम जरा दस मिनट को खाली बैठे तो आप कह रहे हैं कि चक दे। हमीं क्यों चकें? वे क्यों नहीं चक सकते? उनके हाथों में मेहँदी लगी है क्या? कभी-कभी वे भी तो चकें। या बस, हमीं-हम चकते रहें? क्या सरकार हमें अलग से ज्यादा वेतन देती है। जित्ता देती है, हम उससे ज्यादा का ही चकते हैं। इधर आप हैं कि बस हमीं से कि चक दे इंडिया। पूरा इंडिया हमीं चक दें, तो बाकी लोग क्या लाट साहब बैठे हुए हैं?...हम कभी चकने से पीछे हटें हों, तो बतलाइए? जब-जब आपने कहा, हमने चका है। है कि नहीं साहब? आपने जित्ता कहा, हमने उससे ज्यादा ही चक कर बताया। हमने दफ्तर के काम को कभी सरकारी काम टाइप निबटाया हो, तो बताइए? उस दिन वाइफ की बीमारी के चक्कर में सीएल ली थी, पर आपने घर से बुलवा लिया कि कुछ अर्जेंट में चकना है, तो हम तुरन्त आए कि नहीं?...पर हम यही कह रहे हैं कि इंडिया तो सबका है न साहब, और दफ्तर भी सभी का। सभी को तनख्वाह भी मिलती है। तो सभी से थोड़ा-थोड़ा चकवाइए न। सभी चकें।...पर आपका यही है। जो चकता है, उससे तो रगड़कर चकवाते हैं, बाकी किसी को कहने की हिम्मत नहीं होती आपकी। आपके सामने बैठकर पूरे दिन ही-ही ठी-ठी करते रहते हैं और सुबह से शाम तक एक धेले का नहीं चकते, पर उनको तो आप कुछ नहीं कह पाते। और इधर हम तनिक-सी फुर्सत में दिखे कि आप आ गए कहते हुए कि चक दे इंडिया। क्या हमीं इंडिया हैं? वे इंडिया नहीं हैं? उल्लू का पट्ठा समझ रखा है क्या? चकने को एक हम ही मिले क्या? हर चीज की एक हद होती है साहब। इंडिया-विंडिया का नाम लेकर हमें मूरख बनाने की कोशिश न करें।

हमने पुचकारा उन्हें कि यार जैसा बढ़िया तुम चक सकते हो, वैसा कोई और चकेगा क्या?

वे थोड़ा ढीले हुए। बोले कि चक तो खैर हम दें। चकना हमें आता है। खूब चका है। जिन्दगी निकल गई चकते। पर चकने में साहब यही चक्कर है कि एक बार चको तो फिर चकने में ही लग जाना पड़ता है। मैंने माना कि यह तो है। चकना आसान काम नहीं। आदमी दिन-रात लगा रहे, तब जाकर ठीक-ठाक चक पाता है। इस देश में इतना समय किसी के पास है नहीं। सौ काम। पचास तिकड़में। चकें कि बॉस के घर जाएँ? चकें कि मैडम का काम करें? फिर आधा टाइम तो इसमें लग जाता है कि पता करें कि कौन दिन-रात चक के बॉस की नजरों में चढ़ने की कोशिश कर रहा है? फिर आधा टाइम इसमें कि वह चक न पाए। सो, न हम चकेंगे, न किसी को चकने देंगे। इंडिया में तो साहब यही है। तू भी चिल्ला। हम भी कहें कि चक दे। पर चके कोई नहीं। नारे पर जोर। ताकत गले में। एक-दूसरे से कहो कि चक दे इंडिया। लगे कि खूब काम चल रहा है। हल्ला हो कि चकना है। खूब चिक-चिक। चको न। तुम चको न। हम क्यों चकें? अबे, तू क्यों नहीं चकता? बाप का नौकर समझ रखा है क्या? बड़े आए चक दे इंडिया क़हने वाले।

अब के कह के देख। मूँ न तोड़ दिया, तो कहना।

तो फिर कैसे चके इंडिया?

इच्छा तो है। ताकत भी। कह भी रहे हैं। आपने अभी कहा ही। हम तो खैर शुरू से ही कह रहे हैं। फिर? कोई चक क्यों नहीं रहा?...देखिए भाई साहब, आपका क्या है, मुँह उठाया और कह दिया कि चक दे इंडिया। दे दिया नारा। गरीबी हटाओ। दिल्ली चलो। स्त्री स्वतन्त्रता। दलित मुक्ति। पिछड़ेपन को दूर करो। अलाना। फलाना। हिन्दू-मुस्लिम भाई-भाई। सूचना का अधिकार। यह चक ले। वो चक ले। चकना कुछ भी नहीं। पर हल्ला विकट। करना कुछ भी नहीं। पर नारे बुलन्द।... परन्तु नारों से होना क्या? 'चक दे' पर लाख सेमिनार कर लो, 'चक दे' पर बढ़िया सम्पादकीय लिख दो—पर जिन्हें चकना है, वे हों ही नहीं, तब? सब नारे लगाने वाले। सब फोटू में आने को चिन्तित और प्रयासरत। चकना किसी को नहीं। और फिर भी चक के दिखाना है। ऐसे तो न चलेगा भैया। चकने के लिए चकना ही पड़ेगा। और सबको चकना होगा। ये नहीं कि हमने इधर से चका और उधर से तुमने छोड़ दिया—तो इंडिया तो बीच में धड़ाम। नौकरशाही उठाए, राजनीति गिराए या राजनीतिक इच्छा हो और अफसर चकने न दें। फिर? फिर तो हो गया चकना। हम तो यही कहेंगे कि भैया, सभी चकें। जितना जिससे बने। जितना बने। पर चकें। बहाने न बनाएँ। शिकायतें न करें। यह न बताएँ कि क्यों नहीं चक पा रहे। दूसरा चक रहा हो तो टँगड़ी न मारें। चकें और चकने दें। तभी जाकर शायद इंडिया चक सके। कोशिश करो तो इंडिया अवश्य चक सकता है।

वरना नारा लगाने के लिए 'चक दे इंडिया' ऐसा बुरा नारा भी नहीं है।

●●●